本书得到国家社会科学基金重点项目"基于宏观金融稳定视角的人民币国际化策略研究"(批准号：16AJL012)的资助，在此表示衷心感谢！

国家社科基金丛书
GUOJIA SHEKE JIJIN CONGSHU

基于宏观金融稳定视角的人民币国际化策略研究

Study on the Strategy of Renminbi Internationalization:
Based on Macro-financial Stability

沙文兵　钱圆圆　武小菲　著

人民出版社

目　　录

前　　言

　　自 2014 年以来,中国经济逐渐步入新常态发展时期,在"去产能、去库存、去杠杆"的结构性改革背景下,经济增速下降趋势明显。一方面,互联网金融违约事件、地方政府债务、股票市场价格波动、银行不良贷款、影子银行、中美经贸摩擦等多因素叠加,导致国内金融体系的风险有所上升。另一方面,2009年中国政府正式启动人民币国际化战略,人民币国际化进程使中国与世界经济的融合程度不断加深,由此可能加剧国内金融体系遭受投机攻击、国外金融危机传染等外部不利冲击时的脆弱性。面对国内外政治、经济环境的变化,研究人民币国际化对中国宏观金融风险的影响,从宏观金融稳定视角对人民币国际化策略和相关配套政策进行优化设计,显得尤为重要和迫切。本书在对人民币国际化程度和中国宏观金融风险进行定量测度的基础上,就人民币国际化对中国宏观金融风险的影响进行量化评估,进而从宏观金融稳定视角探讨人民币国际化的推进策略与配套政策措施,不仅有助于拓展人民币国际化研究的维度与视角,也可以为人民币国际化战略与路径调整及其有效推进提供思路,对新形势下实现国内宏观金融稳定、经济可持续发展等具有重要的参考价值。

　　本书为国家社会科学基金重点项目(批准号:16AJL012)的研究成果,主要研究结论如下:

第一,自人民币国际化战略启动以来,人民币国际化程度实现了较快发展,但与主要国际货币相比仍然处于很低的水平;人民币国际化程度的提升主要是由交易媒介职能推动的。强大的经济实力、成熟稳健而开放的金融市场、币值稳定性、实际货币收益率、政治稳定和军事实力等,都是推动货币国际化的重要因素;国际货币的不同职能以及货币国际化不同阶段的影响因素均表现出明显的异质性。

第二,人民币国际化程度的提升短期内对宏观金融风险具有一定的抑制作用,中长期而言则会导致宏观金融风险上升。从宏观金融子系统风险来看,人民币国际化会显著降低宏观经济政策风险、资产价格波动风险和货币替代风险,但会加剧经常账户失衡风险和资本流动风险。此外,人民币三大职能指数对宏观金融风险及其子系统风险的影响表现出一定的异质性。其中,人民币交易媒介职能会显著增加经常账户失衡风险和货币替代风险;人民币计价单位职能会显著增加经常账户失衡风险、资本流动风险和货币替代风险;人民币价值贮藏职能会显著增加经常账户失衡风险和资本流动风险。汇率、利率机制是人民币国际化影响国内宏观金融风险的重要渠道;由于我国目前依然存在资本项目管制,人民币国际化通过资本账户开放机制对宏观金融风险的影响程度有限。

第三,人民币国际化路线图经历了从"跨境人民币结算+离岸市场+配套基础设施",到"大宗商品人民币计价+国内金融市场开放+鼓励'一带一路'建设中更多使用人民币"的转变。不过,两个阶段的路线图都蕴含着潜在宏观金融风险。前一阶段过于侧重人民币结算功能、过分倚重离岸市场作用,而这两者的发展在很大程度上又都依赖于人民币升值预期的推动,容易造成人民币国际化的"泡沫化"或虚假繁荣,因其具有不可持续性而存在逆转风险。后一阶段更加注重对人民币真实境外需求的培养,其风险相对较小。然而,由于国内金融改革尚未完成、金融市场发展水平还没有得到显著提升、金融监管制度不够健全,过快开放国内金融市场同样容易导致宏观金融风险积聚。

　　第四,从大国竞争与地缘政治关系、网络外部性(美元惯性)、中美经济规模差距、国内金融市场发展水平,以及潜在收益与风险考量等多视角的分析表明,人民币国际化的目标定位应是"货币正常化",即获得与中国作为全球第二大经济体相称的国际货币地位,成为三元国际货币体系中的一元,而非取代美元成为主导性国际货币。应该始终把降低与人民币国际化相关的风险,维护国内宏观金融稳定放在优先地位。同时,坚持市场驱动为主、政策扶持为辅的基本原则。政府的主要作用在于培育市场和制度条件,并防控与人民币国际化相关的宏观金融风险;不必也不应为人民币国际化预设时间表。

　　第五,只有培育非居民对人民币的真实且持续的需求,才能避免人民币国际化对国内宏观金融稳定的威胁,实现人民币国际化的可持续发展。为此,需要进一步推动事实和法律上的经济一体化,密切与相关国家的经贸关系,培育人民币交易媒介和计价单位需求;继续推进大宗商品人民币计价,培育人民币计价单位需求;维持人民币币值稳定,提升人民币投资便利性,培育人民币价值贮藏需求。

　　第六,从货币国际化的条件以及人民币国际化的目标定位来看,中国在经济与贸易规模、军事和政治影响力等方面已经具备相对优势,而国内金融市场欠发展是人民币国际化的最大障碍;更为重要的是,从宏观金融稳定角度来看,只有国内金融市场实现充分发展,才能有效降低与人民币国际化及资本账户开放相关的宏观金融风险。因此,人民币国际化供给面策略主要是培育发达的国内金融市场,实现金融市场的深化和广化,提高其开放程度。2010年以来我国金融市场规模不断扩大,交易工具日渐丰富。但与主要储备货币发行国相比,我国金融市场在深度、广度和流动性等方面还相对滞后,尚难以发挥对人民币国际化的有效支持作用,也不足以抵御与人民币国际化、资本项目完全开放相关的宏观金融风险。为此需要积极发展多层次金融市场,尽快实现国内金融市场的深化和广化,进一步提升市场流动性。具体包括:积极转变社会融资结构,大力发展直接融资市场;推动各金融子市场均衡发展,提升金融市场整体发展水平;推动金融改革开放,完善与金融业开放相适应的风险防控体系。

第七,深化金融改革,健全国内金融体系,是降低与人民币国际化相关的宏观金融风险的重要保障。为此,一是从培育有效的市场化基准利率、健全基准利率和市场化利率体系,完善货币政策调控工具,发展利率衍生品、丰富利率风险管理手段,强化各主体间的合作、完善利率风险管理体系等方面,进一步深化利率市场化改革。二是坚持"渐进、有序、可控"的原则,在不断完善相关制度与市场条件的基础上,按短期、中期、长期三个阶段分步骤实现人民币汇率的自由浮动。三是从加强银行业外汇风险审慎性监管,推动银行业综合化经营,利用金融科技促进商业银行经营创新,建立风险预警机制、协调微观与宏观审慎监管等方面着手,健全国内银行体系。四是从健全统计监测、加强信息披露,合理控制影子银行治理力度与节奏,完善监管制度,构建影子银行信用创造的反馈机制、强化宏观审慎管理等方面入手,规范影子银行发展,降低与影子银行体系相关的金融风险。五是从整合现有监管机构、尽早实现统一监管,建立动态宏观审慎监管框架、完善金融调控,健全金融市场法律法规、发挥行业自律监管作用,积极参与全球金融治理,推动金融基础设施建设、实施金融科技监管模式等方面着手,强化金融监管体系。

第八,人民币成为重要国际储备货币的目标要求中国实现资本账户完全开放。然而,资本账户开放需要满足一定的前提条件,否则贸然开放资本账户将会给国内金融稳定带来不利冲击。这些条件包括稳健的宏观经济与有效的宏观调控、充足的外汇储备与合理的汇率制度、健全的金融体系与有效的金融监管、发达的国内金融市场与良好的制度环境等。因此,应继续坚持"渐进、审慎、可控"的资本账户开放模式,不断夯实资本账户开放的市场条件和制度基础,有序推进资本账户开放。

第九,货币国际化的重要条件之一是非居民对其币值稳定性的信心,而这一信心很大程度上取决于货币发行国可信赖的宏观经济政策。一是不断优化财政政策,维持可持续的公共债务水平,构筑人民币国际化的信心基础;二是完善货币政策目标框架,尽早实施通货膨胀目标制,并提升中央银行独立性,维护人民币内外价值的稳定性;三是完善宏观审慎政策,构建"双支柱"调控框架,维护经济和金融体系的稳定。此外,还需要进一步完善创新政策,提升企业国际竞争力和议价谈判能力,夯实人民币国际化的微观基础;以区域货币金融合作为抓手,推动人民币的国际使用,并降低人民币国际化进程中的困难和风险。

本书是集体合作的成果,全书由沙文兵教授提出研究思路、写作提纲并负责全书修改定稿。各章分工如下:第一章:沙文兵、常雨晴、陆文琪、黄凯、徐德云;第二章:沙文兵、钱圆圆、武小菲、曹慧平;第三章:沙文兵、钱圆圆、武小菲、刘敏;第四章:沙文兵、陆文琪、解晓洁、彭徐彬、段黛玮、孙君;第五章:沙文兵、解晓洁、陆文琪、常雨晴、马斌。安徽财经大学国际贸易学专业硕士研究生李莹、屠倩、颜博等同学参与了课题调研和数据收集工作;世界经济专业硕士研究生王昳茗、张银玉,国际商务专业硕士研究生胡鸿宇、周子恒、冯青、鄢然等同学参与了书稿校订工作。

本书作为国家社会科学基金项目的研究成果,曾接受全国哲学社会科学规划办公室组织的专家评审,得到专家的一致认可。在本书交付出版社之前,根据评审专家意见做了修改。然而,受作者学识能力限制,加之数据资料搜集困难,难免挂一漏万,还需要我们在今后的研究工作中深入探求,以求进一步充实、完善本研究成果。

沙文兵

2022 年 4 月

第一章 人民币国际化现状分析

自 2009 年作为一项国家层面的战略安排被提上日程以来,人民币国际化已经走过十余年的历程,人民币在国际货币的三大职能领域均取得了不俗的进展。本章首先基于国际货币的三大职能,对人民币国际化现状进行多维分析;其次,探讨离岸人民币市场发展状况;最后,对近年来人民币国际化的制度和基础设施建设成果进行梳理。

第一节 基于国际货币三大职能的
人民币国际化现状

一、人民币国际化发展概览

2009 年 7 月,跨境贸易人民币结算试点启动,标志着人民币国际化正式起航;2016 年 10 月,人民币被纳入国际货币基金组织(IMF)特别提款权(SDR)货币篮子,成为仅次于美元和欧元的第三大篮子货币,标志着人民币国际化取得了突破性进展;"一带一路"倡议的持续推进为人民币国际化带来新的发展契机。根据环球银行金融电信协会(SWIFT)发布的数据,人民币在国际支付中的占比从 2011 年 12 月的 0.29%上升到 2021 年 12 月的 2.70%,全球逾1900家金融机构将人民币列为支付货币之一;人民币已连续多年稳居全球第四大或第五大支付货币,第三大贸易融资货币。[①] 另据国际清算银行(BIS)发布的《三年期中央银行调查报告》,人民币在全球外汇交易中的占比从2010年的0.86%上升到2019年的4.3%,全球排名则由第17位跃升至第8位。[②] 根据国际货币基金组织数据,人民币在全球官方储备资产中的份额从2016年的0.88%上升到2021年年底的2.79%,为全球第五大国际储备货币。

十多年来,人民币国际化进程呈现出波浪式发展特征。图1-1给出了人民币国际化水平的总体发展趋势,其中ORI和CRI分别为中国银行离岸人民币指数和跨境人民币指数,RGI为渣打银行人民币环球指数。可以看出,人民币国际化历程大致经历了夯实基础、起步跃升与调整巩固三个阶段。

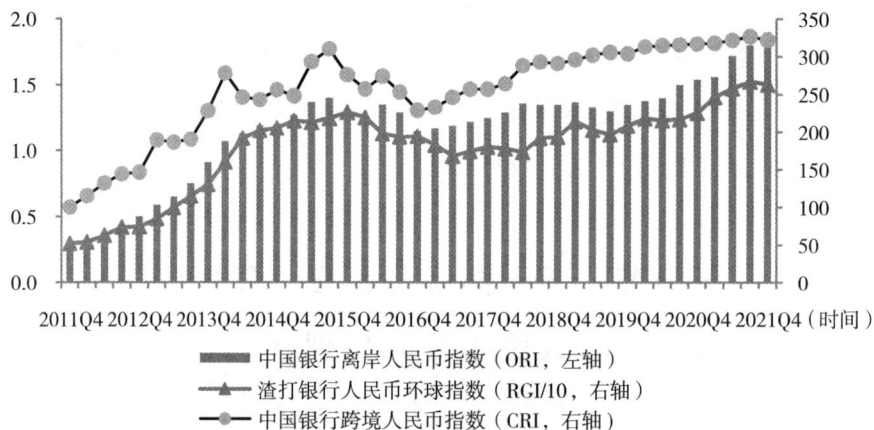

中国银行离岸人民币指数(ORI,左轴)

渣打银行人民币环球指数(RGI/10,右轴)

中国银行跨境人民币指数(CRI,右轴)

图1-1 2011—2021年人民币国际化相关指数变动趋势

资料来源:CSMAR国泰安财经研究数据库。

---

① 资料来源:SWIFT RMB Tracker: Monthly Reporting and Statistics on Renminbi(RMB)Progress towards Becoming an International Currency, https://www.swift.com/our - solutions/compliance - and - shared - services/businessintelligence/renminbi/rmb - tracker/rmb - tracker - document-centre。

② 资料来源:BIS Triennial Central Bank Survey of Foreign Exchange and Over-the-counter(OTC)Derivatives Markets in 2019, https://www.bis.org/statistics/rpfx 19. htm? m = 6%7C381%7C677。

第一，夯实基础阶段(2011—2012 年)。全球金融危机的爆发充分暴露了现行国际货币体系的弊端。为降低对美元的过度依赖,增强人民币的国际地位;同时,也为了顺应外向型企业对降低汇率波动风险的需求,中国政府自 2009 年起陆续推出一系列鼓励人民币跨境使用的政策,初步建立了有利于人民币跨境使用的基础设施,推动人民币国际使用程度的逐步上升。中国银行离岸人民币指数从 2011 年年底的 0.32 上升至 2012 年年底的 0.5;跨境人民币指数从 2011 年年底的 100 上升到 2012 年年底的 146;渣打银行人民币环球指数从 2011 年年底的 519 上升到 2012 年年底的 739。不过由于刚刚起步,人民币在计价单位、交易媒介和价值贮藏三大职能方面所发挥的作用还极其有限。

第二,起步跃升阶段(2013—2015 年)。得益于我国经济规模的持续中高速增长和贸易地位的不断提升,人民币跨境业务获得了较为迅速的发展;同时,非居民对人民币资产的投资需求也日益增长。在此背景下,中国金融市场双向开放进程不断加快,银行间债券市场、人民币合格境外机构投资者(RQFII)、人民币合格境内机构投资者(RQDII)、"沪/深港通"、"债券通"等投资渠道陆续放开,推动人民币国际化程度迅速上升。中国银行离岸人民币指数和跨境人民币指数分别从 2013 年第一季度的 0.59 和 189 上升至 2015 年第三季度的 1.4 和 310,累计增长幅度分别为 137.3%和 64%;渣打银行人民币环球指数则从 2013 年第一季度的 846.67 上升到 2015 年第四季度的 2262.33,累计增幅高达 167.2%。

第三,调整巩固阶段(2016—2021 年)。2015 年前后,中国经济正式步入新常态发展时期,在"去产能、去库存、去杠杆"的结构性改革背景下,经济增速下行趋势明显;同时,随着美联储加息和缩表周期的开启,中美利差逐步收窄,离岸市场上人民币贬值压力加大,人民币国际化进程受挫,三大指数均从高位回落。其中,中国银行离岸人民币指数和跨境人民币指数从 2015 年第三季度的最高点分别回落至 2016 年第四季度的 1.15 和 229,最大跌幅分别为

26.1%和 17.9%；渣打银行人民币环球指数则从 2015 年第四季度的最高点下跌至 2017 年第二季度的 1677.67,最大跌幅为 25.8%。其后,2015 年"8·11"汇改、2017 年 5 月引入"逆周期因子"等政策使人民币汇率形成机制得以逐步完善,同时中央银行收紧了资本账户管制以限制资本外流,外汇市场预期渐趋平稳,三大指数波动上升,到 2021 年第四季度,中国银行离岸人民币指数和跨境人民币指数分别回升至 1.9 和 322,渣打银行人民币环球指数升至 2630。总体来看,人民币国际化尚处于初级阶段。

根据科恩(Cohen,1971)、塔夫拉斯(Tavlas,1998)和哈特曼(Hartmann,1998)等研究,国际货币是在国际私人交易或官方交易中承担交易媒介、计价单位和价值贮藏职能的货币。具体来看,作为交易媒介,国际货币是在国际贸易和资本交易中被私人部门用于商品交易或任意两个货币之间间接交换的媒介货币,也被官方部门用作外汇市场干预和平衡国际收支的工具;作为计价单位,国际货币被用于国际商品贸易和金融交易的计价,并被官方部门作为汇率盯住的"驻锚";作为价值贮藏手段,国际货币或以国际货币计价的金融资产被私人部门用于投资组合的选择,并被官方部门用作储备资产(见表 1-1)。下面从国际货币三大职能角度,对近年来人民币国际化发展现状进行梳理。

表 1-1　国际货币职能

货币职能	私人部门	官方部门
交易媒介	媒介货币 (1)商品交易 ——国际贸易的媒介 ——国内贸易的媒介(直接货币替代) (2)货币交易 ——外汇市场媒介	外汇干预货币
计价单位	计价货币	锚货币
价值贮藏	投资货币(含间接货币替代)	储备货币

资料来源:P. Hartmann,"The Currency Denomination of World Trade after European Monetary Union",*Journal of the Japanese and International Economics*,Vol.12,1998.

二、作为国际交易媒介的人民币

由表1-1可知，人民币作为国际交易媒介货币，是指人民币被私人部门用于国际商品或货币交易的媒介，或者被外国货币当局用于外汇市场干预。根据数据可获得性，我们分别从跨境人民币外汇交易①、跨境贸易人民币结算和跨境人民币直接投资三个方面，分析人民币作为国际交易媒介的发展情况。

（一）全球人民币外汇交易

全球人民币外汇市场包括在岸市场和离岸市场两部分。得益于人民币汇率形成机制的不断完善、做市商制度的引入以及交易工具的不断创新，在岸人民币外汇市场取得了飞速发展，交易主体更加多元，交易规模和活跃程度不断上升。根据国际清算银行发布的数据，在岸人民币外汇市场日均交易额已由2010年的186.37亿美元，攀升至2019年的1360.17亿美元，占全球外汇市场的份额从0.4%上升至1.64%。上海现已成为仅次于伦敦、纽约、新加坡、中国香港、东京、苏黎世和巴黎的全球第八大外汇交易中心。与此同时，离岸人民币外汇市场也逐步由亚太地区向欧美地区扩散。人民币日均交易额超10亿美元的离岸金融中心从2010年的4个增加到2019年的11个。

由于在岸和离岸人民币外汇市场的同步高速增长，人民币在全球外汇市场中的地位不断提升，全球人民币日均交易额从2010年的359.41亿美元，上升至2019年的2850.3亿美元，年均增长率为28.8%。其中，更能反映人民币国际使用程度的跨境人民币日均交易额由2010年的173.04亿美元，上升至2019年的1490.13亿美元，年均增长率高达27%；跨境人民币日均交易额占全球人民币日均交易额的份额由2010年的48.15%上升到2019年的52.28%。

---

① 人民币在全球外汇市场交易中的份额可以同时反映人民币在私人部门作为外汇市场交易媒介和官方部门作为外汇市场干预货币的程度。

如图 1-2 所示,在全球外汇市场日均交易额货币构成中,人民币占比由 2010 年 4 月的 1%上升至 2019 年 4 月的 4.3%,成为仅次于美元、欧元、日元、英镑、澳大利亚元、加拿大元和瑞士法郎的全球第八大交易货币。人民币—美元已成为全球第六大交易最活跃货币对。

（单位：%）

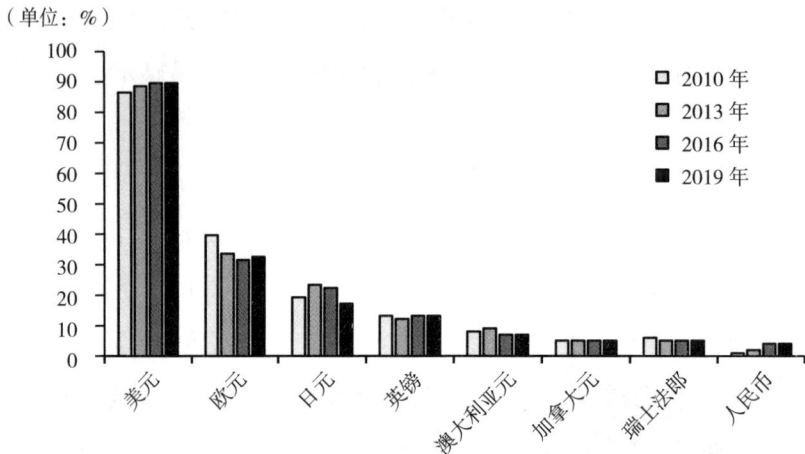

图 1-2　2010—2019 年主要货币的全球外汇交易占比

资料来源:国际清算银行:Triennial Central Bank Survey of Foreign Exchange and OTC Deriuatives markets in 2010,2013,2016,2019。

(二)跨境贸易人民币结算

凭借我国作为世界第一贸易大国的优势地位,推广跨境贸易人民币结算业务,是人民币国际化战略的重要特征之一。自 2009 年 7 月启动试点工作以来,人民币跨境贸易结算业务实现了较快发展。如图 1-3 所示,经常项目人民币跨境收付金额从 2010 年的 5060 亿元,上升至 2015 年 72300 亿元,年均增长率高达 70.2%。之后,受我国经济步入新常态、美元进入加息周期、人民币贬值压力加大、跨境资金流动风险管理加强等多方面因素的影响,部分企业为规避汇率风险转而选择美元作为结算货币①,经常项目人民币跨境结算规模

---

① 中国人民大学国际货币研究所:《人民币国际化报告 2017》,中国人民大学出版社 2017 年版,第 20—21 页。

大幅下降,2017 年降至最低,为 43600 亿元。此后,尽管存在中美经贸摩擦不断升级等不利因素,但在"一带一路"合作持续深化的推动下,经常项目人民币跨境收付金额连续下滑的趋势最终得到了控制,并实现了较大幅度回升,2021 年已升至 79400 亿元,创历史新高。根据中国人民银行发布的数据,2019 年以人民币结算的贸易额占中国贸易总额的比例已达 19.15%,而 2010年这一比例仅约为 2%。

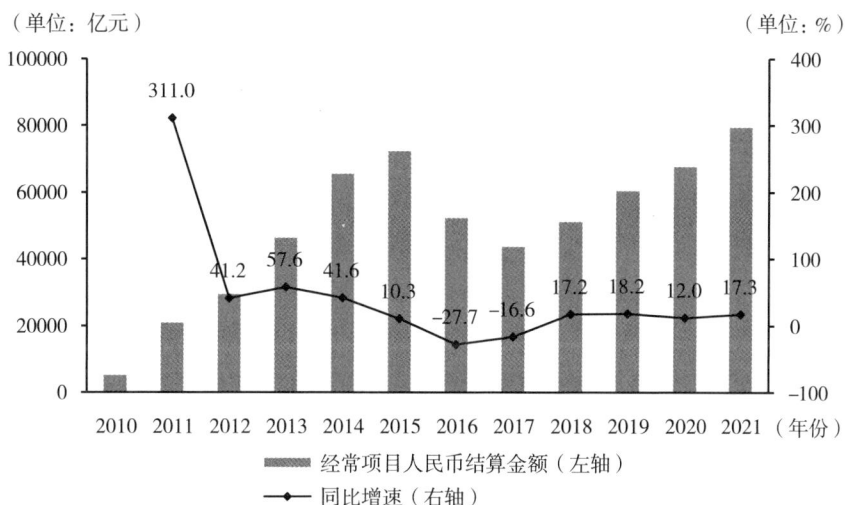

图 1-3　2010—2021 年经常项目人民币结算金额及同比增速

资料来源:中国人民银行:《人民币国际化报告》(2015、2016、2017、2018、2019、2020、2021 年)。

从经常项目的具体构成来看,货物贸易人民币跨境结算规模一直远远大于服务贸易及其他经常项目人民币结算规模,但近年来两者差距有不断缩小的趋势(见图 1-4)。这种差距基本上反映了我国整体贸易结构的不平衡性,即货物贸易竞争力较高而服务贸易竞争力较弱,导致在整个贸易中货物贸易占比过高。

(三)跨境人民币直接投资

自 2010 年 10 月、2011 年 10 月先后允许境内企业开展人民币对外直接投

（单位：亿元）

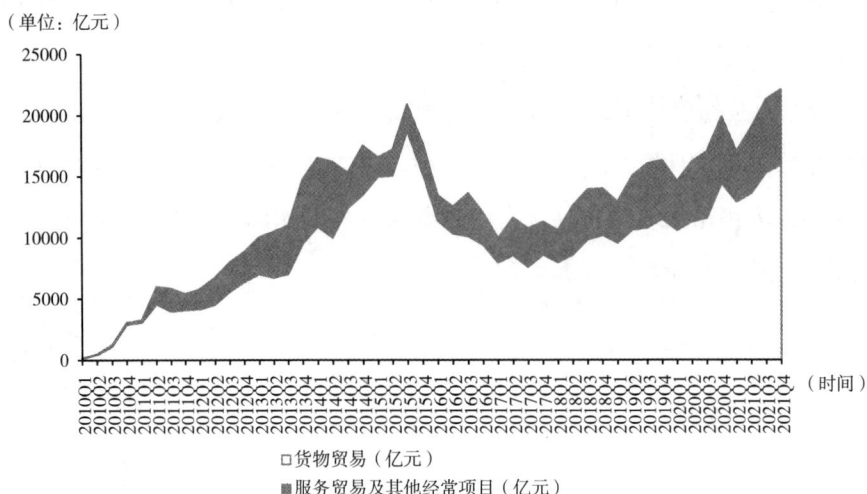

图 1-4　2010—2021 年经常项目人民币跨境收付金额堆积图

资料来源：中国人民银行：《人民币国际化报告》（2015、2016、2017、2018、2019、2020、2021 年）。

资、境外投资者以境外人民币来华开展直接投资业务以来，人民币在双向直接投资中的使用规模稳步上升。根据中国人民银行发布的数据，对外直接投资人民币跨境结算金额从 2011 年的 159 亿元上升到 2021 年的 16400 亿元，累计增长了约 103 倍，年均增长率高达 58.98%；外商直接投资人民币跨境结算金额从 2011 年的 907 亿元上升到 2021 年的 41600 亿元，累计增长约 46 倍，年均增长率为 46.6%。

图 1-5 给出了 2012—2021 年跨境直接投资人民币结算规模季度变动趋势。2012 年第一季度至 2015 年第三季度，跨境直接投资人民币结算规模增长迅猛，从 498.7 亿元上升至 9057 亿元。2015 年第四季度至 2019 年第四季度，由于国内经济下行压力增大、资本账户管制加强、全球经济复苏乏力、国际引资竞争加剧、中美经贸摩擦持续升级等诸多不利因素的影响，中国双向直接投资增速放缓。与之相伴随，跨境直接投资人民币结算规模也迅速回落，从 2015 年第三季度的峰值降至 2017 年第一季度的谷底为 2417 亿元。2018 年第一季度之后，直接投资人民币结算规模呈波动上升趋势，并创出新高。至

（单位：亿元）

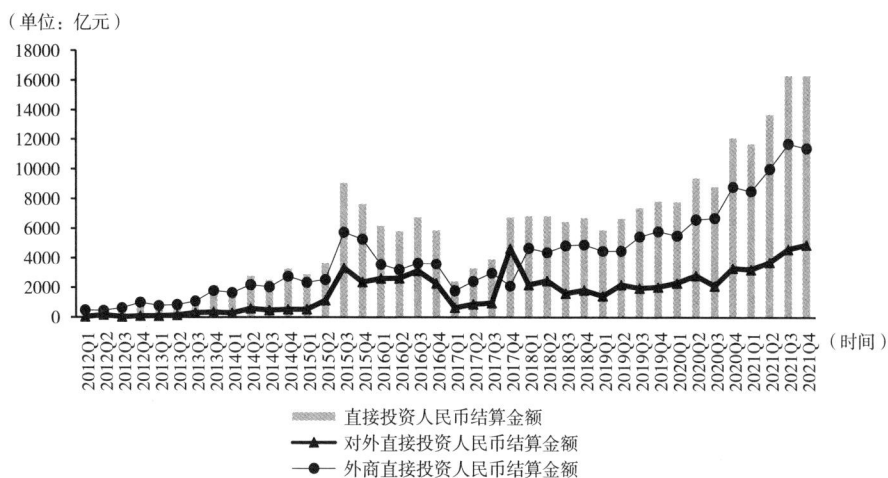

图 1-5　2012—2021 年跨境直接投资人民币结算规模季度变动趋势

资料来源：中国人民银行：《人民币国际化报告》（2015、2016、2017、2018、2019、2020、2021 年）。

2021 年第四季度，对外直接投资和外商直接投资人民币结算规模分别达到
4900 亿元和 11400 亿元。

三、作为国际计价单位的人民币

人民币作为国际计价单位，是指人民币被用于国际商品贸易和金融交易
的计价，并被官方部门用于确定汇率平价。下面从国际商品贸易计价、国际金
融交易计价和人民币"货币锚"地位三个方面，分析人民币作为国际计价单位
所取得的进展。

（一）国际商品贸易计价

自 2016 年 10 月人民币被纳入特别提款权货币篮子以来，外国投资者对
人民币的信心有所增强，对人民币作为国际计价货币更为认可。由于缺乏人
民币贸易计价数据，本部分依据中国银行调查数据，分析企业以人民币进行贸
易计价的意愿及其变化。

　　中国银行自 2013 年起对人民币国际化业务进行连续的市场调查,以了解各类市场主体的人民币使用意愿及其变化。其中,衡量人民币计价货币职能的重要参考指标是"汇率波动时坚持使用人民币计价"的企业比例。国内企业选择以人民币进行贸易计价,意味着将汇率波动风险转嫁给外国贸易伙伴;而人民币汇率波动性加大会增加贸易伙伴所面临的汇率风险。因此,当人民币汇率波动加剧时,境内企业坚持选择人民币计价的难度会相应增大。如图 1-6 所示,汇率波动时坚持以人民币计价的境内企业比例从 2013 年的 2%,增加到 2015 年的 16%,至 2021 年,进一步增至 20.9%,表明尽管近年来人民币汇率波动程度有所加大,但人民币贸易计价职能基本保持稳定。此外,从境外企业未能接受人民币计价的原因来看,2019 年度调查结果显示境外客户人民币资金来源不足占 26%、供应链上下游限制占 16%、国内企业议价能力和对人民币接受意向不足各占 15%、清算结算渠道不畅占 10%、其他原因占 19%。

（单位：%）

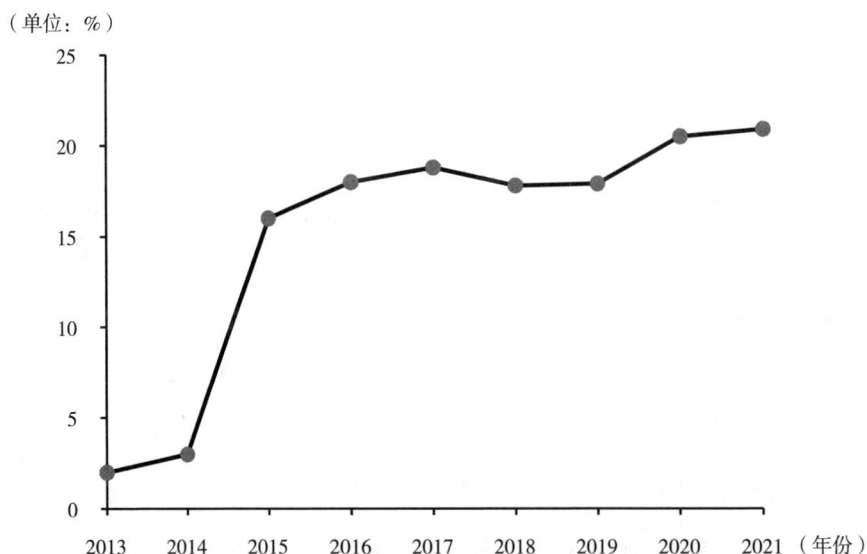

图 1-6　2013—2021 年汇率波动时坚持使用人民币计价的境内企业比例

资料来源:中国银行《人民币国际化白皮书》(2013—2021 年)。

（二）国际金融交易计价

1.国际债券和票据的发行

从美元的经验来看,国际债券市场发展为非居民提供了良好的融资环境,大幅提高了国际货币的流动性。凭借国际债券市场所具备的流动性、便利性与规模优势,可以有效提升或巩固货币的国际地位。近年来,随着国内债券市场开放水平的不断提高,人民币国际债券和票据发行取得了较快发展。

根据国际清算银行的统计,以人民币计价的国际债券发行额从 2010 年的 66.83 亿美元,增加到 2019 年的 454.44 亿美元,最高为 2014 年的 829.02 亿美元。从季度发行情况来看(见图 1-7),2010—2014 年呈快速增长趋势,人民币国际债券的季度平均发行额从 2010 年的 16.71 亿美元上升到 2014 年的 207.26 亿美元;2014—2017 年,人民币国际债券发行规模急剧下降,季度平均发行额从 2014 年的峰值降至 2017 年的 84.4 亿美元;2018 年,人民币国际债券发行企稳回升,当年季度平均发行额升至 145.24 亿美元;2019 年再次下降,季度平均发行额为 113.61 亿美元。从国际债券发行额的币种结构来看,人民币国际债券占所有货币国际债券的份额从 2014 年第一季度的 0.04% 上升至 2015 年第四季度的 1.81%,之后呈波动下降趋势,至 2019 年第四季度为 0.72%。

2015 年中国人民银行在伦敦成功发行 50 亿元人民币央行票据,是中央银行首次在中国以外地区发行人民币计价央票。据香港金管局统计,2019 年中国人民银行多次在港发行离岸票据,总发行规模达 1500 亿元,同比增加 1300 亿元;截至 2019 年年底,未清偿票据余额为 800 亿元。① 以人民币计价的国际债券和票据发行量的不断增加,反映了国际投资者对人民币的信心,也是我国金融深化改革和坚持开放取得的成果,有利于更好地满足国际投资者

---

① 资料来源:《香港金融管理局 2018 年报》《香港金融管理局 2019 年报》,http://hkma. gov.hk/gb/chi/data-publications-and-research/publications/annual-report/。

（单位：亿美元）　　　　　　　　　　　　　　　　　　　　　（单位：%）

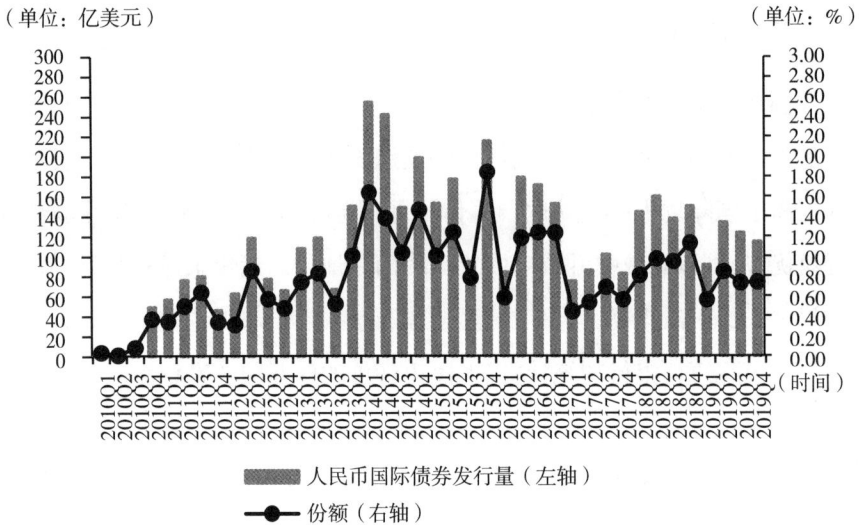

图 1-7　2010—2019 年人民币国际债券季度发行量及其份额

资料来源：国际清算银行：BIS Statistics Warehouse（http://stats.bis.org）。

对人民币资产配置的需求，提升人民币的国际地位。

　　不过，尽管过去几年人民币国际债券发行取得了显著发展，但相对于国际市场对人民币资产的需求和中国庞大的经济体量而言，其发展程度仍然很不充分。从流动性看，发行与交易活跃程度不高，并受到人民币汇率波动、资本管制政策等的较大影响；以人民币计价的国际债券占所有货币国际债券发行额的份额始终没有超过 2%，与美元、欧元等国际货币差距甚远。

　　2. 其他金融产品

　　随着离岸市场上以人民币计价的债券、股票、期货、基金、信托、保险等金融产品陆续推出，中国人民银行于 2015 年 7 月 24 日发布公告，明确境内原油期货以人民币为计价货币，并引入境外交易者和境外经纪机构参与交易。2018 年 3 月 26 日，以人民币计价结算的原油期货在上海期货交易所正式挂牌交易，吸引了大量境外投资者参与。经过近半年的运行，其交易量迅速跻身全球前三名，获得 14.4% 的市场份额。截至 2019 年年底，原油期货总开户数

突破 10 万户,其中境外客户数量同比增长 120%,分布于五大洲 19 个国家和
地区;境外客户日均交易量、日均持仓量占比分别为 15% 和 20%。① 此外,大
连商品期货交易所铁矿石期货、郑州商品期货交易所精对苯二甲酸(PTA)期
货分别于 2018 年 5 月和 11 月引入境外交易者;2019 年 8 月,20 号胶期货在
上海期货交易所国际能源交易中心上市,并引入境外交易者。以上三种期货
合约也都以人民币计价结算。

　　人民币计价的原油、铁矿石、精对苯二甲酸、20 号胶等期货产品的推出意
义重大。美元之所以能成为首位国际货币,很大程度上是由于全球石油等大
宗商品均以美元计价和结算,使美元获得了广泛的网络外部性。原油、铁矿石
等期货以人民币为计价和结算货币,且面向境外投资者开放,为人民币国际化
提供了较好的载体,有利于减轻对美元的依赖,规避与美元相关的汇率风险,
提高人民币在国际大宗商品贸易中的使用率,扩大和提高人民币的国际使用
范围及影响力,这对于推动人民币成为重要大宗商品的定价货币以及国际储
备货币具有重要意义,有望打破美元、欧元的垄断格局。

(三)人民币作为"货币锚"

　　国内外一些学者研究发现,人民币已经进入部分周边国家的隐含货币篮
子,成为相关经济体的"锚货币"。伊藤(Ito,2010)分析了亚太地区 11 个经济
体的篮子货币,发现新加坡、马来西亚、中国台湾、印度和印度尼西亚五个经济
体的货币汇率均盯住人民币。亨宁(Henning,2012)研究发现,马来西亚、泰
国、新加坡和菲律宾等国已与中国形成一个松散但有效的"人民币区"。苏布
马尼亚和凯斯勒(Subramanian 和 Kessler,2012)研究发现,人民币对东亚国家
以及智利、南非、印度、以色列和土耳其而言,均为主要篮子货币。陈志昂
(2008)认为,人民币正成为东亚国家的隐性"货币锚"。李晓和丁一兵(2009)

---

① 资料来源:上海期货交易所(http://shfe.com.cn/statements/),中国期货业协会(http://
cfachina.org/servicesupport/researchandpublishin/statisticals.data/)。

认为,人民币有条件成为东亚地区的"锚货币",但现阶段的"货币锚"功能只能通过和美元保持稳定的汇率关系才得以实现。王倩(2011)估计了东亚经济体货币篮子的权重,发现各经济体都从盯住美元向货币篮子转变,人民币对部分国家货币汇率(如马来西亚林吉特、新加坡元和韩元)的影响显著。丁剑平等(2018)研究发现,2005年人民币汇率制度改革之后,特别是"一带一路"倡议提出以来,以人民币为参照,最显著的地区是中亚和独联体,这是由于处于美元弱势时间段产生了对人民币的参照效应。

本书第二章第三节通过对"一带一路"沿线部分国家和地区隐含货币篮子的估计,研究人民币在相关国家汇率决定中的作用。我们的研究发现,人民币被越来越多的"一带一路"沿线国家和地区纳入隐含货币篮子,且在部分国家货币篮子中的权重甚至超过了日元、英镑等传统国际货币。

四、作为国际价值贮藏的人民币

典型的货币国际化进程通常包含相互交叠的三个阶段:首先是作为计价和交易货币,然后逐渐发展成为私人领域的投资货币,最终成为各国中央银行的储备货币。在后两个阶段,货币执行的是价值贮藏职能。因此,人民币的国际价值贮藏职能表现在境外私人部门和官方货币当局所持有的人民币计价资产方面。

(一)作为私人投资货币的人民币

1. 人民币国际债券

从绝对量来看,以人民币计价的国际债券存量总体呈增长趋势,未清偿债券余额从2010年第一季度的118.23亿美元,最高增长到2015年第四季度的1250亿美元,之后波动下降至2019年第四季度的967亿美元。从相对份额来看,人民币计价国际债券占所有货币国际债券的份额则从2010年第一季度的0.06%,最高上升到2015年第四季度的0.6%,其后持续下降至2019年第四季度的0.39%。

（单位：%）

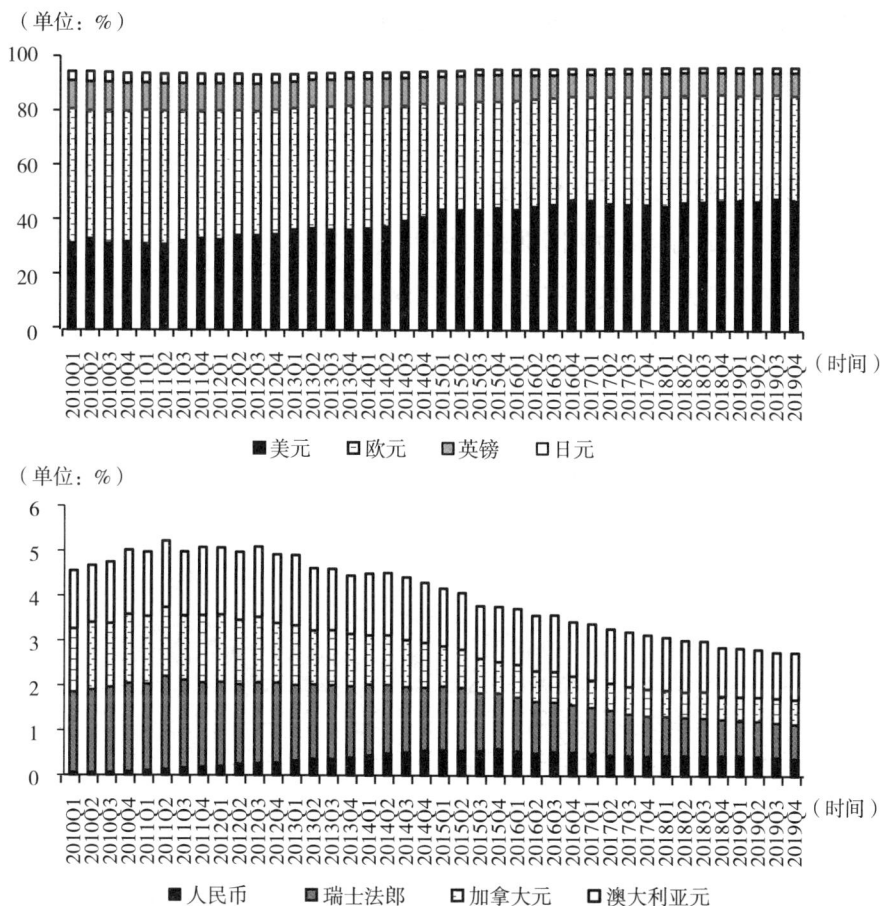

图 1-8 2010—2019 年主要货币计价国际债券未清偿余额份额

资料来源：国际清算银行：BIS Statistics Warehouse（http://stats.bis.org）。

从国际债券市场货币格局及其变化来看（见图 1-8），美元和欧元高居前两位，合计占比从 2010 年的 80%上升到 2019 年的 85%；日元和英镑处于第二梯队，合计占比则从 2010 年的 14%下降到 2019 年的 10%；处于第三梯队的澳大利亚元、加拿大元、瑞士法郎和人民币，合计占比从 2010 年的约 5%下降至2019 年的不足 3%；除上述八大货币之外，其他所有货币计价的国际债券占比一直维持在 2%—3%。从第三梯队内部来看，澳大利亚元占比基本维持稳定，加拿大元和瑞士法郎份额则持续下降，人民币份额总体有所上升，但仍然位于第三梯队的最后一位,仅约为瑞士法郎份额的一半,加拿大元份额的 1/3。可见,与其他国际货币相比,尽管近年来绝对规模和份额增长较为迅速,人民币在国际债券市场中的地位依然很低。

2.境外主体持有境内人民币资产

随着人民币国际化的不断推进和国内金融市场开放程度的提高,境内人民币资产逐渐成为非居民投资组合的重要选择。

（单位：亿元）

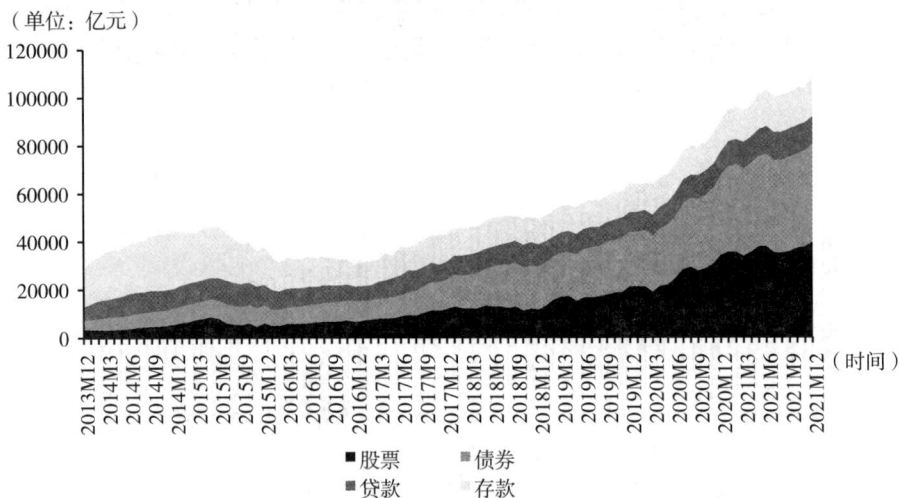

图 1-9　2013—2021 年境外机构和个人持有境内人民币金融资产

资料来源:中国人民银行:《2021 年人民币国际化报告》。

如图 1-9 所示,境外机构持有的境内人民币资产总规模从 2013 年年底的 28797 亿元,上升到 2021 年年底的 108296.9 亿元,年均增长率为 18.0%。分阶段来看,2013 年 12 月—2015 年 5 月,境外机构持有境内人民币资产规模持续上升,最高为 2015 年 5 月的 46019 亿元,其间累计增长了 59.8%。2015 年 6 月—2016 年 12 月,受离岸市场人民币贬值预期增强的影响,境外机构和个人持有境内人民币金融资产规模持续下降,2016 年 12 月降至 30337 亿元,累计降幅达到 34.1%。进入 2017 年之后,在国内银行间债券市场进一步开放、"沪港通"额度取消、"深港通"正式推出等利好政策的推动下,境外机构持有的境内人民币资产规模再次呈现大幅上升趋势,2018 年 5 月达到 48318 亿元,超过了前期峰值,并继续维持较快速度的增长,至 2021 年年底区间累计涨幅达 247.8%。

分投资品种来看,截至 2021 年年底,境外机构和个人持有境内股票资产 39419.9 亿元,相比 2013 年年底累计增幅高达 1043.1%;持有债券资产 40904.5 亿元,累计增幅高达 925.2%;持有贷款 11372.3 亿元,累计增幅为 114.2%;持有存款 16600 亿元,累计增长幅度为 3.4%。

从各投资品种的变化来看,境外主体增配国内金融市场人民币资产的主要品种逐渐由存款和贷款转变为股票和债券。人民币存贷款占比从 2013 年年底的 74.2% 持续下降至 2021 年年底的 25.8%;而股票和债券占比则从 2013 年年底的 25.8% 稳步上升到 2021 年年底的 74.2%。究其原因,一是股票和债券能够为境外投资者带来更高的回报;二是"8·11"汇改前后,受人民币贬值预期、美联储加息等因素影响,人民币出现净回流、离岸人民币资金池萎缩,离岸人民币存款吸引力下降,国内股票和债券的吸引力明显上升;三是国内资本市场对境外投资者的开放渠道不断拓展,开放程度逐步提高。譬如,合格境外机构投资者(QFII)、人民币合格境外机构投资者、沪/深港通、债券通等制度的相继推出及其额度的不断提高,使跨境资本流动更加便利。以 2017 年为例,境外主体通过合格境外机构投资者(QDII)、人民币合格境外机构投资者、"沪股通"和"深股通"持有境内股票的市值同比增速分别为 32%、46%、94%和 63.5%。[①]

(二)作为官方价值贮藏的人民币

近年来,人民币国际外汇储备取得了较快发展。2016 年 10 月,人民币正式加入特别提款权货币篮子,并以 10.92%的权重位居五大篮子货币的第三位。这是人民币国际化的重要成果,有助于提升各国货币管理当局对人民币

[①]　中国人民银行:《2019 年人民币国际化报告》,http://www.pbc.gov.cn/huo bizhengceersi/214481/3871621/3879422/20190823171523145 40.pdf,2019 年 8 月 23 日。

的接受程度。根据国际货币基金组织发布的数据,人民币在全球官方外汇储备中的规模不断上升,从 2016 年第四季度的 907.77 亿美元,增长至 2021 年第四季度的 3361.05 亿美元(见图 1-10),年均增长 29.93%,表明外国货币管理当局对人民币资产接受程度的不断上升。分阶段来看,2016 年年底至 2018 年第二季度,全球人民币外汇储备规模增长迅猛,季度环比增幅最低为 2017 年第二季度的 4.80%,最高为 2018 年第二季度的 32.32%;从 2018 年下半年开始,全球人民币外汇储备规模增速大幅回落,个别季度环比增速甚至降为负值。

（单位：亿美元）   （单位：%）

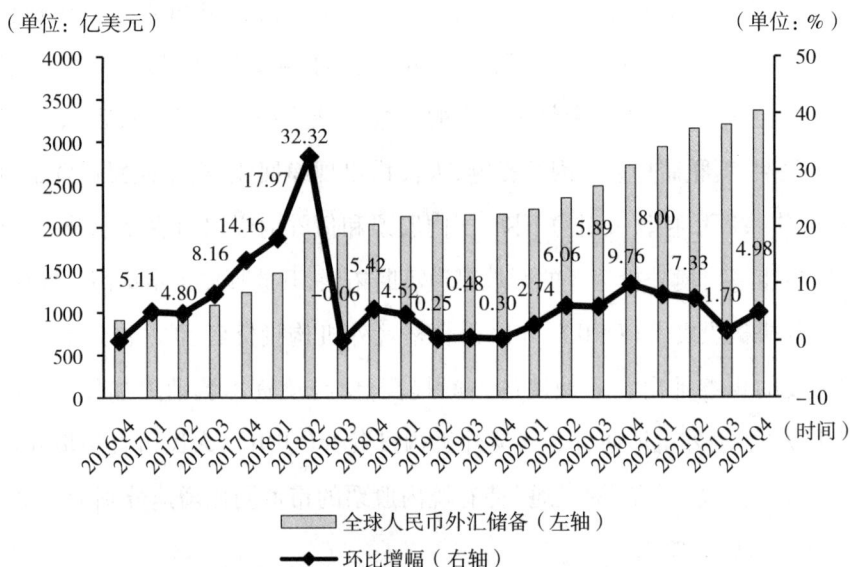

图 1-10　2016—2021 年人民币在全球外汇储备中的规模

资料来源:国际货币基金组织 Currency Composition of Offical Foreign Exchange Reserves(COFER)。

国际储备货币币种构成特别是长期币种构成,是衡量货币国际化程度的重要指标之一(李稻葵和刘霖林,2008)。图 1-11 给出了 2016 年第四季度至 2021 年第四季度八种主要货币在国际外汇储备中的份额及其变动情况。可以看出,位居第一的美元在全球外汇储备中的比重有所下降,截至 2021 年第四季度,美元在全球外汇储备中的份额已从最高 65.36%降至 58.81%;而欧

（单位：%）

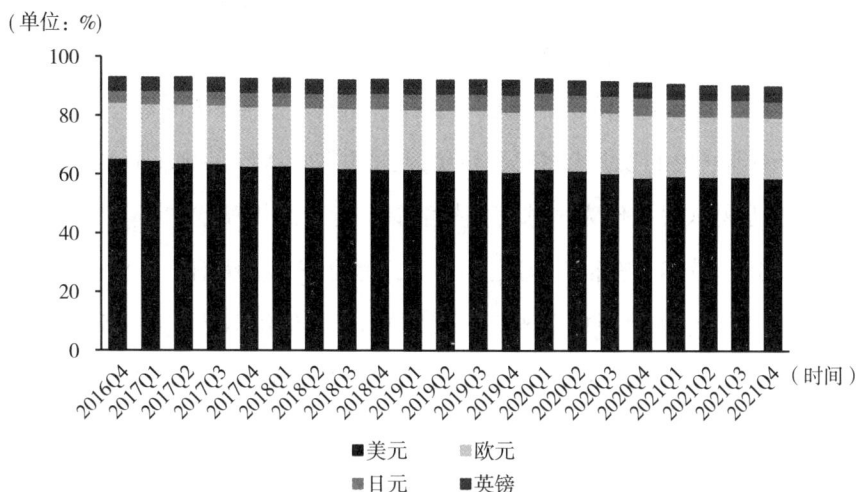

■ 美元　　　▨ 欧元
▨ 日元　　　■ 英镑

（单位：%）

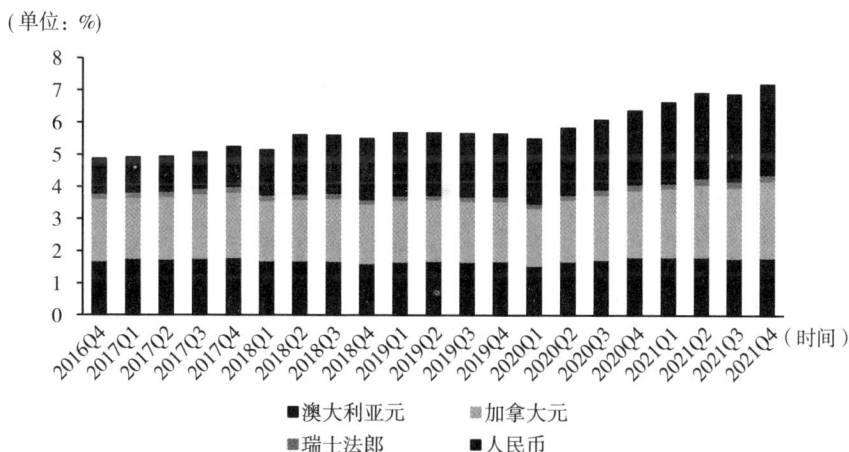

■ 澳大利亚元　　　▨ 加拿大元
▨ 瑞士法郎　　　　■ 人民币

图 1-11　2016—2021 年主要货币在国际官方外汇储备中的份额

资料来源：国际货币基金组织 Currency Composition of Offical Foreign Exchange Reserves(COFER)。

元、日元和人民币的比重有所上升，货币占比分别增加了 1.50%、1.62% 和 1.71%。不过，美元仍然是各国中央银行所持有的第一大储备货币，与位居第二的欧元相比拥有高达 38 个百分点的领先优势。人民币在全球官方外汇储备中的份额从 2016 年年底的 1.07%，上升至 2021 年年底的 2.79%；从其排名来看，人民币从 2016 年年底的第七位，上升到 2018 年第二季度的第六位，至

2018年年底进一步升至第五位。人民币在国际储备中的地位攀升,主要是由于改革开放40多年来我国经济贸易实力的持续增长和国内金融领域的不断改革与开放。随着中国在世界经济中地位的上升和国内金融领域的进一步开放,人民币资产对非居民的吸引力将更加显现,人民币在全球将变得更加重要。

不过,虽然人民币作为全球官方外汇储备货币的规模增加显著,但与主要国际货币相比,依然存在很大差距:尽管已经是全球第五大官方外汇储备货币,截至2021年年底,人民币在全球官方外汇储备中的份额不足美元的5%、为欧元的13.5%、日元和英镑的1/2。人民币储备货币功能的增强还需要强大的经济政治实力、发达的国内金融市场和完善的宏观经济政策框架的支撑,需要在继续深化改革、扩大开放、促进国内经济转型升级、推动制造业从价值链的中低端迈向中高端,以及实现军事现代化的同时,稳步推进人民币的国际化。

总而言之,始于2009年的人民币国际化战略是在资本账户尚未实现完全开放的条件下,为了应对全球金融危机与美元陷阱而由中国政府主动实施的。通过推广人民币跨境结算、发展离岸人民币市场、签署双边本币互换协议等,人民币国际化取得了重大进展。但2015年"8·11"汇改之后,受离岸市场上人民币贬值预期、国内经济下行压力增大、中美经贸摩擦持续升级等因素影响,人民币国际化进程有所放缓。在现行国际货币体系下,人民币国际化进程不可能一帆风顺。要想打破美元惯性,实现与中国经济和贸易地位相匹配的人民币国际货币地位,还有很长的路要走。当前,人民币国际化还面临众多障碍。譬如:从国际角度来看,新冠肺炎疫情持续蔓延导致全球经济下行压力大大上升、世界贸易和投资规模持续萎缩;美国等主要国际货币发行国无限量化宽松政策带来负面政策溢出效应等。从国内来看,国内金融市场发展仍不充分,市场体系有待健全;金融监管水平有待提高;人民币金融产品不够丰富等。为此,需要在防范金融风险的基础上,推进金融市场改革,完善相关基础设施建设,夯实人民币国际化的经济、政治和制度基础。特别重要的是,人民币国际化本身不应该成为中国追求的目标,它只是进一步深化改革、扩大开放的必然结果。

第二节　离岸人民币市场发展现状

一、离岸人民币市场总体发展情况

（一）人民币跨境支付

　　根据中国人民银行发布的数据，自 2009 年人民币国际化战略启动以来，人民币跨境收付金额总体上保持波动增长态势，从 2012 年第一季度的 6027 亿元，增长到 2019 年第四季度的 53000 亿元。从收付结构来看，2012—2014 年、2016 年跨境人民币实付显著高于实收，收付比在 0.7 左右徘徊；2016 年第四季度之后收付比明显上升，并于 2018 年第一季度突破 1，此后人民币跨境收付维持大体平衡、实收略大于实付的局面，2021 年第四季度收付比约为 1（见图 1-12）。

（单位：万亿元）

图 1-12　2012—2021 年各季度人民币跨境收付情况

资料来源：万得（Wind）金融终端数据库或中国人民银行 2015—2020 年人民币国家化报告。

中国建设银行与亚洲银行家联合开展的人民币国际化全球调查结果显示,截至 2019 年 12 月,人民币跨境支付系统(CIPS)间接参与者达到 903 家,其中亚洲 697 家(包括中国大陆 392 家)、欧洲 109 家、非洲 37 家、北美洲 26 家、大洋洲 18 家和南美洲 16 家,覆盖全球 94 个国家和地区。① 根据环球银行金融电信协会发布的全球人民币追踪数据,人民币在国际支付中的份额从 2012 年 1 月的 0.25%,最高上升到 2015 年 8 月的 2.79%,之后有所回落,至 2021 年 12 月为 2.70%;在全球支付货币排名中,人民币从 2012 年 1 月的第二十位,逐渐上升至 2014 年 12 月的第五位,之后基本维持在第五位或第六位(见图 1-13),2021 年 12 月升至第四位,仅排在美元、欧元与英镑之后。

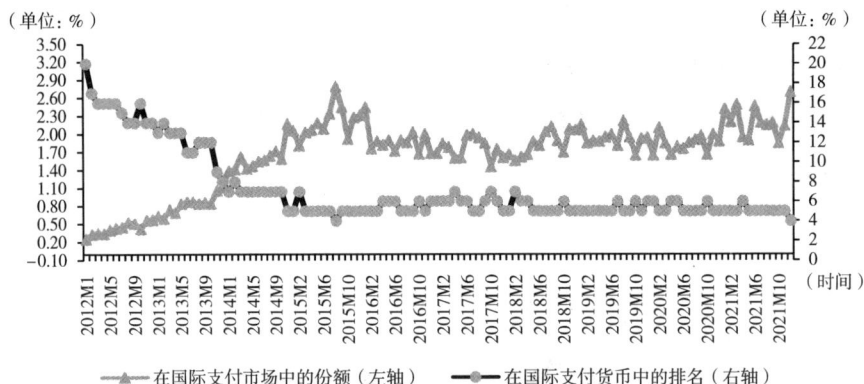

图 1-13　2012—2021 年人民币在全球支付货币中的份额与排名

资料来源:环球银行金融电信协会 SWIFT RMB Tracker: Monthly reporting and statistics on renminbi progress towards becoming an international currency。

(二)离岸人民币债券市场

自 2007 年 7 月第一笔债券发行以来,离岸人民币债券市场迅速发展,债券品种日益丰富。表 1-2 给出了离岸人民币债券市场的主要发展历程。

---

① 中国建设银行:《2020 人民币国际化报告》,http://www.ccb.com/cn/ccbto day/news/upload/20200630_1593498859/20200630154229909617.pdf,2020 年 6 月 30 日。

2012 年之前,所有离岸人民币债券均在香港市场发行(即"点心债");2012 年 4 月,汇丰银行在伦敦发行首笔人民币债券,标志着全球人民币离岸债券市场的启动。此后,离岸人民币债券市场逐渐拓展至中国台湾("宝岛债")、新加坡("狮城债")、卢森堡、伦敦、澳大利亚、南非等多地。

表 1-2 2007—2020 年离岸人民币债券市场发展历程

年度	重大事件
2007	6 月,中国政府允许境内金融机构在香港发行人民币债券 7 月,国开行在香港发行第一只离岸人民币债券
2010	2 月,香港金管局允许香港当地及海外企业发行人民币债券 7 月,合和公路发行首只非金融企业债券
2011	11 月,宝钢集团作为首家境内非金融机构在港发行人民币债券
2012	4 月,汇丰银行在伦敦首次发行人民币债券 5 月,中国政府将发行主体范围扩大至内地有较多业务的香港企业或金融机构以及境内非金融机构
2014	5 月,中国银行卢森堡分行发行卢森堡市场上首笔人民币债券
2015	10 月,中央银行在伦敦首次发行海外人民币央票
2017	4 月,中国银行约翰内斯堡分行发行非洲首只离岸人民币债券
2018	2 月,中国银行澳门分行发行 40 亿元人民币"莲花债",是澳门特别行政区首只离岸人民币债券
2019	7 月,中国财政部在澳门首次发行人民币债券 8 月,央行在香港第五次发行离岸人民币央票
2020	中国人民银行在香港共发行 12 期人民币央行票据,发行总额 1550 亿元

资料来源:根据中国人民银行《人民币国际化报告》(2015—2021 年)整理。

回顾离岸人民币债券市场逾十年的发展历程,大致可分为三个阶段(见图 1-14)。一是 2007—2009 年,为离岸人民币债券市场的形成阶段,年均发行规模略超过 100 亿元人民币。二是 2010—2014 年,随着人民币国际化战略的启动和离岸市场人民币资金的积累,在离岸人民币基准利率低于境内、中央银行重启参考一篮子货币的管理浮动汇率制度之后人民币保持升值态势的驱动之下,离岸债券发行规模迅速增长,并在 2014 年达到峰值 2964 亿元。三是 2015—2020 年,2015 年前后离岸市场人民币总体上维持贬值趋势,导致国际投资者对离岸人民币债券的投资意愿降低,离岸人民币债券发行规模随之逐年萎缩,2017年仅发行490亿元;2018年上半年,伴随人民币汇率的企稳回升,离岸人民币债券市场也有所回暖,全年发行1175亿元;2019年离岸人民币债券发行规模再次大幅增长,发行规模达2496.4亿元,主要是因为中国人民银行为稳定汇率预期而多次在香港特区发行央行票据,全年央行票据新发规模达1500亿元;2020年离岸人民币债券发行规模升至3319.56亿元。

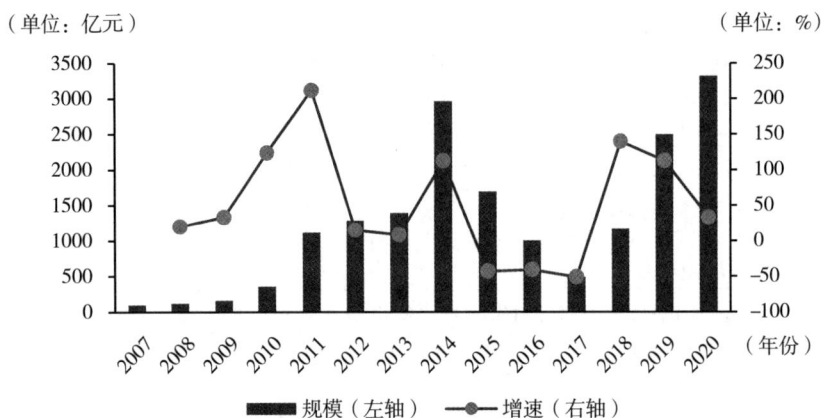

（单位：亿元）　　　　　　　　　　　　　　　　　　　　　　（单位：%）

图 1-14　2007—2020 年离岸人民币债券发行规模与增速

资料来源:2007—2015年数据来自 Bloomberg,2016—2019 年数据来自中国人民银行上海总部。2020年数据来自中国人民银行《2021年人民币国际化报告》。统计口径不包含境外发行的人民币存款证(CD)。

(三)离岸人民币存款

图1-15给出了主要离岸市场人民币存款规模的发展情况。其中,中国香港离岸人民币存款规模在2014年年底达到峰值,为10036亿元;随后受人民币贬值预期影响,人民币存款规模显著下降,最低降至2016年的5467亿元,之后有所回升,至2020年升至7209亿元。中国台湾人民币存款规模从2013年的1826亿元升至2017年的3222.5亿元,之后小幅下降,至2020年为2440.89亿元。新加坡人民币存款规模从2013年的2000亿元升至2014年的

2770 亿元,之后持续下降至 2020 年的 1280 亿元。2014 年英国全面放开人民币存款业务之后,伦敦人民币存款规模也出现较大幅度的增长,从 2013 年年底的 164 亿元增长到 2020 年年底的 645.6 亿元。

（单位：亿元）

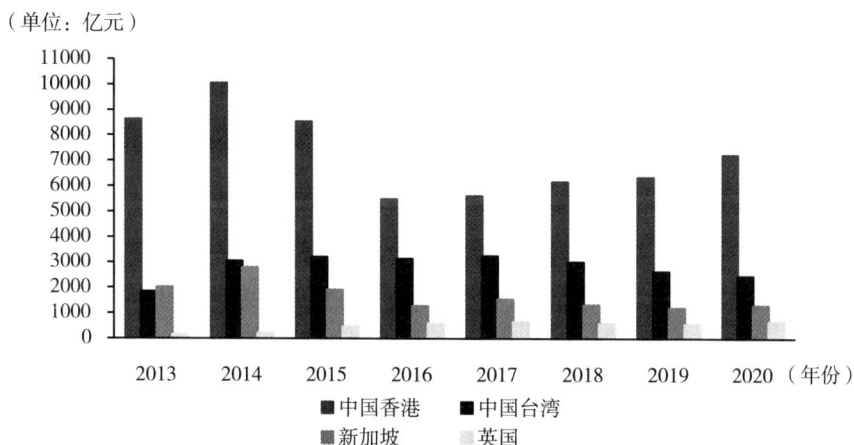

图 1-15　2013—2020 年主要离岸市场人民币存款规模

资料来源：中国人民银行《人民币国际化报告》(2015—2021 年)。

从各大离岸市场人民币存款份额的变化趋势来看,香港人民币存款规模一直稳居第一,但在四大离岸市场中的份额则有所下降,从 2013 年年底的 68.4%,降至 2017 年年底的 51%,之后回升至 2020 年年底的 62.3%;中国台湾则从 2013 年年底的 14.5%,波动增长至 2020 年年底的 21.1%;新加坡从 2013 年年底的 16%持续下降至 2020 年年底的 11%;伦敦则从 2013 年年底的 1.1%上升至 2020 年的 5.6%。

（四）离岸人民币外汇市场

根据国际清算银行每三年一次的外汇市场调查数据,全球外汇市场人民币日均交易量由 2013 年的 1295.6 亿美元,增长至 2019 年的 2850.3 亿美元;占全球外汇市场的份额则从 2013 年的 2%上升至 2019 年的 4.3%。截至 2019 年,人民币已连续多年成为新兴经济体货币中排名第一、交易最活跃的货币。从地域分布来看,英国、中国香港、美国和新加坡分别是排名前四位的离岸人民币外汇交易中心。其中,伦敦作为全球最大的离岸人民币外汇交易中心,2019 年人民币日均交易额为 820 亿英镑,同比增长了 7%。

经过近十年的发展,离岸人民币外汇市场产品体系已渐趋成熟,投资交易较为活跃。根据中国人民银行《2020 人民币国际化报告》,截至 2019 年年底,各大市场已推出人民币即期、远期、掉期、货币互换、无本金交割远期(NDFs)、期权等场外交易产品,以及人民币期货、开放型指数基金(ETF)等场内交易产品。2019 年,新加坡交易所美元兑人民币期货合约日均成交量达 36710 张,同比增长 70%;中国香港交易所人民币兑美元期货合约日均成交量为 7882 张,同比增长 10%;中国台湾期货交易所美元兑人民币期货合约日均成交量 311 张,同比增长 13%。

从离岸人民币外汇市场价格变动来看,如图 1-16 所示,2014 年 1 月之前,离岸人民币汇率波动性较小,且基本呈现单边小幅升值趋势,人民币 1 年期无本金交割远期(NDF)汇率从 2011 年 6 月 27 日的 6.3979 下降至 2014 年 1 月 20 日的 6.1000,累计升值幅度为 4.88%;离岸人民币(CNH)即期汇率从 6.4753 下降至 6.0196,累计升值幅度为 7.57%。2014 年 1 月—2015 年 8 月,离岸市场人民币汇率波动性上升,且基本呈贬值趋势,人民币 1 年期无本金交割远期汇率和离岸人民币即期汇率分别贬值 6.30% 和 5.98%。2015 年"8·11"汇改之后,离岸市场人民币汇率双向波动特征更加明显。其中,2015 年 8 月—2017 年 1 月,受贬值预期的持续影响,离岸人民币基本保持贬值趋势,人民币 1 年期无本金交割远期汇率从 2015 年 8 月 25 日的 6.5100 提高至 2017 年 1 月 3 日的 7.3024,其间贬值幅度为 12.20%;离岸人民币即期汇率从 6.4027 上升至 6.9588,贬值幅度为 8.70%。2017 年 1 月—2018 年 4 月,离岸人民币基本维持升值趋势,人民币 1 年期无本金交割远期汇率从 2017 年 1 月 3 日的峰值波动下降至 2018 年 4 月 17 日的 6.3715,其间升值幅度为 12.70%;离岸人民币即期汇率下降至 6.2822,升值幅度为 9.70%。2018 年 4

月下旬之后,受中美经贸摩擦不断升级的影响,离岸市场人民币再次出现贬值趋势,且波动性加剧,至 2021 年 12 月 31 日,1 年期无本金交割远期汇率和离岸人民币即期汇率分别收于 6.5230 和 6.3644,其间贬值幅度分别为 2.38% 和 1.31%。

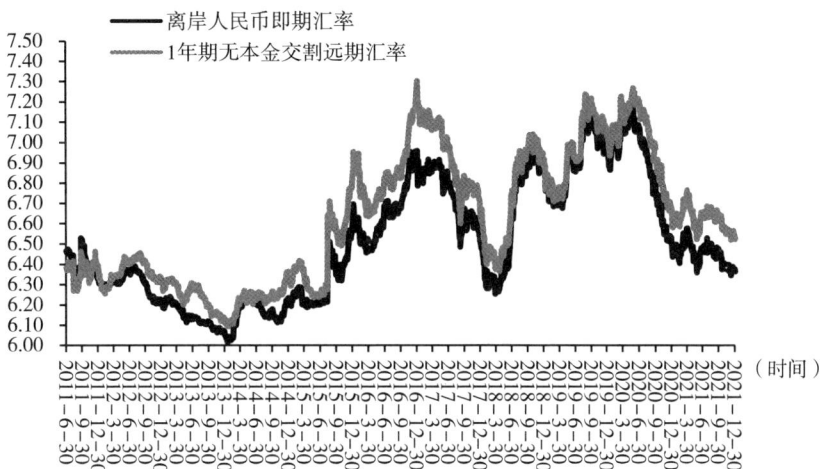

图 1-16 2011—2021 年离岸市场人民币汇率走势

资料来源:万得(Wind)金融终端数据库。

(五)离岸人民币金融中心

目前全球已形成四大主要人民币离岸市场:中国香港、中国台湾、新加坡和伦敦(见表 1-3)。首先,从人民币跨境收付金额及其占比来看,中国香港占全部离岸市场份额的 50% 左右,尽管其份额有下降趋势;相比之下,伦敦人民币收付结算业务比较落后,但其份额排名有逐渐上升趋势。其次,从人民币存款来看,中国香港一直保持第一,中国台湾则紧随其后。再次,从人民币债券市场来看,中国香港更是独具优势,2019 年全年中国香港人民币债券(含人民币存款证)发行 1667 亿元,占所有离岸人民币债券发行额的 42%;伦敦和新加坡分别发行人民币债券 141 亿元和 42 亿元。继而,从外汇市场来看,伦敦人民币外汇交易

基于宏观金融稳定视角的人民币国际化策略研究

量在全球主要离岸市场中排名第一位,2019 年市场份额为 43.57%;中国香港
排名第二,市场份额为 24.91%。最后,从中央银行双边本币互换协议来看,
截至 2019 年年末,中国人民银行与中国香港地区的货币互换余额为 1.2 万亿
元,新加坡为 1.05 万亿元,伦敦为 9000 亿元。总体来看,中国香港地区在多
项人民币业务上保持领先地位,其余三个离岸人民币中心也各具特色和优势。

表 1-3 2015—2019 年主要离岸人民币金融中心发展情况概览

（单位:亿元,%）

指标	中国香港		伦敦		新加坡		中国台湾	
	2015 年	2019 年	2015 年	2019 年	2015 年	2019 年	2015 年	2019 年
人民币跨境收付金额	64009	88318	2904	5901	12947	20260	8107	6491
跨境收付金额占比	52.9	44.9	2.4	3.0	10.7	10.3	6.7	3.3
离岸人民币存款余额	8511.6	6322	442	549.6	1890	1180	3182	2610
人民币债券发行额①	—	1667	—	141	—	42	—	—
人民币外汇交易份额	—	24.91	—	43.57	—	4.66	—	1.09
离岸人民币贷款余额	2976	1537	—	538.5	—	—	—	—
货币互换协议金额	8000	12000	5500	9000	4500	10500	—	—
全球人民币支付占比	71.6	75.43	5.2	6.36	5.2	3.11	3.3	2.18

资料来源:中国人民银行《人民币国际化报告》(2016 年,2020 年),国际清算银行 BIS Statisties Warehouse
(http://stats.bis.org),环球银行金融电信协会 SWIFT RMB Tracker。("—"表示数据缺失)。

中国建设银行与亚洲银行家共同开展的人民币国际化调查显示,截至
2019 年 12 月,中国香港仍然是最大的离岸人民币清算中心,拥有 75.43%的

---

① 此处统计口径包含境外发行的人民币存款证(CD),数据来自中国人民银行发布的
《2020 年人民币国际化报告》。

市场份额;英国位居第二,市场份额为 6.36%。

二、中国香港离岸人民币金融中心

　　十多年来,中国香港依靠其独特的经贸和区位优势,建成了全球最大的人民币离岸市场,在多项人民币业务上均保持领先。图 1-17 显示,截至 2021 年 12 月,在使用人民币最多的 15 个经济体中,中国香港以 76.84% 的份额高居第一。目前,中国香港是全球最大的离岸人民币市场和人民币贷款中心;拥有境外最大的人民币资金池和离岸人民币债券市场,是境外人民币清算业务的重要枢纽。中国香港离岸人民币金融中心的建设不仅有效促进了人民币国际化,且试验推动了多个资本项目开放政策和金融改革政策,成为中国香港国际金融中心发展的新动力(叶亚飞和石建勋,2017)。近几年,中国香港不断提升人民币市场的广度和深度,人民币产品更加丰富,已经形成涵盖人民币债券、外汇、货币、股票等市场的完整现货产品系列,同时在人民币衍生产品方面也不断创新。

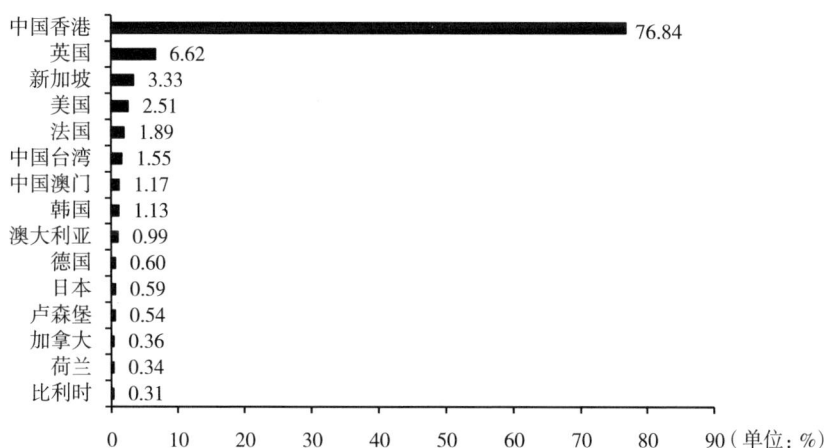

图 1-17　截至 2021 年 12 月使用人民币最多的 15 个经济体

资料来源:环球银行金融电信协会 SWIFT RMB Tracker March 2020。

（一）香港人民币货币市场①

1. 香港人民币存款

自 2004 年 2 月开办当地居民个人人民币业务以来,香港人民币存款规模缓慢增长,至 2009 年 6 月人民币存款余额为 543.81 亿元,占同期香港总存款规模的 1.11%。2010 年之后,香港人民币存款规模增长迅速。图 1-18 描绘了 2011—2019 年香港人民币存款规模的变动情况,2014 年年底上升至 10036 亿元,较 2009 年年底累计增长了 15 倍。原因有二:一是中国人民银行和香港金管局于 2010 年 7 月签订了新《清算协议》,扩大了人民币贸易结算安排;二是离岸市场长期存在人民币升值预期。此后几年,香港人民币存款规模持续下降,尤其在"8·11"汇改后,离岸人民币存款规模快速下滑。原因在于中央银行对离岸人民币市场的频频干预,虽然暂时稳定了汇率,但打击了境外投资者对人民币及人民币资产的兴趣,导致人民币资金池缩水。2015 年香港人民币存款规模下降了 1525 亿元,同比降幅达 15.2%;并于 2017 年 3 月跌至最低,为 5000 亿元。之后逐渐企稳,并有较大幅度回升,至 2021 年底升至 9268 亿元,接近历史峰值。

2. 人民币存款证(Certificate of Deposit:CD)②

2010 年 7 月,中信银行(国际)在香港发行了第一宗离岸人民币存款证,金额为 5 亿元,期限一年,票面年利率为 2.68%。随后,香港人民币存款证业务逐渐发展起来,2010 年 9 月和 12 月,国家开发银行和中国农业银行香港分行分别发行了 1 亿元和 10 亿元人民币存款证。此后,中银香港、汇丰银行、渣打银行、恒生银行等相继发行人民币存款证。截至 2019 年年底,香港人民币存款证余额为 258 亿元。③

---

① 香港离岸人民币货币市场是指融资期限在一年以下的金融市场,主要包括存款市场、贷款融资市场和同业拆借市场。

② 人民币存款证是银行发行的以人民币计价和结算的短期定息债务工具。

③ 资料来源:《香港金融管理局 2019 年报》(http://hkma.gov.hk/gb_chi/data-publications-and-research/publications/annal_reportl)。

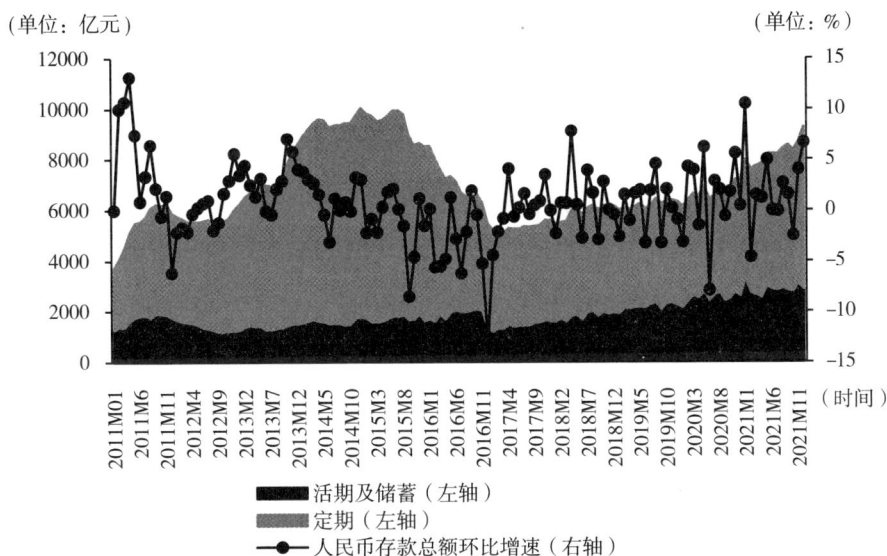

（单位：亿元）

（单位：％）

图 1-18 2011—2021 年香港人民币存款规模及环比增速

资料来源：香港金融管理局金融数据月报（http://hkma.org.hk/gb.chi/data.publications-and-research/data-and-statistics/monthly-statistical-bulletin）。

3. 人民币贷款融资

香港离岸人民币贷款业务主要包括双边贷款、贸易融资、银团贷款等产品。首笔人民币贸易融资、人民币双边贷款由人民币清算行中银香港分别于 2009 年 7 月、2010 年 11 月完成；第一笔离岸人民币银团贷款业务则由恒生银行于 2010 年 11 月完成。与人民币存款相比，人民币贷款市场的发展则相对缓慢。据香港金管局统计，截至 2019 年年底，香港人民币贷款余额为 1537 亿元。

4. 人民币同业拆借

2009 年 11 月，中银香港推出香港银行同业人民币拆息（CNY HIBOR），并以此为基准设立人民币融资贷款利率；2012 年 8 月起，香港财资市场公会（TMA）每日公布香港 13 家人民币业务较多的银行所报出的香港人民币同业拆借利率，期限包括隔夜、1 星期、2 星期，以及 1、2、3、6、9 月及 12 个月。在此基础上,香港金融管理局和香港财资市场公会于 2013 年 6 月推出全球首个离岸人民币同业拆息定价机制——人民币香港银行同业拆息定价(CNH HIBOR Fixing),以此作为香港同业贷款和衍生品的定价参考。

(二)香港人民币债券市场

自 2007 年 7 月国家开发银行在香港发行首笔人民币债券之后,包括中国政府、金融机构、非金融企业在内的多个主体先后在香港发行人民币债券。2014 年,香港人民币"点心债"共计发行 1602 亿元,其中 90% 是金融债和企业债,75% 以上为 1—3 年的短期债券。[①] 此后,由于美联储 2014 年退出量化宽松政策,对人民币单边升值预期产生重大影响,人民币汇率波动和融资成本上升,导致"点心债"市场规模急剧萎缩(谭小芬等,2018)。2015 年"点心债"发行额为 753 亿元,同比下降幅度高达 60.14%。2016—2017 年"点心债"市场持续低迷;2018 年,离岸人民币债券市场有所回暖,全年"点心债"发行为 419 亿元;2019 年,发行额进一步升至 1667 亿元。

自 2018 年 11 月起,中国人民银行先后多次在香港发行央行票据。截至 2020 年 3 月末,香港人民币央行票据余额为 800 亿元。中国人民银行在香港发行人民币央票常态化,丰富了香港市场的人民币产品系列,有力推动了离岸人民币市场的发展。[②]

(三)香港人民币股票市场

2011 年 4 月,汇贤产业信托在香港联交所上市,成为首只以人民币计价的房地产信托基金(REITs)。同年 5 月,为使香港人民币产品交易不受存量人民币资金限制,港交所推出"人证港币交易通(TSF)";6 月,港交所公布一

[①] 肖立晟:《香港人民币国际化调研报告》,《开发性金融研究》2015 年第 1 期。

[②] 中国人民银行:《2020 年人民币国际化报告》,http://www.pbc.gov.cn/goutongjiaoliu/113456/113469/4071737/2020081416503717495.pdf,2020 年 8 月 14 日。

级市场"双币认购"和"双币双股"招股模式。2012年2月14日,首只以人民币计价的交易所买卖基金"恒生人民币黄金ETF"在港交所上市。10月29日,香港主板上市公司合和公路基建配售的人民币计价新股在香港交易所挂牌上市,成为境外首只人民币交易股本证券。不过,尽管政府层面积极推动,但市场参与者并不积极,导致香港人民币股票市场发展缓慢。

(四)香港人民币外汇市场

香港独特的地理位置,使其成为全球24小时不间断外汇交易中的一个重要外汇交易中心。根据国际清算银行统计,香港市场人民币日均交易额由2016年4月的771亿美元增长至2019年4月的1076亿美元[①],成为仅次于伦敦的第二大离岸人民币外汇市场。

图1-19描绘了2011年6月底以来在岸与离岸人民币兑美元汇率的变动趋势。可以看出,2014年1月之前,尽管离岸市场上人民币汇率波动性相对较大,但离岸和在岸人民币均表现出单边升值趋势。其后,离岸市场人民币升值预期逆转,并带动在岸人民币同步贬值,在岸和离岸人民币汇率波动性均上升。2015年"8·11"汇改之后,人民币汇率双向浮动特征更加明显,汇率弹性明显增强;2016年人民币略有贬值;2017年人民币兑美元扭转此前两年的贬值走势,在岸人民币和离岸人民币汇率分别由年初的6.9574和6.9588升至年底的6.5066和6.5136;2018年人民币汇率经历了从升值到贬值的转换过程,上半年人民币较为强势,在岸人民币汇率一度升至6.25,下半年人民币走弱,在岸人民币汇率一度跌至6.8附近,至2018年12月21日汇价收于6.9074,较2017年年底下跌了5065点,贬值幅度为7.78%;2019年,人民币汇率双向波动特征显著,在岸与离岸人民币汇率走势基本一致,前4个月离岸

---

① 资料来源:BIS Triennial Central Bank Survey of Foreign Exchange and Over-the-counter (OTC) Derivatives Markets in 2019, https://www. bis. org/statistics/rpfx19. htm？ m = 6% 7C381% 7C677。

人民币整体走升,最高收于6.6795,此后受中美经贸争端升级影响,人民币整体走弱。至2021年12月31日,在岸与离岸人民币汇率分别收于6.3526和6.3644。

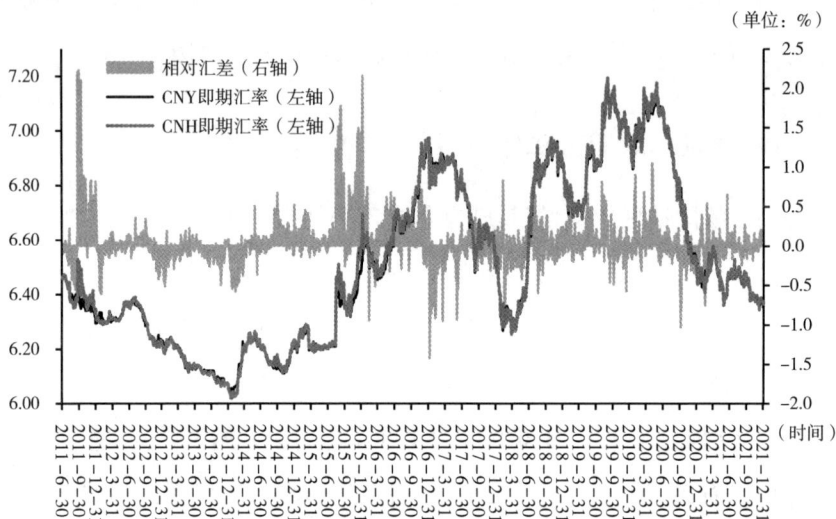

图1-19 2011—2021年香港离岸市场(CNH)与在岸市场(CNY)人民币即期汇率
资料来源:万得(Wind)金融终端数据库。

2018年第二季度之后,全球经济基本面更趋复杂,主要经济体货币政策分化加剧;与此同时,经贸摩擦对全球经济复苏构成重要挑战。在此背景下,主要国家货币汇率波动加剧,人民币兑美元汇率双向波动态势也更为显著。人民币期货成为企业和投资者应对汇率风险的有效工具[①]。根据中国人民银行发布的数据,2018年港交所人民币兑美元期货合约日均成交7135张,同比增长138%;人民币兑美元期权合约日均成交122张,同比增长125%。2019年港交所人民币兑美元期货合约日均成交7882张,同比增长10%;人民币兑美元期权合约日均成交63张,同比下降48%。

---

① 李一民:《离岸人民币期货市场日趋活跃》,《中国外汇》2018年第17期。

三、新加坡、中国台湾和伦敦离岸人民币金融中心

(一)新加坡

新加坡较早成立了人民币离岸金融中心,且发展比较成熟。2009 年 8 月,新加坡成为首批人民币跨境贸易结算试点国家。2011 年 1 月起,汇丰银行(新加坡)、大华银行等陆续接受人民币存款,新加坡人民币离岸金融中心正式建立。2013 年 2 月,中国工商银行新加坡分行被授权担任人民币清算行。2014 年 5 月,中国工商银行新加坡分行又获准成为全国银行间同业拆借市场中的第三家人民币清算行成员;同年 10 月,中国银行间外汇市场正式推出人民币对新加坡元直接交易。2013 年 3 月,中新双边本币互换协议规模由 1500 亿元扩大至 3000 亿元人民币;5 月 27 日,汇丰控股和渣打银行在新加坡发行首批人民币离岸债券("狮城债")。

据中国人民银行统计,2019 年中新人民币收付金额为 20260.1 亿元,占全部海外市场的 10.3%。新加坡是以华人为主的社会,且具有东南亚的地缘文化和贸易优势,在文化、语言等方面对中国和人民币更了解,比欧美各国更容易接受人民币。在"一带一路"倡议推动下,中国—东盟经济联系日益加强,而新加坡作为中国与东盟地区贸易投资往来的桥梁也迎来了新的机遇,中国和东盟间贸易、投资和融资资金流中很大一部分由人民币计价,新加坡资金中介的作用大大增强,其商品交易中心以及国际金融中心的地位也满足了企业管理人民币资产的需求。①目前,新加坡已成为全球主要人民币投融资市场之一。根据新加坡金管局发布的数据,截至 2019 年年末,新加坡人民币存款余额为 1180 亿元。但由于新加坡对中国持续多年保持贸易逆差,人民币资金不容易在新加坡沉淀下来。根据中国海关数据统计,2019 年,中新贸易额为 899.4 亿美元,其中中国对新出口 547.2 亿美元,自新进口 352.2 亿美元,新加坡对中国贸易逆差为 195 亿美元。

---

① 汤莉、翁东玲:《全球人民币离岸市场的比较与前景》,《亚太经济》2015 年第 3 期。

作为全球第三大外汇市场,新加坡人民币产品交易一直十分活跃。据中国人民银行发布的数据显示,新加坡 2019 年人民币外汇交易额占全球份额的 4.66%;新交所美元兑人民币期货合约成交 960.9 万张,年末未平仓合约 53228 张,约占全球类似产品未平仓仓位的 68%;未到期人民币债券 66 只,总规模 360 亿元。

(二)中国台湾

2008 年以来,大陆与台湾地区经济贸易往来日益密切,在台湾地区开拓人民币业务成为两岸共同的迫切需求。2012 年 12 月中国银行台北分行被授权担任人民币业务清算行,台湾地区人民币离岸市场正式建立。经过近十年的发展,台湾地区全面开展人民币业务,在市场规模、产品种类和基础设施等方面均有较大发展。

截至 2019 年年底,中国台湾外汇指定银行(DBU)和国际金融业务分行(OBU)的人民币存款余额分别为 2290.1 亿元和 320.23 亿元,人民币存款总余额达 2610.33 亿元,在所有离岸人民币市场中排名第二。台湾地区对大陆的贸易顺差是其人民币积累的重要来源。以 2019 年为例,台湾地区对大陆实现贸易顺差 8121 亿元。除此之外,大陆企业对台投资以及大陆居民赴台旅游消费也是其人民币资金的重要来源。从跨境贸易人民币结算角度来看,长期以来,台湾企业与大陆进行经济往来时主要使用美元进行结算,不仅存在汇率风险,而且带来了不必要的汇兑成本和外汇套期保值费用。台湾地区人民币离岸市场的启动为解决两岸贸易结算问题建立了制度基础,2019 年大陆与台湾地区的人民币跨境收付金额合计为 6491.1 亿美元,占比为 3.3%。

在人民币投资产品方面,2013 年 2 月,台湾地区发行首只离岸人民币债券(宝岛债),全年共发行 13 只,金额达 106 亿元;同年 4 月,首只人民币计价基金"复华伞型人民币基金"发行,募集总额为 280 亿元。外汇市场方面,2019 年中国台湾期货交易所美元兑人民币期货合约共成交 7.5 万张;小型美元兑人民币期货合约成交 28.9 万张。

随着两岸间经贸往来日益密切,台湾地区存在对人民币的大量需求,而对大陆常年的贸易顺差又为其提供了大量人民币资金,这是台湾地区形成离岸人民币中心的基础。同时,人民币回流机制的逐步建立使人民币能够有效回流到大陆,从而可以保障人民币资金池的活性,增强其吸引力。此外,台湾地区较为完善的金融体系和自由发达的金融市场,以及在推动美元离岸市场发展过程中所积累的经验,也为人民币业务的发展奠定了良好的基础。①

(三)伦敦

2012 年 4 月 18 日,伦敦金融城正式启动离岸人民币业务中心计划,提出将伦敦打造为人民币业务的"西方中心"。凭借其全球金融中心地位,伦敦离岸人民币市场取得迅速发展。根据环球银行金融电信协会发布的数据,伦敦是除香港地区以外使用人民币最多的离岸市场,是亚洲以外最大的人民币离岸清算中心(见图 1-20)。此外,"沪伦通"已于 2019 年 6 月正式启动。历史上,英国曾深度参与美元、欧元、日元等货币的国际化进程,未来同样有可能在人民币国际化进程中发挥重要作用。

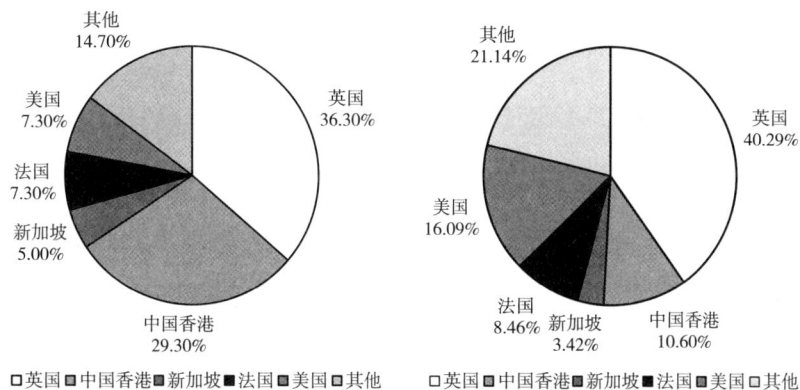

图 1-20　2017 年 3 月(左)和 2021 年 12 月(右)离岸人民币外汇市场分布

资料来源:环球银行金融电信协会人民币追踪报告。

---

① 汪立峰、曹小衡:《中国台湾人民币离岸市场发展前景研究》,《金融与经济》2014 年第 2 期。

1. 外汇市场业务

2012 年以来,伦敦人民币外汇交易规模持续增长。2014 年,伦敦在人民币即期外汇交易量方面就已超越中国香港;2018 年 10 月,人民币兑美元日均交易量首次超过英镑兑欧元;2019 年第二季度,伦敦离岸人民币外汇日均交易额突破 7650 亿元,环比增长 8.8%,同比增长 22.9%①。从结构上看,伦敦人民币外汇产品种类也较为丰富,包括即期、远期、掉期、期权等,其中以即期外汇交易为主。根据环球银行金融电信协会发布的数据,2021 年 12 月,伦敦人民币外汇交易占全球的份额为 40.29%,较 2017 年 3 月上升约 3.99 个百分点,仍为全球第一大离岸人民币外汇交易中心,其份额比位居第二的美国高出24.2 个百分点。

2. 跨境人民币收付

2018 年以来,在人民币跨境结算业务总体走低的情况下,中英人民币跨境结算业务却实现逆势扩张。据中国人民银行数据显示,中英办理人民币跨境收付金额从 2018 年的 3770 亿元增长到 2019 年的 5901 亿元,占比则从2.38% 上升到 3.0%;自 2014 年 6 月开展清算业务以来,中国建设银行伦敦分行已完成清算规模 40 万亿元。借助伦敦独特的时区优势,清算行可以形成24 小时不间断人民币业务链,协同北京和纽约两大市场,实现人民币清算业务对亚欧美三大洲主要工作时段的覆盖,更使伦敦成为中国与世界各国开展离岸人民币业务的重要平台。②

3. 人民币存款

截至 2019 年年底,伦敦人民币存款余额为 549.6 亿元,仅为同期新加坡的 46.6%、中国台湾的 21%、中国香港的 8.7%。人民币存款较少的主要原因是中英贸易中人民币结算比例相对较少,使英国通过贸易渠道获得人民币资

---

① 资料来源:伦敦金融城、中国人民银行欧洲代表处:《伦敦人民币业务季报》(第五期),2019 年 11 月 11 日。

② 仇堃:《在伦敦与新加坡建立人民币离岸市场的优势》,《经济纵横》2014 年第 4 期。

金的规模有限。不过,2015 年"8·11"汇改之后,人民币持续贬值,且离岸人民币贬值幅度更大,在离岸人民币资金池普遍缩水的情况下,伦敦人民币存款却有所增长,从 2015 年的 442 亿元增加到 2017 年的 632 亿元;2018 年略有收缩,为 573 亿元;2019 年进一步降至 549.6 亿元。

4.人民币计价债券

伦敦有很多里程碑式的人民币债券发行。2014 年 1 月 9 日中国银行伦敦分行在伦敦发行 25 亿元人民币债券,这是首笔中资银行以分行为发行人发行人民币债券。2014 年 3 月初,世界银行集团成员(IFC)在伦敦发行 10 亿元人民币债券,这是多边机构在伦敦证券交易所发行量最大的一次。2014 年 6 月 17 日,世界银行集团成员在伦敦证券交易所完成 5 亿元人民币绿色债券的发售,为人民币添加了一个重要资产类别。2014 年 10 月 14 日,英国政府成功发行了 30 亿元 3 年期人民币计价的主权债券,并宣布正式将其纳入英国外汇储备,使英国成为首个发行人民币债券的国外主权国家。2015 年 10 月,中国人民银行在伦敦成功发行人民币央行票据。2016 年 5 月,财政部发行人民币国债,使伦敦成为首个开辟人民币主权债务市场的海外金融中心。不过,伦敦人民币债券市场整体规模仍然较小。截至 2019 年年末,伦敦证券交易所未到期人民币债券共计 110 只,存量为 347 亿元,与新加坡相当。

四、其他离岸人民币市场

(一)卢森堡

卢森堡是全球重要金融中心之一,在人民币业务方面也领先于大多数欧洲国家。早在 2013 年卢森堡就以其庞大的人民币资金池、人民币基金管理规模和债券发行量而备受瞩目。卢森堡提供的人民币业务包括存款、贸易融资、货币兑换、汇款与贸易结算、支票、银行卡等;人民币资本市场有债券、证券结算和金融衍生品等;人民币投资基金业务包括投资基金和交易所交易基金等。据卢森堡金融推广署数据显示,卢森堡离岸人民币业务特色鲜明,核心业务集中在"点心债"、人民币合格境外机构投资者基金以及人民币投资基金等三大领域。在"点心债"发行方面,卢森堡已经成为欧洲"点心债"发行中心。根据卢森堡中央银行发布的数据,2018年,卢森堡证交所上市的人民币债券占全球市场份额的26%,超越香港市场成为全球最大的离岸人民币债券发行中心。卢森堡还是全球第一大投资中国基金注册地,超过29%投资中国市场的投资基金选择在卢森堡注册,人民币计价的投资基金管理规模超过3300亿元;约78%投资于中国的欧洲基金在卢森堡注册。卢森堡已经成为人民币国际化的关键枢纽之一,在全球人民币投融资体系中发挥着日益重要的作用。

(二)法兰克福

实体经济的需求是法兰克福成为人民币离岸中心的最大优势。自2012年中德两国政府表示鼓励金融机构和企业在双边贸易与投资中使用人民币以来,人民币在两国贸易和投资结算中的比重有了显著上升。据中国人民银行统计,2019年中德跨境人民币收付金额6687.8亿元,仅次于中国香港和新加坡。德国实体企业、特别是与中国有贸易往来的跨国企业较早开始持有和投资人民币产品,对人民币接受程度较高。2014年6月,中国银行法兰克福分行获准担任德国人民币清算行。截至2019年年末,中行法兰克福分行已经完成当地人民币清算网络建设,累计办理人民币清算业务近10万亿元;已有45家人民币参加行通过清算行成功办理人民币业务;德国已经成为人民币业务在欧洲市场的重要支点。不过,由于德国实体经济发展强劲,德国金融业的业务重点和创新始终围绕着实体经济和商业贸易开展,因此其人民币离岸中心业务也以服务实体经济为主,在金融市场和金融产品创新方面,与伦敦、卢森堡相比略显不足。

（三）纽约

与亚州和欧洲市场相比,美国离岸人民币业务发展相对缓慢,主要是由于美元霸权地位使然。从实体经济角度来看,企业也更愿意使用美元进行计价结算。不过,随着人民币国际地位稳步上升,纽约人民币交易也逐渐兴起。2014 年年初,渣打银行在公布人民币环球指数时首次将纽约列为第五个人民币离岸中心,与中国香港、新加坡、伦敦及中国台湾并列。根据环球银行金融电信协会数据,2019 年 12 月,美国人民币外汇交易量位列全球第三位,市场份额为 7.83%,仅次于英国和中国香港。2018 年 2 月,美国摩根大通银行被授权担任人民币清算行,成为第一家外资人民币清算行。

除了上述几个离岸人民币市场之外,日本、阿联酋、法国、韩国等国家也具有一定规模的人民币离岸市场。截至 2019 年年底,全球范围内的人民币业务清算行已达 27 个,遍及美洲、欧洲、东亚、东南亚、大洋洲和非洲。可以预见,未来人民币离岸市场将向更多国家或地区拓展。

第三节　人民币国际化的制度与基础设施建设

2009 年以来,随着人民币跨境使用限制的渐进解除,人民币逐步从原先简单的支付结算职能,向投融资、交易计价、国际储备等职能领域拓展。本节回顾人民币国际化战略启动以来相关制度演进与基础设施建设方面所取得的进展,表 1-4 给出了一个概览。

表1-4 2003—2019年人民币国际化重大事件一览表

年度	重大事件或政策措施
2003	12月,中国人民银行允许香港的银行为个人人民币提供清算机制安排,并授权中国银行(香港)有限公司担任香港人民币业务清算行
2004	9月,授权中国银行澳门分行负责澳门地区人民币结算业务
2007	中国人民银行启用首个境外人民币现钞代保管库——中银香港代保管库,并以其为基础向境外其他国家和地区提供人民币现钞供应和回流服务
2009	7月,将上海、广州、深圳、珠海、东莞5个城市作为启动跨境贸易人民币结算的试点城市;我国港澳地区和东盟国家作为跨境贸易人民币结算的境外地域范围。 同月,中国人民银行在5个试点城市正式上线了人民币跨境收付信息管理系统,接收商业银行报送的跨境业务信息,8月30日正式与海关总署联网,接收海关报关单信息
2010	10月,中国人民银行发布实施《新疆跨境直接投资人民币结算试点暂行办法》,将新疆作为试点城市,正式开展境内企业人民币对外直接投资业务
2011	10月24日,中国人民银行发布《关于境内银行业金融机构境外项目人民币贷款的指导意见》。 12月31日,中国人民银行发布《关于实施〈基金管理公司、证券公司人民币合格境外机构投资者境内证券投资试点办法〉有关事项的通知》
2013	1月25日,中国人民银行与中国银行台北分行签订《关于人民币业务的清算协议》。 4月2日,中国人民银行与中国工商银行新加坡分行签订《关于人民币业务的清算协议》。 3月13日,中国人民银行发布《关于合格境外机构投资者投资银行间债券市场有关事项的通知》
2014	4月,李克强总理在博鳌亚洲论坛宣布建立上海与香港股票市场交易互联互通机制(沪港通),11月沪港通试点正式启动。 11月,中国人民银行发布《关于人民币合格境内机构投资者境外证券投资有关事项的通知》,合格境内机构投资者可采用人民币投资于境外的人民币资本市场,人民币合格境内机构投资者机制正式推出
2015	2月,上海自贸区开始试点全口径跨境融资宏观审慎管理。 7月14日,中国人民银行印发《关于境外央行、国际金融组织、主权财富基金运用人民币投资银行间市场有关事宜的通知》,简化了境外央行类机构入市流程,取消了额度限制,允许其自主选择中国人民银行或银行间市场结算代理人为其代理交易结算,并拓宽其可投资品种。 8月11日,中国人民银行进一步完善了人民币兑美元汇率中间价报价机制。 10月8日,人民币跨境支付系统(一期)成功上线运行,同步上线的有19家直接参与者和716家间接参与者,参与者范围覆盖6大洲50个国家和地区。 12月11日,中国外汇交易中心开始定期发布人民币汇率指数

续表

年度	重大事件或政策措施
2016	10 月,人民币正式进入国际货币基金组织特别提款权货币篮子,权重为 10.92%,在篮子货币中排名第三。 12 月,深港通正式启动
2017	1 月,中国人民银行发布《关于全口径跨境融资宏观审慎管理有关事宜的通知》,调整跨境融资风险加权余额的豁免项目及相关系数,便利境内机构充分利用境外低成本资金,降低实体经济融资成本。 5 月,外汇市场自律机制将"逆周期因子"引入人民币兑美元中间价报价模型中,形成了"收盘汇率+一篮子货币汇率变动+逆周期因子"的人民币兑美元汇率中间价形成机制。 7 月 3 日,"债券通"正式上线试运行。根据中国人民银行发布的《内地与香港债券市场互联互通合作管理暂行办法》,"北向通"资金支持通过人民币跨境支付系统办理
2018	1 月,中国人民银行对商业银行人民币跨境账户融资业务引入了逆周期调节系数,根据境内代理上年末人民币存款余额确定账户融资上限。 2 月,根据《中国人民银行与美国联邦储备委员会合作备忘录》,中国人民银行决定授权美国摩根大通银行担任美国人民币业务清算行。 3 月 26 日,人民币跨境支付系统(二期)成功投产试运行,工商银行、农业银行、中国银行、中国建设银行、中国交通银行、兴业银行、汇丰银行(中国)、花旗银行(中国)、渣打银行(中国)、德意志银行(中国)等直接参与者同步上线。 8 月,中国人民银行将远期售汇业务的外汇风险准备金率从 0 上调为 20%,并且重启人民币兑美元中间价报价"逆周期因子"
2019	1 月 17 日,在中国人民银行指导下,中国银行间市场交易商协会组织市场成员制定了《境外非金融企业债务融资工具业务指引(试行)》。 6 月 17 日,中国证监会与英国金融行为监督局发布联合公告,正式启动上海证券交易所和伦敦证券交易所互联互通存托凭证业务,同日"沪伦通"下首只存托凭证产品在伦敦证券交易所挂牌交易。 9 月 10 日,国家外汇管理局公告取消合格境外机构投资者和人民币合格境外机构投资者投资额度限制。 10 月 15 日,中国人民银行与国家外汇管理局联合发布《关于进一步便利境外机构投资者投资银行间债券市场有关事项的通知》

资料来源:根据中国人民银行《人民币国际化报告》(2015、2016、2017、2018、2019、2020 年)整理。

一、制度演进及发展成果

(一)实现跨境人民币业务领域全覆盖

1.从贸易结算试点到经常项目阶段

2008 年全球金融危机爆发之后,美元、英镑、日元等主要国际储备货币汇率波动性加剧。面对日益上升的汇率波动风险,国内进出口企业在跨境贸易中使用人民币进行计价结算的需求越来越迫切。在此背景下,中国人民银行按照尊重市场需求、确保风险可控等原则,有序推进人民币在跨境贸易中的使用。2009 年 7 月,跨境贸易人民币结算试点正式启动,上海、广州、深圳、珠海和东莞作为境内试点城市,境外地域为我国港澳地区和东盟国家。2010 年 6 月,试点城市扩展到北京、天津、上海等 20 个省级行政区,境外地域则扩至全球范围;人民币结算业务范围也从货物贸易拓展至全部经常项目。2011 年 7 月,人民币结算由原先试点地区推广至全国范围。

2. 从经常项目到资本项目阶段

2010 年 10 月,中国人民银行将新疆作为试点地区,开展境内企业人民币对外直接投资业务。自此,跨境人民币业务由经常项目拓展至资本项目。2011 年 1 月,中国人民银行决定将所有跨境贸易人民币结算试点城市列入对外直接投资人民币结算试点城市;同年 8 月,境内地域范围由试点城市扩至全国。10 月,境外投资者获准以合法取得的境外人民币依法来华进行直接投资活动。2018 年 1 月,个人其他经常项目、碳排放权交易等人民币跨境结算业务也获准开展,至此人民币跨境使用政策实现全覆盖。

(二)不断推进金融市场双向开放,提升资本项目可兑换程度

为进一步满足境内外企业和个人使用人民币进行投融资和配置资产的需求,推动人民币国际化进程,中国政府不断推进金融市场的双向开放。

1. 人民币合格境外机构投资者制度

2011 年 12 月,符合条件的证券公司香港子公司、基金公司获准作为试点机构开展人民币合格境外机构投资者业务。此后,人民币合格境外机构投资者试点国家(地区)范围持续扩大,额度不断提高。根据国家外汇管理局发布的数据,截至 2019 年 8 月,人民币合格境外机构投资者获批投资额度为 6933.02 亿元,占总投资额度 19900 亿元的 34.84%。2019 年 9 月,为进一步消除国外资本进入国内证券市场的障碍,国家外汇管理局宣布取消合格境外机构投资者/人民币合格境外机构投资者投资额度及人民币合格境外机构投资者试点国家和地区限制。

2.人民币合格境内机构投资者制度

为拓展境内投资者使用人民币进行对外投资的渠道,2014 年 11 月,境内合格的机构投资者获准以自有人民币资金或募集境内机构和个人人民币资金,投资于境外金融市场的人民币计价产品。① 人民币合格境内机构投资者机制的推出,拓宽了境内人民币资金双向流动的渠道,有利于境外人民币资金池的扩大和离岸市场人民币产品的创新。

3.国内银行间债券和外汇市场开放

2013 年 3 月,允许符合条件的合格境外机构投资者投资于国内银行间债券市场。2015 年 7 月,对境外中央银行类机构简化了入市流程,取消其额度限制,并拓宽其可投资品种;同年 9 月,允许境外中央银行类机构直接进入中国银行间外汇市场,开展各类外汇交易。自此,境内银行间债券市场、银行间外汇市场实现向境外中央银行类机构完全开放,提升了国内金融市场的深度和流动性,推动了人民币国际化进程。

4.境内外金融市场互联互通机制

为了促进与境外金融市场的双向开放,加速人民币国际化步伐,中国陆续推出一系列金融市场互联互通机制:2014 年 11 月、2016 年 12 月,"沪港通""深港通"相继启动;2015 年 5 月,内地与香港启动基金互认安排;2017年 6 月,香港与内地"债券通"上线;2019 年 6 月,"沪伦通"正式启动。境内外金融市场互联互通机制的相继推出,加强了境内外资本市场的联系与合

---

① 由于 2015 年之后跨境资金净流出压力增大,中国人民银行于 2015 年 12 月 10 宣布暂停人民币合格境内机构投资者业务。2018 年 4 月,中国人民银行发布《关于进一步明确人民币合格境内机构投资者境外证券投资管理有关事项的通知》,宣布重启并进一步规范人民币合格境内机构投资者业务。

作,扩大了国内金融市场的双向开放度,为人民币国际化提供了有利发展机会。

(三)积极推动双边本币互换安排

双边本币互换安排由来已久,其最初目的是应对短期的国际流动性问题。早在 20 世纪 60 年代初,美国联邦储备委员会就曾与主要工业国家建立了中央银行货币互换网络;2008 年全球金融危机爆发之后,美联储利用双边货币互换协议向 14 个外国中央银行提供美元流动性。为加强区域金融合作、维护区域金融稳定,中国人民银行于 2001 年 12 月同泰国中央银行签订了第一份双边货币互换协议。全球金融危机之后,由于主要国际储备货币汇率大幅波动和美元流动性的明显扩张,中国人民银行签订双边本币互换协议的目的由应对流动性风险转变为通过便利贸易与投资来促进人民币国际化。通过双边本币互换安排,相关国家的企业就可以获取人民币以支付从中国的进口。正如廖和麦克道尔(Liao 和 McDowell,2015)所指出的,人民币国际化的一个关键策略是中国人民银行与越来越多的外国中央银行就双边货币互换协议进行谈判,以促进人民币在跨境贸易和直接投资结算中的使用。双边货币互换安排解决了贸易伙伴国家(地区)的人民币资金来源问题,而跨境贸易人民币结算则为货币互换解决资金出口问题。两项制度的灵活实施有助于推进人民币国际化。

截至 2020 年年末,中国已经与 40 个国家或地区的中央银行签署了双边本币互换协议,有效协议为 29 份、总金额为 3.99 万亿元人民币;国家(或地区)范围覆盖亚洲、欧洲、大洋洲、美洲和非洲等,但主要集中在亚洲和欧洲(见表 1-5)。

表 1-5　双边本币互换协议①

序号	合作国家/地区	时间	金额（亿元）	区域分布（金额；占比）
1	中国澳门	2019 年 12 月 5 日	300	亚洲（18170 亿元；52.88%）
2	印度尼西亚	2018 年 11 月 19 日	2000	
3	日本	2018 年 10 月 26 日	2000	
4	巴基斯坦	2018 年 5 月 23 日	200	
5	泰国	2017 年 12 月 22 日	700	
6	中国香港	2017 年 11 月 27 日	4000	
7	蒙古国	2017 年 7 月 6 日	150	
8	马来西亚	2018 年 8 月 20 日	1800	
9	哈萨克斯坦	2018 年 5 月 28 日	70	
10	卡塔尔	2017 年 11 月 2 日	350	
11	新加坡	2019 年 5 月 10 日	3000	
12	韩国	2017 年 10 月 11 日	3600	
13	澳大利亚	2018 年 3 月 30 日	2000	大洋洲（2250 亿元；6.55%）
14	新西兰	2017 年 5 月 19 日	250	
15	匈牙利	2019 年 12 月 10 日	200	欧洲（8940 亿元；26.02%）
16	阿尔巴尼亚	2018 年 4 月 3 日	20	
17	欧洲中央银行	2019 年 10 月 25 日	3500	
18	英国	2018 年 10 月 13 日	3500	
19	乌克兰	2018 年 12 月 10 日	150	
20	瑞士	2017 年 7 月 21 日	1500	
21	白俄罗斯	2018 年 5 月 10 日	70	
22	俄罗斯	2017 年 11 月 22 日	1500	亚欧大陆（1620 亿元；4.71%）
23	土耳其	2019 年 5 月 30 日	120	
24	尼日利亚	2018 年 4 月 27 日	150	非洲（450 亿元；1.31%）
25	南非	2018 年 4 月 11 日	300	
26	苏里南	2019 年 2 月 11 日	10	南美洲（930 亿元；2.71%）
27	阿根廷	2017 年 7 月 18 日	700	
28	智利	2018 年 5 月 25 日	220	
29	加拿大	2017 年 11 月 8 日	2000	北美洲（2000 亿元；5.82%）

资料来源：中国人民银行：《人民币国际化报告》（2020 年，2021 年）。

①　截至 2020 年 12 月底，货币互换协议总金额达 3.99 万亿元人民币。表中所列的均为尚处于有效期内的协议，期限一般为三年。

(四)持续推进人民币—本币直接交易

自 2008 年全球金融危机爆发以来,中国人民银行积极发展人民币对主要贸易伙伴国(或地区)货币的直接交易。人民币和贸易伙伴货币的直接交易可以降低外国经济主体使用人民币的交易成本,从而帮助其在同中国的贸易、投资活动中增加人民币的使用,因为双方货币之间的交易不再需要借助其他关键货币(如美元)作为中介。根据切伊等(Chey 等,2016)的研究,在人民币—韩元直接交易市场建立一年之后,韩国每笔价值 100 万美元的人民币—韩元交易的平均交易佣金从 16000 韩元降至 6000 韩元,其买卖价差也小于通过美元的交叉汇率。

自 2010 年 8 月推出对马来西亚林吉特直接交易以来,人民币对日元、澳大利亚元、英镑、瑞士法郎、欧元、加拿大元等主要国际货币,以及俄罗斯卢布、新加坡元、韩元、南非兰特、墨西哥比索等重要新兴经济体货币的直接交易也相继推出。如图 1-21 所示,截至 2021 年年底,人民币直接交易货币对总数已达 24 个(包括之前的美元与港元)。为配合国家"一带一路"倡议,进一步降低企业汇兑成本,中国外汇交易中心宣布自 2020 年 8 月 1 日起,暂免人民币对 12 个直接交易货币的竞价和询价交易手续费,暂免期限为三年。① 人民币与相关国家或地区货币直接交易的实现及其交易成本的降低,可以更好地发挥人民币在外汇市场上的国际计价单位和交易媒介职能,有利于人民币国际化水平的提升,并将对中国经贸发展产生长期积极影响。

(五)积极支持上海自由贸易试验区开展金融创新活动

在风险可控的前提下逐步推进人民币资本项目可兑换,扩大人民币的跨境使用,加快金融制度创新,是中国(上海)自由贸易试验区的一项重要建设

---

① 具体货币为新加坡元、俄罗斯卢布、马来西亚林吉特、新西兰元、南非兰特、沙特里亚尔、阿联酋迪拉姆、波兰兹罗提、匈牙利福林、土耳其里拉、韩元和泰铢。

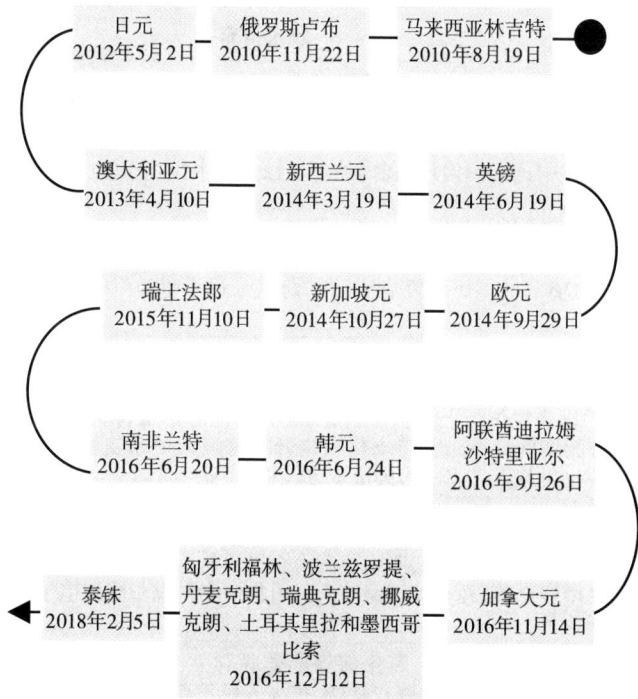

图 1-21 人民币直接交易货币推出时间图

资料来源：根据中国人民银行《2020年人民币国际化报告》整理。

任务。上海自贸区自设立以来，不断推进金融创新，推动人民币交易与结算货币功能的扩大。

表 1-6 给出了上海自贸区在金融创新方面的重要进展。可以看出，上海自贸区作为金融服务实体经济的一个"试验田"，在国际贸易、投资等实践中不断将人民币支付业务明晰化、具体化，人民币结算业务简约化、便利化，持续推进跨境人民币业务创新，便利境内与境外资金的双向流动，推进自贸区内中国与境外国家（或地区）之间的贸易与投资活动，有效提升了人民币的国际影响力。

表1-6 2013—2019年上海自贸区重要金融创新政策及成果

年度	政策措施
2013	10月,"一行三会"出台上海自贸区金融创新措施"51条",建立以利率市场化、外汇管理改革、人民币跨境使用、人民币资本账户可兑换为重点的金融制度框架,构建"自由贸易账户(FT)"体系。 12月2日中国人民银行出台《关于金融支持中国(上海)自由贸易试验区建设的意见》。 12月5日,上海地区的七家商业银行和注册在自贸试验区的七家企业在中国(上海)自由贸易试验区举行的"金融支持自贸试验区实体经济推进会"上分别就"跨境双向人民币资金池"和"跨境人民币借款"两项业务签署了业务合作协议
2014	1月,汇丰银行、花旗银行相继宣布,正式在上海自贸试验区内开展跨境人民币资金池业务。 2月,中国人民银行上海总部制定了《关于上海市支付机构开展跨境人民币支付业务的实施意见》,支持支付机构开展跨境人民币支付业务,方便了自贸区境内外收付款人之间的人民币资金转移。 2月21日,中国人民银行上海总部正式出台《关于支持中国(上海)自由贸易试验区扩大人民币跨境使用的通知》,进一步简化了区内经常项目和直接投资项下人民币跨境使用流程,明确了区内金融机构和企业人民币境外借款、跨境双向人民币资金池、经常项下跨境人民币集中收付以及跨境电子商务人民币结算等创新业务
2015	10月底,中国人民银行、商务部等部委联合上海市政府印发金融改革"新40条",涵盖拓展自由贸易账户功能、扩大人民币跨境使用、启动合格境内个人投资者(QDII2)、支持设立国际金融资产交易平台等
2017	6月,工商银行上海分行成功为大润发集团搭建了全功能型跨境双向人民币资金池并正式投入运营,这一成果有利于促进自贸区企业跨境资金的双向均衡流动。 同月,自贸区管委会和上海市金融办联合发布《中国(上海)自贸试验区金融服务业对外开放负面清单指引(2017年版)》,汇总金融领域外资准入规定
2018	3月,上海原油期货在上海期货交易所挂牌上市
2019	6月,中国人民银行支持在上海自贸区试点分账核算业务境外融资与跨境资金流动宏观审慎管理,以便境内金融机构和企业充分利用低成本资金,从而提高融资的自主性和资金利用效率

资料来源:中国人民银行(http:www.pbc.gov.cn),中国(上海)自由贸易试验区管理委员会(http:www.china-shftz.gov.cn),孙元欣:《2019中国自由贸易试验区发展研究报告》,格致出版社/上海人民出版社2019年版。

(六)完善全口径跨境融资宏观审慎管理

相较于微观审慎管理,宏观审慎管理更多地关注宏观经济环境,考虑宏观金融环境的稳定性,是对微观审慎管理的升华。① 宏观审慎管理把防范由金融体系顺周期波动和跨部门传染所导致的系统性风险作为核心内容,主要目的在于维持货币和金融体系的稳定性②。

表1-7给出了中国全口径跨境融资宏观审慎管理制度的形成过程。从2009年中国人民银行首次提出"将宏观审慎管理制度纳入宏观调控政策框架",到2015年跨境融资宏观审慎管理试点的建立,2016年全国范围内实施全口径跨境融资宏观审慎管理,再到2019年宏观审慎管理局建立,我国宏观审慎管理制度不断完善。

表1-7 2009—2019 年宏观审慎管理重大事件

年度	政策措施
2009	中国人民银行首次提出要"将宏观审慎管理制度纳入宏观调控政策框架",同年第四季度报告明确提出要研究建立宏观审慎管理制度
2015	2月,上海自贸区开始试点全口径跨境融资宏观审慎管理
2016	1月25日起,面向27家金融机构和注册在上海、天津、广东、福建四个自贸区的企业扩大本外币一体化的全口径跨境融资宏观审慎管理试点。 4月,中国人民银行发布《关于在全国范围内实施全口径跨境融资宏观审慎管理的通知》,在上海、广东、天津、福建四个自贸区企业和全国27家银行业机构跨境融资宏观审慎管理试点基础上,进一步将全口径跨境融资宏观审慎管理推广到全国
2017	1月,中国人民银行发布《关于全口径跨境融资宏观审慎管理有关事宜的通知》,调整跨境融资风险加权余额的豁免项目及相关系数,便利境内机构充分利用境外低成本资金,降低实体经济融资成本
2018	1月,为了引导商业银行管理跨境资金流动风险,中国人民银行对商业银行人民币跨境账户融资业务引入了逆周期调节系数,根据境内代理行上年末人民币存款余额确定账户融资上限。 4月,中国人民银行对跨境人民币资金池管理作进一步完善,设置了资金池净流入和流出宏观审慎调节系数,对资金池主办企业、成员企业和结算银行的管理进行了加强,强化了事中、事后管理
2019	2月,中央机构编制委员会办公室公布了《中国人民银行职能配置、内设机构和人员编制规定》,明确设立宏观审慎管理局

资料来源:根据中国人民银行2009年、2015—2019年各季度《中国货币政策执行报告》整理。

---

① 宋科、李振:《宏观审慎政策、杠杆率与银行风险承担》,《金融监管研究》2019年第10期。
② 张健华、贾彦东:《宏观审慎政策的理论与实践进展》,《金融研究》2012年第1期。

(七)稳步推进利率市场化与人民币汇率形成机制改革

1. 利率市场化改革

自 2013 年 7 月全面放开金融机构贷款利率管制以来,中国利率市场化改革取得一系列突破:一是随着存款利率浮动上限的逐步取消,至 2015 年 8 月基本开放金融机构利率管制;二是培育以上海银行间同业拆借利率(Shibor)、贷款基础利率(LPR)和国债收益率曲线为代表的基准利率体系,为金融产品定价提供依据;三是不断健全市场利率定价自律机制,提高金融机构自主定价能力,维护公平有序的市场竞争秩序;四是鼓励金融产品创新,持续推进同业存单、大额存单发行交易;五是完善中央银行利率调控体系,疏通利率传导渠道,增强利率引导与调控有效性。[①] 目前,政策层面的利率市场改革已基本完成。

图 1-22 给出了 2013 年 6 月—2021 年 12 月的 3 个月上海银行间同业拆借利率和 3 个月香港人民币同业拆借利率(CNH Hibor)的变化趋势。可以看出,整体而言,两者利差自 2013 年以来有缩小的趋势,说明在岸和离岸货币市场利率联动性有所增强,在岸利率市场化改革初见成效。

2. 人民币汇率形成机制改革

自 2005 年 7 月人民币汇率制度改革以来,中国人民银行遵循主动、可控和渐进性原则,持续推进以市场供求为基础、参考一篮子货币进行调节的人民币汇率形成机制改革。[②] 2015 年 8 月 11 日,中国人民银行完善了人民币兑美元汇率中间价报价机制(以下简称"8·11"汇改),强调中间价报价需参考上一交易日收盘汇率以反映市场供求变化;2017 年 5 月,将"逆周期因子"引入

---

① 中国人民银行:《2017 年人民币国际化报告》《2016 年人民币国际化报告》《2015 年人民币国际化报告》,http://www.pbc.gov.cn/huobizhengceersi/214481/3871621/index.html。

② 2008 年第三季度—2010 年第二季度,由于受到全球金融危机影响,人民币暂时回归盯住单一美元的汇率制度。

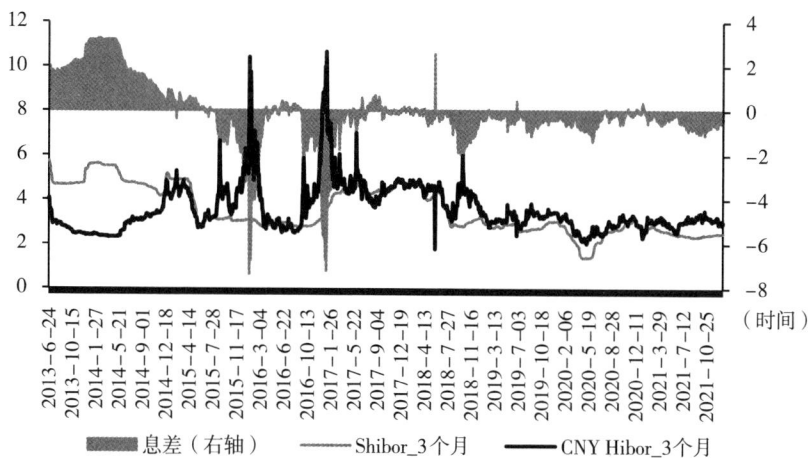

图1-22 2013—2021年在岸和离岸人民币银行间同业拆借利率

资料来源:前瞻数据库(https://d.qianzhan.com/)。

中间价报价模型之中,有效提升汇率政策的规则性、透明度和市场化水平。此后,中国人民银行继续致力于发挥市场供求在汇率形成中的决定性作用,并根据形势变化不断创新、丰富汇率调控工具箱,引导和稳定市场预期,促使人民币汇率在合理均衡水平上保持基本稳定。①

图1-23给出了中国外汇交易中心发布的人民币汇率指数。2015年11月30日—2021年12月31日,中国外汇交易中心人民币汇率指数、国际清算银行货币篮子人民币汇率指数和特别提款权货币篮子人民币汇率指数分别累计下降了0.45%、3.05%和1.2%,变差系数分别为2.77、3.03和2.46;而同期人民币兑美元即期汇率的变差系数为3.45。表明人民币汇率形成机制改革以来,人民币兑美元汇率弹性进一步增强的同时,对一篮子货币汇率总体上保持了稳定。

---

① 中国人民银行:《2019年人民币国际化报告》,http://www.pbc.gov.cn/huobizhengceer-si/214481/3871621/3879422/20190823171523145440.pdf,2019年8月23日。

图 1-23 2015—2021 年三大人民币汇率指数变动趋势

资料来源:中国货币网(http://www.chinamoncy.com.cn/chinese/bkrmbidx)。

二、基础设施建设及成果

(一)人民币跨境支付系统

人民币跨境支付系统是为境内外金融机构人民币跨境和离岸业务提供资金清算结算服务的金融市场基础设施。为满足日益增长的人民币跨境使用需求,提升人民币跨境支付结算效率,中国人民银行于 2012 年正式启动人民币跨境支付系统建设,其一期、二期分别于 2015 年 10 月 8 日、2018 年 5 月 2 日成功运行,目前已实现对全球各时区金融市场的全覆盖,大大提升了全球范围内人民币业务的便捷程度。人民币跨境支付系统全年处理跨境人民币业务笔数和金额分别从 2016 年的 63.62 万笔和 4.36 万亿元,增长到 2019 年的188.4 万笔和 33.9 万亿元,分别累计增长 196%和 677%。①

---

① 资料来源:中国人民银行《人民币国际化报告》(2017、2020 年)。

（二）离岸金融中心

发展人民币离岸市场和推动人民币在国际贸易中的使用，是人民币国际化路径的重要特征。由于国内资本账户尚未实现完全开放，发展离岸市场，可以增加非居民对人民币的识别和接受程度，同时允许中国货币政策当局在资本账户开放进程中适当保留部分控制措施。[①] 如本章第二节所述，自2004年第一个人民币离岸市场在中国香港启动以来，离岸人民币市场规模持续扩大、产品种类日渐丰富、市场参与者日益多样化，离岸金融市场逐渐由（中国香港）单一中心向（中国香港、新加坡、伦敦等）多中心协调发展过渡。

（三）人民币跨境收付信息管理系统

2009年7月，中国人民银行在5个试点城市正式上线了人民币跨境收付信息管理系统（RCPMIS），接收商业银行报送的跨境业务信息；8月30日正式与海关总署联网，接收海关报关单信息；12月8日，向国家税务总局、海关总署发送人民币跨境收付信息，及时获得人民币跨境业务的信息反馈，提高了中央银行对跨境人民币相关业务的管理效率。作为专门针对人民币资金跨境流动检测的全国性信息管理系统，人民币跨境收付信息管理系统包括一个数据库、两个业务平台和十三个业务模块。数据库部署在中国人民银行总行信管中心，集中储存全国各地所有人民币跨境收付信息，方便中国人民银行对人民币跨境收付的分析、检测、评估和宏观审慎监管（管晓明，2016）。截至2018年年底，全国已有424家法人银行机构和港澳清算行接入人民币跨境收付信息管理系统，系统有效用户69249个，共计财经数据信息3378万余条。

[①] D. He and R. N. McCauley, "Offshore Markets for the Domestic Currency: Monetary and Financial Stability Issues", *BIS Working Papers*, No. 320, 2010.

（四）跨境现钞业务模式拓展

自 2009 年以来,跨境人民币现钞调运业务蓬勃发展。目前人民币现钞跨境流动主要通过两个渠道:个人携带现钞出入境[①]和银行跨境调运现钞。

随着国际间交往日益密切,银行跨境调运现钞渠道在实践中不断获得发展。2009 年以前,我国香港、澳门地区及蒙古国、越南等就已有跨境现钞调运业务的需求。[②] 2007 年,我国第一个境外人民币现钞代保管库(中银香港代保管库)正式启用;2010 年起香港清算行依托中银香港代保管库,为海外提供或回流人民币现钞,人民币现钞供应、回流服务逐步延伸至全球范围。2019 年银行跨境调运人民币现钞金额达到 1040.3 亿元,较 2009 年增长了近 10 倍。

（五）人民币清算机构安排

人民币清算机构为人民币跨境和离岸业务提供资金清算、结算服务,是人民币国际化的重要金融基础设施(简志宏和郑晓旭,2016)。自 2003 年 12 月授权中银香港担任香港特区人民币清算行以来,截至 2019 年年底,中国人民银行已与 25 个国家和地区建立了人民币清算机制安排,并授权 27 家当地银行担任人民币清算行,其中中资清算行 25 家、外资清算行 2 家(见表 1-8),极大地便利了中国与相关国家(地区)的跨境贸易投资活动,促进了离岸市场发展和人民币国际化进程。

---

① 《中华人民共和国人民币管理条例》和《中华人民共和国国家货币出入境管理办法》规定,自 2005 年 1 月 1 日起,中国公民出入境、外国人入出境每人每次携带人民币限额调整为 2 万元。

② 当时主要通过两种方式实现:一是边境地区商业银行与对方国家商业银行合作跨境调运人民币现钞,二是中银香港、中国银行台北分行等境外人民币业务清算行负责跨境调运人民币现钞。

表 1-8　2003—2019 年境外人民币清算机构

序号	国家（地区）	清算行	设立时间
1	中国香港	中国银行(香港)有限公司	2003 年 12 月
2	中国澳门	中国银行澳门分行	2004 年 9 月
3	中国台北	中国银行台北分行	2012 年 12 月
4	新加坡	中国工商银行新加坡分行	2013 年 2 月
5	英国	中国建设银行(伦敦)有限公司	2014 年 6 月
6	德国	中国银行法兰克福分行	2014 年 6 月
7	韩国	交通银行首尔分行	2014 年 7 月
8	法国	中国银行巴黎分行	2014 年 9 月
9	卢森堡	中国工商银行卢森堡分行	2014 年 9 月
10	卡塔尔	中国工商银行多哈分行	2014 年 11 月
11	加拿大	中国工商银行(加拿大)有限公司	2014 年 11 月
12	澳大利亚	中国银行悉尼分行	2014 年 11 月
13	泰国	中国工商银行(泰国)有限公司	2015 年 1 月
14	马来西亚	中国银行(马来西亚)有限公司	2015 年 1 月
15	智利	中国建设银行智利分行	2015 年 5 月
16	匈牙利	中国银行匈牙利分行	2015 年 6 月
17	南非	中国银行约翰内斯堡分行	2015 年 7 月
18	阿根廷	中国工商银行(阿根廷)股份有限公司	2015 年 9 月
19	赞比亚	中国银行赞比亚分行	2015 年 9 月
20	瑞士	中国建设银行苏黎世分行	2015 年 11 月
21	美国	中国银行纽约分行	2016 年 9 月
22	俄罗斯	中国工商银行(莫斯科)股份有限公司	2016 年 9 月
23	阿联酋	中国农业银行迪拜分行	2016 年 12 月
24	美国	美国摩根大通银行	2018 年 2 月
25	日本	中国银行东京分行	2018 年 10 月
26	日本	日本三菱日联银行	2019 年 5 月
27	菲律宾	中国银行马尼拉分行	2019 年 9 月

资料来源：根据中国人民银行《人民币国际化报告》(2015—2020 年)整理。

　　本章从国际货币三大职能视角,对十多年来人民币国际化进展进行梳理;分析了人民币离岸市场发展情况;并对人民币国际化相关制度和基础设施建设所取得的进展进行回顾。总体而言,我们发现,尽管绝对水平仍然较低,人民币在国际货币三大职能、离岸市场发展、制度和基础设施建设等方面都取得了不俗的进展。

第二章 人民币国际化程度定量评估及其影响因素[①]

如何顺利推进国际货币体系变迁及人民币国际化,是当前新形势下我国经济金融领域所面临的重大课题之一。为此,需要深入研究货币国际化的一般规律,特别是探究影响一国货币国际地位的因素。而对货币国际化程度进行科学测度,又是量化分析货币国际化影响因素的前提和基础。本章从三个角度,对人民币国际化程度进行定量评估并分析其影响因素。首先,运用扣除本地需求法对人民币跨境流通规模进行测算;其次,利用主成分分析方法,构建人民币国际化综合指数及细分职能指数;最后,基于科怀和庞蒂纳斯(Kawai 和 Pontines,2016)所提出的修正的 Frankel—Wei 模型,对人民币在"一带一路"沿线国家和地区货币篮子中的权重进行估计,评估人民币作为官方计价单位的职能。

第一节 人民币跨境流通规模及其影响因素

一、测算方法

由于人民币国际化起步较晚,文献常用人民币跨境流通规模来衡量人民

[①] 本章主体内容曾作为课题中期成果发表:(1)钱圆圆、沙文兵:《人民币国际化:程度测算及影响因素研究》,《会计与经济研究》2018 年第 5 期;(2)武小菲、沙文兵:《人民币在一带一路沿线国家的货币锚效应》,《中南财经政法大学学报》2019 年第 6 期;(3)沙文兵、钱圆圆、程孝强、张玫:《人民币国际化程度再评估及其影响因素研究》,《财贸研究》2020 年第 12 期。

币国际化程度。货币跨境流通规模的测算方法有直接法和间接法两大类。早期文献对于人民币跨境流通规模的测算多使用直接法,依据边境贸易额、跨境旅游以及境外投资等数据对样本期内人民币跨境流通规模进行估算(李婧等,2004)。一般认为,直接法估计方法粗糙、主观任意性大(董继华,2008),且遗漏掉其他途径流出的人民币,所得出的跨境流通规模数值误差偏大。

间接法则是运用计量或统计方法对货币境外流通规模进行间接估计,具体包括生物计量法、季节法、极大似然法和扣除本地需求法等。其中霍金斯和梁(Hawkins 和 Leung,1997)提出的扣除本地需求法最具代表性和可行性。[1]该方法的原理和思路是:在境外流通前,一国货币的供给量应等于其国内货币需求量,后者则是国民收入、利率、价格水平等经济变量的稳定函数。当货币同时在境内外流通时,其供给量则等于国内需求量与境外需求量之和。由于国内货币需求与相关经济变量间具有稳定的函数关系,可以利用货币境外流通之前的数据估计出国内需求函数,再据此对货币境外流通之后的国内需求量进行预测,并以实际的货币供给量与预测的国内需求量之差作为货币境外流通规模的估计值。[2] 马荣华和饶晓辉(2006)基于 1958—2005 年的数据,以1994 年为节点把整个样本期分为两个阶段,运用第一阶段样本估计出国内需求函数,据此估算出第二阶段的国内货币需求量和人民币跨境流通规模。李继民(2011)运用 1992—2000 年的季度数据,估计出人民币国内需求函数,据此估算出 2001—2008 年人民币跨境流通规模。沙文兵和刘红忠(2014)基于1992—2003 年国内生产总值、价格水平和利率的季度数据,估计了 2004—2012 年人民币跨境流通规模。余道先和邹彤(2017)依据弗里德曼货币需求函数,构建国内货币需求模型,估计并分析了 2003—2016 年人民币跨境流通

———————————

① J. Hawkins and C. Leung, "The Demand for Hong Kong Dollar", *HKMA Quarterly Bulletin*, Vol. 5, No. 2, 1997, pp. 2-12.

② 孙东升:《人民币跨境流通的理论与实证分析》,对外经济贸易大学出版社 2008 年版,第53 页。

规模的走势及其变化原因。

鉴于直接测算法主观随意性大、对本币流动渠道涵盖面不全等缺陷,本节采取扣除本地需求法对人民币跨境流通规模进行估计。

二、人民币跨境流通规模测算

(一)模型设定

基于弗里德曼货币需求函数,结合数据可得性,借鉴余道先和王云(2015)的做法,将货币需求函数设定为:

$$\ln(M_{0t}/P_t) = \alpha_0 + \beta_1\ln(GDP_t/P_t) + \beta_2\ln X_t + \beta_3\ln R_t + \beta_4\ln I_t + \varepsilon_{it}$$

$$(2.1)$$

其中,t 表示时期,M_0 为流通中的现金,P 为一般价格水平,X 表示货币化率;R 为一年期定期存款利率;I 为通货膨胀率;ε 为随机干扰项。

(二)变量与资料来源

真实货币需求(M_0/P):M_0 为我国流通中现金的季度末余额;一般价格水平 P 采用 2000 年为基期的消费者物价指数(CPI)指数来衡量,季度消费者物价指数为相应月度数据的平均值。数据来源于中经网。

真实国内生产总值(GDP/P):用季度国内生产总值与价格水平的比值衡量。β_1 表示货币需求的收入弹性,货币需求随着实际国内生产总值的增加而增加。数据来源于中经网。

货币化率(X):以广义货币供给 M_2 与国内生产总值的比值来衡量,货币需求是货币化率的增函数。由于 1996 年以前数据缺失,本书采用"平均增量逆推法"[①]估算 1992—1995 年的 M_2,1996 年以后的数据来源于中经网。

---

① 根据前后两个年度 12 月的 M_2 数据,计算出此期间 M_2 的月度平均增加额,用平均增加额逆推估算出缺失年份的 M_2 数据。

国内一年期定期储蓄存款利率(R):季度利率用月利率的平均值表示,β_3表示货币需求的利率弹性。由于利率的提升将降低境内居民持有货币的投机动机,因而货币需求是利率的减函数。数据来源于中国银行官网。

通货膨胀率(I):通常情况下,货币需求与通货膨胀率同向变动,数据来源于中经网。

除通货膨胀率(I)之外,其他变量均取自然对数形式。

(三)关于两个阶段的划分

本书将1992年第一季度—2003年第四季度划为第一阶段,假设在此期间,人民币仅在国内流通,境外流通规模为零。理由如下:首先,在此期间,人民币跨境流通数额较小,可以忽略不计;其次,2003年,中国内地与香港、澳门特区分别签订《关于建立更紧密经贸关系的安排(CEPA)》,促进了三者之间的贸易投资便利化,加快了人民币跨境流通速度,扩大了人民币跨境流通规模;最后,根据图2-1的M_0时序走势可以看出,大约从2004年开始M_0上升速度明显加快(沙文兵,2014)。

(单位:亿元)

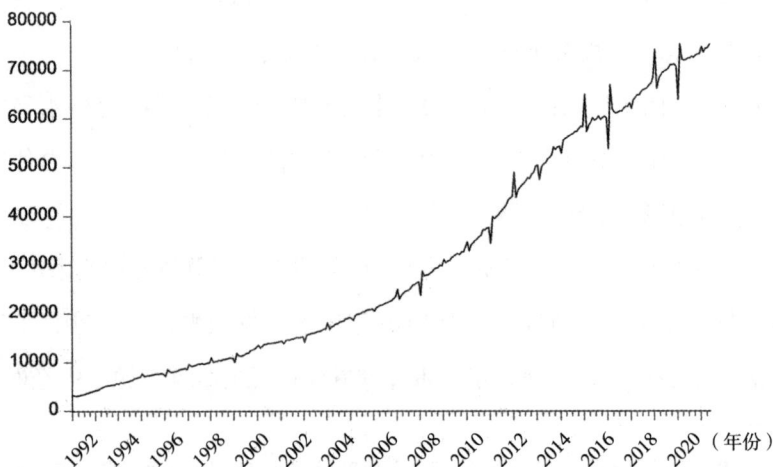

图2-1　1992—2020年M_0时序图

（四）测算结果与分析

1. 国内货币需求函数估计（1992 年第一季度—2003 年第四季度）

首先，由图 2-2 可知，流通中的现金、国内生产总值、货币化率都存在明显的季节性波动趋势，因此采用移动平均法对这三个变量进行季节调整。

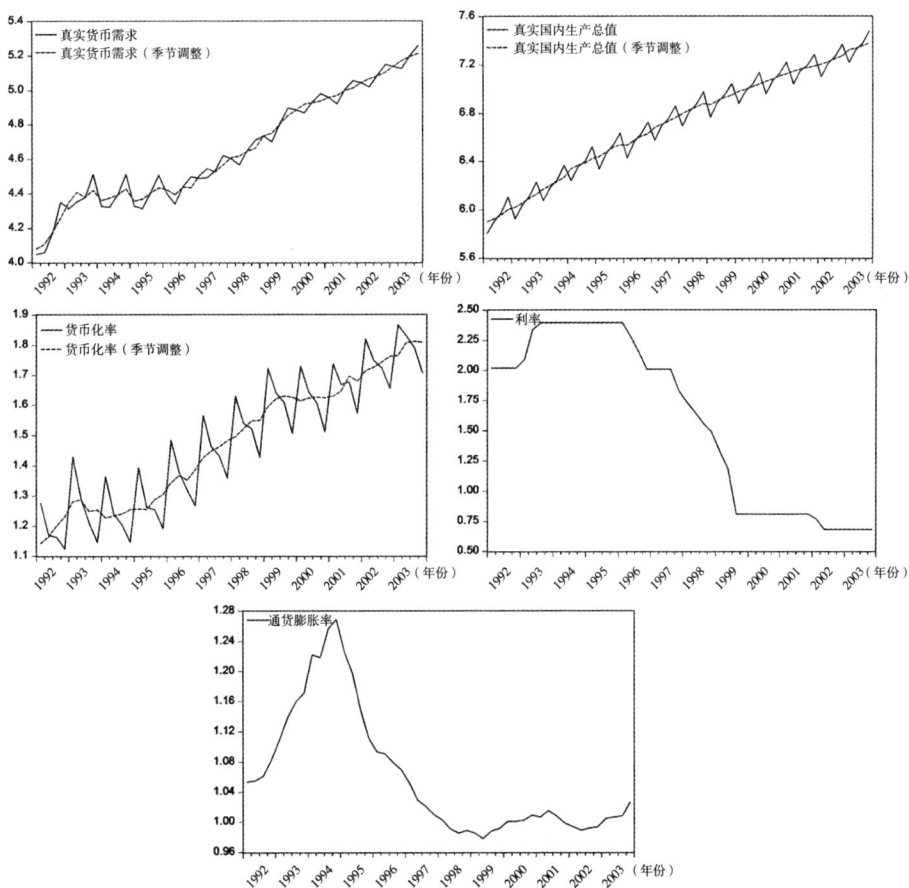

图 2-2　1992—2003 年各变量时序图

同时，由于时间序列经济变量通常具有非平稳性特征，故对各个变量做平稳性检验，结果见表 2-1。可见，模型中各变量均非平稳序列，但一阶差分后各变量均在 1% 的显著水平下拒绝零假设。所以,$\ln(M_0/P)$、$\ln(GDP/P)$、$\ln X$、$\ln R$ 和 I 同为一阶单整序列,可以进行协整检验。接下来,采用 Johansen 检验方法对变量进行协整关系检验,结果见表 2-2。

表 2-1　国内需求函数各变量 ADF 单位根检验结果

变量名	ADF 统计量	检验类型 (t,c,n)	0.01	0.05	P 值	结论
$\ln(M_0/P)$	-1.714	(t,c,0)	-4.166	-3.509	0.729	非平稳
$D\ln(M_0/P)$	-6.085	(t,c,0)	-4.171	-3.511	0.000***	平稳
$\ln(GDP/P)$	-2.421	(t,c,3)	-4.181	-3.516	0.364	非平稳
$D\ln(GDP/P)$	-5.677	(t,c,2)	-4.181	-3.516	0.000***	平稳
$\ln X$	-1.890	(t,c,0)	-4.166	-3.509	0.644	非平稳
$D\ln X$	-6.007	(t,c,0)	-4.171	-3.511	0.000***	平稳
$\ln R$	-0.297	(t,c,1)	-3581	-2.927	0.917	非平稳
$D\ln R$	-3.999	(t,c,1)	-3.581	-2.927	0.003***	平稳
I	-0.863	(t,c,8)	-4.212	-3.530	0.950	非平稳
DI	-3.581	(0,c,0)	-2.616	-1.948	0.000***	平稳

注:D 为差分算子;检验类型中的 t 表示趋势项;c 表示截距项;n 表示变量滞后阶数。***、**、* 分别表示在 1%、5% 和 10% 的水平下显著,下同。

表 2-2　Johansen 迹检验结果

H_0 协整向量个数	特征值	迹统计量	5%临界值	P 值
None***	0.726	106.185	69.819	0.000
At most 1	0.408	46.553	47.856	0.066
At most 2	0.230	22.409	29.797	0.276

Johansen 迹检验结果表明:在 5% 的显著性水平下,$\ln(M_0/P)$、$\ln(GDP/P)$、$\ln X$、$\ln R$ 和 I 之间存在一个协整关系,协整方程如下(括号中为 t 值):

$$\ln(M_{0t}/P_t) = \begin{matrix} 0.867 \\ (3.612)^{***} \end{matrix} + \begin{matrix} 0.285 \\ (2.988)^{***} \end{matrix} \ln(GDP_t/P_t) + \begin{matrix} 0.977 \\ (5.261)^{***} \end{matrix}$$

$$\ln X_t \begin{matrix} -0.132 \\ (-6.478)^{***} \end{matrix} \ln R_t + \begin{matrix} 0.978 I_t \\ (8.799)^{***} \end{matrix} \tag{2.2}$$

由方程(2.2)可知,我国真实国内生产总值每上升1%,对 M_0 的需求将增加0.285%;货币化率每上升1%,货币需求量增加0.977%;利率每提高1%,货币需求量会减少约0.132%;此外,货币需求随着通货膨胀率上升而上升。以上结果均符合理论预期。

2. 人民币跨境流通规模估计(2004年第一季度—2019年第二季度)

将我国2004年第一季度—2019年第二季度数据代入方程(2.2),估算出国内货币需求规模;再计算出国内货币供给和国内货币需求的差额,得到人民币跨境流通规模的估计值。图2-3为人民币跨境流通规模的测算结果。

(单位:亿元)

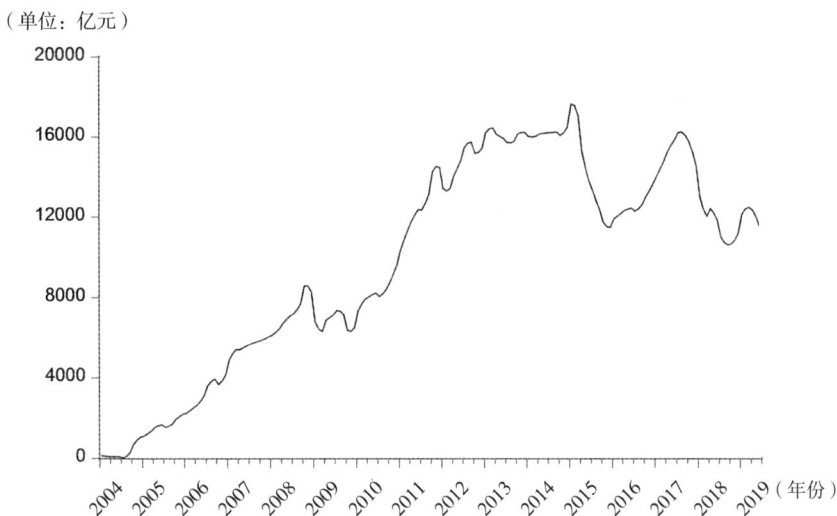

图 2-3　2004—2019 年人民币跨境流通规模

由图2-3可知,自2004年以来,人民币跨境流通规模总体上呈现上升趋势,但在2008年、2014年、2015年以及2017年均出现一定程度的回落。具体来看,可将人民币跨境流通情况划分为如下4个阶段:

第一阶段是 2004 年第一季度至 2008 年第三季度。2004 年禽流感疫情影响了边境贸易,人民币跨境流通规模增长较为缓慢。自 2005 年 7 月起,我国开始实行有管理的浮动汇率制度,此后人民币步入升值通道,促使人民币跨境流通规模迅速上升:从 2004 年年末的 1060 亿元,增长到 2008 年年末的 8268.7 亿元,累积增长幅度达 680%,年平均增长速度高达 67.1%。

第二阶段为 2008 年第四季度至 2014 年第四季度。受全球金融危机影响,中国经济增长率下降,出口贸易活动受阻,人民币跨境流通规模有所回落。其后,随着全球经济逐步复苏,人民币跨境贸易结算试点政策出台,以及 2010 年重回有管理的浮动汇率制并逐步放松资本项目管制,人民币跨境流通规模再次迅猛增长,至 2014 年年末达到 16468.037 亿元,较 2008 年年末累计增长了近一倍。

第三阶段为 2015 年至 2017 年。期初,人民币跨境流通规模达到了历史峰值 17624.351 亿元,之后跨境流通规模急剧下降,至 2016 年年末降至 13663.839 亿元,降幅高达 22.5%。这是继全球金融危机爆发以来人民币跨境流通规模出现的最大降幅。究其原因,其一,2015 年 8 月人民币兑美元中间价改革("8·11"汇改)之后,人民币汇率波动性增大,一定程度上削弱了非居民对人民币资产的持有信心;其二,人民币国际化主要依赖于贸易结算,尽管中国贸易规模不断扩大,但短期内还难以克服美元、欧元等货币的强大惯性;其三,美国进入加息窗口期,人民币-美元利差收窄,人民币贬值压力增大,降低了人民币资产的吸引力。

第四阶段为 2017 年至今。2017 年人民币跨境流通规模出现短暂上升;但进入 2018 年之后,人民币跨境流通规模出现较大幅度下降。原因在于,2017 年年初至 2018 年上半年,人民币兑美元显著升值;而 2018 年下半年,受中美经贸摩擦持续升级等因素的影响,人民币兑美元再度贬值,降低了人民币资产对非居民的吸引力。另外,随着中国宏观金融风险的逐渐暴露,持有人民币资产的风险溢价开始上升(张明和李曦晨,2019)。

接下来,我们建立经济计量模型,分析人民币跨境流通规模的影响因素。

三、人民币跨境流通规模的影响因素分析

(一)变量选择

被解释变量:人民币跨境流通规模(IR)。为消除量纲影响,采用上文测算的人民币跨境流通规模与中央银行货币供应(M_0)之比来衡量。

解释变量:根据国内外学者的研究,选择经济与贸易规模、金融市场发展程度、汇率预期等变量作为人民币跨境流通规模的影响因素。具体如下:

(1)中国经济与贸易规模(rgdp 和 trade)。马荣华和唐宋元(2006)研究发现,中国国内生产总值的世界占比是人民币境外流通的重要影响因素。李超(2010)基于微观贸易数据研究发现,贸易份额的扩大有利于人民币国际使用程度的提高。我们以中国国内生产总值与世界国内生产总值的比值来衡量中国相对经济规模;以中国贸易总额与世界贸易总额的比值来衡量中国相对贸易规模。预期人民币跨境流通规模随着中国相对经济与贸易规模的扩大而增长。数据均来自经济合作与发展组织(OECD)数据库。

(2)汇率预期(expect)。蒋先玲等(2012)指出,汇率预期变动对人民币境外需求有着显著影响。沙文兵和刘红忠(2014)研究发现,人民币升值预期在一定程度上能推动人民币境外存量的上升,但人民币过快升值反而对人民币境外流通具有不利影响。由于香港离岸人民币无本金交割远期(NDF)汇率能够较好地反映国际金融市场对人民币汇率的预期(李晓峰和陈华,2008;沙文兵等,2016),故采用一年期人民币无本金交割远期汇率和在岸市场即期汇率计算出的升(贴)水率来反映人民币兑美元的汇率预期。在直接标价法下,升水(数值为正)表示市场预期未来人民币贬值(美元升值);贴水(数值为负)表示市场存在人民币升值预期。无本金交割远期汇率和即期汇率数据来自万得数据库。

（3）金融市场发展程度（*capital*）。彭红枫和谭小玉（2017）指出，金融市场发展程度显著影响一国货币国际化进程。吴舒钰和李稻葵（2018）同样认为，货币国际化程度取决于货币发行国金融市场发展水平，包括金融市场的广度和深度。中国金融市场规模采用股票交易额与国内生产总值的比值来衡量。数据来自中经网数据库。

（4）移动支付虚拟变量（*mobilep*）。移动支付的兴起影响人们对货币的交易需求，从而也可能影响货币的境外需求。周光友（2009）指出，电子货币对传统货币具有替代效应，电子货币替代率与通货 M_0 呈现负相关关系，随着移动支付的快速发展，M_0 增长速度会明显减慢。加特纳（Gartner）数据显示，从 2012 年开始，我国移动支付进入迅速增长阶段，故本书以 2012 年为时间节点设置移动支付虚拟变量。

（二）模型、变量与数据

根据上述分析，构建人民币跨境流通规模的影响因素模型如下：

$$\ln IR = \eta_0 + \eta_1 \ln rgdp + \eta_2 \ln trade + \eta_3 capital + \eta_4 expect + \eta_5 mobilep + \varepsilon$$

$$(2.3)$$

为消除季节性因素影响，除移动支付虚拟变量外，所有变量都经季节调整；为减轻或消除异方差性，对人民币跨境流通规模、经济规模、贸易规模等变量取自然对数。

（三）实证结果与分析

为防止出现"伪回归"问题，对 $\ln IR$、$\ln rgdp$、$\ln trade$、*capital*、*expect* 进行平稳性检验，结果见表 2-3。

由表 2-3 可知，$\ln IR$、$\ln rgdp$、$\ln trade$、*capital*、*expect* 都存在单位根，但经过一阶差分处理后的 $D\ln IR$、$D\ln rgdp$、$D\ln trade$、*Dcapital*、*Dexpect* 均在 1% 的显著性水平下拒绝了存在单位根的原假设。因此 $\ln IR$、$\ln rgdp$、$\ln trade$、*capital*、*expect* 为一阶

单整序列,符合协整检验的条件。接着,采用 Johansen 检验方法对变量进行协整关系检验,结果见表2-4。

表2-3　影响因素模型各变量 ADF 单位根检验结果

变量名	ADF统计量	检验类型(t,c,n)	0.01	0.05	P 值	结论
lnIR	1.5925	(0,c,0)	−2.6034	−1.9463	0.9716	不平稳
DlnIR	−5.3054	(t,c,0)	−2.6034	−1.9463	0.000***	平稳
ln$rgdp$	−0.5203	(t,c,0)	−4.1184	−3.4865	0.9799	不平稳
Dln$rgdp$	−4.3009	(t,c,0)	−4.1184	−3.4865	0.0060***	平稳
ln$trade$	−0.7161	(t,c,4)	−4.1273	−3.4907	0.9668	不平稳
Dln$trade$	−4.1974	(t,c,3)	−4.1273	−3.4907	0.0082***	平稳
$capital$	−1.5373	(0,c,1)	−2.6041	−1.9463	0.1157	不平稳
D$capital$	−10.0929	(0,c,1)	−2.6041	−1.9463	0.000***	平稳
$expect$	−1.4812	(0,c,1)	−2.61109	−1.9474	0.1282	不平稳
D$expect$	−9.4305	(0,c,0)	−2.61109	−1.9474	0.000***	平稳

表2-4　Johansen 迹检验结果

H_0 协整向量个数	特征值	迹统计量	5%临界值	P 值
None	0.619118	88.69788***	69.81889	0.000
At most 1	0.248088	31.74715	47.856	0.626
At most 2	0.181	14.924	29.797	0.785

Johansen 迹检验结果表明:在 5% 的显著性水平下,lnIR、ln$rgdp$、ln$trade$、$capital$ 和 $expect$ 之间存在一个协整关系,协整方程为:

$$\ln IR = \underset{(2.636)^{***}}{3.029\ln rgdp} + \underset{(2.280)^{***}}{2.571\ln trade} - \underset{(-3.088)^{***}}{4.062 expect}$$

$$- \underset{(-2.423)^{**}}{0.117 capital} - \underset{(-2.730)^{***}}{0.826 mobilep} + \underset{(12.750)^{***}}{21.748} \quad (2.4)$$

由模型估计结果可知,第一,人民币跨境流通规模与中国相对经济、贸易规模显著正相关。第二,人民币升值预期显著提高了人民币跨境流通规模。第三,移动支付虚拟变量的系数显著为正,说明随着移动支付的蓬勃发展,对人民币跨境流通的需求也会减少。第四,金融市场规模系数估计值的符号与理论预期不符,表明目前中国证券市场的发展并没有起到促进人民币跨境流通的作用。原因可能在于,一方面我国资本市场发展尚不成熟,投机特征明显且波动剧烈,对境外投资者的持续性吸引力不够;另一方面资本市场开放程度不高,非居民进入国内资本市场的渠道与机会相对有限(余道先和邹彤,2017)。

协整分析无法体现一个变量对另一个变量作用的动态特征,故引入向量自回归模型和脉冲响应函数分析方法。首先,基于前文所选变量构建一个5维向量自回归模型。根据模型滞后期确定准则,确定滞后阶数为2,建立向量自回归模型(VAR)如下:

$$\begin{pmatrix} \ln IR \\ \ln rgdp \\ \ln trade \\ capital \\ \exp ect \end{pmatrix} = \begin{pmatrix} \alpha_1 \\ \alpha_2 \\ \alpha_3 \\ \alpha_4 \\ \alpha_5 \end{pmatrix} + \sum_{i=1}^{k} \begin{pmatrix} \mu_{11,i} & \mu_{12,i} & \mu_{13,i} & \mu_{14,i} & \mu_{15,i} \\ \mu_{21,i} & \mu_{22,i} & \mu_{23,i} & \mu_{24,i} & \mu_{25,i} \\ \mu_{31,i} & \mu_{32,i} & \mu_{33,i} & \mu_{34,i} & \mu_{35,i} \\ \mu_{41,i} & \mu_{42,i} & \mu_{43,i} & \mu_{44,i} & \mu_{45,i} \\ \mu_{51,i} & \mu_{52,i} & \mu_{53,i} & \mu_{54,i} & \mu_{55,i} \end{pmatrix} \begin{pmatrix} \ln IR_{-1} \\ \ln rgdp_{-1} \\ \ln trade_{-1} \\ capital_{-1} \\ \exp ect_{-1} \end{pmatrix} + \begin{pmatrix} mobilep_1 \\ mobilep_2 \\ mobilep_3 \\ mobilep_4 \\ mobilep_5 \end{pmatrix} + \begin{pmatrix} \xi_1 \\ \xi_2 \\ \xi_3 \\ \xi_4 \\ \xi_5 \end{pmatrix}$$

$$(2.5)$$

接下来对上述向量自回归模型进行 AR 单位根检验,发现特征多项式的所有根模的倒数均小于 1,表明模型稳定。由于向量自回归模型并非一个理论性模型,其系数估计值并无明确的经济含义。因此,我们依据所建立的向量自回归模型,利用脉冲响应函数研究当模型体系受到解释变量变化冲击时,人民币境外流通规模的相应反应情况。图 2-4—图 2-7 分别给出了人民币跨境流通规模对各个解释变量冲击的脉冲响应和累积脉冲响应函数。

由图 2-4 可知,就短期而言,人民币跨境流通规模对来自相对经济规模的一个结构性标准差冲击的响应为正,在第二期达到最大正响应值0.002,随后几期影响逐渐减弱;就长期而言,人民币跨境流通规模对经济规模冲击的正向响应具有持久性,其持久响应值为0.012。

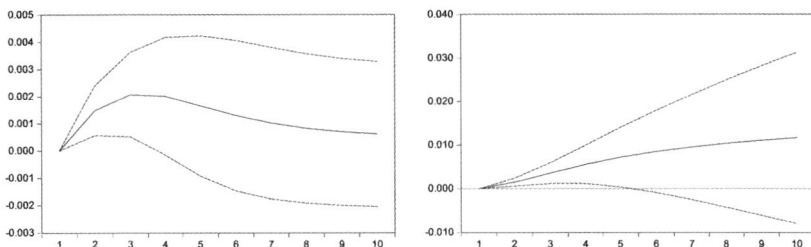

图2-4　人民币跨境流通规模对 ln*rgdp* 冲击的脉冲响应和累积脉冲响应

由图2-5可知,就短期而言,人民币跨境流通规模对来自贸易规模的一个结构性标准差冲击的响应为正,在第四期达到最大正响应值0.049,之后逐渐减弱;就长期而言,人民币跨境流通规模对贸易规模冲击的正向响应具有持久性,其持久响应值是0.165。

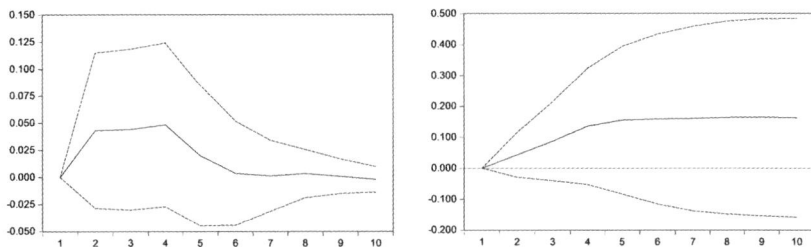

图2-5　人民币跨境流通规模对 ln*trade* 冲击的脉冲响应和累积脉冲响应

由图2-6可知,就短期而言,人民币跨境流通规模对来自金融市场规模的一个结构性标准差冲击的响应仅有短暂的正响应,随后逐渐转为负响应,在第四期达到最大负响应值-0.026,之后逐渐下降;就长期而言,人民币跨境流通规模对金融市场规模冲击的负响应具有持久性,持久响应值为-0.114。再次印证了国内证券市场发展并没有起到促进人民币跨境流通的作用。

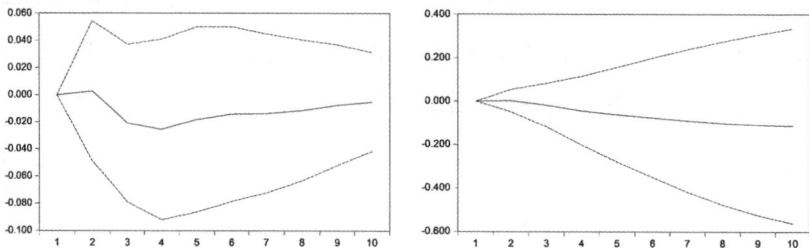

图 2-6　人民币跨境流通规模对金融市场发展冲击的脉冲响应和累积脉冲响应

由图 2-7 可知,就短期而言,人民币跨境流通规模对来自汇率预期的一个结构性标准差冲击的响应为负,在第二期达到最大响应值-0.019,之后逐渐下降;就长期而言,人民币跨境流通规模对汇率预期冲击的负响应具有持久性,持久响应值为-0.091。

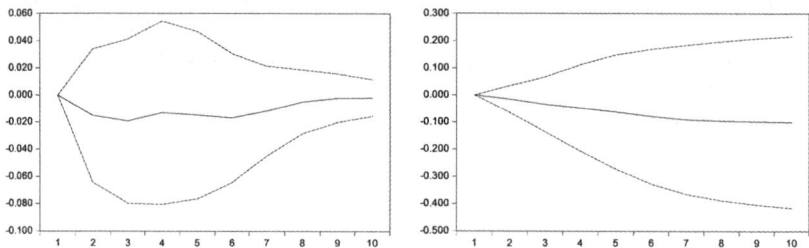

图 2-7　人民币跨境流通规模对汇率预期冲击的脉冲响应和累积脉冲响应

(四)稳健性检验

为检验实证结果的稳健性,借鉴沙文兵和刘红忠(2014)的研究,以境外人民币存款余额作为人民币跨境流通规模的衡量指标,对前文实证分析进行稳健性检验。由于境外人民币存款主要分布在中国香港、中国台湾、中国澳门和新加坡等地,而香港特区的人民币存款规模最大。故本书采用 2004 年第一季度—2019 年第二季度香港人民币存款季度余额作为人民币跨境流通规模的替代指标。原始数据来自香港金融管理局发布的《金融数据月报》。

对样本期各变量进行单位根与协整检验,结果表明经济规模、贸易规模、金融市场规模和汇率预期均为一阶单整序列,且各变量之间存在一个协整关系。从协整方程来看,主要变量的系数符号与前文一致。此外,向量自回归模型和脉冲响应函数分析结果也同前文分析基本相同。因此本书估计结果是稳健、可靠的。

四、研究结论与政策含义

本节在对人民币跨境流通规模进行估计的基础上,进一步探讨了人民币跨境流通规模的影响因素。首先,借鉴之前学者的研究,采用扣除本地需求法测算了人民币跨境流通规模,并分析其变动趋势。其次,选择经济与贸易规模、金融市场规模、汇率预期等变量,探究人民币跨境流通的影响因素。最后,构建向量自回归模型,运用脉冲响应函数分析方法,分析人民币跨境流通规模对各变量冲击的动态响应。得出结论如下:

第一,自2004年起,人民币跨境流通规模持续、稳步上升;然而2015年之后受离岸市场人民币贬值预期、全球经济不确定性加剧、中美经贸摩擦不断升级以及中国宏观金融风险有所上升等因素的影响,人民币资产的风险溢价上升,人民币跨境流通规模增速放缓甚至有所下降。

第二,由协整分析可知,人民币跨境流通规模和各解释变量之间存在长期稳定的均衡关系。经济规模、贸易规模的扩大,会加速人民币跨境流通;但当前中国资本市场发展并没有起到促进人民币跨境流通的作用;人民币汇率预期对人民币跨境流通具有重要影响。

第三,基于向量自回归模型的脉冲响应函数分析结果同样表明,我国经济规模及贸易规模对人民币跨境流通均有显著正向影响。而资本市场对人民币跨境流通具有一定程度的阻碍作用;人民币贬值预期不利于人民币跨境流通。

上述研究结论具有明显的政策含义。首先,稳步发展国民经济,提升经济实力和扩大贸易规模。非居民对一国经济的认可与信心决定着该国货币的国际地位。因此我国在推进人民币国际化进程中应转变经济发展方式;优化、升级产业结构,尤其是出口导向型产业结构;加强知识产权保护,鼓励企业自主创新,在深化国内经济结构性改革的过程中增强经济实力和出口竞争力。

其次,深化金融体制改革,完善金融市场建设。一是健全金融市场制度安排,加强金融市场监管力度,增强非居民的投资信心;二是丰富金融产品种类,特别是对冲工具和套期保值工具,以提高本国金融市场的吸引力、流动性和稳定性;三是提高资本市场透明度,保护投资者的利益;四是强化证券服务机构的专业能力,提升其国际竞争力。

再次,稳步推进资本账户自由化,完善宏观审慎监管体系。要充分考虑金融市场的发展现状和国内外经济形势,逐步推进资本账户自由兑换。及时、有效地监测跨境资本流动,防止巨额外资流入单一资本市场形成资产泡沫或巨额资本外逃。

最后,重视人民币汇率预期对人民币境外需求的影响;深化汇率形成机制改革,逐步让人民币汇率根据市场供求自由浮动,通过人民币币值回归理性水平,助力人民币国际化进程。

第二节　人民币国际化指数测算及其影响因素

一、测算方法

自 2009 年人民币国际化战略启动以来,人民币国际化已经走过十余年历程。随着相关统计数据的日益丰富,学者们开始基于国际机构和国内政府部门公开发布的统计数据,采用指标法测度人民币国际化程度。目前,对货币国际化程度测算的指标法主要有单项指标法和构建货币国际化综合指数两类方法。关于前者,现有研究主要是基于钦和弗兰克尔(Chinn 和 Frankel,2007),从货币的交易媒介、计价单位和价值贮藏三大职能中寻找代理变量来度量货币国际化程度,譬如"外汇交易份额"常被用作交易媒介职能的代理变量,"国际债券份额"常被用作计价单位职能的代理变量,"外汇储备份额"常被用作价值贮藏职能的代理变量。具体而言,学者们多基于数据可得性和连续性,选择国际清算银行发布的"国际贸易结算中的货币份额"和"国际债券发行额的币种结构"分别表征货币交易媒介和计价单位职能,选择国际货币基金组织发布的各国中央银行外汇储备的货币构成表征货币价值贮藏职能。譬如,钦和弗兰克尔(2008)采用官方外汇储备的币种份额作为货币国际化程度的代理变量,探究货币国际化的影响因素。元惠萍(2011)也认为,官方外汇储备的币种份额综合反映了该货币的国际地位。阙澄宇和黄志良(2019)同样采用官方外汇储备的币种份额来衡量货币国际化程度,探究资本账户开放对货币国际化的影响。张光平(2011)则认为,外汇市场交易中的货币份额与该货币的国际地位相匹配①。白晓燕和邓明明(2016)认为,国际债券的货币份额指标能够很好地反映国家信用背后的货币价值,可以作为货币国际地位的衡量指标。李稻葵和刘霖林(2008)同时采用国际外汇储备币种构成、国际贸易结算币种构成和国际债券币种构成三个指标,分析了主要货币的国际化程度及其影响因素,并据此对人民币国际化需求作出了较为乐观的预测。类似地,李建军等(2013)基于跨境贸易结算、金融市场交易和储备货币三个维度评估了人民币国际化程度。

　　以单项职能衡量货币国际化程度虽然操作简单且易于理解,但也有明显的缺陷,譬如汇率波动带来的估值效应可能会影响外汇储备的币种份额,从而弱化该指标对货币国际地位估计的准确性。更为重要的是,由于国际货币的三大职能是密切相关的,单一指标并不总是能够准确衡量一国货币的国际化程度;另外,国际货币基金组织与国际清算银行仅统计世界主要国际货币,所能获得的数据量较少,因此构建货币国际化指数便提供了新的测度货币国际化的方法。李瑶(2003)根据一国货币境外流通范围、数量及其占国际官方储

---

① 张光平:《货币国际化程度度量的简单方法和人民币国际化水平的提升》,《金融评论》2011年第3期。

备货币的比重,构建了"货币国际度"综合指数。人民币国际化研究课题组(2006)则进一步完善了"货币国际度"指标体系,测算了包含国际贸易支付、国际贷款市场、国际债券市场以及直接投资中的货币份额等指标在内的货币国际化指数。[①] 蒂曼(Thimann,2008)构建了涵盖基本面因素(经济、金融市场规模等)和结构性因素(金融市场管制、贸易壁垒等)两方面指标的货币全球地位指数。上述文献在构建货币国际化综合指数时,大多采用简单加权平均方法。由于所涉及的指标较多,且权重确定缺乏明确标准,董等(Tung 等,2012)采用主成分分析法确定各指标权重,构建了包含表征国际货币三大职能的众多变量的货币国际化程度指数。[②] 主成分分析法较好地解决了构建货币国际化指数时难以客观确定各指标权重的问题,为人民币国际化程度的度量提供了较为有效的方法(彭红枫等,2015)。彭红枫和谭小玉(2017)利用主成分分析法测算了八种主要货币的国际化总量指数、由经济基本面因素所决定的绝对程度指数,以及由一国的政策安排、金融体系等非经济基本面因素所决定的相对程度指数。沈悦等(2019)选取美元、欧元、英镑、日元以及人民币五种货币构建国际货币份额指数,测算了人民币国际化绝对指数和相对指数,并对人民币国际化前景进行了预测。徐伟呈等(2019)通过构建货币锚模型测算人民币货币锚地位后,将其纳入货币国际化指标体系,运用熵权法测算了人民币国际化水平。[③] 通过上述分析可以发现,单一指标只能反映一国货币在履行某一职能时的国际化程度,而基于货币三大职能所构建的货币国际化综合指数,能够更为全面地反映一国货币的国际地位,从而为各国货币的国际化程度提供更加合理、科学的比较标准。故本节也以构建货币国际化指数来衡量主要货币的国际化程度,并用主成分分析法解决权重确定问题。相较于现有文献,边际贡献如下:

---

① 人民币国际化研究课题组:《人民币国际化的时机、途径及其策略》,《中国金融》2006 年第 5 期。

② C. Y. Tung, G. C. Wang and J. Yeh., "Renminbi Internationali-zation: Progress, Prospect and Comparison", *China & World Economy*, Vol. 20, No. 5, 2012, pp. 63–82.

③ 徐伟呈、王畅、郭越:《人民币国际化水平测算及影响因素分析》,《亚太经济》2019 年第 6 期。

首先,采用主成分分析法构建八种主要货币的国际化总指数和分职能指数,对比分析各国货币国际化程度差异。其次,更加谨慎地选取指标。譬如,基于数据的可得性,大部分学者在选取指标体系时,通常采用直接投资的国别规模作为表征货币交易媒介职能的代理变量(彭红枫和谭小玉,2017;范祚军等,2018),但是在美元的强大网络效应下,许多国家的对外投资主要用的是美元,如中国在对外投资时使用人民币进行交易的比例非常少,采用直接投资的国别规模相当于只要是中国对外投资都视同人民币对外投资,这将会大大高估人民币投资的份额,同理也会高估其他非美元货币的投资份额,相应地低估美元的投资份额,进而显著影响测算结果的可靠性,故我们剔除这一变量。最后,考虑到国际货币不同职能的影响因素可能具有异质性,本节将进一步探究国际货币三大职能的影响因素。本节的主要发现有:第一,自人民币国际化战略启动以来,人民币国际化程度实现了较快的发展,但与主要货币相比仍然处于很低的水平,人民币国际化程度的提升主要是由交易媒介职能推动的;第二,强大的经济实力,成熟、稳健而开放的金融市场,币值稳定性,实际货币收益率,政治稳定和军事实力等都是推动货币国际化的重要因素;第三,国际货币三大职能的影响因素具有明显的异质性。

二、货币国际化指数测算

(一)货币国际化综合指数的构建

根据科恩(1971)、哈特曼(1998)等研究,国际货币是在国际私人交易或官方交易中承担交易媒介、计价单位和价值贮藏职能的货币。具体来看,作为交易媒介,国际货币是在国际贸易和资本交易中被私人部门用于商品交易或任意两个货币之间间接交换的媒介货币,也被官方部门用作外汇市场干预和平衡国际收支的工具;作为计价单位,国际货币被用于国际商品贸易和金融交易的计价,并被官方部门作为汇率盯住的"驻锚";作为价值贮藏手段,国际货币或以国际货币计价的金融资产被私人部门用于投资组合的选择,并被官方部门用作储备资产(见表 2-5 第 1—2 栏)。

因此,我们分别选择能够代表国际货币三大职能的指标,测算货币国际化综合指数,以期全面反映一国货币的国际地位。借鉴现有文献研究成果,同时考虑数据可获得性和指标的合理性,我们选择"国际贸易结算货币份额"和"全球外汇交易货币份额"来表征国际货币的交易媒介职能[①];考虑到国际债券和票据的币种结构既反映货币的"计价单位"职能,又可以衡量其"价值贮藏"职能,我们分别以"国际债券和票据发行额货币份额"来表征国际货币的计价单位职能[②],以"国际债券和票据余额货币份额"来表征国际货币的价值贮藏职能。此外,反映货币价值贮藏职能的指标还包括"全球对外信贷货币份额"[③]"利率衍生品市场货币份额"和"央行外汇储备货币份额"。表 2-5 第 3 栏给出了反映国际货币三大职能的指标体系。

表 2-5　货币国际化指标体系及数据来源

货币职能		具体用途	衡量指标	变量	数据来源
交易媒介	私人	媒介货币 (1)商品交易 ——国际贸易媒介 ——国内贸易媒介 (直接货币替代) (2)货币交易 ——外汇市场媒介	国际贸易结算货币份额	ITSS	环球银行金融电信协会
			全球外汇交易货币份额	GFXS	国际清算银行
	官方	外汇干预货币			

---

① 部分文献还加入了以直接投资国别规模占比来衡量的"全球直接投资的货币份额"。如前文所述,这会大大低估美元的国际化水平,相应地高估其他货币国际化水平。因此我们未采用这一指标。

② 由于数据的可获得性,不考虑汇率盯住的国家数量占比这一指标。

③ 借鉴彭红枫和谭小玉(2017),人民币全球信贷份额采用人民币境外贷款和香港人民币存款之和占全球对外信贷总额的份额表示,有关人民币存贷款数据来自万得数据库、中国人民银行和香港金融管理局,其他资料来源见表 2-5。

续表

货币职能		具体用途	衡量指标	变量	数据来源
计价单位	私人	计价货币	国际债券和票据发行额货币份额	IBSSF	国际清算银行
	官方	锚货币	汇率盯住的国家数量占比	—	—
价值贮藏	私人	投资货币（含间接货币替代）	全球对外信贷货币份额利率衍生品市场货币份额	GCS IRDS	世界银行国际清算银行
	官方	储备货币	国际债券和票据余额货币份额	IBSSS	国际清算银行
			央行外汇储备货币份额	CBFR	国际货币基金组织 COFERR;IFS

（二）变量与数据来源

尽管一般认为人民币国际化战略的正式启动是以 2009 年 7 月跨境贸易人民币结算试点政策的实施为标志的,然而在此前相当长的一段时期,人民币就已自发地为周边国家和地区所接受和使用。中国人民银行的一份调查报告显示,截至 2004 年年末,沉淀在中国香港和澳门特区以及缅甸、老挝、印度、巴基斯坦、俄罗斯等 16 个周边国家或地区的人民币现金已达 216 亿元左右,约占当年人民币现金流通量的 1%[①];同时,也为增加后文实证分析的样本容量以增强研究结论的稳健性与可靠性,我们将样本期设定为 2004 年第一季度至 2019 年第二季度,测算美元、欧元、英镑、日元、澳大利亚元、瑞士法郎、加拿大元和人民币等八种货币的国际化综合指数和分职能指数。基于数据可获得性,最终选取表征交易媒介职能的"全球外汇交易货币份额"和"国际贸易结算货币份额",表征计价单位职能的"国际债券和票据发行额货币份额",表征价值贮藏职能的"国际债券和票据余额货币份额""央行外汇储备货币份额""全球对外信贷货币份额"和"利率衍生品市

---

① 中国人民银行人民币现金跨境流动调查组:《2004 年人民币现金跨境流动调查》,《中国金融》2005 年第 6 期。

基于宏观金融稳定视角的人民币国际化策略研究

场货币份额"等七个变量作为测算货币国际化指数的依据。部分变量只有年度数据,采用频率转换方法将其转换为季度数据,缺失值采用线性插值法补齐。① 变量和数据来源见表 2-5 第 4—5 栏,图 2-8—图 2-14 给出了各变量的变化趋势。

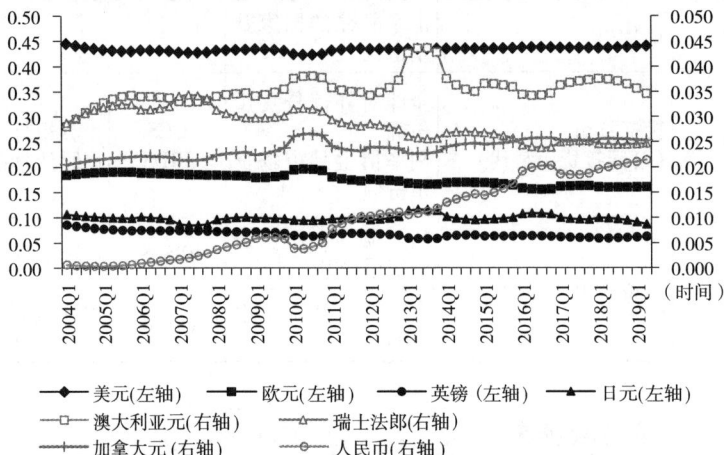

图 2-8　2004—2019 年全球外汇交易货币份额(GFXS)②

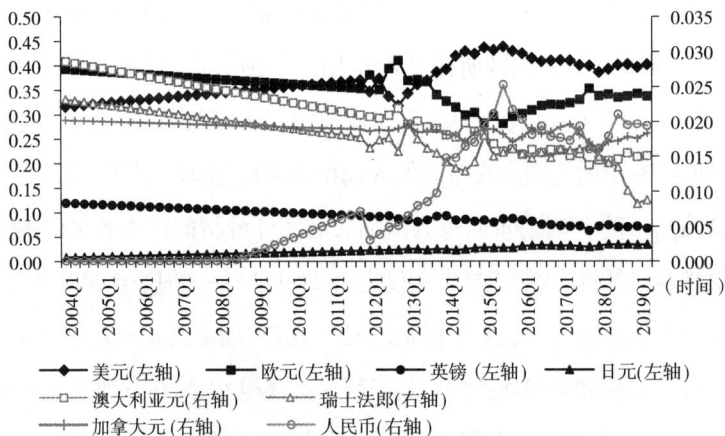

图 2-9　2004—2019 年国际贸易结算货币份额(ITSS)

① 由于"全球外汇交易货币份额""利率衍生品市场货币份额"每三年统计一次,借鉴文献通常的做法,假定统计数据的变化为简单线性的,以此来估计中间两年的数据。
② 因为每笔外汇交易都涉及两种货币,国际清算银行统计的所有货币份额之和为 200%,故将交易份额除以 2。

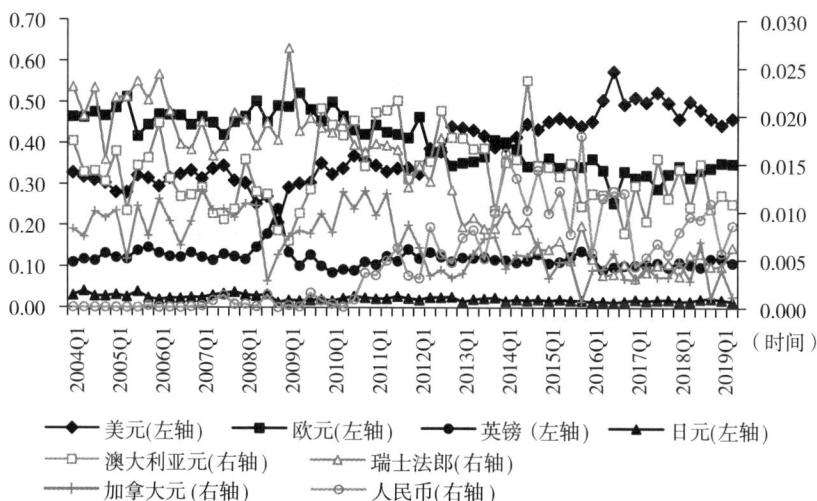

图 2-10　2004—2019 年国际债券和票据发行额货币份额（IBSSF）

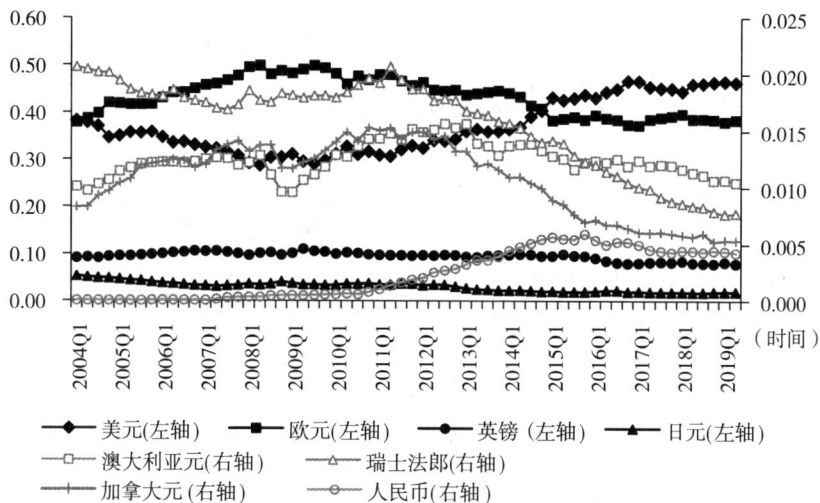

图 2-11　2004—2019 年国际债券和票据余额货币份额（IBSSS）

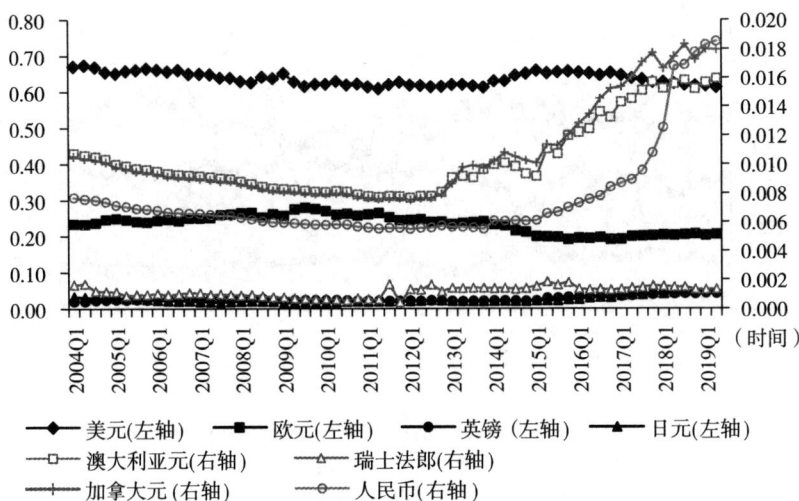

图 2-12　2004—2019 年央行外汇储备货币份额（CBFR）

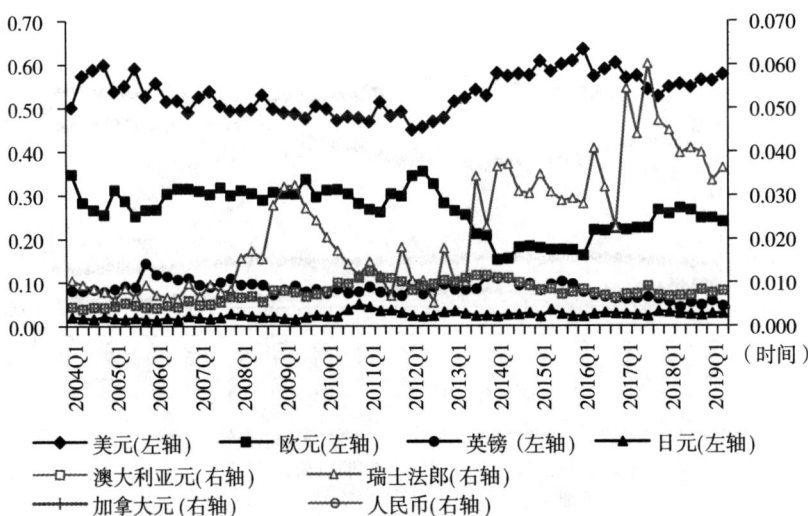

图 2-13　2004—2019 年全球对外信贷货币份额（GCS）

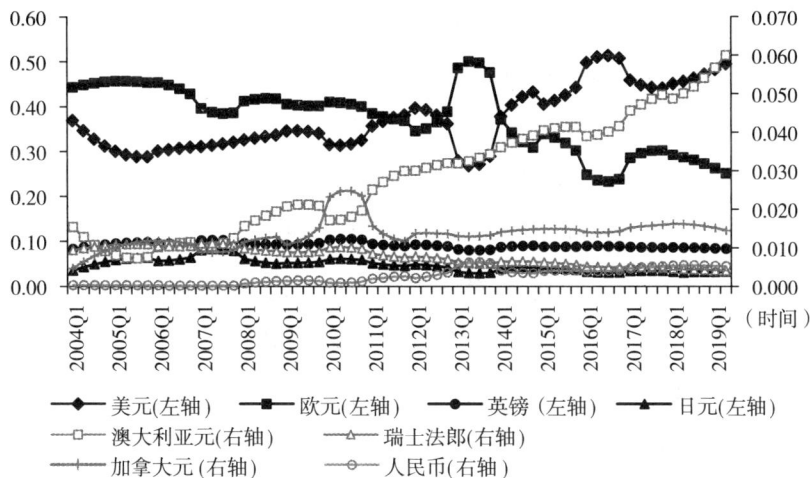

图 2-14 2004—2019 年利率衍生品市场货币份额(IRDS)

由图 2-8—图 2-14 可以看出,美元在全球外汇交易货币份额、全球中央银行外汇储备货币份额和全球对外信贷货币份额三个指标方面均处于遥遥领先的地位,且与处于第二位的欧元相比,美元的这一优势地位近年来还呈现出持续扩大趋势。从全球外汇交易货币份额来看,欧元相对于美元的差距最低为 2010 年第二季度的 22.7 个百分点,至 2019 年第二季度升至 28 个百分点;从全球中央银行外汇储备货币份额来看,欧元相对于美元的差距从 2004 年 43 个百分点的差距,最低缩小至 2009 年第三季度的 33.5 个百分点,之后两者差距再次扩大,至 2019 年第二季度相差 40.7 个百分点;从全球对外信贷货币份额来看,2004 年第一季度欧元相对于美元的差距为 15.4 个百分点,2012 年第二季度两者差距缩小至仅为 10.2 个百分点。之后,欧元相对于美元的份额差距不断扩大,最高为 2016 年第一季度的 47.3 个百分点,其后两者差距虽有所缩小,但至 2019 年第二季度仍然有 33.8 个百分点的差距。此外,欧元曾经在国际贸易结算货币份额①和利率衍生品市场货币份额两

---

① 考虑到作为一个统一货币区,欧元区国家之间的(国际)贸易都以欧元结算,而真正反映一国货币在国际贸易结算中地位的是该国货币被第三国广泛用于国际交易。因此该指标会高估欧元在国际贸易结算中的真实地位。

个指标上位居第一,但先后于 2013 年和 2014 年被美元反超。从国际债券和票据发行额的货币份额、国际债券和票据余额的货币份额来看,美元与欧元份额互有升降、差别不大,但美元在近年来略有优势。综合七大指标,我们发现美元作为首位国际货币的地位在近年来有不断强化的趋势;而作为美元的主要竞争者,欧元与美元的差距不减反增。原因在于,全球金融危机之后,美国政府采取了积极、有效的措施加以应对,使美国经济逐步复苏;与之相对照,欧元区国家由于缺乏有效的协调机制,未能对欧债危机作出及时、充分的应对方案,致使欧元区经济复苏缓慢,这也说明了经济基本面因素是推动货币国际地位提升的重要保障。处于国际货币第二梯队的英镑和日元,在七大指标上的表现一直较为稳定,其中英镑在国际贸易结算货币份额、国际债券和票据发行额的货币份额、国际债券和票据余额的货币份额、全球对外信贷货币份额以及利率衍生品市场货币份额五个指标上领先于日元,在全球外汇交易货币份额指标上略逊于日元,而在中央银行外汇储备货币份额指标上与日元基本相当。从七大指标来看,人民币、瑞士法郎、加拿大元和澳大利亚元同处于国际货币第三梯队。值得一提的是,虽然人民币在 2016 年 10 月以 10.92% 的权重正式加入特别提款权,成为特别提款权货币篮子中的第三大货币,但在所有七大指标上,即便与国际货币第二梯队的英镑和日元相比,人民币也仍然存在不小的差距,这意味着人民币国际化道路任重道远。

（三）货币国际化指数测算

接下来我们基于上述七大指标,测算主要货币的国际化综合指数。借鉴陈和吴(Chen 和 Woo,2010)、彭红枫和谭小玉(2017)等文献的做法,采用主成分分析法确定各项指标的权重。构造方法如下:若有 k 个反映货币国际化程度的指标,时间长度为 T,数据集矩阵用 $X_{T \times k}$ 表示,协方差矩阵用 $R_{k \times k}$ 表示,$\lambda_i (i=1,\cdots,k)$ 表示矩阵 $R_{k \times k}$ 的第 i 个特征值,$\alpha_{k \times 1}^i$ 表示矩阵 $R_{k \times k}$ 的第 i 个特征向量,第 i 个主成分用 $PC_i = X\alpha^i$ 表示,且 $\lambda_i = Var(PC_i)$,则指数构建方程为式(2.6):

$$\text{Index} = \frac{\sum_{i=1}^{k}\lambda_i PC_i}{\sum_{i=1}^{k}\lambda_i} = \frac{\sum_{i=1}^{k}\sum_{j=1}^{k}\lambda_i\alpha_j^i x_j}{\sum_{i=1}^{k}\lambda_i} = \sum_{j=1}^{k}\omega_j x_j \qquad (2.6)$$

其中 $x_i(i=1,\cdots,k)$ 为矩阵 X 的第 j 列,其权重由式(2.7)给出:

$$\omega_j = \frac{\sum_{i=1}^{k}\lambda_i\alpha_j^i}{\sum_{i=1}^{k}\lambda_i} \qquad (2.7)$$

根据上述测算思路对所选变量进行主成分分析,提取三个主成分后得出各指标的最终权重,测算结果见表2-6。

表2-6 货币国际化指数权重

指标	全球外汇交易货币份额	国际贸易结算货币份额	国际债券和票据发行额货币份额	国际债券和票据余额货币份额	央行外汇储备货币份额	全球对外信贷货币份额	利率衍生品市场货币份额
权重	0.1888	0.1027	0.1126	0.1073	0.1886	0.1744	0.1256

权重测算结果表明,反映国际货币交易媒介职能的全球外汇交易货币份额和价值贮藏职能的中央银行外汇储备货币份额两个指标的权重最大,分别为0.1888和0.1886,这也充分说明了部分学者选取全球外汇交易货币份额和中央银行外汇储备货币份额作为货币国际化程度代理指标的合理性。反映私人部门价值贮藏职能的全球对外信贷货币份额和利率衍生品市场货币份额两个指标的权重分别为0.1744和0.1256,说明私人部门的货币替代和对外投资也是反映货币国际地位的重要指标。正如吴舒钰和李稻葵(2018)所指出的,相较于官方投资,私人投资更具前瞻性。此外,权重较大的指标还有

反映国际货币计价单位职能的国际债券和票据发行额的货币份额(权重为
0.1126)、反映国际货币价值贮藏职能的国际债券和票据余额的货币份额
(权重为0.1073)。根据各指标权重,测算出八大货币的国际化综合指数
(CIR)。

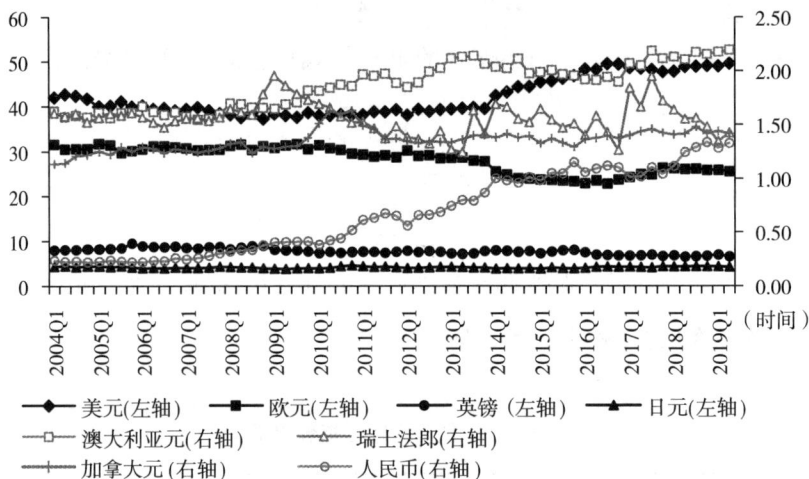

图2-15　2004—2019年货币国际化指数测算结果(CIR)

图2-15给出了八大货币国际化指数的测算结果,可以看出,处于国际货
币第一梯队的美元和欧元的国际化指数远远高于其他货币。其中,美元国际
化指数近年来持续走高,而自欧债危机以来欧元国际化指数则持续走低,两种
货币的国际化程度呈现出明显的此消彼长趋势。从货币国际化指数的变动情
况来看,处于第二梯队的英镑和日元的国际化程度一直没有明显变化,其中英
镑的国际化程度略高于日元。考虑到澳大利亚元、瑞士法郎、加拿大元和人民
币的国际化程度较低,为了便于观察这四种货币国际化水平的动态变化,图
2-16给出了这四种货币的国际化指数变动趋势图。由图2-16可见,样本期
内澳大利亚元、瑞士法郎和加拿大元的国际化程度变化不大;相较于这三种货
币,人民币国际化指数呈现出明显的快速上升趋势,至2019年已十分接近瑞
士法郎和加拿大元的国际化水平。

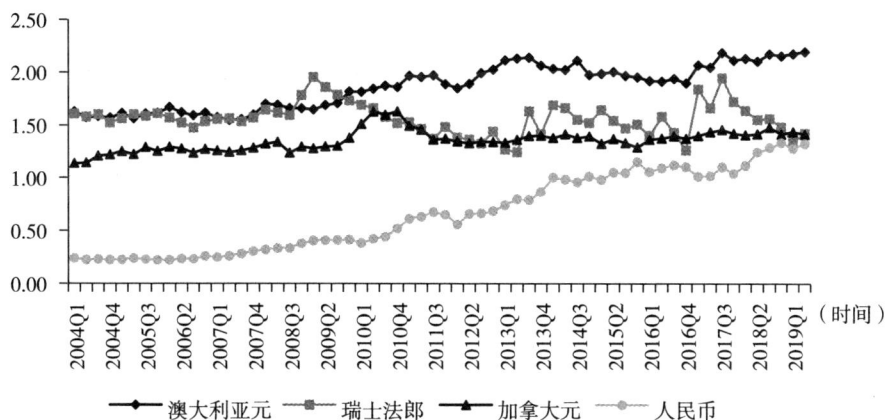

图 2-16　2004—2019 年第三梯队货币国际化指数

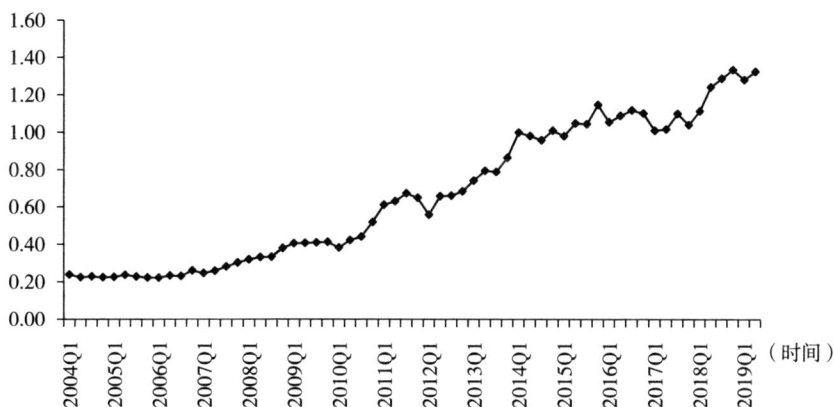

图 2-17　2004—2019 年人民币国际化指数

由于我们的分析重点是人民币,图 2-17 单独汇报了人民币国际化指数的变动情况。可以看出,自 2004 年以来特别是人民币国际化战略启动之后,人民币国际化程度实现了较快速度的发展。分阶段来看,2004—2010 年为缓慢增长阶段,人民币国际化指数从 2004 年第一季度的 0.24 升至 2010 年第一季度的 0.38,年均增长 8.2%;2010—2015 年为快速增长阶段,人民币国际化指数从 2010 年第四季度的 0.52 升至 2015 年第四季度的 1.15,年均增长率高达 17.2%;2015—2019 年为调整复苏阶段,人民币国际化指数起初震荡下降,最低为 2017 年第一季度的 1.01,2017 年第四季度后重拾升势,至 2019 年第二季度达到 1.33。另外,人民币国际化指数的波动、增速等与经济事实也基本相符,表明文章的测算结果具有较高的可靠性。譬如,2004—2015 年人民币国际化指数上升速度较快;而 2015 年之后人民币国际化指数增速明显放缓,一度甚至有所下降。这是因为,自 2005 年人民币汇率形成机制改革之后,人民币在较长时期内都是处于单边升值通道之中,由此引发的人民币进一步升值的预期引发了大量套利和套汇行为,推动了人民币国际化的迅速发展。2014 年之后,由于国内经济增速下行、资本市场动荡以及美元进入加息窗口期等诸多因素的叠加,人民币升值预期出现逆转,人民币国际化进程受挫(李艳军和华民,2016)。2018 年以来,随着人民币国际化基础设施的完善和政策的优化,境内外主体对人民币的积极预期使人民币国际化指数重拾升势。当然,从货币国际化指数的绝对水平来看,人民币国际化程度仍然很低,这意味着在未来较长一段时期内,人民币要超越的目标是国际货币第二梯队的英镑和日元,而非第一梯队的美元和欧元。

(四)货币国际化分项指数测算

为了进一步追踪各主要货币在不同职能上的国际地位动态变化趋势,我们分别从交易媒介(TMFI)、计价单位(UVFI)、价值贮藏(VSFI)三个职能角度测算货币国际化分职能指数,以便探究国际货币三大职能的不同推动因素。八种货币的分职能国际化指数测算结果见图 2-18、图 2-19 和图 2-20,图 2-21 则单独报告了人民币的细分职能国际化指数。

从分职能货币国际化指数来看,处于领先地位的仍然是美元和欧元,其中,美元在价值贮藏指数和交易媒介指数方面一直高于欧元,且其优势呈不断扩大趋势;而在计价单位指数方面,美元和欧元之间的差距并不大,原因可能在于,自欧债危机以来,以欧元计价的债券发行量有所增加,从而欧元的计价单位职能并未出现明显下降。与货币国际化总指数类似,英镑、日元、澳大利亚元、瑞

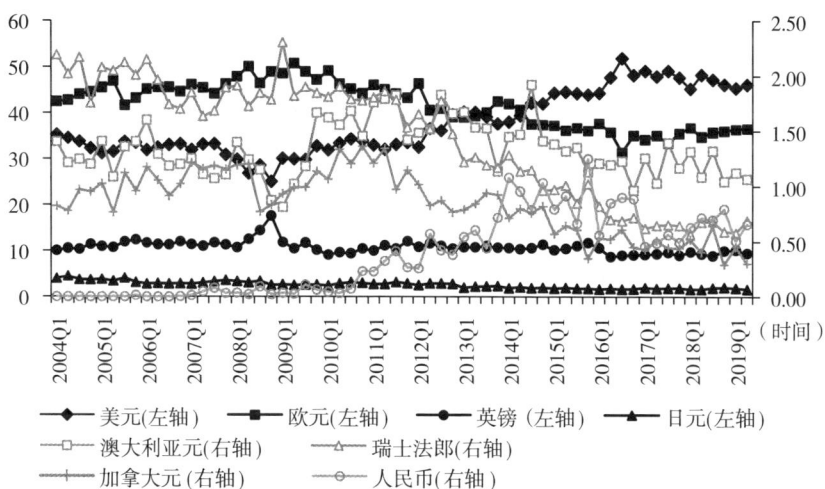

图 2-18 2004—2019 年计价单位指数

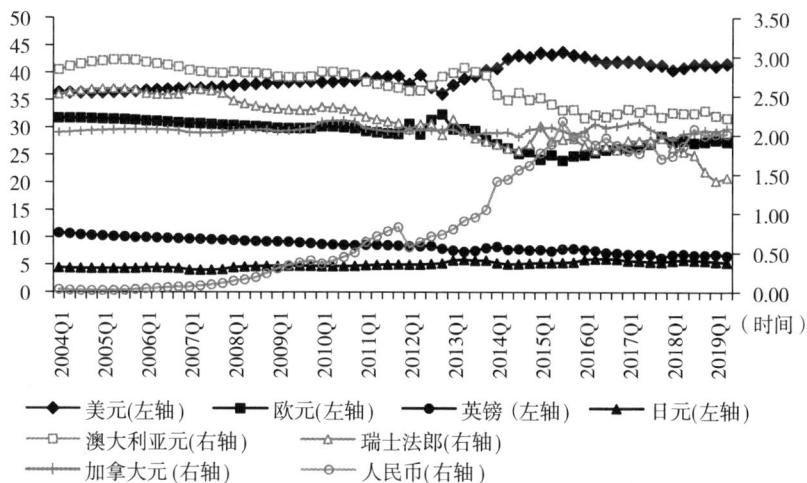

图 2-19 2004—2019 年交易媒介指数

士法郎、加拿大元分职能国际化指数的变化趋势同样较为平稳。从人民币分
职能国际化指数来看,我们发现,人民币交易媒介指数的增长速度最快,而计
价单位和价值贮藏指数的增长则相对平缓,表明近年来人民币国际化程度的
提升主要是由交易媒介职能推动的,具体表现为人民币在全球外汇交易中的

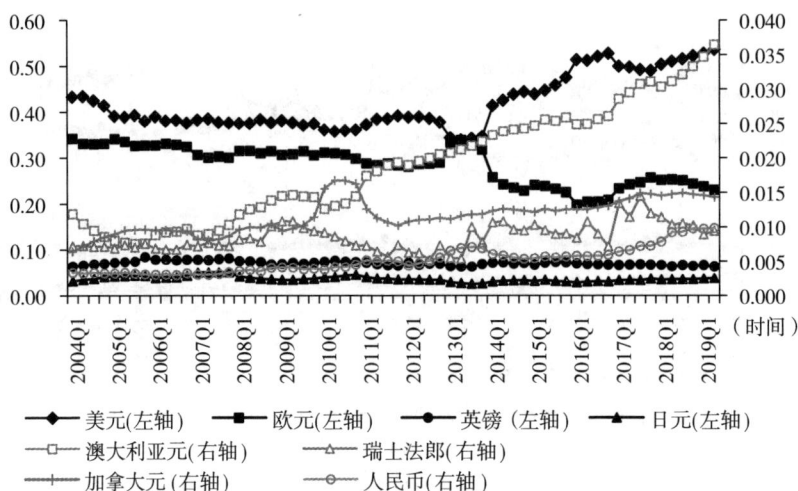

图 2-20　2004—2019 年价值贮藏指数（VSFI）

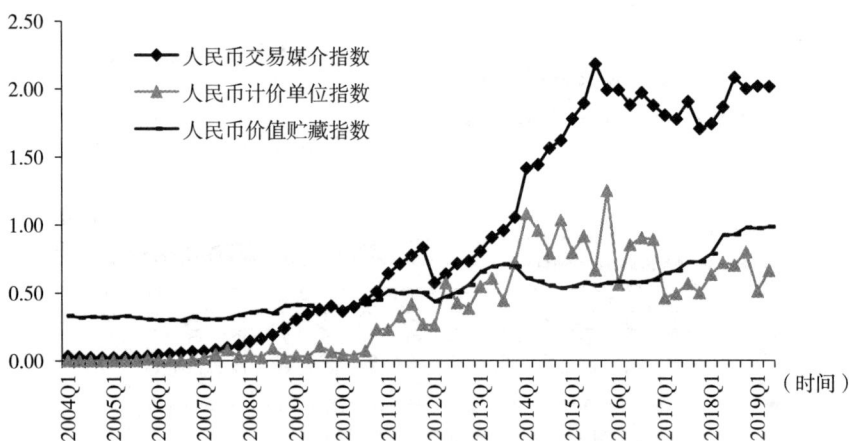

图 2-21　2004—2019 年人民币国际化分项指数

比重和在国际贸易结算中的比重显著提升。据环球银行金融电信协会统计，2011 年人民币国际支付全球排名仅为第二十名，到 2013 年便跃升为全球国际支付第五大最活跃货币，反映了非居民对人民币的认可和接受程度不断提高。

三、货币国际化影响因素分析

(一)货币国际化的影响因素

钦和弗兰克尔(2008)最早对货币国际化的影响因素进行了研究,发现国家经济实力、币值稳定、金融市场发展水平和货币惯性等四大因素对一国货币国际地位具有重要影响。后续研究大体上都是基于这一框架进行拓展,其差异主要体现在变量和指标的选取以及实证方法等方面。大多数学者都是通过构建多币种面板数据模型开展研究的。譬如,孙海霞和杨玲玲(2010)基于非线性动态面板回归模型,并在传统影响因素的基础上加入外国直接投资(FDI)资本存量、中央银行独立性、国家军费开支等,研究货币国际化的推动因素[①]。丁剑平和楚国乐(2014)运用面板平滑转换回归(PSTR)模型探究网络外部性、经济增长和净出口对货币国际化程度的非线性影响。欧阳和李(Ouyang 和 Li,2013)采用 1999—2012 年季度数据分析美元、英镑、欧元、日元和瑞士法郎等货币国际地位的影响因素。白晓燕和邓明明(2013)基于广义矩方法(GMM)的研究发现,货币国际化的影响因素随着货币国际地位的变化而变化。阙澄宇和黄志良(2019)从制度环境视角研究了资本账户开放对货币国际化的影响,认为资本账户开放对货币国际化的影响存在门槛效应。此外,刘等(Liu 等,2019)研究发现,商品贸易、证券投资以及外国直接投资都能显著地促进货币国际化。[②]

选择多国货币构建面板模型虽然可以解释货币国际化的一般规律,但可能会忽略国家间的异质性。因此,也有学者专门针对单个货币进行研究。譬如,丁一兵等(2013)选取日元的场外市场(OTC)交易量作为被解释变量,建

---

① 孙海霞、杨玲玲:《货币国际化进程影响因素研究》,《上海财经大学学报》2010 年第6 期。

② T. Liu, X. Wang and W. T. Woo, "The Road to Currency Internationalization: Global Perspectives and Chinese Experience", *Emerging Markets Review*, Vol. 38(March),2019,pp. 73−101.

立空间面板模型研究日元国际化的影响因素。余道先和王云(2015)从国际收支视角出发探究人民币国际化的影响因素。吴和唐(Wu和Tang,2018)探讨了"一带一路"背景下人民币国际化的影响因素,认为中国的经济规模、商品和服务进出口规模,以及经济自由度均与人民币国际化正相关,通货膨胀率、实际有效汇率的波动性与人民币国际化负相关。[①] 此外,货币国际化不仅取决于基本面因素,还受到货币发行国政治地位和军事力量的影响(Mundell,2003;Posen,2008;Cohen,2019);由于货币流动性对货币的国际使用举足轻重,资本账户开放程度也是影响货币国际化的重要因素(Tavlas,1997;Ito,2017;Kwan,2018)。

综合上述文献,可以将货币国际化的影响因素及其对货币国际地位的影响机制归纳为图2-22。首先,货币发行国经济规模决定了其在世界经济中的影响力,随着全球影响力的提升,该国货币在全球贸易结算中的使用程度将会提高,这直接影响到一国货币的交易媒介和计价单位职能。其次,币值稳定是影响国际货币执行价值贮藏职能的重要因素,一方面各国政府更倾向于持有汇率稳定的货币以保持本国外汇储备的价值;另一方面,币值稳定反映了货币发行国的宏观经济、金融环境,这直接关系到非居民对该货币的持有信心。再次,金融市场规模大且开放水平高的国家将会吸引大量外国投资者,有利于从投资、投机动机层面扩大其货币的国际使用;同时,金融开放还可以降低资本流动成本,满足外国政府对储备资产的需求。最后,政治稳定和军事实力为一国货币的国际使用提供了可靠的制度保障。

1. 变量选取及数据来源

接下来我们以前文所测算的货币国际化综合指数和分职能指数为被解释变量,构建经济计量模型,探讨货币国际地位的影响因素。根据前述分析,选

[①] T. Wu and R. Tang, "Research on the Influencing Factors of RMB Internationalization in the Process of the Belt and Road Initiative", Second *International Conference on Management*, *Education and Social Science*, 2018.

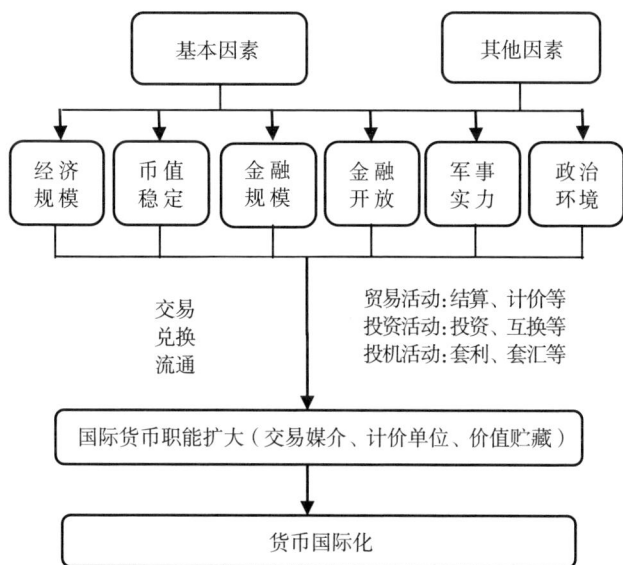

图 2-22 货币国际化影响因素及其机制

取解释变量如下:

经济规模:对国际货币的信心主要来源于非居民对货币发行国经济实力的认同。借鉴钦和弗兰克尔(2008)、弗兰德罗和约布斯特(Flandreau 和 Jobst,2009)等文献的做法,以一国国内生产总值占全球的份额来衡量其经济实力。[1] 根据前文理论分析,预期符号为正。

金融市场规模:金融市场规模与交易成本密切相关,一国国内金融市场的规模越大,其货币交易的转换成本就会越低,该国货币就越受非居民欢迎。[2] 因此,货币国际化程度会随着货币发行国金融市场规模的扩大而提

_____

① 课题组也曾考虑加入贸易规模,但因该变量与经济规模高度相关(存在多重共线性),导致系数估计值的标准误差增大和错误的符号,故最终没有加入贸易规模因素。类似地,阙澄宇和黄志良(2019)也直接采用 GDP 份额来衡量经济贸易规模。

② C. P. Kindleberger, The Politics of International Money and World Language, Princeton: Princeton University, 1967; P. B. Kenen, "The Euro Versus the Dollar: Will there be a Struggle for Dominance?", *Journal of Policy Modeling*, Vol. 24, No. 4, 2002, pp. 347-354.

高。我们采用股票交易总值的世界占比作为金融市场规模的代理变量,预期符号为正。

金融市场稳健性:稳健的金融市场能够提高非居民投资者对该国货币的持有信心,进而导致货币国际化水平显著提高。我们采用国际货币基金组织构建的金融稳健性指标(Financial Soundness Indicators)来反映金融市场的稳健程度,预期符号为正。

货币实际收益率:一国货币实际收益率越高,非居民越愿意使用并持有该货币。本书选取货币的实际利率来表示货币实际收益率。根据套利定价理论,资本总是由低利率国家流向高利率国家(张晓莉和李倩云,2018),故预期符号为正。

币值稳定性:一国货币币值稳定性体现为两方面,一是对内稳定,即较低的通货膨胀率;二是对外稳定,即较低的汇率波动率(赵然,2012;蒙震等,2013;彭红枫和谭小玉,2017)。币值稳定能够降低汇率风险和货币持有成本,从而直接影响该货币的国际需求。因此,币值稳定与货币国际化程度同方向变动。由于通货膨胀率与汇率波动率是币值稳定性的反向指标,故这两个变量系数的预期符号为负。

资本账户开放程度:许多研究表明,资本账户开放水平决定了非居民对国际货币的可获得性和成本,从而显著影响一国货币的国际化程度(Frankel,2012;Ito,2017;Eichengreen 等,2019)。本书采用钦和伊藤(2006)编制的资本账户开放度指数来反映一国资本账户开放程度。预期符号为正。

此外,一国政治地位和军事力量不仅能够巩固其货币的国际地位,还能提高非居民对该货币的持有信心(Mundell,2003;Posen,2008)。我们分别选取世界银行政治稳定指数(pve)和军费开支占其国内生产总值的比重(me)衡量国际货币发行国的政治地位和军事实力。表 2-7 给出了各变量及其衡量指标和数据来源。

表 2-7　货币国际化影响因素变量说明

变量	衡量指标	预期符号	数据来源
货币国际化程度（cir）	货币国际化指数		上文测算
经济规模（sgdp）	一国国内生产总值的世界占比	正	WDI 数据库
金融市场规模（capital）	股票市场流通市值同国内生产总值的占比	正	国际清算银行
金融市场稳健性（fsi）	国际货币基金组织构建的金融稳健性指标	正	国际货币基金组织
货币实际收益率（i）	剔除通货膨胀的实际利率	正	经济合作与发展组织数据库
通货膨胀率（inf）	反映货币对内价值的稳定性,以一国或地区的 CPI 增长率衡量	负	国际清算银行
汇率波动率（vol）	反映货币对外价值的稳定性,采用广义自回归条件异方差（GARCH）模型测算①	负	万得数据库
资本账户开放度（kao）	资本账户开放度指数	正	钦等（2006）②
政治稳定程度（pve）	世界银行政治稳定指数	正	WGI
军事实力（me）	军费开支占国内生产总值的比重	正	WDI 数据库

2.模型建立与估计

钦和弗兰克尔（2008）指出,货币国际地位可能存在突变现象,即货币国际地位与它的影响因素之间可能存在非线性关系。因此,他们对表征货币国际化程度的指标进行了逻辑转换,具体公式为 $LogisticA = Log[A/(1-A)]$,从而将百分比形式的因变量取值范围扩展为 $(-\infty, +\infty)$。我们也遵从这一做法。根据前述分析,建立经济计量模型如下:

----

①　本书利用广义自回归条件异方差模型测算汇率波动率。由于原序列非平稳,用霍德里克-普雷斯科特（HP）滤波法剔除汇率序列的趋势项后得到新的平稳序列,用广义自回归条件异方差(1,1)模型估计该序列的波动程度以刻画汇率稳定性。

②　截至 2020 年 3 月,两位学者已编制了全球 182 个国家 1970—2017 年的资本市场开放度指数,详见 http://web.pdx.edu/—ito/Chinn-Ito_website.htm。

$$logisticir_{it} = a_i + b_1 lnsgdp_{it} + b_2 lncapital_{it} + b_3 fsi_{it} + b_4 lni_{it} + b_5 lninf_{it}$$
$$+ b_6 lnvol_{it} + b_7 lnkao_{it} + b_8 lnm_{it} + b_9 lnpve_{it} + e_{it} \qquad (2.8)$$

为减轻异方差性,我们对经济规模($sgdp$)、金融市场规模($capital$)、货币实际收益率(i)、通货膨胀率(inf)、汇率波动率(vol)、资本账户开放度(kao)、政治稳定程度(pve)、军事实力(me)等变量取自然对数。部分学者在模型中纳入滞后因变量,作为"货币惯性"的代理变量,譬如欧阳和李(2013)、范祚军等(2018)。不过,加入滞后因变量会导致一个严重的计量经济学问题:由于因变量滞后项与误差项之间存在相关性,可能会影响估计量的一致性。[1] 尽管广义矩方法可以解决这一问题,但是囿于数据的可得性,本书采用的是小 N 大 T 型长面板数据,广义矩方法的适用性不强;另外,彭红枫和谭小玉(2017)指出,货币惯性是基本因素影响的结果,其实际内涵较弱。因此这里并未考虑货币惯性。

对于小 N 大 T 型面板数据,较长的时间序列可能会产生数据非平稳性问题,而对于不平稳数据进行直接回归可能会导致"伪回归",因而需要对各个变量进行单位根检验。我们分别采用莱文-林-储检验、比萨兰-辛检验、布雷恩滕检验、崔仁检验和哈德里检验五种方法对各变量进行面板单位根检验,发现各变量均不存在单位根(见表2-8)。接着对该长面板数据进行异方差和序列相关检验,结果发现存在异方差和同期相关性(见表2-9)。为此,我们使用可行的广义最小二乘估计方法进行估计,结果见表2-10。为了检验结果的稳健性,我们同时汇报了稳健标准误差的基准回归模型(olsr)、面板校正标准误差模型(xtpcse)和面板可行广义最小二乘法估计(xtgls)三种回归结果。表2-10列(1)、列(2)、列(3)汇报了仅包含一般性影响因素的回归结果,列(4)、列(5)、列(6)汇报了加入军事实力和政治稳定因素的回归结果。

---

[1] L. Cheng and X. J. Zhang, "Renminbi Internationalization in the New Normal: Progress, Determinants and Policy Discussions", *China & World Economy*, Vol. 25, No. 2, 2017, pp. 22-44.

表 2-8　面板单位根检验结果

变量	检验方法	统计量	p 值	平稳性
lnsgdp	莱文-林-储检验	−1.8550	0.0318**	平稳
	比萨兰-辛检验	−1.6483	0.0496**	平稳
	布雷恩滕检验	−1.6722	0.0472**	平稳
	崔仁检验	1.5788	0.0572*	平稳
	哈德里检验	23.4514	0.0000***	平稳
lncapital	莱文-林-储检验	−2.9208	0.0017***	平稳
	比萨兰-辛检验	−1.4395	0.0750*	平稳
	布雷恩滕检验	−2.6591	0.0039***	平稳
	崔仁检验	2.2151	0.0134**	平稳
	哈德里检验	37.7629	0.0000***	平稳
fsi	莱文-林-储检验	−3.6061	0.0002***	平稳
	比萨兰-辛检验	−1.4323	0.0760*	平稳
	布雷恩滕检验	−3.2090	0.0007***	平稳
	崔仁检验	6.7708	0.0000***	平稳
	哈德里检验	52.8709	0.0000***	平稳
lni	莱文-林-储检验	−10.9199	0.0000***	平稳
	比萨兰-辛检验	−8.1015	0.0000***	平稳
	布雷恩滕检验	−9.7409	0.0000***	平稳
	崔仁检验	24.3041	0.0000***	平稳
	哈德里检验	4.3089	0.0000***	平稳
lninf	莱文-林-储检验	−17.1790	0.0000***	平稳
	比萨兰-辛检验	−15.0633	0.0000***	平稳
	布雷恩滕检验	−11.1224	0.0000***	平稳
	崔仁检验	37.9763	0.0000***	平稳
	哈德里检验	41.8868	0.0000***	平稳
lnvol	莱文-林-储检验	−1.5756	0.0576*	平稳
	比萨兰-辛检验	−1.4398	0.0750*	平稳
	布雷恩滕检验	−1.7585	0.0393**	平稳
	崔仁检验	7.2986	0.0000***	平稳
	哈德里检验	39.2879	0.0000***	平稳
lnkao	莱文-林-储检验	−0.6702	0.2514	不平稳
	比萨兰-辛检验	−0.4922	0.3190	平稳
	布雷恩滕检验	−1.8389	0.0330**	不平稳
	崔仁检验	4.3042	0.0000***	平稳
	哈德里检验	53.5542	0.0000***	平稳

续表

变量	检验方法	统计量	p 值	平稳性
lnme	莱文-林-储检验	-2.4278	0.0076***	平稳
	比萨兰-辛检验	-2.2985	0.0108**	平稳
	布雷恩滕检验	-1.6694	0.0475**	平稳
	崔仁检验	4.0681	0.0000***	平稳
	哈德里检验	46.7372	0.0000***	平稳
lnpve	莱文-林-储检验	-3.1405	0.0008***	平稳
	比萨兰-辛检验	-3.1412	0.0008***	平稳
	布雷恩滕检验	-1.6173	0.0529*	平稳
	崔仁检验	4.8371	0.0000***	平稳
	哈德里检验	37.0233	0.0000***	平稳

表 2-9　异方差和序列相关检验结果

检验类型	方法	P 值	结论
组间异方差检验	ModifiedWald test	0.00***	存在组间异方差
组内自相关检验	Wooldridge test	0.03**	存在组内自相关
组间同期相关检验	Breusch-Pagan LM test	0.00***	存在同期相关

表 2-10　面板回归结果

变量	(1) olsr	(2) xtpcse	(3) xtgls	(4) olsr	(5) xtpcse	(6) xtgls
lnsgdp	6.479*** (2.070)	6.422*** (0.389)	6.100*** (0.159)	6.742*** (1.573)	6.730*** (0.328)	6.410*** (0.179)
lncapital	0.821 (1.051)	0.901*** (0.074)	0.833*** (0.032)	1.982** (0.830)	2.002*** (0.111)	1.788*** (0.054)
fsi	2.978 (4.664)	1.249 (1.055)	1.474*** (0.276)	1.553 (4.219)	1.217 (0.916)	1.445*** (0.318)
lni	0.163 (0.124)	0.152** (0.072)	0.063*** (0.016)	0.175 (0.124)	0.173*** (0.058)	0.077*** (0.020)
lninf	-1.566 (1.007)	-1.517 (1.166)	-0.246 (0.307)	-1.018 (0.925)	-1.001 (0.808)	-0.196 (0.295)

续表

变量	（1） olsr	（2） xtpcse	（3） xtgls	（4） olsr	（5） xtpcse	（6） xtgls
ln*vol*	−0.086 （0.083）	−0.089*** （0.011）	−0.084*** （0.004）	−0.065 （0.079）	−0.064*** （0.013）	−0.071*** （0.007）
ln*kao*	1.234*** （0.381）	1.255*** （0.052）	1.213*** （0.022）	1.340*** （0.386）	1.346*** （0.077）	1.186*** （0.038）
ln*me*				0.970 （0.880）	0.990*** （0.150）	0.634*** （0.079）
ln*pve*				2.676** （1.068）	2.686*** （0.171）	2.239*** （0.097）
_cons	−9.443** （4.139）	−9.679*** （0.271）	−9.163*** （0.130）	−7.430* （4.152）	−7.393*** （0.578）	−8.115*** （0.317）
N	488	488	488	488	488	488
R^2		0.740			0.826	

注:括号内为标准误差,***、**、* 分别表示在1%、5%、10%的水平下显著,表2-11、表2-13、表2-14同注。

由回归结果我们发现,与预期一致,经济规模、金融市场规模、金融市场稳健程度、货币实际收益率对一国货币的国际化程度均具有显著的正向影响;货币对外价值的不稳定会阻碍货币国际化进程;资本市场开放有利于一国货币的国际化;军事实力和政治稳定性也有助于一国货币国际地位的提高。换句话说,强大的经济实力,成熟、稳健而开放的金融市场,政治和军事实力等都是推动货币国际化的重要因素。

3. 内生性问题的讨论

本书计量模型中可能存在以下两种形式的内生性:其一,被解释变量与它的部分影响因素之间可能因存在逆向因果关系而导致内生性;其二,可能存在遗漏重要变量而导致内生性。

关于第一种情形的内生性,通过文献梳理,我们发现,货币国际化程度与经济规模、金融市场规模、金融市场稳健性、货币实际收益率、通货膨胀率、汇率波动率,以及政治稳定性等解释变量之间可能存在逆向因果关系。第一,货币国际化程度较高的国家特别是重要的储备货币发行国,可以享有政策灵活性的好处。即一个国家运用本币为其国际收支赤字融资的能力越强，其政策当局就更容易追求扩张性的经济政策（Cohen,2012a、2019），这显然有利于本国经济增长。白晓燕和邓明明（2016）、彭红枫和谭小玉（2017）利用面板格兰杰因果检验方法，发现货币国际化对发行国经济增长存在显著正向影响。

第二，货币国际化与金融市场发展之间可能存在互为因果关系。货币发行国金融市场的规模、深度和流动性影响着非居民对其货币的偏好，从而显著影响该国货币的国际化水平；然而另外，随着一国货币国际地位的提高，外国投资者的广泛参与也有利于国内金融市场的进一步发展（Eichengreen,2013）。陈和吴（2010）基于动态面板数据模型的分析发现，货币国际化与发行国金融市场的开放和发展之间存在互相促进关系。景健文和吴思甜（2018）认为，在人民币国际化进程中，中国政府一直稳步推进相关金融改革，这将促进国内金融市场发展。

第三，货币国际化与金融市场稳健性之间也存在互为因果关系。稳健的金融市场能够给非居民投资者带来稳定的预期，增强其对国际货币的信心，从而有利于一国货币国际化水平的提高。同时，伴随货币国际化的资本账户开放，可能导致巨额资本的跨境流动，由此加剧金融动荡和危机风险，特别是监管体系相对薄弱且金融市场不发达的国家（Eichengreen 和 Kawai,2014）。余永定（2016）认为，亚洲金融危机期间，国际炒家之所以能够持续抛售泰铢，重要原因就是泰铢国际化程度较高，使他们能够很容易地在东南亚的国际金融市场上得到泰铢。

第四，货币国际化对一国货币收益率（利率）、通货膨胀率和汇率波动率也可能产生重要影响。波特斯等（Portes 等,1998）认为，国际货币发行国因其债券市场流动性较强，能够以较低的利率发行债券[1]；伯格斯滕（Bergsten,

---

[1]　R. Portes, H. Rey, P. D. Grauwe, "The Emergence of the Euro as an International Currency", *Economic Policy*, Vol. 13, No. 26, 1998, pp. 305−343.

2009）也认为，美元的国际地位使美国能够很容易地以较低的利率获得国外融资，由此造成美国国内长期的低利率。科恩（Cohen,2012a）指出，货币国际使用所带来的频繁的资本流动将使货币需求变得异常不稳定，政策当局将难以确定利率目标或合适的货币供给增长率。因此，货币国际化可能对一国价格水平从而通货膨胀率产生影响（沙文兵等,2016）。弗兰克尔（2012）认为，货币国际化之后，平均而言对该货币的需求将会增加，由此导致本币升值；同时，货币国际化也会导致对本币需求的大幅波动，从而加剧本币汇率的波动。

第五，政治稳定性有助于实现一国货币的国际化，但货币国际地位提升所带来的政治影响力和国际声誉，也会反过来增强国内政治稳定（Cohen,2012a、2019）。为了维持和巩固本币的国际地位，国际货币发行国必然会广泛参与世界政治经济事务，并致力于维护本国政治稳定（张青龙,2005）。

关于本书内生性的第二个来源，即遗漏重要变量。货币国际化的影响因素非常复杂，由于数据可获得性和变量度量方面的实际困难（譬如网络效应等），我们不可能把所有影响货币国际地位的重要因素都纳入模型之中，由此的确可能导致遗漏变量偏误。

针对上述可能存在的内生性问题，我们分别选取经济规模、金融市场规模、金融市场稳健性、货币实际收益率、通货膨胀率、汇率波动率以及政治稳定性等变量的一阶滞后项作为工具变量，进行两阶段最小二乘估计，结果见表2-11。表2-11列（1）—列（7）分别给出了采用经济规模、金融市场规模、金融市场稳健性、货币实际收益率、通货膨胀率、汇率波动率以及政治稳定性等变量的一阶滞后项为工具变量的两阶段最小二乘法估计结果。我们发现，与基准回归模型相比，主要解释变量的系数符号和显著性均未发生实质性变化。因此，本书的估计结果是比较稳健、可靠的。

表 2-11　内生性检验结果

变量	（1）	（2）	（3）	（4）	（5）	（6）	（7）
ln$sgdp$	6.995*** (0.413)	6.730*** (0.412)	6.728*** (0.412)	6.855*** (0.424)	6.660*** (0.410)	6.708*** (0.421)	6.726*** (0.412)
ln$capital$	2.015*** (0.139)	2.002*** (0.138)	1.998*** (0.139)	2.020*** (0.138)	2.051*** (0.139)	2.005*** (0.139)	1.988*** (0.141)
fsi	1.141 (1.094)	1.215 (1.086)	1.277 (1.104)	0.677 (1.113)	1.333 (1.114)	1.193 (1.095)	1.218 (1.085)
ln$i$	0.177*** (0.061)	0.173*** (0.060)	0.173*** (0.060)	0.358*** (0.113)	0.160** (0.062)	0.173*** (0.060)	0.173*** (0.060)
lninf	−1.001 (0.959)	−1.001 (0.960)	−1.002 (0.960)	−0.803 (1.007)	−2.705 (4.277)	−1.012 (0.962)	−1.007 (0.958)
lnvol	−0.060*** (0.016)	−0.064*** (0.016)	−0.064*** (0.016)	−0.062*** (0.017)	−0.067*** (0.017)	−0.066*** (0.017)	−0.064*** (0.016)
lnkao	1.352*** (0.073)	1.346*** (0.074)	1.346*** (0.074)	1.371*** (0.073)	1.320*** (0.082)	1.344*** (0.073)	1.345*** (0.073)
lnme	0.987*** (0.192)	0.990*** (0.192)	0.990*** (0.193)	0.993*** (0.193)	1.003*** (0.201)	0.974*** (0.194)	0.978*** (0.194)
lnpve	2.692*** (0.208)	2.686*** (0.209)	2.686*** (0.210)	2.699*** (0.208)	2.730*** (0.214)	2.683*** (0.209)	2.653*** (0.214)
_cons	−7.464*** (0.882)	−7.394*** (0.884)	−7.384*** (0.877)	−7.707*** (0.898)	−7.463*** (0.918)	−7.476*** (0.893)	−7.421*** (0.882)
N	488	488	488	488	480	488	488
R^2	0.826	0.826	0.826	0.822	0.827	0.826	0.826

（二）货币国际化分职能指数的影响因素分析

许多研究表明,国际货币三大职能的影响因素不尽相同(李稻葵和刘霖林,
2008;白晓燕和邓明明,2013)。为了进一步探究国际货币三大职能推动因素的
异质性,本书将所有影响货币国际化程度的因素分为两大类:一是对国际货币
三大职能都有影响的共同影响因素;二是主要影响某一种国际货币职能的特殊
影响因素。与现有文献不同的是,我们不再使用单一指标来衡量国际货币的某
一职能,而是运用前文测算出的分职能货币国际化指数作为被解释变量。

根据前文文献梳理,我们将经济规模、金融市场规模、金融市场稳健程度、表征币值稳定性的通货膨胀率和汇率波动率五个变量作为影响国际货币三大职能的共同因素。对于交易媒介职能,我们加入场外市场外汇衍生品币种结构作为其特殊影响因素,该变量可以衡量外汇市场发展程度。在外汇市场较为发达的环境中,货币交易媒介职能颇为活跃,进而提高货币的国际化程度(白晓燕和邓明明,2013)。对于计价单位职能,我们加入 M_2 增长率和外国直接投资净流入两个特殊影响因素。M_2 增长率反映的是基础货币的投放速度,投放速度越快,越不利于本币标价的国际债券的发行(白晓燕和邓明明,2013);同时,M_2 增速过快往往会伴随资本外逃现象,不利于货币国际化进程(Alberola 等,2016)。外国直接投资净流入增加有利于以本币计价的国际债券的发行,对一国货币发挥计价单位职能起到促进作用。对于价值贮藏职能,我们考虑资本市场开放程度和军事实力两个特殊因素。许多研究表明,资本市场开放增加了非居民对储备货币的可获得性,而军事实力可以增强非居民对储备货币的持有信心。表 2-12 对国际货币三大职能的共同影响因素和特殊影响因素进行了归纳。其中,场外市场外汇衍生品币种结构数据来自国际清算银行,M_2 增长率数据来自中经网统计数据库,外国直接投资净流入数据来自WDI 数据库,其他变量数据来源如前所述,各解释变量都进行对数化处理。

表 2-12 分职能指数影响因素

货币职能	交易媒介职能	计价单位职能	价值贮藏职能
变量名	TMFI	UVFI	VSFI
共同影响因素		经济规模($sgdp$) 金融市场规模($capital$) 金融稳健性(fsi) 通货膨胀率(inf) 汇率波动率(vol)	
特殊影响因素	OTC 外汇衍生品币种结构(otc)	FDI 净流入(id) M_2增长率(M_2)	资本市场开放程度(kao) 军事实力(me)

表 2-13 给出了分职能回归结果。我们发现,影响国际货币交易媒介职能的主要因素有金融市场规模、汇率波动率和外汇衍生品币种结构;影响计价单位职能的主要因素为经济规模、金融市场规模、金融市场稳健程度、汇率波动率、外国直接投资净流入和 M_2 增长率;影响价值贮藏职能的主要因素有经济规模、金融市场规模、汇率波动率、资本市场开放程度和军事实力。这些结果与前文理论预期基本一致。

表 2-13 分职能指数影响因素回归结果

解释变量		交易媒介	计价单位	价值贮藏
共同因素	ln$sgdp$	−0.223 (0.145)	4.595 *** (0.916)	5.356 *** (0.377)
	ln$capital$	0.880 *** (0.026)	0.879 *** (0.176)	0.841 *** (0.081)
	fsi	−0.231 (0.269)	12.889 *** (1.761)	1.163 (1.099)
	lninf	−0.307 (0.328)	−3.577 (2.221)	−1.962 (1.309)
	lnvol	−0.074 *** (0.003)	−0.161 *** (0.023)	−0.110 *** (0.017)
特殊因素	lnotc	1.167 *** (0.013)	—	—
	lnid	—	2.905 * (1.550)	—
	M_2	—	−10.252 *** (2.285)	—
	lnkao	—	—	1.308 *** (0.058)
	lnme	—	—	0.239 ** (0.107)
	_cons	−3.320 *** (0.099)	−9.469 *** (0.626)	−8.390 *** (0.596)
N		488	488	488
R^2		0.983	0.464	0.732

四、研究结论与政策含义

本节依据国际货币的三大职能,构建货币国际化的测度指标体系,运用主成分分析方法测算了八大主要货币的国际化指数和分职能国际化指数,在此基础上建立经济计量模型分析了货币国际化的影响因素,得出结论如下:

第一,美元和欧元是处于主导地位的国际货币,而相对于欧元来说,美元的国际地位在近年有不断上升的趋势;自人民币国际化战略启动以来,人民币国际化程度实现了较快的发展,但从货币国际化指数的绝对数值来看,人民币国际化仍然处于很低的水平;从分职能货币国际化指数的测算结果来看,近年来人民币国际化程度的提升主要是由交易媒介职能推动的。

第二,货币国际化影响因素研究结果表明,一国经济实力、金融市场规模、金融市场稳健程度、货币实际收益率对一国货币的国际化程度均具有显著的正向影响;汇率不稳定会阻碍货币国际化进程;资本市场开放有利于一国货币的国际化;军事实力和政治稳定性也有助于一国货币国际地位的提高。

第三,国际货币三大职能的影响因素存在较大差异,其中影响国际货币交易媒介职能的主要因素有金融市场规模、汇率波动率和外汇衍生品币种结构;影响计价单位职能的主要因素是经济规模、金融市场规模、金融市场稳健程度、汇率波动率、外国直接投资净流入和 M_2 增长率;影响价值贮藏职能的主要因素有经济规模、金融市场规模、汇率波动率、资本市场开放程度和军事实力。

本节研究结论具有明显的政策含义。首先,由于金融市场发展水平及其稳健性对货币国际化具有举足轻重的影响,必须加强国内金融市场建设,实现金融市场的高水平发展。具体而言,一是积极发展包括股票、债券和外汇市场在内的多层次国内金融市场,创新金融产品,为国内外投资者提供种类丰富的投资工具;二是加强金融监管,防止金融机构过度风险暴露,防范、化解金融风险,维护国内金融市场的健康与稳定。

其次,实现人民币内外价值的稳定性,增强非居民使用并持有人民币及人民币计价资产的信心。为此,一是进一步构筑可信的宏观经济政策框架体系,维持较低的、稳定的通货膨胀率;二是在外汇市场逐步发展成熟过程中,进一步完善人民币汇率形成机制,减少中央银行对外汇市场的干预频次和力度,提高市场在人民币汇率决定中的作用,增加人民币汇率弹性。

再次,夯实资本项目开放的基础。货币国际化的主要利益来自其价值贮藏职能,只有作为价值贮藏手段的国际货币,才能享受到大规模国际铸币税和宏观经济政策灵活性的好处(Cohen,2012b)。由于资本项目开放对一国货币在国际范围内发挥价值贮藏职能至关重要,要想积极稳妥地拓宽人民币在国际金融投资领域的使用,推动人民币国际职能从计价单位和交易媒介向更高级的价值贮藏转换,进而成为与美元、欧元并驾齐驱的三元国际储备货币体系中的一元,那么资本项目开放将是不可避免的选择。然而,20世纪90年代新兴经济体资本项目开放的实践表明,在国内条件尚不具备的情况下贸然开放资本项目,将会给国内金融体系带来巨大风险。因此,要继续不遗余力地深化国内金融体制改革,努力实现国内金融市场的深化与广化,增强国内金融体系应对大规模国际资本流动冲击的能力。在此前提下,方可稳步、有序地推进资本项目的开放。

最后,继续发展国内经济,提升经济实力和贸易竞争力,强化人民币国际化的经济基础,促进人民币在国际贸易、投资领域中的广泛运用;保持国内政治稳定、提升军事实力以增强非居民对人民币的持有信心。

第三节　人民币在"一带一路"沿线国家和地区
"货币锚"地位检验

一、测算方法

"一带一路"倡议开创了中国对外开放的新局面,对推动人民币国际化进程具有重要意义。首先,我国与"一带一路"沿线的中亚、中东和东欧等国家有高度互补的产业结构,"一带一路"倡议有助于中国与沿线国家的经济、贸易合作,可能会增加贸易和投资领域的人民币结算。其次,"一带一路"涉及庞大的基础设施建设,而基础设施建设背后的资金输出有利于扩大人民币的使用。最后,亚投行的成立也有利于促进相关国家区域经济一体化进程。可见,"一带一路"倡议的推进可以扩大人民币在贸易、投资中的使用,促进人民币在境外的流通。另一方面,虽然中国已经成为全球第二大经济体,但是人民币还远远不具备与美元直接竞争的实力,很难突破太平洋、大西洋贸易与投资中的美元主导地位。位于欧亚大陆的"一带一路"沿线国家和地区将成为人民币国际化的核心焦点区(林乐芬和王少楠,2016)。"一带一路"倡议为人民币国际化的发展提供了一个很好的机会,人民币有望借助于周边平台逐步发展。[①]　而提高人民币的"货币锚"地位,是人民币国际化的重要内容之一(杨荣海和李亚波,2017),也是中国在世界经济中地位提升的突出表现(Subramanian 和 Kessler,2012)。近年来,随着中国经济的持续发展、国际贸易规模的稳步扩大以及"一带一路"倡议的不断推进,人民币在沿线国家和地区的认可度不断提高,为人民币成为相关经济体的"锚货币"提供了潜在的条件。

目前,关于人民币是否已经成为部分经济体的"锚货币",学术界尚存在一定的争论。通过对现有文献的梳理,我们发现大多数学者均以弗兰克尔和魏尚进(Frankel 和 Wei,1994)模型为基础,估计人民币的"货币锚"效应。主要观点有两类:第一,人民币已经成为部分经济体的"锚货币",部分地区甚至已初步形成了"人民币区"。伊藤(2010)分析了亚太地区 11 个经济体的篮子货币,发现新加坡、马来西亚、中国台湾、印度和印度尼西亚五个经济体的货币汇率均盯住人民币。王倩(2011)估计了东亚经济体货币篮子的权重,发现各经济体都从盯住美元向货币篮子转变,人民币对部分国家货币汇率(如马来西

---

①　黄剑、黄卫平:《国际货币多元化趋势及对世界经济的影响》,《江淮论坛》2018 年第 2 期。

亚林吉特、新加坡元和韩元)的影响显著。苏布马尼亚和凯斯勒(2012)对52个新兴经济体货币汇率进行了研究,发现人民币对东亚国家以及智利、南非、印度和以色列而言,均是主要篮子货币。亨宁(2012)研究发现,马来西亚、泰国和新加坡同中国已形成一个松散且有效的"人民币区"。第二,人民币尚未成为"锚货币"。李晓和丁一兵(2009)研究发现,人民币尚未成为东亚货币真正的"锚货币"。邹(Chow,2011)在对东亚7个经济体货币汇率的周度数据检验中发现,东亚并不存在"人民币区"。综上所述,国内外学者就人民币是否已经成为部分经济体的"锚货币"持不同意见。而人民币"货币锚"效应检验的可信程度取决于估计的精确度。由于人民币曾长期以美元作为"锚货币",这会造成严重多重共线性,进而高估人民币在其他货币汇率形成中的作用。

从现有文献来看,大多数学者并没有很好地控制多重共线性问题(Kawai和Pontines,2016)。针对这一不足,本节的工作和创新性主要体现在以下两个方面:第一,我们从主要国际货币的汇率变动中消除人民币走势的"依赖"成分,并用新西兰货币代替瑞士法郎作为计价货币,从而在一定程度上减轻多重共线性问题;第二,现有文献中,少有学者对人民币是否成为"一带一路"沿线国家和地区的"货币锚"进行研究,本节将研究对象聚焦到"一带一路"沿线国家和地区,是对相关研究的丰富。本书试图回答的问题是:人民币是否已经成为"一带一路"沿线国家和地区的主要篮子货币? 为了回答这一问题,本节通过修正的 F-W 模型,估计了人民币在"一带一路"沿线国家和地区隐含货币篮子中的权重及其影响因素。研究发现,美元依旧是"一带一路"沿线国家和地区的主要篮子货币,人民币仅在部分"一带一路"沿线国家和地区的货币篮子中占据一定权重,但其重要程度远远小于美元。从其影响因素来看,贸易往来、政府效率和经济发展水平对人民币"货币锚"地位具有显著的影响。

二、人民币"货币锚"地位检验

(一)变量与数据

我们所使用的基础数据集为"一带一路"沿线 21 个国家和地区及 5 个篮子货币(美元、欧元、英镑、日元、人民币)2010 年 1 月 1 日至 2019 年 6 月 30 日的日度汇率数据,数据来自英属哥伦比亚大学尚德商学院的数据库。我们重点考察人民币在"一带一路"沿线国家和地区货币篮子中的权重。变量说明及其数据来源如下:

"一带一路"沿线国家和地区货币汇率:"一带一路"沿线共 65 个国家和地区,考虑到同中国经贸往来密切程度以及数据的可得性,本节对泰国、马来西亚、新加坡和印度尼西亚等 21 个国家的日度汇率数据进行具体考察。

篮子货币汇率:借鉴现有文献,选择美元、欧元、英镑、日元和人民币作为篮子货币,原因有两点:一是根据与"一带一路"沿线国家和地区经贸关系的密切程度,所选择的这些国家具有较强的代表性;二是如果选择的篮子货币过多,可能会带来较严重的多重共线性问题。

样本期:本书的样本期为 2010 年 1 月 1 日至 2019 年 6 月 30 日,主要是考虑到两点:一是全球金融危机爆发后,中国政府正式启动人民币国际化战略,并取得了初步成就;同时,2010 年 6 月 19 日,中国人民银行重启自全球金融危机以来冻结的盯住一篮子货币的人民币汇率形成机制,显著增强了人民币汇率的弹性,更加适合用来研究人民币的"货币锚"地位。二是"一带一路"倡议于 2015 年正式提出,本节的样本期持续到 2019 年上半年,可以基于现有数据最大化地考察"一带一路"倡议的影响,具有较强的指导意义。①

---

① 2015 年 3 月 28 日,国家发展改革委、外交部、商务部联合发布了《推动共建丝绸之路经济带和 21 世纪海上丝绸之路的愿景与行动》,"一带一路"倡议正式启动。

(二)模型构建

对于一国货币国际化程度的衡量,可以从国际货币的三个职能,即交易媒介、计价单位和价值贮藏等方面展开,本节从国际货币在官方领域的计价单位职能角度,研究人民币的"锚"地位,即人民币是否已经被其他经济体作为汇率盯住的"驻锚"。关于"货币锚"的研究,目前多数学者采用弗兰克尔和魏尚进(1994)提出的模型,通过估计主要国际货币在各个经济体隐含货币篮子中的权重,来分析相关国际货币的"锚"地位。具体表达式如下:

$$\Delta\log\left(\frac{X}{CHF}\right) = \alpha_0 + \alpha_1\Delta\log\left(\frac{USD}{CHF}\right) + \alpha_2\Delta\log\left(\frac{EURO}{CHF}\right) + \alpha_3\Delta\log\left(\frac{JPY}{CHF}\right)$$

$$+ \alpha_4\Delta\log\left(\frac{GBP}{CHF}\right) + \mu \tag{2.9}$$

其中,X 为"一带一路"沿线国家货币,$\Delta\log\left(\frac{X}{CHF}\right)$ 为瑞士法郎兑"一带一路"沿线各国货币的汇率对数变化。位于等式右侧篮子货币的系数估计值分别为美元、欧元、日元、英镑在特定经济体货币 X 的隐含货币篮子中的权重,反映了篮子货币对特定经济体货币汇率的影响大小。

随着人民币国际化程度的不断加深,部分学者开始研究人民币是否已经进入部分经济体的隐含货币篮子(Ho 等,2005;Balasubramaniam 等,2011;Kawai 和 Pontines,2012;Fratzscher 和 Mehl,2014)。上述研究中,较多采用弗兰克尔-魏尚进的回归模型,并在等式右边加入人民币的汇率变动,具体如式(2.10)所示:

$$\Delta\log\left(\frac{X}{CHF}\right) = \alpha_0 + \alpha_1\Delta\log\left(\frac{USD}{CHF}\right) + \alpha_2\Delta\log\left(\frac{EURO}{CHF}\right) + \alpha_3\Delta\log\left(\frac{JPY}{CHF}\right)$$

$$+ \alpha_4\Delta\log\left(\frac{GBP}{CHF}\right) + \alpha_5\Delta\log\left(\frac{RMB}{CHF}\right) + \mu' \tag{2.10}$$

其中，$\Delta\log\left(\dfrac{RMB}{CHF}\right)$ 为瑞士法郎兑人民币汇率的对数变化，其他变量如上所述。但是，由于美元汇率对数变化与人民币汇率对数变化存在强相关性[1]，回归方程(2.10)在很大程度上存在多重共线性的问题。为了克服多重共线性，部分学者也提出了解决方法，主要有以下三种方法：第一，一部分文献从人民币灵活变动时期出发，采用弗兰克尔-魏尚进模型，把研究时间限定在人民币与美元脱钩时期[2]，认为中国已经与马来西亚、泰国、新加坡和菲律宾形成了一个松散但有效的"人民币区"(Henning，2012)；甚至认为人民币已经代替美元、欧元，成为东亚的主要篮子货币(Subramanian 和 Kessler，2012)。第二，另一部分文献在弗兰克尔-魏尚进模型的基础上，用美元代替瑞士法郎作为计价货币，发现人民币在韩元、新台币、新加坡元和泰铢的隐含货币篮子中统计显著(Ho 等，2005)。第三，还有一部分文献将人民币汇率变动中的美元成分剔除，发现所有东亚货币的货币篮子中，美元都占据最大比重；自 2005 年 10 月起，林吉特和新台币开始参考人民币，但在 2007 年 6 月，林吉特不再参考人民币；2009 年 10 月起，相对于美元而言，越南盾给予人民币更大的权重(Balasubramaniam 等，2011)。

科怀和庞蒂纳斯(2016)认为，上述三种方法存在一定的局限性，均不能有效地克服多重共线性问题，并提出了基于弗兰克尔-魏尚进模型的两步回归法。本节借鉴这一方法来估计"一带一路"沿线国家和地区隐含货币篮子中人民币的权重。该方法的第一步是在人民币汇率走势中消除美元成分，一定程度上减轻了人民币和美元间的共线性；第二步用新西兰元代替瑞士法郎，一定程度上克服了瑞士法郎与欧元挂钩所产生的共线性。具体步骤如下：首

---

[1]　2000 年 1 月至 2005 年 6 月，美元汇率对数变化与人民币汇率对数变化之间的简单相关系数为 0.999；2008 年 8 月至 2010 年 5 月，美元汇率对数变化与人民币汇率对数变化之间的简单相关系数为 0.998。

[2]　亨宁(2012)认为，2005 年 7 月 22 日至 2009 年 7 月 22 日和 2010 年 6 月 18 日至 2011 年 12 月 30 日，美元与人民币之间的关系是脱钩的。

先，从主要国际货币的汇率变动中消除人民币走势的"依赖"成分，并从中获取残差，具体如式(2.11)所示：

$$\Delta\log\left(\frac{RMB}{NZD}\right) = \beta_0 + \beta_1\Delta\log\left(\frac{USD}{NZD}\right) + \beta_2\Delta\log\left(\frac{EURO}{NZD}\right) + \beta_3\Delta\log\left(\frac{JPY}{NZD}\right)$$

$$+ \beta_4\Delta\log\left(\frac{GBP}{NZD}\right) + \omega \tag{2.11}$$

由于瑞士法郎在 2011 年 9 月至 2015 年 1 月曾与欧元挂钩，不符合弗兰克尔-魏尚进模型的自由浮动条件，因此，选择新西兰元作为计价货币。新西兰元作为一个小型开放经济体的自由浮动货币，没有资本和外汇管制，通常被认为不会受到隐含篮子货币的重大影响。

获得来自回归方程式(2.11)的残差后，用残差表示人民币汇率变动，并将其纳入弗兰克尔-魏尚进模型右侧，如式(2.12)所示：

$$\Delta\log\left(\frac{x}{NZD}\right) = \gamma_0 + \gamma_1\Delta\log\left(\frac{USD}{NZD}\right) + \gamma_2\Delta\log\left(\frac{EURO}{NZD}\right) + \gamma_3\Delta\log\left(\frac{JPY}{NZD}\right)$$

$$+ \gamma_4\Delta\log\left(\frac{GBP}{NZD}\right) + \gamma_5\widehat{\omega} + \upsilon \tag{2.12}$$

其中，$\widehat{\omega} = \Delta\log\left(\frac{RMB}{NZD}\right) - \left[\beta_0 + \beta_1\Delta\log\left(\frac{USD}{NZD}\right) + \beta_2\Delta\log\left(\frac{EURO}{NZD}\right) + \right.$

$\left.\beta_3\Delta\log\left(\frac{JPY}{NZD}\right) + \beta_4\Delta\log\left(\frac{GBP}{NZD}\right)\right]$。假设等式(2.12)右边的货币权重之和为

1，即 $\gamma_1 + \gamma_2 + \gamma_3 + \gamma_4 + \gamma_5 = 1$。对等式(2.12)两边减去残差 $\widehat{\omega}$，得到修正的弗兰克尔-魏尚进模型回归方程(2.13)：

$$\Delta\log\left(\frac{x}{NZD}\right) - \widehat{\omega} = \gamma_0 + \gamma_1\left[\Delta\log\left(\frac{USD}{NZD}\right) - \widehat{\omega}\right] + \gamma_2\left[\Delta\log\left(\frac{EURO}{NZD}\right) - \widehat{\omega}\right]$$

$$+ \gamma_3\left[\Delta\log\left(\frac{JPY}{NZD}\right) - \widehat{\omega}\right] + \gamma_4\left[\Delta\log\left(\frac{GBP}{NZD}\right) - \widehat{\omega}\right] + \upsilon \tag{2.13}$$

据此，可以得出隐含的人民币权重为 $\gamma_5 = 1 - (\gamma_1 + \gamma_2 + \gamma_3 + \gamma_4)$。

（三）整个样本期间的回归结果

表 2-14 报告了基于修正的弗兰克尔-魏尚进方法所估算的 2010 年 1 月 1 日至 2019 年 6 月 30 日的整个样本期间的回归结果。该表的第一行报告了修正的弗兰克尔-魏尚进方法第一步回归情况，即从人民币汇率走势中消除其对美元等国际货币的"依赖"成分，它确定了人民币隐含货币篮子中各货币的权重。在整个样本期间，美元以 0.901 的平均权重占据主导地位，欧元、日元和英镑在人民币货币篮子中的权重相较于美元而言小得多。

表 2-14　各经济体隐含货币篮子基本估计结果

国家	美元	欧元	日元	英镑	人民币	R^2	$P\text{-}value$
中国	0.901 *** (83.57)	0.027 *** (2.99)	0.013 * (1.96)	0.035 *** (3.33)	—	0.952	—
埃及	1.053 *** (12.22)	0.183 (1.35)	−0.037 (−0.99)	−0.211 (−1.11)	0.288 (0.84)	0.279	0.4132
巴林	0.866 *** (32.70)	−0.001 (−0.07)	0.007 (0.39)	0.040 (1.52)	0.084 (1.41)	0.460	0.9555
俄罗斯	0.542 *** (8.25)	0.168 *** (3.06)	−0.152 *** (−2.89)	0.161 ** (2.52)	0.357 *** (3.29)	0.169	0.5274
菲律宾	0.770 *** (40.52)	0.069 *** (3.67)	−0.027 * (−1.84)	0.042 *** (2.61)	0.314 *** (7.07)	0.802	0.0002
捷克	−0.067 *** (−3.87)	1.063 *** (48.46)	−0.053 *** (−4.07)	−0.001 (−0.04)	−0.003 (−0.07)	0.802	0.1950
科威特	0.745 *** (22.35)	0.104 *** (3.51)	0.025 (1.34)	0.054 ** (2.00)	0.044 (0.74)	0.656	0.6556
克罗地亚	0.008 (0.70)	0.987 *** (91.49)	0.001 (0.09)	−0.003 (−0.26)	0.031 (0.90)	0.906	0.4899
黎巴嫩	0.946 *** (27.31)	0.074 (1.51)	0.023 (1.08)	0.026 (0.97)	−0.504 (−1.03)	0.352	0.3087
罗马尼亚	0.037 ** (2.00)	0.959 *** (52.38)	−0.044 *** (−3.14)	0.016 (0.97)	0.070 (1.58)	0.807	0.4140
马来西亚	0.794 *** (29.87)	0.035 (1.32)	−0.070 *** (−3.89)	0.090 *** (3.90)	0.479 *** (7.55)	0.716	0.0000

续表

国家	美元	欧元	日元	英镑	人民币	R^2	P-value
塞尔维亚	0.045** (2.56)	0.963*** (53.58)	−0.029** (−2.07)	0.007 (0.46)	0.047 (0.86)	0.835	0.5518
沙特	1.114*** (2.64)	0.002 (0.03)	−0.436 (−1.01)	−0.356 (−0.78)	0.052 (0.39)	0.003	0.2254
斯里兰卡	0.987*** (72.20)	−0.007 (−0.68)	0.015 (1.38)	0.001 (0.05)	0.007 (0.23)	0.911	0.9339
泰国	0.689*** (42.18)	0.096*** (6.35)	0.053*** (4.53)	0.034** (2.56)	0.349*** (10.01)	0.861	0.0000
土耳其	0.371*** (8.61)	0.370*** (6.84)	−0.097*** (−3.08)	0.030 (0.87)	0.469** (2.39)	0.249	0.4697
新加坡	0.466*** (26.70)	0.193*** (12.55)	0.058*** (5.39)	0.079*** (4.55)	0.326*** (7.64)	0.852	0.0055
以色列	0.909*** (2.78)	0.330*** (8.87)	−0.381 (−1.14)	−0.310 (−0.88)	0.115 (1.37)	0.006	0.3919
印度	1.377** (2.29)	0.132** (2.14)	−0.729 (−1.18)	−0.582 (−0.90)	0.227 (1.58)	0.002	0.4272
印度尼西亚	0.901*** (31.43)	0.019 (0.64)	−0.035 (−1.59)	0.049* (1.94)	0.396*** (4.66)	0.648	0.0002
约旦	0.896*** (26.92)	−0.025 (−0.85)	−0.007 (−0.31)	0.049 (1.37)	0.338*** (3.03)	0.809	0.0261
越南	1.043*** (22.29)	−0.014 (−0.34)	−0.009 (−0.27)	0.006 (0.16)	0.026 (0.26)	0.526	0.6153

注:(1)人民币估计值来自第一步回归方程(2.10),其他货币估计值来自一组第二步回归方程(2.12);(2)***、**和*分别表示在1%、5%和10%的水平下显著,括号中的值是 t 值;(3)最后一列 P 值表示用于检验等式(2.11)中的 $\gamma_1 + \gamma_2 + \gamma_3 + \gamma_4 + \gamma_5 = 1$ 的零假设。

表2-14显示的其他回归结果中,对于所考虑的"一带一路"沿线国家和地区货币而言,除捷克、克罗地亚、罗马尼亚和塞尔维亚四个东欧国家由于同欧元区国家保持着更为紧密的经贸联系而盯住欧元之外,绝大多数国家将美元作为主要锚定货币,且占据了较高的权重。欧元、日元和英镑的权重则较低,而且在"一带一路"部分沿线国家和地区的货币篮子中影响并不显著。人民币权重在"一带一路"较多沿线国家和地区的货币篮子中显著且重要,尤其

是在俄罗斯、菲律宾、马来西亚、新加坡、泰国、印度尼西亚、约旦等国家的隐含货币篮子中均为第二大锚定货币。尽管如此,人民币在大多数"一带一路"沿线国家和地区货币篮子中的权重依旧远远小于美元的权重。可见,我们通过修正的弗兰克尔-魏尚进方法估计,发现人民币权重在部分"一带一路"沿线国家和地区的货币篮子中显著且重要,但相对于占主导地位的美元权重,还是存在很大的差距。

值得注意的是,上述回归估计基于一个重要假设:等式(2.12)右侧的主要货币权重之和为1,即 $\gamma_1 + \gamma_2 + \gamma_3 + \gamma_4 + \gamma_5 = 1$。但是,该假设可能并不成立,这会导致人民币系数被高估。主要原因有两点:第一,等式(2.12)的右侧可能缺失其他货币,那么 γ_5 的估计值(即人民币系数)可能会捕获这部分缺失货币的权重,从而使人民币的估计权重大于其真实权重。第二,如果某个"一带一路"沿线国家和地区的货币是灵活的,那么等式(2.12)右侧的主要货币(美元、欧元、日元、英镑和人民币)的变动均无法完全解释该货币汇率的走势。由于存在无法解释的部分,因此人民币系数被大大高估了。

为了考察上述主要货币权重之和为1的假设是否成立,我们对其进行了检验。表2-14最后一栏的P值报告了检验结果。P值表明,除菲律宾、马来西亚、泰国、新加坡、印度尼西亚和约旦之外,对于所检验的大多数"一带一路"沿线国家和地区的货币,都不能拒绝"在整个样本期间系数之和等于1"的零假设,说明我们的估计结果是可靠的。

(四)分时间窗口的检验

为了进一步验证上述修正的弗兰克尔-魏尚进方法估计结果的稳健性和可靠性,我们进行了改变时间窗口的试验。这是因为,现实中许多货币可能会改变汇率制度或篮子货币的权重,而且这些变化通常以不规则的间隔发生(Frankel 和 Xie,2009)。因此,首先我们通过"邹检验"确定了所选"一带一路"沿线国家和地区对新西兰元的交叉汇率突变点;其次,将样本按突变点拆分成不同时期的两个子样本,并逐个回归,具体估计结果见表2-15。

表 2-15　分时间窗口回归结果

国家	时段	美元	欧元	日元	英镑	人民币	R^2
埃及	2016 年 10 月 31 日前	0.958 *** (50.97)	0.02 (0.94)	−0.002 (−0.17)	0.009 (0.56)	−0.015 (−0.29)	0.882
	2016 年 11 月 1 日后	1.962 ** (2.1)	2.939 (1.33)	−0.518 (−0.78)	−2.48 (−1.22)	2.645 (0.86)	0.133
巴林	2014 年 7 月 31 日前	0.877 *** (27.5)	−0.022 (−0.73)	−0.005 (−0.22)	0.053 (1.45)	0.361 *** (3.19)	0.812
	2014 年 8 月 1 日后	0.834 *** (20.62)	0.021 (0.74)	0.023 (0.63)	0.04 (1.1)	−0.012 (−0.19)	0.295
俄罗斯	2014 年 10 月 31 日前	0.375 *** (7.46)	0.403 *** (10.11)	−0.116 *** (−2.95)	0.110 ** (2.51)	0.139 (0.92)	0.526
	2014 年 11 月 1 日后	0.734 *** (6.34)	−0.117 (−1.10)	−0.135 (−1.04)	0.209 * (1.93)	0.568 *** (4.19)	0.104
菲律宾	2013 年 8 月 31 日前	0.728 *** (20.26)	0.067 ** (2.14)	−0.034 (−1.43)	0.088 ** (2.54)	0.688 *** (5.89)	0.808
	2013 年 9 月 1 日后	0.774 *** (38.03)	0.062 *** (2.74)	−0.01 (−0.56)	0.034 * (1.75)	0.248 *** (5.04)	0.801
捷克	2013 年 12 月 31 日前	−0.180 *** (−5.06)	1.110 *** (27.75)	−0.047 ** (−2.38)	0.027 (0.63)	0.171 (1.04)	0.758
	2014 年 1 月 1 日后	0.014 (0.89)	0.989 *** (50.76)	−0.019 (−1.39)	0.004 (0.22)	0.036 (0.81)	0.858
科威特	2015 年 6 月 30 日前	0.716 *** (16.32)	0.103 ** (2.35)	0.012 (0.51)	0.078 * (1.81)	0.256 * (1.76)	0.614
	2015 年 7 月 1 日后	0.758 *** (15.03)	0.084 ** (2.53)	0.064 ** (2.01)	0.057 * (1.89)	0.000 (0.000)	0.752
克罗地亚	2011 年 3 月 31 日前	0.005 (0.17)	0.983 *** (46.68)	0.003 (0.17)	−0.001 (−0.03)	0.168 (1.54)	0.944
	2011 年 4 月 1 日后	0.007 (0.53)	0.987 *** (79.4)	0.001 (0.08)	−0.002 (−0.19)	0.021 (0.57)	0.899
黎巴嫩	2015 年 12 月 11 日前	0.973 *** (42.28)	0.076 (1.37)	0.019 (0.85)	0.016 (0.85)	−0.574 (−0.97)	0.335
	2015 年 12 月 12 日后	0.828 *** (4.95)	0.118 (1.08)	0.014 (0.49)	−0.004 (−0.19)	−0.441 (−1.03)	0.631

续表

国家	时段	美元	欧元	日元	英镑	人民币	R^2
罗马尼亚	2011 年 3 月 31 日前	0.197*** (3.06)	0.825*** (13.44)	-0.059 (-1.53)	0.017 (0.27)	-0.141 (-0.80)	0.737
	2011 年 4 月 1 日后	0.01 (0.53)	0.995*** (57.35)	-0.050*** (-3.50)	0.01 (0.61)	0.072 (1.6)	0.825
马来西亚	2013 年 8 月 31 日前	0.747*** (20.2)	0.074** (2.46)	-0.079*** (-3.30)	0.123*** (3.39)	0.766*** (6.58)	0.801
	2013 年 9 月 1 日后	0.807*** (20.38)	-0.01 (-0.22)	-0.045 (-1.52)	0.088*** (2.72)	0.435*** (5.65)	0.65
塞尔维亚	2011 年 12 月 31 日前	0.107** (2.56)	0.941*** (25.73)	-0.054** (-2.02)	0.015 (0.37)	-0.023 (-0.13)	0.797
	2012 年 1 月 1 日后	0.023 (1.17)	0.979*** (47.89)	-0.028* (-1.68)	0.001 (0.07)	0.056 (1.09)	0.855
沙特	2016 年 7 月 20 日前	0.573*** (10.19)	-0.032 (-0.80)	0.029 (0.89)	0.129*** (2.69)	0.587*** (2.8)	0.48
	2016 年 7 月 21 日后	2.010* (1.96)	0.301 (0.77)	-2.641 (-1.01)	-1.361 (-0.97)	-0.677 (-0.86)	0.008
斯里兰卡	2011 年 12 月 31 日前	0.982*** (77.78)	0.005 (0.61)	0.007 (0.88)	0.008 (0.77)	-0.043 (-1.05)	0.963
	2012 年 1 月 1 日后	0.991*** (56.65)	-0.014 (-0.95)	0.019 (1.14)	-0.001 (-0.08)	0.017 (0.48)	0.885
泰国	2011 年 10 月 31 日前	0.749*** (28.69)	0.072*** (3.33)	0.038** (2.53)	0.060*** (2.61)	0.271** (2.47)	0.943
	2011 年 11 月 1 日后	0.670*** (33.99)	0.113*** (5.78)	0.046*** (2.98)	0.023 (1.42)	0.344*** (9.47)	0.824
土耳其	2010 年 10 月 31 日前	0.407*** (5.18)	0.458*** (6.81)	-0.194*** (-3.55)	0.016 (0.22)	-0.228 (-0.53)	0.636
	2010 年 11 月 1 日后	0.375*** (8.01)	0.355*** (5.74)	-0.078** (-2.16)	0.03 (0.78)	0.492** (2.45)	0.233
新加坡	2015 年 4 月 30 日前	0.457*** (20.36)	0.194*** (10.25)	0.051*** (4.21)	0.100*** (4.8)	0.319*** (4.83)	0.86
	2015 年 5 月 1 日后	0.475*** (16.6)	0.177*** (6.7)	0.072*** (3.76)	0.069*** (3.3)	0.338*** (6.41)	0.84
以色列	2016 年 7 月 20 日前	0.542*** (21.89)	0.323*** (14.06)	-0.042** (-2.56)	0.068*** (3.38)	0.239*** (3.41)	0.785
	2016 年 7 月 21 日后	1.503* (1.89)	0.398 (1.28)	-2.071 (-1.01)	-1.084 (-1.00)	-0.271 (-0.46)	0.008

国家	时段	美元	欧元	日元	英镑	人民币	R^2
印度	2016 年 7 月 20 日前	0.760 *** (23.12)	0.097 *** (3.21)	−0.117 *** (−4.77)	0.079 ** (2.18)	0.299 *** (3.11)	0.655
	2016 年 7 月 21 日后	2.31 (1.56)	0.396 (0.7)	−3.84 (−1.02)	−1.944 (−0.97)	−0.486 (−0.45)	0.008
印度尼西亚	2013 年 7 月 31 日前	0.929 *** (22.19)	0.056 (1.52)	−0.034 (−1.15)	0.021 (0.48)	0.155 (0.98)	0.755
	2013 年 8 月 1 日后	0.895 *** (22.38)	−0.004 (−0.08)	−0.043 (−1.22)	0.055 (1.64)	0.436 *** (4.22)	0.565
越南	2011 年 12 月 31 日前	0.897 *** (15.5)	−0.076 (−1.58)	0.016 (0.39)	0.044 (0.78)	0.367 ** (2.02)	0.777
	2012 年 1 月 1 日后	0.878 *** (23.54)	0.026 (0.82)	−0.015 (−0.73)	0.053 (1.49)	0.324 *** (2.74)	0.857
约旦	2014 年 12 月 31 日前	1.078 *** (13.63)	−0.06 (−0.98)	−0.009 (−0.21)	0.025 (0.33)	−0.161 (−0.64)	0.523
	2015 年 1 月 1 日后	1.019 *** (18.01)	0.046 (0.77)	−0.032 (−0.67)	−0.019 (−0.44)	0.05 (0.47)	0.533

由表 2-15 不难看出:第一,美元依然是"一带一路"沿线国家和地区最主要的锚定货币,其在部分国家货币篮子中的权重接近 1。可以推断,在未来可预见的很长一段时期内,美元作为"一带一路"沿线国家和地区主要篮子货币的地位将不会改变。第二,人民币在大部分"一带一路"沿线国家和地区货币篮子中也开始占据重要地位,且随着时间的推移,人民币在俄罗斯、泰国、土耳其、新加坡等国隐含货币篮子中的权重均显著上升。从我们的时间窗口划分来看,时间突变点均分布在"一带一路"倡议启动时点附近,因此我们有理由相信,"一带一路"倡议在一定程度上对人民币国际化发展起到了推动作用,也给人民币"货币锚"效应带来了较为积极的影响。

（五）人民币在"一带一路"沿线国家和地区货币篮子中地位是否表现出积极信号?

通过上述回归结果,发现人民币在越来越多"一带一路"沿线国家和地区的汇率管理中被纳入其隐含货币篮子。在我们考察的"一带一路"沿线 21 个国家和地区中,有 12 个国家和地区货币篮子中人民币权重显著;在部分国家货币篮子中的权重甚至已经超过了日元、英镑等第二梯队国际货币;新加坡、沙特、土耳其货币篮子中人民币权重和美元权重相近。而且,随着时间的推移,将人民币纳入其隐含货币篮子的"一带一路"沿线国家和地区数目也有所增加。可见,我们基于修正的弗兰克尔-魏尚进方法的研究发现,人民币在"一带一路"沿线国家和地区货币篮子中的地位表现出了积极的信号。

（六）稳健性检验

为验证第三部分使用修正的弗兰克尔-魏尚进方法所得结果的稳健性和可靠性,我们借鉴巴拉苏布拉马尼亚姆等（Balasubramaniam 等,2011）、弗拉茨舍尔和梅尔（Fratzscher 和 Mehl,2014）的方法,通过两步回归,首先就人民币汇率变动对美元汇率变动进行回归：

$$\Delta\log\left(\frac{RMB}{CHF}\right) = \theta_0 + \theta_1\Delta\log\left(\frac{USD}{CHF}\right) + \varepsilon \qquad (2.14)$$

然后,从这个回归中获得估计的残差（$\hat{\varepsilon}$）,替代在第二步回归中的人民币：

$$\Delta\log\left(\frac{x}{CHF}\right) = \beta_0 + \beta_1\Delta\log\left(\frac{USD}{CHF}\right) + \beta_2\Delta\log\left(\frac{EURO}{CHF}\right) + \beta_3\Delta\log\left(\frac{JPY}{CHF}\right)$$

$$+ \beta_4\Delta\log\left(\frac{GBP}{CHF}\right) + \beta_5\hat{\varepsilon} + \mu \qquad (2.15)$$

稳健性检验结果（见表 2-16）与第三部分中得出的结论基本一致,即研究发现美元依旧是"一带一路"沿线国家和地区最主要的篮子货币,对"一带一路"沿线 18 个国家和地区货币汇率的影响显著为正,且在大多数货币篮子中的权重接近于 1;人民币在部分"一带一路"沿线国家和地区货币篮子中占据重要地位,其中,人民币对 9 个国家货币汇率的影响显著,且在其隐含货币篮子中所占权重超过了欧元、日元和英镑等国际货币。可见,本节估计结果具有稳健性。

表 2-16 稳健性检验结果

国家	美元	欧元	日元	英镑	人民币	R^2	P-value
中国	0.963*** (107.47)	—	—	—	—	0.938	—
埃及	0.738*** (7.06)	0.261** (1.98)	-0.067 (-1.22)	-0.181 (-0.88)	0.123 (0.35)	0.120	0.6850
巴林	0.678*** (10.92)	0.089** (2.04)	0.066* (1.88)	0.041 (0.72)	0.068 (0.61)	0.299	0.5944
俄罗斯	0.597*** (9.53)	0.232*** (3.56)	-0.147*** (-3.24)	0.231*** (3.93)	0.425*** (3.32)	0.274	0.0107
菲律宾	0.790*** (36.28)	0.084*** (3.88)	-0.007 (-0.40)	0.083*** (4.79)	0.216*** (3.48)	0.739	0.0061
捷克	-0.078*** (-4.06)	1.042*** (42.82)	-0.041*** (-2.87)	0.023 (1.24)	-0.137** (-2.20)	0.675	0.0021
科威特	0.536*** (13.15)	0.187*** (4.11)	0.097*** (3.95)	0.086*** (2.73)	-0.044 (-0.44)	0.435	0.1621
克罗地亚	-0.002 (-0.12)	0.961*** (59.74)	0.011 (1.12)	0.004 (0.31)	-0.124** (-2.01)	0.780	0.0131
黎巴嫩	0.526*** (6.82)	0.181* (1.93)	0.005 (0.14)	0.072* (1.76)	-0.615 (-1.18)	0.140	0.1105
罗马尼亚	0.007 (0.27)	0.768*** (10.22)	0.024 (0.97)	0.052** (2.14)	-0.061 (-0.87)	0.432	0.0311
马来西亚	0.822*** (27.89)	0.032 (1.16)	-0.057*** (-2.80)	0.124*** (5.08)	0.374*** (4.37)	0.645	0.0005
塞尔维亚	0.049*** (2.74)	0.965*** (48.92)	-0.029** (-2.01)	0.010 (0.66)	0.053 (0.98)	0.778	0.3598
沙特	0.629*** (17.59)	0.092** (2.30)	0.088*** (3.72)	0.084*** (2.67)	0.007 (0.07)	0.535	0.3289
斯里兰卡	0.982*** (66.35)	-0.011 (-1.02)	0.021* (1.82)	0.002 (0.13)	-0.025 (-0.39)	0.871	0.6168
泰国	0.708*** (37.70)	0.096*** (4.53)	0.068*** (5.00)	0.066*** (4.50)	0.238*** (4.10)	0.787	0.0021

续表

国家	美元	欧元	日元	英镑	人民币	R^2	$P-value$
土耳其	0.429*** (9.80)	0.513*** (8.37)	−0.043 (−1.26)	0.130*** (3.69)	0.422** (2.18)	0.326	0.0021
新加坡	0.494*** (22.17)	0.228*** (11.36)	0.082*** (5.77)	0.138*** (6.23)	0.241*** (3.36)	0.758	0.0085
以色列	0.570*** (24.75)	0.356*** (15.48)	−0.009 (−0.55)	0.084*** (4.31)	0.065 (0.94)	0.678	0.3352
印度	0.788*** (27.02)	0.122*** (4.24)	−0.088*** (−3.79)	0.115*** (4.18)	0.183*** (2.35)	0.617	0.1241
印度尼西亚	0.922*** (29.90)	−0.023 (−0.65)	−0.027 (−1.16)	0.051* (1.92)	0.325*** (3.30)	0.555	0.0122
约旦	0.918*** (27.80)	−0.022 (−0.48)	−0.015 (−0.63)	0.074** (2.03)	0.377*** (3.50)	0.750	0.0038
越南	1.028*** (21.38)	−0.05 (−1.18)	0.000 (0.00)	0.001 (0.04)	−0.138 (−1.21)	0.441	0.1578

注:(1)人民币的估计值来自第一步回归方程(2.14),其他货币的估计值来自一组第二步回归方程(2.15);(2)*** 、** 和 * 分别表示在 1%、5%和10%的水平下显著。括号中的值是 t 值;(3)最后一列中的 P 值表示用于检验等式(2.15)中的 $\gamma_1 + \gamma_2 + \gamma_3 + \gamma_4 + \gamma_5 = 1$ 的零假设的相伴概率。

三、人民币货币"锚地位"的影响因素分析

(一)变量选取与数据来源

在上文考察人民币"货币锚"地位的基础之上,接下来采用 2010—2017 年"一带一路"沿线 21 个国家和地区的面板数据,进一步探讨人民币"货币锚"地位的影响因素。参考何等(He 等,2016)的研究,我们将贸易往来(lntrade)、政治稳定性(pol_sta)、政府效率(gov_eff)、经济发展水平(lngdp)、通货膨胀率(lninfla)、贸易自由度(free)、资本账户开放度(ka_open)和地理距离(lndis)等八个变量纳入人民币"货币锚"地位影响因素模型之中。变量说明及数据来源如下:

人民币在"一带一路"沿线国家和地区货币篮子中的权重。为被解释变

量,数据来自前文测算结果,其中,人民币权重不显著的记为 0。

贸易往来:贸易合作的紧密程度与交易货币的选择密切相关,进而影响一国锚定货币的选择。采用"一带一路"沿线国家和地区与中国之间的进出口贸易额来衡量两国之间的贸易往来紧密程度,预期其系数符号为正。该数据来自国际货币基金组织的贸易方向统计数据库。

制度环境:全球治理指数是一国制度环境的重要代理变量。参考现有研究,选取全球治理指数中的政治稳定性和政府效率来反映"一带一路"沿线国家和地区的制度环境①,该指标的取值范围在 -2.5 到 +2.5 之间,取值越大表示该国制度环境越好。政治稳定、政府效率较高的国家有更大的倾向实行浮动汇率制度,因此预期其系数符号为负。该数据来自国际货币基金组织的 WGI 数据库。

经济发展水平:国内生产总值是衡量一个国家经济规模和发展水平的重要指标。经济发展水平与汇率制度的选择有着密切的联系,经济规模越大,越有可能实行浮动汇率制度,因此预测其符号为负。该数据来自世界银行的世界发展指标数据库。

通货膨胀率:具有较高通货膨胀率国家的货币有更大的动机盯住可信的货币。采用居民消费价格指数衡量通货膨胀率,预期其系数符号为正。该数据来自世界银行的世界发展指标数据库。

贸易自由度:贸易自由度是影响一个国家境外投资的重要因素,当境外投资达到一定规模时,其交易货币将影响一国锚定货币的选择。采用"一带一路"沿线国家和地区是否与中国签订自由贸易协定(FTA)来衡量两国间的贸易自由程度,签订记为 1,没有签订记为 0,预期其系数符号为正。数据来自中国自由贸易区服务网。

资本账户开放度:资本账户开放水平越高的国家,越有可能选择浮动汇率

---

① 赵慧、张浓:《人民币"货币锚"地位及其影响因素探究》,《商业研究》2020 年第 5 期。

制度,因而预期其符号为负。采用基于钦和伊藤(2002)方法所测算的资本账户开放指数来衡量"一带一路"沿线国家和地区资本账户开放度。

地理距离:地理距离的增加将直接扩大跨境投资中信息不对称的风险,进而影响国家之间的直接投资流量;而跨境投资又与货币篮子中"锚定货币"的选择有着密切关系。采用"一带一路"沿线国家和地区的首都与北京之间的地理距离来衡量,预期其符号为负。

基于上述分析,参考何等(2016)的研究,构建了人民币"货币锚"地位的影响因素模型,以期探讨不同因素对人民币"货币锚"的影响,具体模型如下:

$$y = \eta_0 + \eta_1 lntrade + \eta_2 pol\_sta + \eta_3 gov\_eff + \eta_4 lngdp + \eta_5 lninfla$$
$$+ \eta_6 free + \eta_7 ka\_open + \eta_8 lndis + \varepsilon \tag{2.16}$$

为了减轻异方差性,我们对上述模型中贸易往来、经济发展水平、通货膨胀率和地理距离等变量数据取自然对数。此外,模型中报告稳健标准误差。

(二)实证结果

表2-17报告了人民币"货币锚"地位影响因素的逐步回归结果。根据最后一栏回归结果,贸易往来($lntrade$)、政府效率(gov_eff)、经济发展水平($lngdp$)和地理距离($lndis$)对"一带一路"沿线国家和地区人民币"货币锚"地位具有显著的影响,而政治稳定性(pol_sta)、通货膨胀率($lninfla$)、贸易自由度($free$)和资本账户开放度(ka_open)对其影响不显著。具体分析如下:

表2-17　人民币"货币锚"地位的影响因素回归结果

变量	(1)	(2)	(3)	(4)	(5)	(6)	(7)	(8)
lntrade	0.062** (2.39)	0.079** (2.50)	0.093*** (2.69)	0.311*** (3.89)	0.307*** (3.95)	0.312*** (4.05)	0.236** (2.52)	0.247*** (2.74)
pol_sta	—	−0.026 (−1.25)	0.004 (0.14)	−0.028 (−1.11)	−0.029 (−1.14)	−0.024 (−0.96)	0.022 (0.67)	0.015 (0.46)
gov_eff	—	—	−0.069* (−1.83)	−0.098** (−2.26)	−0.080* (−1.89)	−0.088** (−2.10)	−0.115** (−2.46)	−0.14*** (−2.80)

续表

变量	（1）	（2）	（3）	（4）	（5）	（6）	（7）	（8）
lngdp	—	—	—	−0.30 *** (−3.19)	−0.31 *** (−3.34)	−0.31 *** (−3.41)	−0.228 ** (−2.14)	−0.246 ** (−2.35)
ln$infla$	—	—	—	—	0.474 (1.44)	0.484 (1.47)	0.437 (1.08)	0.296 (0.77)
$free$	—	—	—	—	—	0.161 (1.51)	0.240 ** (2.16)	0.160 (1.30)
ka_open	—	—	—	—	—	—	−0.14 *** (−2.74)	−0.051 (−0.71)
lndis	—	—	—	—	—	—	—	−0.201 * (−1.83)
$Constant$	−0.112 (−1.08)	−0.192 (−1.50)	−0.217 (−1.64)	2.246 *** (2.88)	1.426 (1.58)	1.413 (1.58)	0.967 (0.92)	3.098 * (1.97)
$Observations$	209	171	171	171	171	171	129	129
R^2	0.027	0.036	0.055	0.135	0.147	0.159	0.211	0.236
F	5.691	4.456	3.671	5.564	4.785	4.353	3.639	3.843

注：*** 、** 和 * 分别表示在 1%、5% 和 10% 的水平下显著。括号中的值是 t 值。

第一,贸易往来对人民币"货币锚"地位具有正向影响且统计显著,这一结论符合我们的预期。表明贸易往来密切程度对交易货币的选择具有显著影响:随着贸易往来规模的扩大,交易货币的选择将对整个国家货币篮子中锚定货币的选择产生重要影响。

第二,政府效率和经济发展水平对人民币"货币锚"地位具有显著的负向影响,与我们的预期吻合。可能的原因在于,政府效率越高的国家往往具有更好的制度环境。制度环境良好且经济发展水平较高的国家有更大的动机实施浮动汇率制度。

第三,地理距离对人民币"货币锚"地位具有显著的负向影响,与前文预期相吻合。原因在于地理距离增加将导致跨境贸易和投资中的成本和不确定性风险上升,两国之间的贸易和投资流量将相应减少,其将人民币作为"货币锚"的动机也会下降。

（三）稳健性检验

为了检验实证结果的稳健性，接下来采用式（2.14）、式（2.15）方法，用瑞士法郎代替新西兰元，测算出各经济体隐含货币篮子中的人民币权重，作为因变量重新进行估计。表 2-18 报告了稳健性检验的结果。回归结果显示，贸易往来对人民币"货币锚"地位具有显著的正向影响；政府效率、经济发展水平和地理距离对人民币"货币锚"地位具有显著的负向影响，该结果与表 2-17 中基准回归结果基本一致，表明上述结论具有稳健性。

表 2-18 人民币"货币锚"地位影响因素的稳健性检验

变量	（1）	（2）	（3）	（4）	（5）	（6）	（7）	（8）
ln*trade*	0.098 *** (3.35)	0.078 ** (2.27)	0.096 ** (2.51)	0.358 *** (4.07)	0.351 *** (4.33)	0.359 *** (4.52)	0.353 *** (3.59)	0.366 *** (3.85)
pol_sta	—	0.027 (1.33)	0.065 ** (2.07)	0.027 (1.11)	0.025 (1.06)	0.032 (1.36)	0.032 (0.99)	0.024 (0.76)
gov_eff	—	—	−0.088 * (−1.97)	−0.122 ** (−2.46)	−0.092 * (−1.90)	−0.105 ** (−2.18)	−0.14 *** (−2.75)	−0.17 *** (−3.22)
ln*gdp*	—	—	—	−0.36 *** (−3.54)	−0.38 *** (−3.90)	−0.38 *** (−4.05)	−0.38 *** (−3.40)	−0.40 *** (−3.64)
ln*infla*	—	—	—	—	0.784 ** (2.23)	0.800 ** (2.28)	0.718 (1.61)	0.561 (1.32)
free	—	—	—	—	—	0.266 ** (2.11)	0.270 ** (2.08)	0.182 (1.30)
ka_open	—	—	—	—	—	—	−0.075 (−1.36)	0.026 (0.35)
ln*dis*	—	—	—	—	—	—	—	−0.224 ** (−1.98)
Constant	−0.266 ** (−2.37)	−0.174 (−1.25)	−0.206 (−1.41)	2.756 *** (3.28)	1.398 (1.52)	1.378 (1.54)	1.670 (1.56)	4.046 ** (2.55)
Observations	209	171	171	171	171	171	129	129
R^2	0.054	0.039	0.066	0.168	0.198	0.225	0.262	0.289
F 值	11.25	3.012	2.486	4.400	4.562	4.483	4.234	4.752

注：***、** 和 * 分别表示在 1%、5% 和 10% 的水平下显著。括号中的值是 t 值。

四、研究结论与政策含义

本节采用修正的弗兰克尔-魏尚进模型对"一带一路"沿线国家和地区隐含货币篮子中的人民币权重进行估计,结果表明,在我们考察的 21 个国家中,虽然美元仍然是"一带一路"沿线国家和地区最主要的篮子货币,但是人民币在"一带一路"部分沿线国家和地区货币篮子中占有一定的地位,尤其是俄罗斯、菲律宾、马来西亚、新加坡、泰国、印度尼西亚、约旦、土耳其等国家。因此,我们可以明确地得出结论,人民币已经开始在部分"一带一路"沿线国家和地区的隐含货币篮子中发挥重要作用;且随着时间的推移,人民币影响"一带一路"沿线国家和地区货币汇率的程度有所上升。当然,我们仍然要特别指出的是,修正的弗兰克尔-魏尚进方法基于主要国际货币(美元、欧元、日元、英镑和人民币)的系数总和为 1 的假设。虽然,这一假设在本书中得到了一定程度的验证,但是如果假设不能成立,人民币系数可能被高估,因此较为稳妥的办法是设定一个人民币权重上限。此外,通过影响因素分析,本节发现"一带一路"沿线国家和地区同中国的贸易往来、沿线国家自身的政府效率和经济发展水平以及沿线国家与中国间的地理距离是影响人民币在"一带一路"沿线国家和地区"货币锚"地位的主要因素。

基于上述结论,政策建议如下:

首先,加强与相关国家的贸易往来,优化贸易结构。我国应抓住"一带一路"建设的机遇,扩大与"一带一路"沿线国家和地区的经贸往来,促进贸易繁荣;另一方面,由于我国的贸易以资源密集型、劳动密集型产品为主,在国际市场上的竞争力不强,难以说服贸易伙伴接受人民币进行计价结算。因此,在扩大贸易规模的同时应当兼顾优化贸易结构,提升中国贸易产品竞争力,促进人民币在相关国家的使用。

其次,发挥亚投行作用,提升人民币的国际地位。亚投行作为"一带一路"建设中的重要金融合作平台,是"一带一路"沿线国家和地区经济建设的重要融资渠道。"一带一路"基础设施投资资金短缺严重,亚投行的成立有望解决该问题,这其中很大一部分资金需求将由中国来提供支持。因此,应当积极促进亚投行优先使用人民币,从而在"一带一路"沿线国家和地区中形成人民币使用惯性,提升人民币的国际地位。

最后,健全和完善国内金融市场体系,在此基础上进一步推动人民币汇率形成机制改革,充分发挥市场供求在人民币汇率形成中的作用,拓宽人民币汇率双向浮动区间,提高人民币汇率弹性。

人民币国际化是我国金融领域的重大课题,也是提升国际竞争力的重要支撑。本章从人民币跨境流通规模、人民币国际化指数和人民币"货币锚"地位三个角度,深入探讨了人民币国际化程度的定量评估及其影响因素。

关于人民币跨境流通规模的研究发现,自2004年起,人民币跨境流通规模持续、稳步上升,然而2015年之后受离岸市场人民币贬值预期、全球经济不确定性加剧、中美经贸摩擦不断升级以及中国宏观金融风险上升等因素影响,人民币资产的风险溢价上升,人民币跨境流通规模增速放缓甚至有所下降。我国经济与贸易规模对人民币跨境流通均有显著正向影响,当前资本市场发展并没有起到促进人民币跨境流通的作用,人民币贬值预期不利于人民币跨境流通。

关于人民币国际化指数的研究发现,首先,美元和欧元是处于主导地位的国际货币,而相对于欧元来说,美元国际地位在近年有不断上升的趋势;自人民币国际化战略启动以来,人民币国际化程度实现了较快发展,但从货币国际化指数的绝对数值来看,人民币国际化仍然处于很低的水平;从分职能货币国际化指数的测算结果来看,近年来人民币国际化程度的提升主要是由交易媒介职能推动的。其次,货币国际化影响因素研究结果表明,经济实力、金融市场规模、金融市场稳健程度、货币实际收益率对一国货币的国际化程度均具有显著的正向影响;汇率不稳定会阻碍货币国际化进程;资本市场开放有利于一国货币的国际化;军事实力和政治稳定性也有助于一国货币国际地位的提高。最后,国际货币三大职能的影响因素存在较大差异,其中影响国际货币交易媒介职能的主要因素有金融市场规模、汇率波动率和外汇衍生品币种结构;影响计价单位职能的主要因素是经济规模、金融市场规模、金融市场稳健程度、汇率波动率、外国直接投资净流入和 M_2 增长率;影响价值贮藏职能的主要因素有经济规模、金融市场规模、汇率波动率、资本市场开放程度和军事实力。

关于人民币"货币锚"地位的检验结果发现,虽然美元仍然是"一带一路"沿线国家和地区最主要的篮子货币,但人民币已经开始在部分"一带一路"沿线国家和地区的隐含货币篮子中发挥重要作用;且随着时间的推移,人民币影响"一带一路"沿线国家和地区货币汇率的程度有所上升。"一带一路"沿线国家和地区同中国的贸易往来、沿线国家自身的政府效率和经济发展水平,以及沿线国家与中国间的地理距离,是影响人民币在"一带一路"沿线国家和地区"货币锚"地位的主要因素。

基于上述研究结论,本章认为在人民币国际化的推进过程中,应当深化国内金融体制改革,努力实现国内金融市场的深化与广化,在此基础上稳步、有序地推进资本项目的开放;继续发展国内经济,提升经济实力和贸易竞争力,强化人民币国际化的经济基础,促进人民币在国际贸易、投资领域中的广泛运用;保持国内政治稳定、提升军事实力以增强非居民对人民币的持有信心。

第三章　人民币国际化与中国宏观金融风险①

自 2014 年以来,中国经济逐渐步入新常态发展时期,在"去产能、去库存、去杠杆"的结构性改革背景下,经济增速下行趋势明显。其后,互联网金融违约事件频发、地方政府债务居高不下、股票市场价格波动异常、银行不良贷款余额上升、中美经贸摩擦不断升级等多因素叠加,导致国内金融体系的风险有所上升。另外,2009 年中国政府正式启动人民币国际化战略,人民币国际化进程使中国与世界经济的融合程度不断加深,由此可能进一步加剧国内金融体系遭受外部不利冲击时(譬如:投机攻击、国外金融危机传染等)的脆弱性。面对国内外政治、经济环境的变化,研究人民币国际化对中国宏观金融风险的影响,显得尤为重要和迫切。本章首先就人民币国际化对宏观金融风险的影响进行理论分析;其次,基于金融压力指数方法,对人民币国际化背景下的宏观金融风险进行测度;最后,构建经济计量学模型,实证分析人民币国际化对中国宏观金融风险的影响,并探讨其影响机制。

---

① 本章部分内容曾作为课题中期成果发表:(1)沙文兵、钱圆圆:《人民币国际化背景下的中国宏观金融风险测度》,《会计与经济研究》2021 年第 5 期;(2)沙文兵、钱圆圆:《人民币国际化对中国宏观金融风险的传导机制研究》,《经济体制改革》2022 年第 2 期。

第一节　人民币国际化对宏观金融风险影响的理论分析

一、宏观金融风险的概念

1997 年东南亚金融危机、2008 年全球金融危机以及欧洲主权债务危机的接连爆发,引发了国内外学术界和各国监管当局对宏观金融风险与金融稳定的极大关注,如何加强对银行和其他金融机构的监管以确保金融稳定,成为各界争论的焦点。不过,国内外学者对宏观金融风险、金融稳定等相关概念的界定尚未达成一致意见。

(一)宏观金融风险与微观金融风险

史建平(1998)在对亚洲金融危机爆发原因的分析中首次提出了"宏观金融风险"概念,并对宏观金融风险与微观金融风险进行了区分。作者将金融机构、非金融企业和个人等经济主体从事金融活动时因决策失误、客观情况变化或其他原因而导致其资金、财产、信誉遭受损失的可能性称为"微观金融风险";而把"宏观经济运行中,由于金融体系和金融制度的缺陷、金融政策的失误以及微观金融风险的积累等因素,导致经济波动的加剧和经济发展的停滞甚至倒退,从而给整个国民经济带来损失的可能性"定义为"宏观金融风险"[①]。其后,卢遵华(2001)基本上沿用上述定义,并进一步明确宏观金融风险的主要表现,包括存款挤提风潮、金融机构倒闭风潮、股市暴涨暴跌和恶性通货膨胀等。[②] 刘尚希(2006)认为,微观金融风险的后果和责任由微观主体

---

① 史建平:《宏观经济运行中的金融风险及其防范》,《中央财经大学学报》1998 年第 11 期。

② 卢遵华:《论宏观金融风险监测指标体系》,《上海统计》2001 年第 12 期。

（如银行、保险公司、证券公司等金融机构）承担，一般不会产生关联性影响；而宏观金融风险的主体是国家或整个社会，属于公共风险，因而需要政府承担相应责任。微观金融风险在一定条件下可以转化为宏观金融风险，其转化的条件是损失类风险在行业内普遍累积并达到破产的临界点，或者破产类风险引发连锁反应。①

（二）宏观金融风险与系统性金融风险

与宏观金融风险相似的另一个概念是系统性金融风险。根据国际货币基金组织、国际清算银行和金融稳定理事会（2009）的定义，系统性金融风险是指"由于金融系统全部或部分的失灵引起金融服务中断，进而对实体经济产生严重负面影响"。② 弗雷克萨斯等（Freixas 等，2015）强调系统性金融风险是对金融稳定威胁的风险，它会损害大部分金融系统（包括银行、其他金融中介机构、金融市场以及支付和结算系统）的运作，并对更广泛的经济领域造成重大不利影响。他们进一步指出系统性金融风险的两个维度：一是时间维度，即信贷繁荣和资产价格泡沫期间系统性金融风险的积累，以及泡沫破灭之后从金融部门到实体部门的负外部性溢出；二是横截面维度，即与溢出效应和传染效应相关的负外部性对系统性金融风险的贡献。③

由此可见，无论是宏观金融风险，还是系统性金融风险，都强调风险的宏观性（或系统性）与外部性。基于此，本书对这两个概念不加区别地使用。

（三）金融稳定、金融危机与宏观金融风险

金融稳定包含微观金融稳定和宏观金融稳定两个层面，前者强调单个金

---

① 刘尚希：《宏观金融风险与政府财政责任》，《管理世界》2006 年第 6 期。

② IMF，BIS and FSB，"Guidance to Assess the Systemic Importance of Financial Institutions，Markets and Instruments：Initial Considerations"，*Report to G20 Finance Ministers and Governors*，2009.

③ X. Freixas，L. Laeven and J. Peydró，*Systemic Risk*，*Crises*，*and Macroprudential Regulation*，Cambridge：The MIT Press，2015.

融机构的经营安全,减少异质性风险;后者指金融系统能够在不确定的环境下有效行使资源跨期配置功能,并能充分吸收金融和实体经济带来的冲击。[1] 金融危机是指"全部或大部分金融指标——短期利率、资产(证券、房地产和土地)价格、商业破产数和金融机构倒闭数等——的急剧、短暂和超周期的恶化"。[2] 由此可见,金融危机是宏观金融稳定的对立面,是宏观金融风险不断累积,从量变到质变,从而集中爆发;而宏观金融风险管理的目标就在于实现宏观金融稳定,避免金融危机的爆发与蔓延。

二、人民币国际化背景下中国宏观金融风险来源

人民币国际化在给中国带来国际铸币税收入、减少对美元的过度依赖、减轻银行与非金融企业资产负债表上的"货币错配"、降低企业面临的汇率风险、促进国内金融市场深化、推动中国经济平稳地由制造业和出口导向型经济向服务业和内需驱动型经济转变等多方面潜在宏、微观利益的同时,也会使中国面临汇率波动加剧、人民币升值而带来出口行业竞争力下降、因资本账户开放和承担更大国际责任而削弱中央银行对货币政策的操控能力、投机攻击和离岸人民币大规模回流而引发货币危机等诸多风险(陈雨露等,2005;张宇燕和张静春,2008;王国刚,2014;Otero-Iglesias,2011;Frankel,2012;Eichengreen,2013)。从宏观金融风险角度来看,人民币国际化进程中任何一个环节的不匹配都有可能致使中国宏观金融风险上升[3],具体包括以下五个方面。

---

[1] C. Freedman and C. Goodlet, "Financial Stability: What It Is and Why It Matters", *C. D. Howe Institute Commentary*, No. 256, 2007;余劼:《宏观金融风险防范及预警模型研究》,武汉大学 2009 年博士学位论文。

[2] 彼得·纽曼、默里·米尔盖特、约翰·伊特韦尔:《新帕尔格雷夫货币金融大辞典(第二卷)》,经济科学出版社 2000 年版,第 46 页。

[3] 卜亚:《反向货币替代——人民币国际化进程中的考验与政策选择》,《经济问题探索》2012 年第 1 期。

（一）人民币国际化与宏观经济政策风险

国内外研究表明,当一国货币实现国际化之后,其货币政策、财政政策的效力都将在一定程度上被削弱甚至丧失。一旦经济面临不利冲击,而又无法通过国内宏观经济政策来有效化解,便可能导致宏观金融风险的积累。

就人民币国际化对国内货币政策的影响而言,首先,由于维持非居民对人民币价值稳定性的信心是成功实现人民币国际化的重要条件之一(Cohen,2014),这就需要中国维持汇率和价格水平的稳定;同时,成功的人民币国际化还要求中国进一步开放资本账户(Eichengreen 和 Kawai,2014),这意味着跨境资本流动将越来越自由。开放经济的"三元悖论"表明,汇率稳定和资本流动更加自由势必影响中国货币政策的独立性和有效性。其次,"离岸与在岸两只脚走路"是人民币国际化战略的一个显著特点。[①] 随着人民币离岸市场的发展及其与在岸市场联系的日益加强,一旦非居民持有的人民币大规模回流,将会导致国内货币供给的意外激增,削弱中国人民银行对货币总量与国内利率的调控能力(Maziad 等,2011;Ito,2011)。最后,人民币国际化要求中国承担相应的国际责任,货币当局将不再能单纯地针对国内目标实施货币政策,而必须考虑本国政策对其他国家的溢出效应(Frankel,2012)。

就人民币国际化对财政政策的影响而言,人民币国际化要求中国经济保持稳健增长、财政收支状况良好,这意味着通过增加财政支出来应对国内经济不景气的扩张性财政政策将会受到限制。特别是当非居民对人民币的未来价值或有用性产生怀疑时,为了确保国外投资者继续持有人民币,中国将不得不牺牲国内政策目标(Cohen,2012a)。同时,国际货币发行国为了赢取国际声誉,必然扩大财政赤字以满足其参与全球政治、经济和军事合作的需要(Cohen,2019),政府债券发行规模将不断扩大,从而加剧还本付息压力,进而

---

① 乔依德、李蕊、葛佳飞:《人民币国际化:离岸市场与在岸市场的互动》,《国际经济评论》2014 年第 2 期。

影响非居民对人民币的持有意愿,诱发宏观金融风险(沈悦等,2019)。

(二)人民币国际化与经常账户失衡风险

随着人民币国际化程度的提高,非居民对人民币计价资产的需求将不断增加,可能导致人民币升值,从而降低中国出口行业的竞争力(Frankel,2012);同时,与人民币国际化相伴随的国内金融市场开放会吸引国外资本大量涌入,资本的大量净流入通常会提高实际汇率,并恶化经常账户(Cardarelli等,2009)。然而,大规模和持续的经常账户逆差势必影响非居民对人民币币值稳定性的信心,导致"特里芬两难"的出现。于是,非居民对人民币资产的持有意愿将会下降,资本大规模流出,宏观金融风险上升。更重要的是,人民币国际化过程中,可能会产生汇率定价扭曲,当本币被高估时,不仅会恶化经常账户,还会减少社会总需求,引起经济衰退,再通过宏观金融风险的传染,可能引发金融危机。

(三)人民币国际化与国内资产价格波动风险

人民币国际化必然要求中国实现金融市场开放,这在给国际资本投资于国内资产提供便利的同时,也可能产生资产价格剧烈波动的隐患。究其原因,金融资产价格主要受资本流动和汇率变动的影响,且两者紧密联系。就中国而言,当预期人民币升值时,大量短期、投机性资本将争相涌入国内金融市场;而一旦预期人民币贬值,短期资本又会迅速撤出资本市场,资本市场将面临动荡。

在人民币国际化初期,由于非居民对人民币需求的增加,人民币币值可能会高估(Bergsten,2009),而币值高估很容易引发货币投机攻击。如果金融市场开放过快,相关配套改革措施不能及时跟进,国际短期资本在投机和套利动机驱使下大量流入国内市场,极容易滋生资产价格泡沫;而一旦市场预期逆转,资本巨额流出,泡沫破裂,将会导致资产价格急剧下跌和宏观金融风险急剧上升(唐浩,2012),甚至诱发金融危机。

(四)人民币国际化与资本账户开放下的资本大规模流动风险

尽管资本账户开放既非货币国际使用的必要条件,也非其充分条件。然而,对于国际储备货币而言,资本账户开放则是其必要条件。因此,如果人民币要发挥国际储备货币职能,资本账户开放将是其必然要求,但随之而来的大规模资本流入无疑会扩大中国的负债规模,当国内政策趋紧,或者均衡机制改变时,资本流向逆转,将极易引发金融危机(刘仁伍和刘华,2009)。大量研究表明,新兴经济体的短期资本流动呈现明显的顺周期特性,逐利性资本总是在经济繁荣时大量涌入,致使经济体利率下降和资产价格上涨;经济萧条时,短期资本又会迅速流出,一旦资本流入中断,而国内金融体系又尚不健全,将会对本国金融体系造成巨大冲击(李艳军和华民,2016;戴淑庚和余博,2020)。考虑到目前中国国内金融市场尚不发达,金融制度尚不完善的现实条件,与人民币国际化相配套的汇率市场化改革和资本账户开放可能致使人民币以及人民币计价金融资产成为国际游资的炒作对象,引发短时间内巨额资本的跨境流动,加剧人民币汇率和国内金融市场的动荡,导致宏观金融风险上升。①

(五)人民币国际化与货币替代风险

货币替代是指一国居民对本币失去信心,或本币收益率较低时,外币在价值贮藏、交易媒介和计价单位等货币职能方面全部或部分地替代本币的现象。② 普洛克等(Prock等,2003)研究发现,货币替代将直接影响利率、汇

---

① 刘凯:《"一带一路"与人民币国际化:风险、步骤及其货币战略》,《郑州大学学报(哲学社会科学版)》2017年第6期。

② V. K. Chetty, "On Measuring the Nearness of Nearmoneys", *American Economic Review*, Vol. 59, No. 3, 1969, pp. 270-281.

率、生产效率波动以及货币供给量。尤其是,对于新兴经济体而言,货币替代率越高,其国外借款的风险溢价就越高,宏观金融稳定越容易受到负面冲击。[①]

人民币国际化意味着人民币和外币都可以跨境自由流动,这将加剧外汇市场风险,货币当局在利用收回本币、卖出外汇等手段稳定汇率的过程中极可能会发生货币替代。大规模的货币替代会导致资本大规模流出,并加剧汇率的波动,加大货币当局对货币总量的调控难度,影响货币政策实施手段和效果,扰乱国内金融秩序,致使宏观金融风险上升。

图 3-1 对人民币国际化背景下的宏观金融风险来源进行了总结。

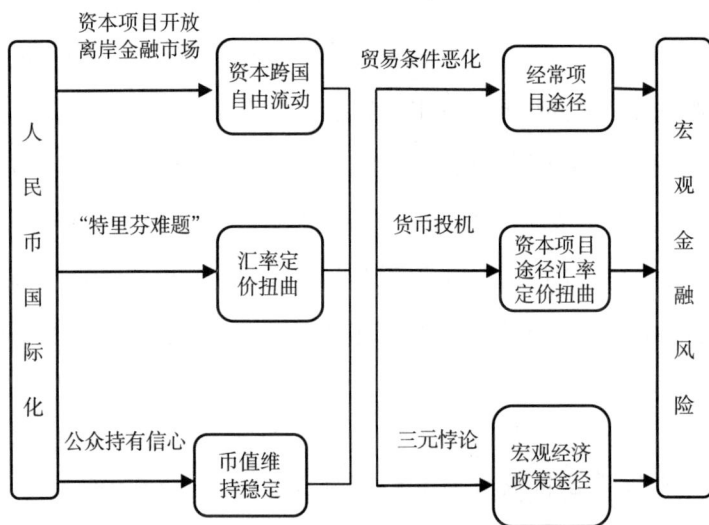

图 3-1　人民币国际化背景下的宏观金融风险来源

① R.Dutu,"Currency Interdependence and Dollarization",*Journal of Macroeconomics*,Vol. 30,No. 4,2008,pp. 1673–1687;何国华、袁仕陈:《货币替代和反替代对我国货币政策独立性的影响》,《国际金融研究》2011 年第 7 期;叶亚飞、石建勋:《人民币国际化进程中的货币替代效应研究》,《经济问题》2018 年第 3 期。

三、人民币国际化对宏观金融风险的影响机制

（一）人民币国际化影响宏观金融风险的汇率机制

人民币国际化意味着外国机构或个人投资者将会在其资产组合中持有一部分人民币资产。当人民币资产相对预期收益或风险发生变化时,外国投资者可能会调整其资产组合,由此引起外汇市场上人民币需求或供给的变动,进而导致人民币汇率或汇率预期的变化(沙文兵和刘红忠,2014)。一般来说,货币国际化之后,由于对该货币需求的增加,储备货币发行国将经历本币升值;同时,货币国际化会导致对本币需求的大幅波动,从而加剧汇率波动(Maziad等,2011;Frankel,2012)。无论本币升值,还是汇率变动不居,都不利于本国出口贸易,可能诱发经常账户失衡风险。同时,本币升值或升值预期会引起投机性资本趁势大量涌入,导致本币汇率处于高估状态,并对资本市场产生巨大冲击。具体来说,当汇率被高估时,对本国企业和金融机构而言,因外币借款成本降低,国内经济主体将竞相举借外债。然而随着外债规模不断累积,其借款成本和难度也将随着贷款风险的上升而提高,从而增加将来发生债务危机的潜在风险。更为糟糕的是,面对日益高估的汇率,市场预期可能逆转,并形成贬值预期。境内外投资者出于规避损失的目的,会将资本迅速抽离本国,引发本币大幅度贬值,债务成本急剧上升,同时诱发货币危机、债务危机和银行危机。

（二）人民币国际化影响宏观金融风险的利率机制

人民币国际化通过货币需求和货币供给两个方面对国内利率产生影响。从货币需求来看,人民币国际化之后,境外投资动机将对人民币需求产生重要影响(马荣华,2009),人民币国际使用所带来的频繁资本流动将使货币需求变得异常不稳定(Cohen,2012a)。如果人民币国际化发展顺利,非居民对人民币需求增加,国内利率将承受上升压力;反之,如果人民币国际化遭遇挫折,

非居民对人民币需求下降,国内利率则会承受下行压力。从货币供给来看,人民币国际化对中国货币当局实施货币政策特别是控制人民币供给的能力产生重要影响。由于人民币离岸市场发展以及离岸市场与在岸市场之间联系的日益增强,中国人民银行对货币总量的调控能力将被削弱,政策当局将难以确定利率目标或合适的货币供给增长率(Maziad 等,2011;Ito,2011;Cohen,2012)。特别是,一旦国外持有的人民币出现大规模回流,将会导致中国国内货币供给的意外激增,由此加剧国内利率的波动。

由于国内外利率差异是短期资本跨境流动的重要驱动力量,当国内资产相对回报率由于利率上升而提高时,套利资金大量流入,由此推动国内资产价格上涨,并可能形成资产泡沫,宏观金融风险上升;同时,利率上升增加了企业融资成本,可能削弱微观经济活力,破坏经济增长前景。反之,当本国资产相对回报率因国内利率下调而降低时,短期资金大规模流出,可能诱发国内资产价格暴跌风险。

(三)人民币国际化影响宏观金融风险的资本账户开放机制

货币国际化进程必然会为资本账户开放创造便利条件。然而,资本账户一旦开放,短期逐利性资本将大规模、高频次地在国与国之间流动。这无疑会冲击国内经济、金融体系。因此,大多数国家特别是国内金融市场尚不发达的发展中国家对资本账户开放都相当谨慎。资本账户开放可以通过不同作用方式引发宏观金融风险。首先,在资本自由流动的条件下,资本过度流入会滋生金融资产泡沫;资本外逃又会导致资产价格暴跌,并扭曲本国经济、金融状况(李成和白璐,2013;彭红枫和朱怡哲,2019)。其次,国际资本大量、持续流入,会引发外汇市场上关于本币升值的预期;反之,资本大规模流出则会引发贬值预期。汇率预期的变动将引发大规模套汇和投机行为,加剧汇率波动风险(戴淑庚和胡逸闻,2016)。再次,资本账户开放还会对银行体系产生负面冲击,具体而言,大规模的国外资本涌入会让银行过度借贷;反之,资本流出则导致银行信贷收缩。当银行信贷出现膨胀与收缩交替现象时,就极易引发系统性金融风险(鄂志寰,2000)。最后,资本账户开放将会冲击金融资产价格,原因在于资本账户开放使国内、国际金融市场的联动性增强,跨境套利活动变得更加容易,国际短期流动资本的逐利性和易变性势必加剧金融市场价格波动风险(李成和白璐,2013)。

　　由上述分析可知,无论汇率机制,还是利率机制,其发挥作用的前提都是资本跨境流动,而资本跨境流动的便利性和规模又取决于资本账户的开放程度。可见,在人民币国际化影响宏观金融风险的三大传递机制中,资本账户开放机制最为重要,也最为根本。在资本账户完全开放的条件下,金融风险一旦发生,就将通过金融加速器效应、多米诺骨牌效应、产业关联效应等迅速在金融机构以及各个金融子市场之间进行传染。图3-2对人民币国际化影响宏观金融风险的传递机制进行了总结。当然,人民币国际化尚处于探索阶段,其推行时间较短,且整体国际化程度不高。因此,对人民币国际化影响宏观金融风险的具体传导渠道及其作用效果尚难以作出明确判断,本章第三节将通过实证检验进行具体判断和分析。

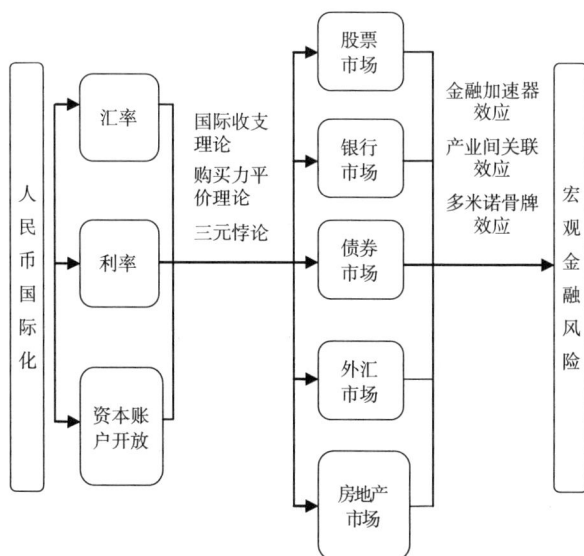

图3-2　人民币国际化的宏观金融风险传递机制

第二节　人民币国际化背景下中国
宏观金融风险测度

一、宏观金融风险的测度方法

宏观金融风险在长期累积的过程中不断显化,通过金融系统内在加速器效应、顺周期效应不断积聚、扩散,不仅会掣肘宏观经济发展,也会给宏观经济调控和金融监管带来严峻的挑战(周小川,2011;赵胜民和何玉洁,2019)。因此,如何对宏观金融风险进行准确测度,并建立宏观金融风险预警与监管体系,已成为学术界和政策当局关注的重大问题。目前具有代表性的测度方法主要有三类(王博和齐炎龙,2015)。第一,基于金融脆弱性视角的测度方法,通常是通过建立金融预警指标体系来捕捉金融系统的不稳定性。[1] 第二,基于金融传染视角的测度方法。譬如基于金融网络模型,通过模拟来自一个金融机构的金融冲击所产生的连锁反应和反馈循环,对金融传染和系统性金融风险展开研究。[2] 第三,基于系统性风险视角的测度方法,具体又包括条件在险价值法(Conditional Value-at-risk)[3]、基于预期损失的测度方法[4]、未定权益分析法[5]和金融压力指数法(Illing 和 Liu,2006;Cardarelli 等,2009)等。其中,条件在险价值法是鉴于

---

① M. L. Duca and T. A. Peltonen,"Assessing Systemic Risks and Predicting Systemic Events", *Journal of Banking & Finance*,Vol. 37,No. 7,2013,pp. 2183-2195.

② K. Giesecke and B. Kim, "Systemic Risk:What Defaults Are Telling Us", *Management Science*,Vol. 57,No. 8,2011,pp. 1387-1405.

③ T. Adrian, and M. Brunnermeier, "CoVaR", *American Economic Review*, Vol. 106, No. 7, 2016,pp. 1705-1741.

④ V. Acharya,R.,Engle and M. Richardson, "Capital Shortfall:A New Approach to Ranking and Regulating Systemic Risks",*American Economic Review*,Vol. 102,No. 3,2012,pp. 59-64.

⑤ D. F. Gray, R. C. Merton and Z. Bodie, "New Framework for Measuring and Managing Macrofinancial Risk and Financial Stability",*NBER Working Paper*,No. 13607,2007.

不同金融机构的风险具有关联性,通过预测不同金融机构的风险贡献率来防范由单个金融机构引起的金融风险;未定权益分析法将整个宏观金融体系视作由资产、负债和显隐性担保等构成的投资组合,可以用来解释系统性风险的传导和反馈机制;金融压力指数法则旨在构建能够反映整个金融体系因不确定性和预期变化而承受的总体压力水平的综合指标,即金融压力指数(FSI)。

金融压力指数作为监测金融体系稳定性的重要方法,能够准确地衡量在各种外生冲击的影响下,金融市场和机构预期损失的不确定性,以及在信用配置上施加于经济主体的压力(卜林和李政,2016);而且,可以得到反映金融市场整体压力情况的综合、连续时间序列数据,便于后续更进一步的实证研究。因此,本书采用金融压力指数(简称FSI)来测度中国宏观金融风险,进而考察人民币国际化对中国宏观金融风险的影响及其机制。

金融压力指数是由伊林和刘(Illing和Liu,2006)首次提出的,他们选取股票、债券、外汇及银行部门的众多变量,分别采用因子分析、信用权重、等方差权重以及累积分布函数(CDF)转换等方法,合成了加拿大的金融压力指数。随后金融压力指数构造方法被不断改进和完善,主要体现在指标选取和权重确定两个方面。就指标选取而言,学者们主要从银行、证券、房地产、外汇等部门选取代表性指标,如王维国和王际皓(2016)等;也有学者加入宏观经济代表性指标,如尤等(Yiu等,2009)认为,经济增长率、通货膨胀率以及外汇储备中短期外债占比对银行危机有显著影响。[①] 沈悦等(2017)从宏观经济、国际冲击、银行信贷、资产泡沫等方面选取指标构建金融压力指数,并设定指标安全区间,分析系统性风险的时空格局演变特征。郭娜等(2018)从宏观经济、货币流动性、外部市场和资产泡沫等方面选取指标构建金融压力指数。就权

---

① M. S. Yiu, A. Ho and L. Jin, "Econometric Approach to Early Warnings of Vulnerability in the Banking System and Currency Markets for Hong Kong and Other Emerging Economies", *Hong Kong Monetary Authority Working Paper*, No. 8, 2009.

重确定而言,固定权重是现有研究的主流方法,主要包括等方差权重法(王春丽和胡玲,2014)、主成分分析法(Hakkio 和 Keeton,2009;郭娜等,2018)等,也有部分学者尝试构建动态金融压力指数,如多文和罗耶(Dovern 和 Roye,2014)、邓创和赵珂(2018)等。本书在充分吸收借鉴国内外文献成果的基础上,对人民币国际化背景下中国宏观金融风险进行测度,并试图从两个方面对现有研究进行拓展:一是在指标体系构建时充分考虑中国金融体系的特征;二是基于上一节关于人民币国际化背景下的宏观金融风险来源分析,构建宏观经济政策、经常账户失衡、资产价格波动、资本流动和货币替代五大子系统风险指数。

二、中国金融压力指标体系

(一)指标选取

综合借鉴国内外文献的研究成果,并考虑到中国金融市场特征以及数据的可得性,我们从银行业、证券(股票和债券)市场、外汇市场、房地产市场等主要部门,选取代表性变量构建基础指标池(见表3-1)。

表3-1　中国金融压力指数的指标选取

部门	符号	变量说明	经济意义	方向
银行部门	X1.1	TED 利差:3 个月 Shibor-3 个月定期存款利率	反映银行间市场的流动性风险和交易对手风险	同向
	X1.2	银行业风险利差:1 年期金融债和同期国债到期收益率之差	反映银行间的违约风险和流动性风险	同向
	X1.3	银行 β 系数	反映银行资产收益相对整个资本市场收益的波动性	同向
	X1.4	实际利率:1 年期存款利率-以 CPI 衡量的通胀率	反映信贷市场资金供求关系	适度
	X1.5	不良贷款率:银行不良贷款余额/贷款总额	反映金融机构资产质量	同向

部门	符号	变量说明	经济意义	方向
股票市场	X2.1	上证综指 CMAX	代表股价变动,反映股市交易动力	反向
	X2.2	股票价格波动率:上证综指收益率的 GARCH 波动率	反映股票市场投资者信心	同向
	X2.3	股债相关性	反映投资者的"避险"情绪,当值为负时,说明当期金融压力较高	反向
债券市场	X3.1	收益率曲线斜率:1 年期与 10 年期国债收益率之差	反映银行将短期负债转变成长期负债的成本。利差为负时,将损害银行利润	反向
	X3.2	国债指数收益率的 GARCH 波动率	反映债券市场中避险情绪的波动性	同向
	X3.3	企业债利差:一年期 AAA 级企业债与同期国债收益率之差	反映市场风险偏好和流动性偏好	同向
外汇市场	X4.1	人民币名义有效汇率的 GARCH 波动率	汇率频繁波动将加剧宏观金融风险	同向
	X4.2	人民币实际有效汇率 CMAX	反映外汇市场的不确定性,体现本币对外价值的变动	反向
	X4.3	外汇储备增长率	影响本币对外价值的变动	反向
房地产市场	X5.1	房屋销售价格(商品房销售额/商品房销售面积)的变动率	反映房地产市场整体价格水平的变动性	反向
	X5.2	国房景气指数	综合反映全国房地产行业发展景气情况	反向
	X5.3	房地产贷款增速	反映房地产市场繁荣程度	反向

1. 银行部门

银行部门是我国金融体系的核心,是提供流动性的主要金融中介机构;也是在人民币国际化进程中承担重要角色并受其影响较大的部门。这是因为,为了实现人民币国际化,中国的资本账户管制将会逐步放松,国内居民可能会使其资产的货币组成多样化,从而导致国内银行体系的资金外流。特别是,如果国内银行体系被认为是薄弱的,很可能会加剧居民的资金外流,因为居民会认为将资金转移到外国银行更为安全(Liu 和 Moshirian,2014)。如果资金转移的规模足够大,则会引起宏观金融风险加速积聚。故选取较多变量来反映银行部门压力风险,具体包括:

泰德(TED)利差。以 3 个月上海银行间同业拆放利率与 3 个月定期存款利率之差衡量,通常用来度量银行同业间的交易对手风险。利差越大,表明银行对同业要求的风险溢价越高,银行间金融压力越大。

银行业风险利差。采用 1 年期金融债和同期国债到期收益率之差来衡量,反映了银行间的违约风险和流动性风险,与金融压力也呈正向关系。

银行 β 系数。指资本资产定价模型中的 β,反映银行资产收益相对于整个资本市场收益的波动性,计算公式为 $\beta = COV(r_t^M, r_t^B)/\sigma_M^2$,其中 r_t^M、r_t^B 分别表示第 t 期的股市回报率和银行回报率,σ_M^2 为股市回报率的方差。当 $\beta > 1$ 时,银行部门压力上升。

实际利率变动。用剔除通货膨胀因素后的 1 年期存款利率来衡量,反映信贷市场资金供求关系,是一个适度指标,范围在 0—4 通常被认为是安全的(许涤龙和陈双莲,2015)。

不良贷款率。以银行不良贷款余额占其贷款总余额的份额衡量,反映金融机构资产质量,与金融压力同方向变动。

2.股票市场

在人民币国际化进程中,为了增强人民币对非居民的吸引力,需要为非居民提供投资于国内资产的机会,以满足其对人民币或人民币计价资产的不断增长的需求,因此需要逐步开放包括股票市场在内的国内资本市场。由于目前国内股票市场的发展还不够成熟,外国投资者的加入在为国内股票市场增加新的活力和动力的同时,也可能带来新的风险。特别是短期资金的大规模进出可能加剧股票市场价格的波动,导致金融风险上升。我们选取上证综指损失混合波动率(CMAX)、股票价格波动率和股债相关性三个指标。

上证综指损失混合波动率是当月上证综指与该年度最大值的比值,具体计算公式为 $CMAX_t = x_t/\max[x \in (x_{t-j} \mid j = 0,1,\cdots,T)]$, x_t 为上证综指当期值,T 为滚动时间窗口。该比值越大,表明股市交易动力越强,金融压力越小。

股票价格波动率用上证综指收益率的广义自回归条件异方差(GARCH)波动率来衡量。金融压力同股票价格波动率同方向变动,原因在于,资产价格波动直接关系到投资者的信心,一旦股票价格波动加剧,极有可能会引发市场恐慌,加大金融系统的压力。

股债相关性采用上证综合指数收益率与 10 年期国债收益率的动态相关系数来衡量,反映投资者的"避险"情绪,当相关系数为负时,表明当期金融压力较高。借鉴徐国祥和李波(2017)的做法,采用动态条件相关广义自回归条件异方差(DCC-MGARCH)模型计算该动态相关系数。

3. 债券市场

债券市场对货币国际化的意义比股票市场更为重要。原因在于,考虑到未来收益的不确定性和破产的可能性,股票具有更高的风险,其价格比债券更具波动性。因此,外国中央银行在进行外汇储备投资决策时通常会考虑债券市场(而非股票市场)产品(Cruz 等,2014)。可见,债券市场对人民币国际化特别是人民币作为储备货币的前景具有极其重要的价值,其发展水平和开放性很大程度上决定着非居民对人民币的信心。我们选取以下三个指标:

收益率曲线的斜率。用 1 年期与 10 年期国债收益率之差来衡量,表征银行将短期负债转化为长期资产的成本。当负的期限利差扩大时,意味着市场更加倾向于长期国债,金融市场压力升高。

国债指数收益率的广义自回归条件异方差波动率。通过上证国债指数收益率来计算,反映债券市场上投资者情绪的波动,与金融压力同向变动。

企业债利差。以一年期 AAA 级企业债与同期国债收益率之差来衡量。

该指标能够很好地反映市场偏好,当市场偏好风险时利差就会扩大,因为人们会放弃流动性偏好去购买企业债;反之,则会收窄企业债利差。

4. 外汇市场

外汇市场是连接国内、国际市场的重要纽带,因而在人民币国际化进程中发挥重要作用。选取人民币名义有效汇率的广义自回归条件异方差波动率、人民币实际有效汇率的损失混合波动率和外汇储备增长率三个代表性指标,以期全面捕捉外汇市场关键变量的变化对宏观金融风险的影响,其中第一个指标反映外汇市场波动性,为同向指标;后两者体现或影响本币对外价值的变动趋势,为反向指标。

5. 房地产市场

房地产市场是中国资产市场的重要组成部分,也必然将在人民币国际化进程中发挥作用,成为可供非居民投资的人民币资产类型之一;同时,房地产信贷在银行信贷中占有相当高的比重,因而对银行体系风险乃至整体宏观金融风险具有重要影响。本书选取房屋销售价格变动率、国房景气指数和房地产贷款增速等三个指标,以反映房地产市场对宏观金融风险的影响。三者均为反向指标。

上述数据来源于万得数据库、中经网、中国债券网以及中国人民银行等数据库和网站,样本期间为2004—2019年。① 在数据处理过程中,借鉴现有文献的通常做法,对反向指标取相反数,将其转变为同向指标。各个变量的时序图由图3-3给出。接下来,对各变量的变动趋势进行分析。

---

① 尽管一般认为人民币国际化战略的正式启动是以2009年7月跨境贸易人民币结算试点政策的实施为标志的,然而在此前相当长的一段时期,人民币就已经自发地为周边国家和地区所接受和使用。中国人民银行的一份调查报告显示,截至2004年年末,沉淀在中国香港和澳门特区以及缅甸、老挝、印度、巴基斯坦、俄罗斯等16个周边国家或地区的人民币现金已达216亿元左右,约占当年人民币现金流通量的1%(中国人民银行人民币现金跨境流动调查组:《2004年人民币现金跨境流动调查》,《中国金融》2005年第6期。因此,为客观测度人民币国际化背景下的宏观金融风险,样本期的选择从2004年开始。

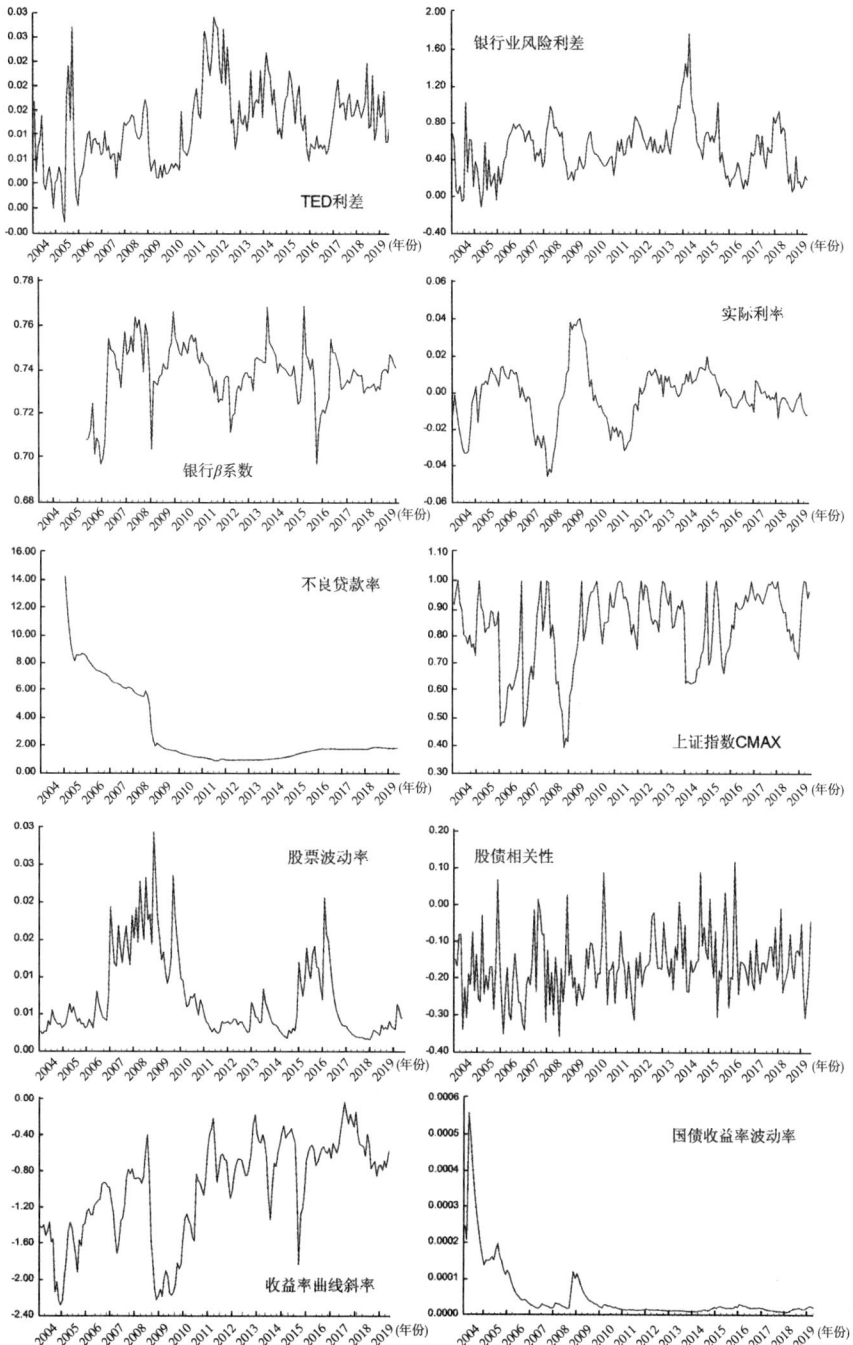

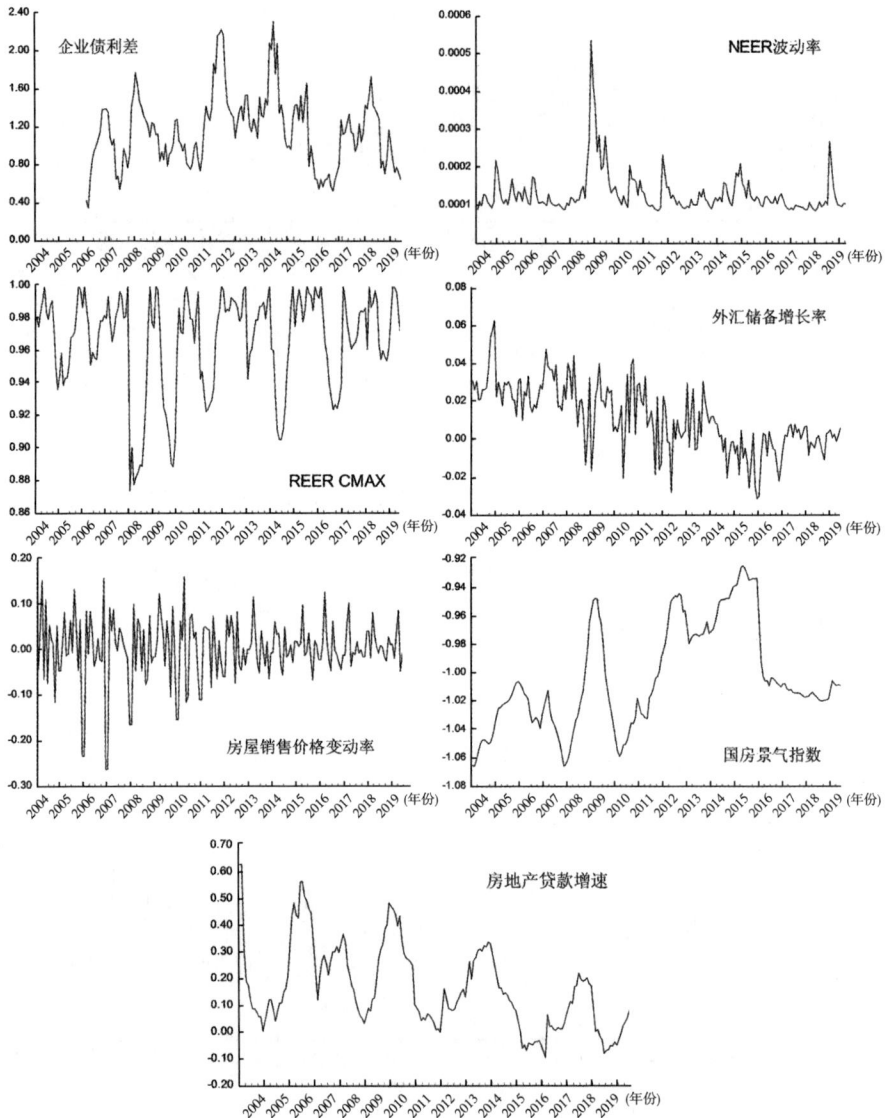

图 3-3　2004—2019 年各变量变动趋势①

---

　　①　此处汇报的是原始数据,对于缺失值部分,采用线性插值法补齐。

（二）指标分析

第一，银行部门。2004 年，为了应对部分行业的投资过热，防范通货膨胀风险，中央银行实行了此前 9 年来的首次加息，缩紧货币供应，泰德利差逐渐收窄。2005 年 6 月至 12 月，泰德利差较高，金融压力有所上升。2007—2009年，银行业风险利差出现较大幅度增长，银行 β 系数和实际利率激升，原因在于 2007 年爆发的美国次贷危机波及我国金融市场。2010—2012 年，银行业泰德利差波动性较大，且在 2011 年达到峰值，主要是因为在此期间，"欧债危机"全面升级，全球经济复苏步伐放缓；同时，在利率市场化改革不断推进的背景下，中小银行的竞争成本随着银行业竞争激烈程度的上升而不断提高，实际利率的波动性在 2011—2012 年增大，其后渐趋稳定。2013 年 6 月，因流动性不足而爆发了"钱荒"事件，影响了银行系统的正常运作，使银行业风险利差在 2014 年达到峰值，银行 β 系数依次在 2013 年和 2014 年出现两个峰值，银行业泰德利差也分别在 2013 年、2014 年急剧扩大。2014 年之后，中国经济进入新常态发展时期，银行业主要风险指标趋于平稳。此外，银行不良贷款率也呈现出持续下降趋势，2005—2008 年下降速度较为平缓，2008—2009 年则迅速下降，之后一直保持在较低水平，表明我国银行部门在资产规模、资产质量以及经营状况等方面都有显著提升和改善。

第二，股票市场。2004—2005 年中期，由于我国经济增速较快，外部环境良好，再加上股权分置改革政策的实施，国内股票市场波动较为平稳。2005年 6 月—2007 年 10 月，上证综指大幅上涨，受此影响上证综指收益率的广义自回归条件异方差波动率也快速扩大，反映了金融压力有所上升。2007 年最后两个月，美国次贷危机爆发，国内股票市场大跌，上证综指损失混合波动率在 2008 年 10 月跌至最低点；同期，上证综指收益率的广义自回归条件异方差波动率也达到峰值。其后，两个指标的变化均趋于平缓，原因在于 2009 年之后全球经济从金融危机重创中逐步得到恢复；我国开始实施四万亿元的经济刺激计划,极大增强了投资者信心。上证指数在政策预期向好、流动性集中释放的双重利好之下触底反弹,且反弹走势强劲,上证综指收益率的广义自回归条件异方差波动率也大幅降低。2013—2016 年 3 月,国内股票市场的波动性较大,主要原因在于 2013 年 6 月发生了"钱荒"事件,2015 年又发生了"股灾",其间上证综指和上证综指收益率的广义自回归条件异方差波动率均波动较大,金融压力上升。2016—2019 年,股票市场金融压力相对较小且较为平稳。股债相关性反映投资者的"避险"情绪,当值为负时,说明当期的金融压力较高,市场会出现"转向安全资产"现象,整个样本期内该指标大体上在−0.3—0波动,说明总体而言我国投资者是风险规避型的。

第三,债券市场。收益率曲线斜率反映了银行将短期负债转变为长期资产进而获利时所需付出的成本,与金融压力反方向变动。2005—2008 年,收益率曲线斜率呈现波动性上升态势;受全球金融危机爆发的影响,收益率曲线斜率在 2008—2009 年陡然降至谷底;2009 年之后,伴随后危机时代全球经济的逐步复苏,收益率曲线斜率在 2009—2011 年快速上升,之后逐渐企稳。国债指数收益率的广义自回归条件异方差波动率在 2004—2005 年波动性较大,2004 年 5 月达到峰值后迅速下降。究其原因,在此期间,为了抑制经济过热和物价上涨,中央银行多次调整存款准备金率,直接影响了债券市场行情。[①]就企业债利差而言,2006—2011 年企业债利差波动增大,2011 年达到峰值后下降。此后,企业债利差在 2014 年再次达到峰值后出现波动下降。

第四,外汇市场。2005 年 7 月人民币汇率制度改革之后,人民币正式进入升值通道;同时,人民币汇率的浮动幅度也历经数次扩大。至 2008 年中期,人民币兑美元累计升值幅度超过 20%,使人民币名义有效汇率广义自回归条件异方差波动率在 2008 年达到峰值。之后,人民币名义有效汇率广义自回归条件异方差波动率则一直较小。人民币实际有效汇率损失混合波动率在

---

① 白静:《银行间债券市场发展与货币政策传导机制研究》,西南财经大学 2008 年博士学位论文。

2005—2007 年较为平稳;受全球金融危机爆发的影响,在 2008—2010 年变动幅度增大。2012 年和 2014 年,中国人民银行先后两次扩大人民币汇率波动幅度,人民币实际有效汇率损失混合波动率在 2011 年、2013 年、2014 年和 2016 年均出现大幅波动。外汇储备增长率在 2004 年大幅上升后达到峰值,其后呈波动下降趋势。

第五,房地产市场。总体来看,房屋销售价格波动较大,国房景气指数和房地产贷款增速呈现明显的周期性波动特征。房地产贷款增速在 2009—2010 年直线上升;2011—2014 年,在中央及地方楼市政策收紧的背景下,房地产企业主动降价回笼资金,国房景气指数波动式上升,房地产贷款增速也在此间出现了一个峰值。2016 年之后,货币政策趋于宽松,经济发展态势良好,居民杠杆率上升,资金涌向房地产市场,推动房价上涨。2017 年之后,在国家积极调控之下,房地产市场各变量增速趋于平缓。

三、中国金融压力指数构建

(一)金融压力指数的合成

主成分分析方法不仅能够很好地保留原始数据的基本信息,还能够减少变量个数以解决共线性问题。[①] 另外,主成分分析法在权重确定方面统计依据明确,受主观因素的影响较小,故采用该方法构建金融压力指数,用来表征中国宏观金融风险。考虑到我们选取的指标个数较多,首先利用降维思想,从原始指标中提取出不相关的主成分,其特征值和方差贡献率见表 3-2。然后,将成分矩阵同初始特征值方差的平方根相除,所得值就是相应主成分的系数;再将方差贡献率作为权重进行加权平均,并通过归一化处理得到各变量的最终权重;最后,根据所得权重合成金融压力指数(FSI),合成结果见图 3-4,表

---

① 郑桂环、徐红芬、刘小辉:《金融压力指数的构建及应用》,《金融发展评论》2014 年第 8 期。

基于宏观金融稳定视角的人民币国际化策略研究

3-3 给出了金融压力指数的描述性统计。

表 3-2　主成分分析的特征值和方差贡献率

主成分	特征值	方差贡献率	累积方差贡献率
1	3.938	0.232	0.232
2	2.671	0.157	0.389
3	2.137	0.126	0.515
4	1.509	0.089	0.603
5	1.316	0.077	0.681
6	1.045	0.062	0.742
7	0.953	0.056	0.798
8	0.787	0.046	0.845
9	0.667	0.039	0.884
10	0.466	0.027	0.911
11	0.407	0.024	0.935
12	0.337	0.020	0.955
13	0.224	0.013	0.968
14	0.186	0.011	0.979
15	0.143	0.008	0.987
16	0.119	0.007	0.994
17	0.096	0.006	1.000

图 3-4　2004—2019 年金融压力指数走势

表3-3　金融压力指数描述性统计

	均值	中位数	最大值	最小值	标准差	样本数
金融压力指数	-0.016	-0.003	0.132	-0.265	0.082	186

（二）中国宏观金融压力识别

接下来,将中国金融压力指数动态变化和历史事件相联系,考察所构建指数的风险识别效果,由图3-4可以看出,金融压力指数在不同年份区间的差别较大。

2004—2007年,金融压力指数较小且波动幅度不大。原因在于,在此期间,中国主要实行以市场化微调和窗口指导为主的货币政策。譬如,2005年7月进行了旨在防范与化解汇率风险的汇率市场化改革。

然而,自2008年9月开始,金融压力指数开始以较快的速度增长,形成了较高的峰值,主要是因为美国次贷危机爆发,我国金融市场也受到了一定程度的影响,表现为股票市场压力上升。但由于当时的金融开放程度较低,资本项目管制严格,再加上金融衍生产品市场欠发达,我国金融市场受全球金融危机的负面冲击程度较小(薛熠和何茵,2010)。与此同时,政府及时制定流动性风险监管政策,配合实施积极的财政政策和紧缩的货币政策,各个部门的风险逐渐得到化解,我国宏观金融压力迅速得到控制。

2011年下半年,金融压力指数再次上升,主要是受欧债危机爆发的影响,再加上2013年6月、12月,银行业因流动性不足出现"钱荒"事件,宏观金融压力急剧上升。2015年,中国金融市场迎来了2008年以来最大的"股灾",金融压力指数达到新的峰值。此后,受国内影子银行系统恶性膨胀、全球经济不确定性加剧、"黑天鹅"事件频发以及中美经贸摩擦持续升级等因素影响,中国金融压力指数波动性增大,但绝对水平并不高。这与2015年以来中国政府提出供给侧结构性改革、影子银行集中治理等一系列政策,使宏观金融风险逐渐得到释放有关。综上可见,中国金融压力指数的变动与国内外的金融事件密切相关,因此我们所构建的金融压力指数具有良好的金融风险识别功能。

此外,我们发现金融压力指数的走势呈现出周期性交替波动的特征,这意味着金融压力受到经济周期的影响。章曦(2016)认为,经济下行时,潜在金融风险会迅速累积;而在经济形势向好时,金融压力指数会有所下降。中国金融压力指数波动性增长态势表明,在当前经济转型尚未完成时期,维护金融稳定、防范与化解宏观金融风险依然是政府工作重点之一。

为了更进一步地分析金融压力指数对中国宏观金融风险的识别效果,除了采用前述事件识别法外,我们还参考张晶和高晴(2015)的做法,通过构建自回归马尔科夫转换模型(MS-VAR),从高风险和低风险两个状态分别讨论中国宏观金融风险。采用克罗尔齐格(Krolzig,1998)[①]开发的 Givewin 软件,对自回归马尔科夫转换模型进行估计,结果见图 3-5。其中,低风险状态和高风险状态的稳定概率分别为 0.954 和 0.654,平均持续时间分别为 21.88 个月和 1.53 个月。可见,两区制的稳定性较高,且我国宏观金融风险总体处于可控水平,高风险区间主要集中在以下几个区间:一是 2004—2005 年,可能是一定程度上受到了亚洲金融危机,以及其后的俄罗斯和巴西等新兴经济体金融危机的负面影响;二是 2007—2009 年,其间发生了美国次贷危机,加剧了国内宏观金融风险;三是 2014—2015 年、2015—2016 年,其间银行业信用风险暴露,信贷市场风险溢价提升,国家逐步收紧货币政策,金融市场流动性压力增大,离岸市场贬值预期引发人民币大幅贬值,股市波动剧烈,债市走向萧条,以及影子银行风险集中爆发(如 P2P 暴雷引发大规模聚集维权事件频

① H. Krolzig, " Econometric Modelling of Markov‐switching Vector Autoregressions Using MSVAR for Ox" , *Institute of Economics and Statistics* , *University of Oxford* ,1998.

发)等诸多因素,导致宏观金融压力激增[1];四是 2018—2019 年,其间中美经贸摩擦不断升级,全球经济不确定性增加,导致宏观金融风险上升(丁岚等,2019)。

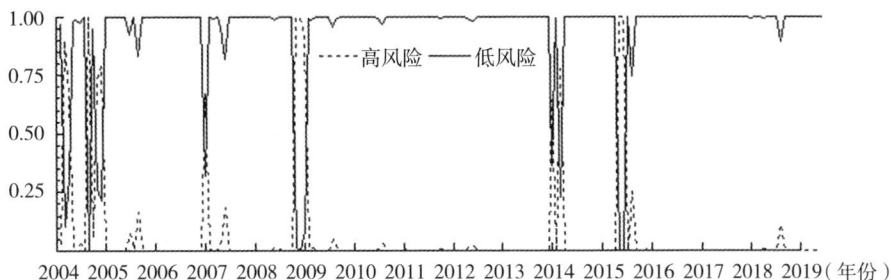

图 3-5　2004—2019 年平滑概率合成图

四、中国宏观金融风险子系统压力指数

文献一般根据部门构建子系统指数,譬如在构建表征中国整体宏观金融风险的金融压力指数之后,可以进一步将其分解为银行部门压力指数、股票市场压力指数、债券市场压力指数、外汇市场压力指数和房地产市场压力指数。为了更好地探究人民币国际化与宏观金融风险之间的联系,我们基于人民币国际化背景下的宏观金融风险来源(见本章第一节),构建宏观金融风险子系统压力指数。

(一)指标选取与解释

第一,宏观经济政策风险。参考刘华等(2016),选择货币供给量和人民币贷款余额作为货币政策中间目标变量;同时,如前所述,人民币国际化要求中国积极参与全球政治、经济和军事等合作,从而对财政政策产生影响。因

---

[1]　严一峰、李连发:《基于日度数据的金融压力指数构建》,《郑州大学学报(哲学社会科学版)》2017 年第 5 期。

此,选取 M_1 增速、M_2 增速、人民币贷款余额增速、财政债务依存度、财政赤字/国内生产总值等指标合成宏观经济政策风险指数。

第二,经常账户失衡风险。人民币国际化将导致非居民对人民币需求上升和人民币跨境流通规模扩大,人民币的大量流出将会减少顺差、增加逆差,诱发经常账户失衡。由于"特里芬难题",人民币币值难以维持稳定。如果本币发生贬值,资本账户盈余不足以抵消经常账户赤字,将会引发国际收支失衡风险(沈悦等,2019)。故选取经常账户余额增长率、进口增速、出口增速、贸易额增速、贸易总额/国内生产总值等指标合成经常账户失衡风险指数。

第三,资产价格波动风险。金融资产价格主要受汇率变动和资本流动影响。对人民币的升值预期会吸引短期资本大量流入,引起资产价格上涨;反之,如果存在人民币贬值预期,短期资本迅速外逃,则可能引发资产价格暴跌,金融风险迅速上升。我们选取股票价格波动率、外汇储备增长率、股票市场市盈率、房屋销售价格指数变动率等指标合成资产价格波动风险指数。

第四,资本流动风险。热钱的大规模涌入极易扩张国内信贷、释放外汇占款,推动房市、股市形成资产价格泡沫。一旦国内宏观经济形势发生不利变化,引起非居民投资者预期逆转和短期资本大规模流出,导致资产价格泡沫破灭,宏观金融风险急速上升甚至诱发金融危机。选取短期资本余额占金融账户余额的份额、金融账户变化率、热钱占国内生产总值比重、证券资本流入—流出比例等指标合成资本流动风险指数。

第五,货币替代风险。就货币竞争而言,一方面货币强国(如美国)可能利用贬值、超发等手段削弱人民币的竞争力;另一方面美元等货币具有强大的使用惯性。上述两个因素不仅会阻碍人民币国际化进程,还可能诱发货币替代风险。选取货币替代率、外币存款/M_2、通货膨胀率等变量合成货币替代风险指数。

上述所有指标、含义及其与宏观金融子系统风险的相关性详见表3-4。

表 3-4　宏观金融风险子系统指标选取

子系统	名称	符号	变量解释	相关性
宏观经济政策风险	M_1 增速	I_{11}	中国当前仍沿用数量调控为主、价格调控为辅的货币政策,用货币供应量和人民币贷款余额作为中间目标变量	同向
	M_2 增速	I_{12}		
	人民币贷款余额增速	I_{13}		
	财政债务依存度	I_{14}	在一定时期内的国债发行额与同期财政支出额的比率。指标数值越高,风险越大	同向
	财政赤字/国内生产总值	I_{15}	即财政赤字率,该数值较高意味着需要加税、减支或者发债来弥补,结果可能是经济增速放缓;而增发国债还可能引发公共债务违约危机	同向
经常账户失衡风险	经常账户增长率	I_{21}	该值越大,货币投机风险越高	同向
	贸易额增速	I_{22}	反映经济繁荣程度	反向
	进口增速	I_{23}	反映对外贸易活跃程度	反向
	出口增速	I_{24}		反向
	贸易总额/国内生产总值	I_{25}	贸易依存度,反映经济结构风险	同向
资产价格波动风险	股票价格波动率①	I_{31}	反映股票市场价格风险	同向
	外汇储备增长率	I_{32}	影响银行信用风险和资产价格泡沫风险	同向
	股票市场市盈率	I_{33}	反映股票价格偏离盈利基本面的幅度	同向
	房屋销售价格指数变动率	I_{34}	房价变动影响银行体系的信用风险,关系到银行系统性风险	同向
资本流动风险	短期资本余额/金融账户余额	I_{41}	短期资本是指证券投资、短期信贷及货币存款余额之和。该指标反映金融项目收支的稳定性	同向
	金融账户变化率	I_{42}	金融项目资本流入净额与期初存量余额之比	同向
	热钱②/国内生产总值	I_{43}	热钱规模增大会引起金融产品价格剧烈变化	同向

---

① 为了同金融压力指数部分区分,并综合考虑中国股票市场的变动,将上证综合指数和深圳成分指数按月交易量加权平均,以此作为月度股票综合指数,并用广义自回归条件异方差模型测算其波动率。

② 采用国家统计局国际统计信息中心(2006)对短期国际资本流动的定义(间接法),即热钱=外汇储备增加额-贸易顺差-外商直接投资额。

子系统	名称	符号	变量解释	相关性
资本流动风险	证券资本流入流出比	I_{44}	证券投资是跨境资本流动的五大组成部分之一（外国直接投资流入、外国直接投资流出、证券投资、股权投资和短期债务）	适度①
货币替代风险	货币替代率	I_{51}	借鉴范从来和卞志村（2002），采用"外币存款/（外币存款+M_2）"来衡量	同向
	外币存款/M_2	I_{52}	国内金融机构的外币存款与公众持有的本币资产（M_2）的比率	同向
	通货膨胀率	I_{53}	用CPI来表示，数值过高表示币值不稳定	同向

（二）宏观金融风险子系统指数合成与分析

采用主成分分析方法合成的宏观金融风险子系统压力指数由图3-6给出。首先，我们观察到宏观经济政策压力指数在2004—2007年波动较小。在此期间，为防范因经济增长加速而带来的结构性风险，中央提出了新的调控政策用以控制经济增速过快（郭娜等，2018）。2007年年末到2008年年中，宏观经济政策风险指数先后两次达到峰值。究其原因，在这一期间，由美国次贷危机所引发的全球金融危机对我国宏观经济的稳定性产生了不利冲击。2009年以后，宏观经济政策风险开始下降。2016年至今，宏观经济政策风险波动平缓，原因在于中国经济进入新常态后发展较为平稳。就人民币国际化而言，由于其目前仍处于初期阶段，对国内宏观经济政策尚未构成明显约束，因而未对宏观经济政策风险产生重要影响。

接着来看经常账户失衡风险。经常账户失衡压力指数除了在几个时点波动性较大以外，其余时间都较为平稳，其指数数值也保持在较低水平。2008年以前，中国出口贸易增长迅猛；2008年全球金融危机爆发之后，国外需求锐减，顺差减少，经常账户失衡风险有所上升。2018年，随着中美经贸摩擦的不

---

① 对适度指标处理如下，取样本均值作为适度值；对偏离值取绝对值。

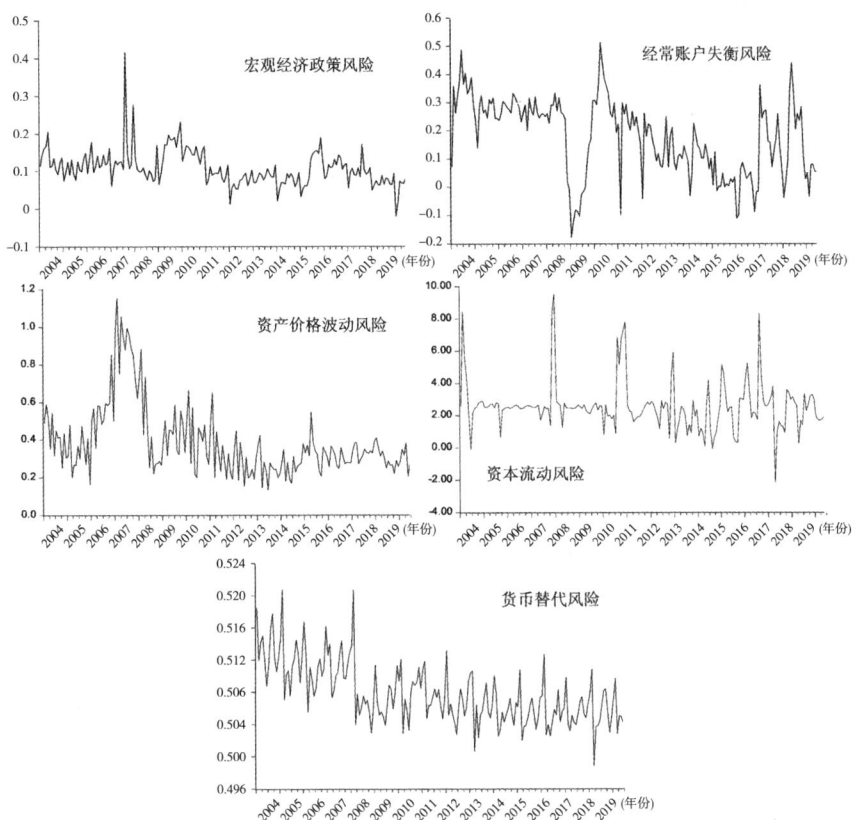

图 3-6 2004—2019 年中国金融压力指数及子系统压力指数测算结果

断升级,经常账户失衡风险再次加剧。总体而言,样本期内经常账户失衡风险的上升主要与全球金融危机、中美经贸争端等因素密切相关,与人民币国际化进程之间似乎没有明显关联。

就资产价格波动风险而言,资产价格波动压力指数的变动十分频繁,波动性很大。其中,2004—2006 年指数变化比较平稳,但从 2007 年起,资产价格波动风险指数急速上升,并在 2007 年年中迎来峰值。究其原因,全球金融危机爆发导致全球流动性枯竭;同时,我国股票市场动荡对资产市场乃至宏观金融稳定带来了较大的负面影响。2008 年,扩大内需、刺激经济增长等十项措施的出台,提振了市场信心,从年中开始,资产价格波动压力指数明显下降,并与 2007 年之前基本持平。2009 年资产价格波动风险指数呈现小幅上升趋势,且变动较为频繁,原因在于这一时期欧洲国家主权债务危机接连爆发,不过欧债危机并未对我国的金融稳定造成十分严重的影响。此后,受 2013 年热钱大量流入、2014 年国际油价大幅下跌、2015 年 6 月股市大幅动荡的影响,资产价格波动风险指数不断上升,并在 2015 年出现了一个小峰值。其中,2013 年的热钱流入是由于离岸市场上再次出现了人民币升值预期,导致离岸市场与在岸市场之间的套汇、套利活动大行其道(余永定,2014)。

就资本流动风险而言,除了几个发生突变的时间点以外,资本流动压力指数一直保持在较低水平,并且波动性很小。平稳波动的资本流动压力指数,反映出中国一直以来都保持谨慎地开放资本账户的态度。总体而言,当前我国资本账户开放程度依然较低。2010 年年初,一系列房贷调控政策出台,控制住了房价上涨趋势,逐利性资本开始"出逃",资本流动压力指数出现了一个小峰值。2013 年再次出现较大峰值,是由于热钱的大量流入,导致当年资本与金融账户顺差急剧增加:1999—2011 年中国年均顺差额为 974.62 亿美元,而 2013 年顺差高达 3461 亿美元。2018 年以来,美国与中国经贸摩擦持续升级,全球经济贸易关系不确定性不断上升,给资本流动压力指数带来了一定的负面影响。

最后,观察货币替代风险。货币替代压力指数在 2004—2019 年的波动性较大,2004—2007 年指数比较高,2008 年突降并保持在了比较低的水平。原因在于,2009 年之前,人民币国际化尚未上升到国家战略层面,人民币境外需求不高。随着 2009 年国家主动推行人民币国际化战略,加之人民币币值曾经长期处于上升通道,对非居民的吸引力较高,货币替代风险较小且波动平稳。

五、简要结论

近年来,导致中国金融不稳定的事件时有发生,宏观金融风险不时上升;同时,人民币国际化进程给中国宏观金融风险带来了新的来源。本节基于金融压力指数方法,对中国宏观金融风险进行了测度,得出结论如下:

第一,选取银行业、股票市场、债券市场、外汇市场和房地产市场等部门的17大指标,采用主成分分析法测度了表征宏观金融风险的金融压力指数。结果发现,2004—2007年,金融压力较小且波动幅度不大;但自2008年9月开始,受全球金融危机和我国股市暴跌的双重影响,金融压力指数快速上升,并形成较高峰值;其后,由于中国政府采取了多方面政策措施,宏观金融风险迅速得到控制;2011年下半年之后,受欧债危机、银行业流动性不足等因素影响,宏观金融压力急剧上升;2015年"股灾"、2016年前后影子银行风险集中爆发、2018年中美经贸摩擦等因素使金融压力指数达到新的峰值。

第二,基于自回归马尔科夫转换模型的宏观金融风险识别分析表明,低风险状态和高风险状态的稳定概率分别为0.954和0.654,平均持续时间分别为21.88个月和1.53个月,表明我国宏观金融风险总体处于可控水平,高风险区间主要集中在2004—2005年、2007—2009年、2014—2015年、2015—2016年、2018—2019年。

第三,人民币国际化背景下的宏观金融风险来源主要有宏观经济政策风险、经常账户失衡风险、资产价格波动风险、与资本项目开放相关的资本流动风险以及货币替代风险。据此,本节构建并测算了宏观金融风险的五大子系统压力指数。其中,宏观经济政策压力指数受全球金融危机影响,在2007年年末至2008年年中先后两次出现峰值,其余时间波动较为平缓;经常账户失衡压力指数在大部分时期都较为平稳,但受全球金融危机和中美经贸争端影响,分别在2008—2009年、2018—2019年处于高位;资产价格波动压力指数的波动性较大,并因国内股市动荡和全球金融危机双重影响,在2007—2008年处于峰值;由于我国对资本账户开放较为谨慎,资本流动压力指数一直保持在较低水平,且波动性不大;货币替代压力指数在2004—2007年较高,其后则相对平稳。此外,有迹象表明,人民币国际化进程对资产价格波动风险和资本流动风险带来了一定负面冲击。

总体而言,我们所构建的中国金融压力指数及子系统压力指数的变动与国内外的金融事件密切相关,具有良好的金融风险识别功能,可以为后续研究提供数据基础,也可以为人民币国际化进程中的宏观金融风险管理决策提供参考。

第三节　人民币国际化对中国宏观金融风险影响的实证分析

一、人民币国际化对宏观金融风险的影响

(一)模型与变量

本节采用因子增广的向量自回归(FAVAR)模型,考察人民币国际化对宏观金融风险的影响。为了在充分捕捉经济信息的基础上不至于过多损失模型自由度,伯南克等(Bernanke,2005)(以下简称 BBE)对向量自回归模型加以改进,引入因子分析法,建立了因子增广的向量自回归模型,具体形式见式(3.1):

$$\begin{bmatrix} F_t \\ Y_t \end{bmatrix} = \Phi(L) \begin{bmatrix} F_{t-1} \\ Y_{t-1} \end{bmatrix} + v_t \tag{3.1}$$

其中,F_t 是 $K \times 1$ 维不可观测变量;Y_t 是 $M \times 1$ 维可观测变量;$\Phi(L)$ 为 d 阶滞后算子多项式,即 $\Phi(L) = \varphi_1 + \varphi_2 L + \cdots + \varphi_d L^{d-1}$;$v_t$ 是均值为零的扰动向量;协方差矩阵用 Ω 来表示。

假设经济系统可以由代表各方面宏观经济信息的变量 X_t 来表征,其维数为 N,且 $K + M = N$,由于 X_t 中包含大量的经济信息,因子增广的向量自回归模型利用动态因子模型从 X_t 中提取出影响众多经济变量的不可观测共同因子 F_t,这样 Y_t 和 F_t 组成的共同因子就表征了大部分宏观经济条件。X_t、F_t 和 Y_t 的关系由式(3.2)给出:

$$X_t = [\Lambda^f \Lambda^y] \begin{bmatrix} F_t \\ Y_t \end{bmatrix} + e_t \tag{3.2}$$

式中,Λ^f 和 Λ^y 分别表示变量 F_t 和 Y_t 的因子载荷,e_t 服从独立同分布的

正态分布。其中 F_t 的估计方法主要有主成分两步法和一步联合估计法。BBE 指出两种估计方法的结果非常接近。由于两步法施加的约束条件更少，我们使用两步法估计潜在共同因子。具体而言，首先将 X_t 分为"快行变量"和"慢行变量"。快行变量是对同期冲击高度敏感的变量；慢行变量是指在当前时期基本预先确定的变量，对同期冲击不能及时响应。然后，从慢行变量中提取出主成分 $\widehat{C}^*(F_t)$，并对模型 $\widehat{C}(F_t, Y_t) = \beta^F \widehat{C}^*(F_t) + \beta^Y Y_t + \mu_t$ 的参数进行最小二乘估计，最后利用 $\widehat{C}(F_t, Y_t) - \widehat{\beta^Y} Y_t$ 得出 $\widehat{F}_t$（叶亚飞和石建勋，2017）。如此，便可以通过式(3.1)计算可观测变量人民币国际化程度对 X_t 中所有变量的动态影响了，X_t 中所有变量对人民币国际化冲击的响应函数可以通过向量自回归模型中类似的方法进行计算，具体见式(3.2)。

接下来，运用该模型系统，通过脉冲响应函数分析，考察人民币国际化对宏观金融风险的动态影响。人民币国际化程度采用第二章测算的人民币国际化指数和分职能指数衡量，中国宏观金融风险则采用本章第二节测算的金融压力指数和宏观金融子系统压力指数衡量。

此外，从产出、物价、消费、投资、贸易、财政、房地产、金融以及景气指数等方面综合选取 112 个宏观经济变量，数据来源于中经网、《中国统计年鉴》和万得数据库。样本区间为 2004 年 1 月—2019 年 6 月。

在数据处理方面，我们对各经济指标均剔除通货膨胀的影响，且进行 X12 季节性调整。考虑 X12 是根据美国的节假日情况设定调整，对中国特有的春节效应调整可能并不适用（贺凤羊和刘建平，2013）。一方面，春节对经济活动具有重要的影响；另一方面，春节可能出现在 1 月也可能出现在 2 月，甚至跨越 1 月和 2 月，故我们借鉴现有文献做法，首先将 1 月和 2 月的变量值调整为这两个月变量数值的均值，再对数据进行 X12 调整。① 此外，由于因子增广

---

① J.G.Fernald, M.M.Spiegel and E.T.Swanson, "Monetary Policy Effectiveness in China: Evidence from a FAVAR Model", *Journal of International Money and Finance*, Vol.49, 2014, pp.83–103.

的向量自回归模型需保证 X,数据平稳,我们基于各变量 ADF 单位根检验,按照伯南克等(2005)的方法对非平稳变量进行调整,并将上述变量转换成均值为 0、方差为 1 的标准化序列。接下来,我们基于上述因子增广的向量自回归模型,采用 OxMetrics 软件分析人民币国际化程度(人民币国际化指数和分职能国际化指数)对核心变量中国宏观金融压力指数及其子系统压力指数的动态影响。

(二)脉冲响应函数分析

1. 人民币国际化对宏观金融风险的影响

图 3-7 给出了中国金融压力指数对人民币国际化冲击的脉冲响应,可以看出,人民币国际化的正向冲击,开始会降低金融压力指数,第五期到达最低值,然后响应值逐步上升,到第 16 期由负转正,表明人民币国际化对中国金融系统稳定性的影响是双向的:短期内,对宏观金融风险具有一定的抑制作用;中长期来看则可能提高宏观金融风险。

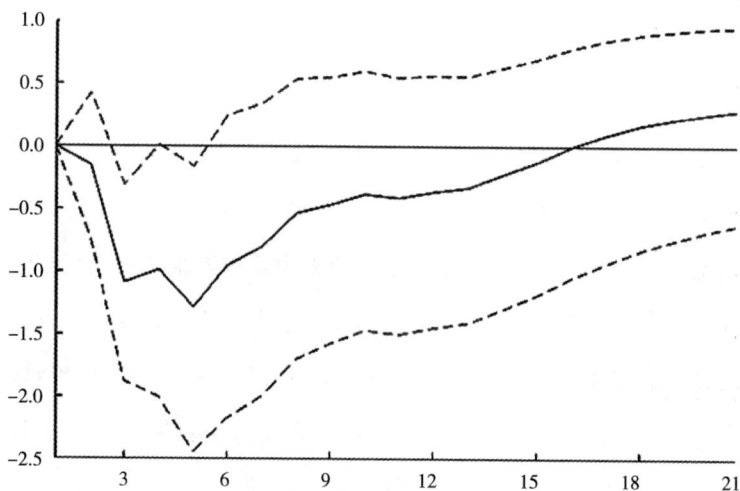

图 3-7　金融压力指数对人民币国际化(RII)的脉冲响应

人民币国际化短期内有助于降低国内宏观金融风险,其原因在于:首先,人民币国际化可以降低进出口商的汇率风险和交易成本,促进跨境贸易,进而推动实体经济增长。其次,人民币国际化有利于提升中国金融业竞争力;同时为适应人民币国际化进程,国内相关金融改革也会稳步推进,例如资本项目有序开放、利率市场化改革和汇率形成机制改革逐步推进等,有利于降低中国金融部门的系统性风险。[①] 再次,人民币国际化意味着更多地使用本币计价结算,这将减少以外币形式积累的资产、负债,不仅可以减少外币使用成本和汇率波动成本,还可以减轻与货币错配相关的风险。最后,伴随人民币逐渐成为国际货币体系中的主要货币,中国的政治杠杆效应增强,有利于形成对人民币的积极预期,反过来又推动中国经济、金融市场的健康发展。

从中长期来看,人民币国际化会导致宏观金融风险不断累积。究其原因,其一,经常项目下的货物贸易在面对汇率变化(譬如人民币因国外需求上升而升值)和利率变化时其调整很可能是不及时的,进而造成经常项目逆差扩大和本币贬值压力。其二,货币国际化离不开资本账户的开放,大量热钱可能借此进入中国资本市场,在国内金融市场尚缺乏深度和广度的条件下,短期资本跨境流动规模的激增在一定程度上会加剧本国金融系统的脆弱性(Bergsten,2009),一旦资本流动急停,可能会导致债务链条断裂、信心崩塌,进而导致宏观金融风险不断上升。值得一提的是,中国一直推行以风险可控为前提,稳步渐进推进资本账户开放的策略。有研究认为,发展中国家采取资本管制与浮动汇率制相结合的政策能够有效降低跨境资本流动对本国金融市场的冲击。[②] 然而,更多研究认为,新兴经济体资本管制带来的效果是暂时的[③]。其三,人民币国际化背景下,源于他国的金融风险可能通过贸易、金融以及宏观经济政策

---

①　巴曙松、吴博:《人民币国际化对中国金融业发展的影响》,《西南金融》2008 年第 4 期。

②　X. Han and S. J. Wei,"International Transmissions of Monetary Shocks:Between a Trilemma and a Dilemma",*Journal of International Economics*,Vol. 110,No. 1,2018,pp. 205–219.

③　C. Baba and A. Kokenyne,"Effectiveness of Capital Controls in Selected Emerging Markets in the 2000s",*IMF Working Papers*,No. 11/281,2011;M. M. Hutchison, G. K. Pasricha, and N. Singh,"Effectiveness of Capital Controls in India:Evidence from the Offshore NDF Market",*IMF Economic Review*,Vol. 60,No. 3,2012,pp. 395–438;郭红玉、杨美超:《金融开放背景下实际资本管制能力对金融危机影响的实证研究》,《国际金融研究》2019 年第 9 期。

等渠道传染至中国,导致中国宏观金融风险上升。譬如,当某一国家发生金融危机时,国际金融企业也将相应减少其他市场(包括中国)的头寸,如果不同国家的资产具有高度相关性,宏观金融风险将会迅速传染。

2.人民币国际化对宏观金融子系统风险的影响

为了进一步探究人民币国际化对宏观金融风险的具体作用途径,接下来分析人民币国际化冲击对五大宏观金融子系统风险的影响,结果见图3-8。

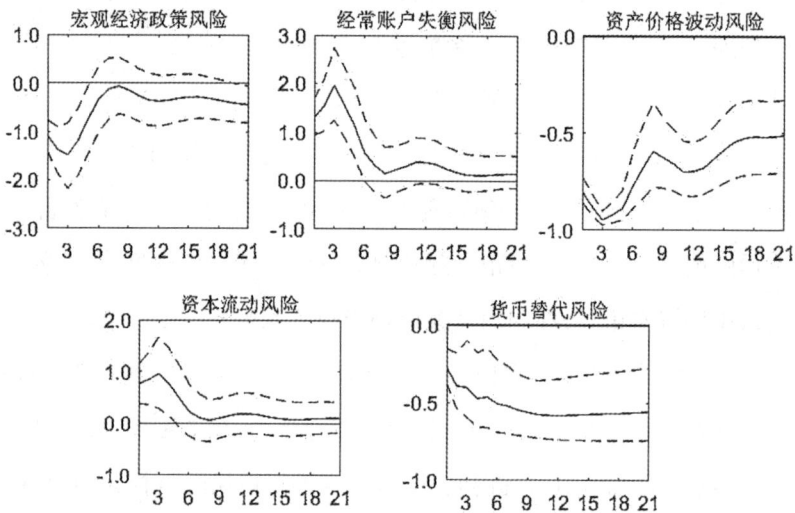

图 3-8　宏观金融风险子系统对人民币国际化的脉冲响应

就宏观经济政策风险而言,当受到人民币国际化一个正向冲击时,宏观经济政策子系统压力指数开始下降,第三期降至最小值,随后受人民币国际化的影响逐渐减弱。即人民币国际化进程短期内会降低宏观经济政策风险,长期影响则不显著。原因可能在于,虽然人民币国际化需要以一定程度的资本项目开放作为前提和基础,根据"三元悖论",这必然会降低货币政策的有效性,但货币国际化与资本项目开放并不需要保持一一对应的关系,通过大力发展人民币离岸市场等方式,同样可以满足人民币国际化的需求,从而在一定程度上克服了"三元悖论"的约束。

就经常账户失衡风险而言,当受到人民币国际化一个正向冲击时,经常账户子系统压力指数开始上升,至第三期升至峰值,此后逐渐下降,趋于零值。可见,人民币国际化进程短期内会加剧经常账户失衡风险,而长期影响则不显著。究其原因,随着人民币国际化的不断推进,非居民对人民币计价资产的需求上升,并推动人民币升值。在中国仍未摆脱出口拉动经济增长模式的背景下,人民币升值将直接削弱出口企业在国际市场上的竞争力,导致中国经常项目失衡风险上升。

就资产价格波动风险而言,当受到人民币国际化一个正向冲击时,资产价格波动风险开始下降,第三期降至最低值后逐渐回升,最后一直维持在负值水平,脉冲响应的时间持续较久,表明人民币国际化倾向于降低资产价格波动风险,与前文理论分析似乎相悖。可能的原因在于:其一,当前中国国内资本市场对非居民的开放程度仍然较低,有限的开放渠道主要是面向外国中央银行、大型金融企业等机构投资者(如合格境外机构投资者、人民币合格境外机构投资者等),其投资具有较长的期限,有利于资本市场价格的稳定;其二,相较于成熟市场经济体而言,作为新兴经济体的中国长期保持较高的增长速度,且经济增长前景依然好于许多发达国家,使国内金融资产对非居民具有较强的吸引力,成为非居民投资者进行资产组合投资的重要标的。当然,目前人民币国际化水平依然不高,资本账户尚未实现完全开放,国外投资者对中国资本市场的投资规模依然较小,也是人民币国际化尚未导致国内资产价格波动风险上升的重要原因。未来随着资本账户开放程度的不断提高,以及离岸人民币规模的日益增长,一旦非居民对中国经济前景的预期发生逆转,在国内金融市场的深度和广度仍未实现根本突破的情况下,极有可能会加剧国内资产价格波动风险,导致整个宏观金融风险的上升。

就资本流动风险而言,当受到人民币国际化一个正向冲击时,资本流动风险开始上升,至第三期升至峰值,此后逐渐下降,趋于零值,表明短期内人民币国际化会加剧资本流动风险。这是因为,人民币国际化为境内外市场之间的套利、套汇活动提供了便利。由于国内仍然实行较高程度的资本管制,境内外人民币汇率存在一定差异,从而吸引大量逐利资本流入或流出,导致人民币汇率的高估或低估,引发人民币升值或贬值预期,以及外汇储备和信贷规模的意外增减变化等。譬如,2013 年大量热钱流入中国就是由于离岸市场上再次出现了人民币升值预期,导致离岸市场与在岸市场之间的套汇、套利活动大行其道(余永定,2014)。

就货币替代风险而言,当受到人民币国际化一个正向冲击时,货币替代风险逐渐下降,至第九期降至最低值,并一直维持负值,意味着人民币国际化能够降低货币替代风险。从理论上看,货币国际化对货币替代的影响其实是不确定的,随着一国货币国际地位的不断提高,更多的国际贸易和投资活动会以本币进行,本国货币事实上能够更多地替代在位国际货币(货币反替代),从而降低了本币为外币所替代的风险;相反,如果货币国际化不成功,或者本国货币国际地位下降,货币替代就容易发生。截至目前,人民币国际化的进展相当顺利,以人民币结算的出口额占中国出口贸易总额的份额在不到十年的时间里,就从 2009 年的近乎于零增长到 2016 年的 30%;人民币现已成为第五大国际支付货币、第三大贸易融资货币和第五大国际储备货币。[①] 因此,随着人民币国际地位的不断提高,货币替代风险呈现不断下降的趋势。

3. 不同职能下的人民币国际化对宏观金融风险及其子系统风险的影响

国际货币的不同职能对宏观金融风险可能具有不同的影响,为了进一步探究人民币国际化不同职能对宏观金融风险的异质性影响,图 3-9—图 3-11 分别给出了中国金融压力指数及宏观金融子系统压力指数对人民币交易媒介指数、人民币计价单位指数和人民币价值贮藏指数的脉冲响应。

从图 3-9 可以看出,与宏观金融风险及其子系统风险对人民币国际化总指数冲击的脉冲响应类似,人民币交易媒介指数对整体宏观金融风险具有微

---

① 数据来自中国人民银行发布的《2020 年人民币国际化报告》。

弱的负向影响,对经常账户失衡风险有显著的正向影响,对资产价格波动风险
有显著的负向影响。区别在于,人民币交易媒介指数对宏观经济政策风险在
短期内有负正交替的影响,在长期内对宏观经济政策风险的影响仍然为负,即
倾向于降低中国宏观经济政策风险;对资本流动风险具有微弱的负向影响。
此外,人民币交易媒介职能对货币替代风险的短期影响为正,至第三期后由正
转负,即人民币更多地承担交易媒介职能在短期内会增加货币替代风险。究
其原因,人民币在承担交易媒介职能时,主要是满足人民币境外需求者的交易
动机,由于中国尚未完全实现汇率和利率的市场化,离岸市场和在岸市场存在
套汇、套利空间,市场主体持有人民币进行交易就可能面对各种汇率、利率波
动风险,为了规避风险,非居民可能会倾向于增加美元等硬通货的持有量,从而
产生一定的货币替代风险;但就长期而言,在贸易结算规模持续扩大、投资计价
驱动及金融产品交易创新推动等多层次、全方位深度发展模式下的人民币国际
化进程有效提升了非居民对人民币的持有信心,进而缓解了货币替代风险。

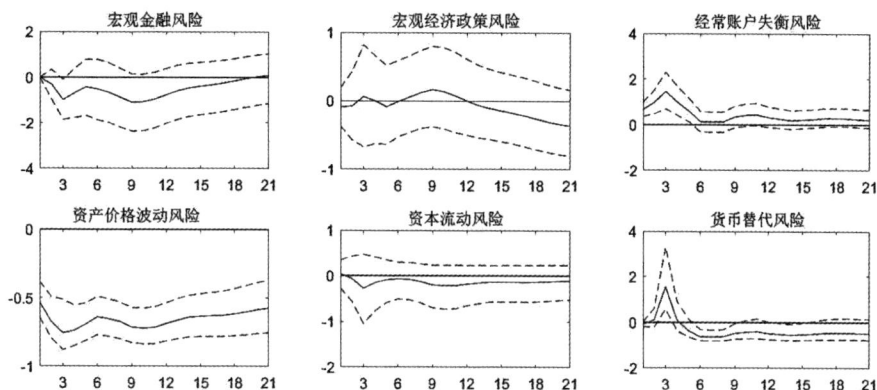

图3-9　交易媒介指数对宏观金融风险的冲击效应

由图3-10可以看出,人民币计价单位指数对宏观金融风险及其子系统
风险的冲击效应,与人民币国际化总指数对宏观金融风险及其子系统风险的
冲击效应基本一致。不同在于,人民币计价单位指数对货币替代风险的影响
短期内为正,至第三期后由正转负。即人民币计价单位指数的上升短期内可

能导致货币替代风险上升。究其原因,人民币计价单位职能国际化是人民币在国际上部分替代其他计价货币的过程。由于目前人民币国际化尚处于初级阶段,人民币尚难以在计价单位职能上对其他货币进行直接替代,反而有被其他货币替代的风险。但随着人民币国际接受程度的逐步提升,人民币被替代的风险也可能会相应降低。

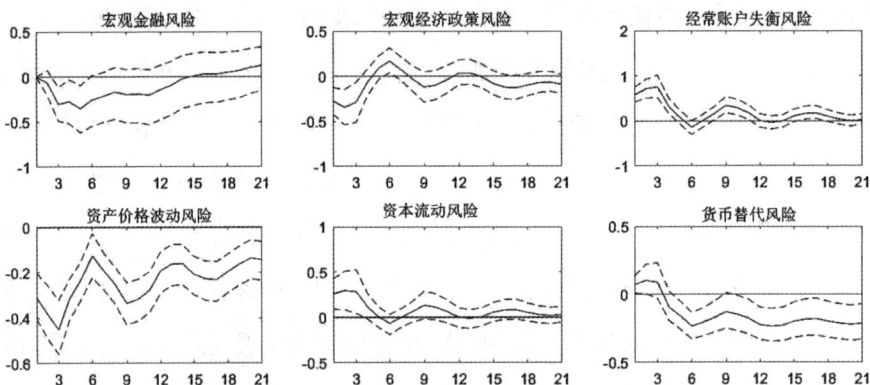

图 3-10   计价单位指数对宏观金融风险的冲击效应

从图 3-11 可以看出,人民币价值贮藏指数对整体宏观金融风险的冲击效应为正,这与人民币国际化总指数对宏观金融风险的先负后正的冲击效应并不一致。由于人民币目前尚未大规模地承担官方储备职能,其在各国外汇储备中所占比例还很小,所以需要着重考虑人民币承担私人价值贮藏职能(诸如离岸人民币存款规模的不断上升等)对宏观金融风险的影响。随着人民币离岸市场的不断发展,由于在岸、离岸市场的汇率、利率形成机制、监管手段以及参与者等方面都存在差异,离岸、在岸市场之间经常存在套汇、套利空间,吸引逐利性国际资本通过直接投资、跨境贸易以及证券投资等方式跨境流动。如果在岸、离岸市场的套汇、套利空间过大,国际短期资本便会迅速进出我国金融市场,威胁宏观金融稳定。就对宏观金融子系统风险的影响而言,人民币价值贮藏指数对宏观经济政策风险具有显著且持久的负向影响。这意味着人民币发挥价值贮藏职能可以减轻宏观经济政策风险。原因在于,一国货币发挥国际价值贮藏职能可以放松国际收支对其国内货币和财政政策的约束,使发行国可以享受宏观经济政策灵活性的好处,只要非居民对该货币未来价值稳定性拥有信心并愿意继续持有该储备货币(Cohen,2012a)。中国近年来一直保持着良好的通货膨胀记录,人民币汇率也长期保持相对稳定;更重要的是,中国经济增长前景依然好于许多新兴经济体和发达国家,能够为非居民投资者提供更高的资产回报,使人民币计价资产对非居民投资者一直具有较强的吸引力,推动人民币更大限度地发挥国际价值贮藏职能,有效减轻了"三元悖论"对宏观经济政策的约束。这同时也反映了价值贮藏职能对一国货币国际地位提升的重要意义。此外,人民币价值贮藏指数能够显著降低资产价格波动风险和货币替代风险,但会增加经常账户失衡风险和资本流动风险。

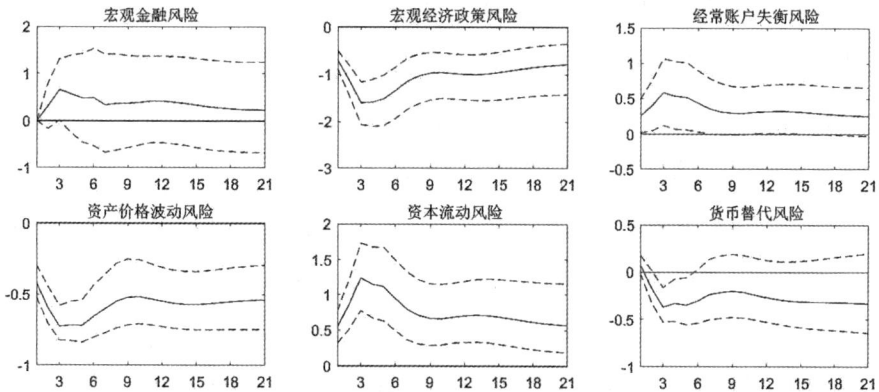

图3-11　价值贮藏指数对宏观金融风险的冲击效应

(三)稳健性检验

为检验实证结果的稳健性,我们用第二章第一节测算的人民币跨境流通规模代替人民币国际化指数,对人民币国际化的宏观金融风险效应进行稳健性检验。选择该变量的原因在于,人民币国际化尚处起步阶段,中国国内金融市场尚不健全,资本账户监管较为严格,至少在目前,人民币国际化仍然主要集中在贸易计价结算领域。而人民币跨境流通规模能够很好地衡量人民币在贸易、投资领域的国际地位(沙文兵等,2016)。检验结果见图 3-12。

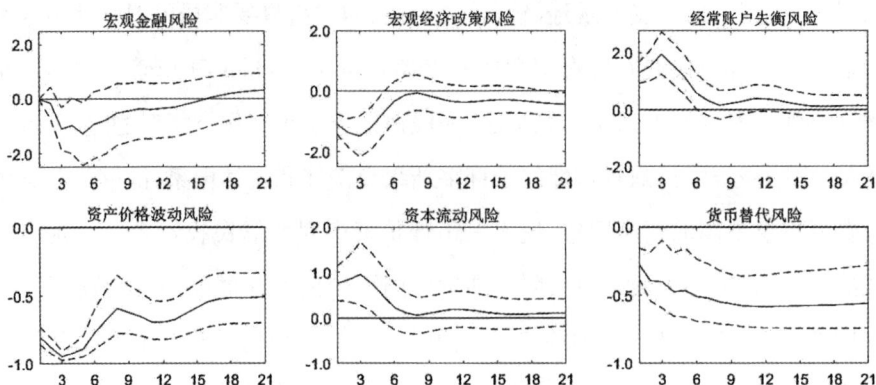

图 3-12 宏观金融风险对人民币国际化的脉冲响应稳健性检验

我们发现,同图 3-7、图 3-8 相比,用人民币跨境流通规模替换人民币国际化指数的脉冲响应结果同前述分析基本一致,随着人民币跨境流通规模的上升,短期内会抑制中国的宏观金融风险;就长期而言,由于风险累积、宏观经济波动等原因,会提升中国的宏观金融风险。

就人民币跨境流通规模对宏观金融风险子系统的影响而言,人民币跨境流通规模的上升会抑制宏观经济政策风险、资产价格波动风险、货币替代风险;人民币跨境流通规模的上升会加剧经常账户失衡风险、资本流动风险。可见,用人民币跨境流通规模替换人民币国际化指数后的脉冲响应分析结果,同前述分析大体一致,表明本节关于人民币国际化对中国宏观金融风险影响的估计结果具有稳健性和可靠性。

二、人民币国际化对宏观金融风险的影响机制分析

如前所述,人民币国际化主要通过汇率、利率以及资本账户开放等渠道作用于国内宏观金融稳定。下面采用向量自回归模型,从量化角度刻画人民币国际化对宏观金融风险的传递机制。鉴于向量自回归模型的常系数假定,无法解释现实经济生活中由经济结构、制度政策等因素所造成的结构性突变。

为了使模型更符合现实,我们采用时变参数向量自回归(TVP‐VAR)模型来探究人民币国际化对宏观金融风险的影响机制。

(一)时变参数向量自回归模型构建

时变参数向量自回归是在结构向量自回归(SVAR)基础上演化而来的。首先给出一个经典的结构向量自回归模型:

$$A_0 y_t = c + F_1 y_{t-1} + F_2 y_{t-2} + \cdots + F_s Y_{t-s} + u_t, t = s+1, \cdots, n \quad (3.3)$$

其中, y_t 是 $k \times 1$ 维观测向量, $A, F_1, \cdots, F_s$ 是 $k \times k$ 的系数矩阵,扰动项 u_t 为 $k \times 1$ 维结构冲击, Λ 是一个下三角矩阵,采用递归法对同期关系的结构冲击进行识别。

$$A = \begin{pmatrix} 1 & 0 & \cdots & 0 \\ a_{21} & \ddots & \ddots & \vdots \\ \vdots & \ddots & \ddots & 0 \\ a_{k1} & \cdots & a_{k,k-1} & 1 \end{pmatrix}$$

将模型(3.3)写为简化式:

$$y_t = B_1 y_{t-1} + \cdots + B_s y_{t-s} + A^{-1} \sum \varepsilon_t, \varepsilon_t \sim N(0, I_k) \text{ ,其中,}$$

$$B_i = A^{-1} F_i, i = 1, \cdots s \text{ ,且}$$

$$\Sigma = \begin{pmatrix} \sigma_1 & 0 & \cdots & 0 \\ 0 & \ddots & \ddots & \vdots \\ \vdots & \ddots & \ddots & 0 \\ 0 & \cdots & 0 & \sigma_k \end{pmatrix}$$

$$\begin{matrix} \beta_{t+1} = \beta_t + \mu_{\beta t} \\ a_{t+1} = a_t + \mu_{at} \\ h_{t+1} = h_t + \mu_{ht} \end{matrix}, \begin{pmatrix} \varepsilon_t \\ \mu_{\beta t} \\ \mu_{at} \\ \mu_{ht} \end{pmatrix} \sim N\left(0, \begin{pmatrix} I & 0 & 0 & 0 \\ 0 & \Sigma_\beta & 0 & 0 \\ 0 & 0 & \Sigma_a & 0 \\ 0 & 0 & 0 & \Sigma_h \end{pmatrix}\right), t = s+1, \cdots, n$$

其中，$\beta_{s+1} \sim N(\mu_{\beta_0}, \Sigma_{\beta_0})$，$a_{s+1} \sim N(\mu_{a_0}, \Sigma_{a_0})$，$h_{s+1} \sim N(\mu_{h_0}, \Sigma_{h_0})$。

时变参数向量自回归模型的常用估计方法是贝叶斯框架下的马尔科夫链蒙特卡洛模拟（MCMC）。在某些先验概率分布下，蒙特卡洛模拟算法从包含未观测到潜在变量在内的参数之高维后验分布中产生样本。在模型中使用时变参数作为潜在变量，形成状态空间。[①] 时变参数向量自回归模型构建的关键是采取依赖其他参数的联合抽样，即 $\beta = \{\beta_t\}_{t=s+1}^{n}$，$a = \{a_t\}_{t=s+1}^{n}$，$h = \{h_t\}_{t=s+1}^{n}$。这比一次采样方法要好。参考中岛等（Nakajima 等，2011）的具体估计过程，完成蒙特卡洛模拟后，再利用时变脉冲响应函数进行具体分析。

（二）变量选取和数据来源

接下来，根据本章第一节关于人民币国际化对宏观金融风险的影响机制，在时变参数向量自回归模型框架下，分别探讨人民币国际化影响宏观金融风险的汇率机制、利率机制以及资本账户开放机制。数据样本期仍为 2004 年 1 月至 2019 年 6 月，具体选取变量如下：

人民币国际化程度（RII）：用人民币国际化指数来衡量，测算过程和结果见第二章第二节。

中国宏观金融风险（FSI）：采用金融压力指数衡量中国宏观金融风险，测算过程和结果见本章第二节。

汇率（ER）：由于实际有效汇率在考虑所有双边名义汇率相对变动情况的同时，还剔除了国内外相对通货膨胀率的影响，能够同时反映一国货币对外价值和对内价值的变动（张国建等，2017），因此采用人民币实际有效汇率作为汇率的衡量指标。数据来源于国际清算银行。

利率（IR）：由于我国尚未完全实现利率市场化，而银行间同业拆借利率

---

① 黄潇雨：《外部经济冲击对中国经济周期的影响机制研究》，吉林大学 2019 年博士学位论文。

最能反映货币市场供求状况,借鉴孙焱林和张倩婷(2016)的做法,采用上海银行间同业拆借 7 日加权平均利率,数据来源于中经网。

资本账户开放(*CAO*):资本账户开放程度的评估方法有两种:一是法律类评估,主要基于一国对资本项目管理的法律法规进行度量分析,如编制资产账户开放度指数(Chinn 和 Ito,2006);另一种是事实类评估法,主要采用跨境资本流动规模等指标进行定量评估。一方面,法律类评估法忽视了资本流动的实际情况;另一方面,随着人民币国际化进程的持续推进,资本账户开放程度必将不断扩大,而资本跨境流动特别是短期资金跨境流动规模则是资本账户开放度最直接的反馈指标。因此,我们以短期跨境资金流动(即"热钱")占国内生产总值的份额作为资本账户开放程度的衡量指标。参考国家外汇管理局国际收支分析小组(2014)①的做法,将热钱定义为"外汇储备增加额-贸易顺差-外国直接投资净流入"。数据来源于万得数据库和中经网,图 3-13 给出了各变量时序图。

（三）检验与估计

与向量自回归模型一样,时变参数向量自回归模型也要求内生变量必须满足平稳性要求。ADF 单位根检验结果表明(见表 3-5),各变量原始序列非平稳,而一阶差分序列均为平稳序列,可以建立时变参数向量自回归模型。我们分别以人民币国际化指数、汇率与宏观金融风险,人民币国际化指数、利率与宏观金融风险,以及人民币国际化指数、资本账户开放度与宏观金融风险为内生变量,构建时变参数向量自回归模型 1、模型 2 和模型 3,探讨人民币国际化对宏观金融风险影响的汇率机制、利率机制和资本账户开放机制。

参考中岛等(2011)的做法,参数设定如下:马尔科夫链蒙特卡洛模拟的

___
① 国家外汇管理局国际收支分析小组:《2013 中国跨境资金流动监测报告》,中国金融出版社 2014 年版,第 2—5 页。

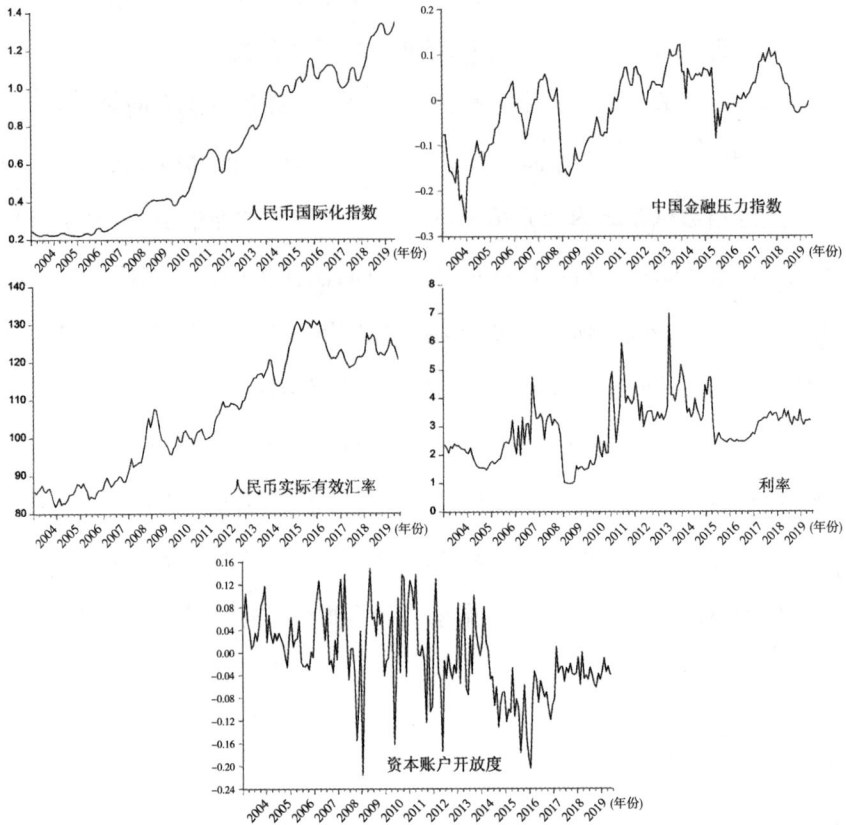

图 3-13　2004—2019 年各变量时序图

迭代次数设定为10000,前1000次为预烧值,因其不稳定而舍弃,$\Sigma_{\beta_0} = \Sigma_{a_0} = \Sigma_{h_0} = 10 \times I$。将模型先验分布设为:

$$(\Sigma_\beta)_i^{-2} \sim Gamma(40,0.02), (\Sigma_\alpha)_i^{-2} \sim Gamma(40,0.02), (\Sigma_h)_i^{-2} \sim Gamma(40,0.02)$$

在进行模拟前,分别构建无约束向量自回归模型,依据 SC 信息准则,确定模型最优滞后阶数为 2 阶。同时,AR Root Graph 检验表明,模型 1、模型 2 以及模型 3 的特征多项式所有根模的倒数均小于 1,满足模型设定的稳定性要求。

表 3-5　各变量单位根检验

变量名	ADF 统计量	检验类型 （t,c,n）	0.010	0.050	0.100	结论
RII	0.357	（0,c,7）	−3.467	−2.878	−2.575	非平稳
DRII	−4.073	（0,c,6）	−3.467	−2.878	−2.575	平稳
FSI	−2.148	（0,c,0）	−3.466	−2.877	−2.575	非平稳
DFSI	−13.61	（0,c,0）	−3.466	−2.877	−2.575	平稳
ER	−1.258	（0,c,1）	−3.466	−2.877	−2.575	非平稳
DER	−9.637	（0,c,0）	−3.466	−2.877	−2.575	平稳
IR	−2.353	（0,c,3）	−3.466	−2.877	−2.575	非平稳
DIR	−9.555	（0,c,3）	−3.467	−2.877	−2.575	平稳
CAO	−2.354	（0,c,9）	−3.468	−2.878	−2.576	非平稳
DCAO	−6.781	（0,c,11）	−3.468	−2.878	−2.576	平稳

表 3-6　汇率机制马尔科夫链蒙特卡洛模拟参数抽样结果

参数	均值	标准差	95%的置信区间	Geweke	无效因子
$(\sum_\beta)_1$	0.0229	0.0026	[0.0184,0.0283]	0.560	11.56
$(\sum_\beta)_2$	0.0142	0.0010	[0.0126,0.0164]	0.698	16.41
$(\sum_a)_1$	0.0834	0.0336	[0.0435,0.1736]	0.835	79.51
$(\sum_a)_2$	0.0631	0.0224	[0.0375,0.1122]	0.361	69.22
$(\sum_h)_1$	0.7460	0.1080	[0.5560,0.9693]	0.000	100.84
$(\sum_h)_2$	0.3451	0.1145	[0.1612,0.6091]	0.074	100.39

接下来，运用 OxMetrics 软件完成模型的模拟与估计，三个模型的估计和检验结果分别见表 3-6、表 3-7 和表 3-8。参数估计的均值均落在 95% 的置信区间内，其中，格韦克（Geweke）值和无效因子是用来判断马尔科夫链蒙特卡洛模拟过程是否收敛的检验统计量。由于格韦克（Geweke）值均小于 1.96，且无效因子最大为 117.42，表明用 10000 次抽样可以得到 85（即 10000/

117.42)个不相关的样本。因此,模型估计的可靠性和有效性较高,支持时变参数向量自回归模型的后验推断,可进行下一步脉冲响应函数分析。

表 3-7 利率机制马尔科夫链蒙特卡洛模拟参数抽样结果

参数	均值	标准差	95%的置信区间	Geweke	无效因子
$(\sum_\beta)_1$	0.0228	0.0026	[0.0184, 0.0284]	0.337	4.49
$(\sum_\beta)_2$	0.0188	0.0016	[0.0160, 0.0223]	0.000	16.86
$(\sum_a)_1$	0.1663	0.1757	[0.0461, 0.7306]	0.024	106.07
$(\sum_a)_2$	0.0894	0.2086	[0.0383, 0.3002]	0.013	31.00
$(\sum_h)_1$	0.6136	0.1165	[0.4343, 0.9160]	0.000	117.42
$(\sum_h)_2$	0.8808	0.1568	[0.6026, 1.2195]	0.073	39.49

表 3-8 资本账户开放机制马尔科夫链蒙特卡洛模拟参数抽样结果

参数	均值	标准差	95%的置信区间	Geweke	无效因子
$(\sum_\beta)_1$	0.0233	0.0026	[0.0188, 0.0292]	0.561	9.38
$(\sum_\beta)_2$	0.0219	0.0023	[0.0180, 0.0269]	0.493	8.60
$(\sum_a)_1$	0.0915	0.0391	[0.0458, 0.1966]	0.916	113.13
$(\sum_a)_2$	0.0590	0.0153	[0.0369, 0.0958]	0.004	42.25
$(\sum_h)_1$	0.5668	0.1671	[0.3104, 0.9672]	0.428	85.13
$(\sum_h)_2$	0.3703	0.0633	[0.2678, 0.5156]	0.245	45.21

（四）脉冲响应函数分析

接下来,利用时变参数向量自回归模型的脉冲响应函数,分析人民币国际化对宏观金融风险的影响机制。为充分捕捉各变量的时变性,我们分别给出了等间隔脉冲响应函数和时点脉冲响应函数估计结果。图 3-14、图 3-15 和图 3-16 分别给出了人民币国际化影响宏观金融风险的汇率、利率和资本账户开放机制。图 3-14—图 3-16 的左侧为不同时期的脉冲响应函数(设定为 3 期、6 期和 12 期);右侧表示不同时点的脉冲响应函数,具体时点选择 2008 年 9 月、2015 年 6 月和 2018 年 3 月,分别对应全球金融危机爆发、2015 年 6 月中国股市震荡以及 2018 年 3 月以来中美经贸摩擦不断升级,这三个时点对人民币国际化进程和宏观金融风险均产生了较大的冲击。另外,所选的观测时点不仅避开了样本期的两侧,还包含了样本的前中后期,以确保估计结果的可靠性。

由基于时变参数向量自回归模型的脉冲响应函数估计结果可以看出,总体而言,各个不同时间间隔的脉冲响应图走势基本一致,说明模型具有稳健性。同时,观察不同提前期的冲击程度可以发现,不同提前期冲击的脉冲响应结果存在一定差异:提前 12 个月的冲击最为明显,提前 3 个月的冲击较弱,说明人民币国际化通过上述三种机制影响宏观金融风险存在明显的时滞效应。

1. 汇率机制

图 3-14 上半部分给出了人民币国际化对汇率的冲击效应,下半部分给出了人民币实际有效汇率上升(人民币升值)对中国宏观金融风险的冲击效应。观察图 3-14 左侧,从汇率对人民币国际化正向冲击的脉冲响应图($\varepsilon_{RII} \rightarrow ER$)和宏观金融风险对汇率正向冲击的脉冲响应图($\varepsilon_{ER} \rightarrow FSI$)可以看出,人民币国际化会导致实际有效汇率指数显著上升(人民币实际升值);在 2010 年下半年以前,以及 2015 年下半年之后汇率升值抑制了宏观金融风险,而 2010 年下半年—2015 年上半年汇率升值导致宏观金融风险上升。说明人民币国际化进程的顺利推进会驱使人民币升值,原因在于,随着人民币国际使用范围的不断扩大,外国投资者对人民币资产需求将不断上升,由此推动人民币趋于升值。一方面,人民币升值会降低出口需求进而总需求,抑制国内通货膨胀,一定程度上可以抑制由经济过热导致的宏观金融风险;但另一方

面,升值将吸引境外投机性资本流入,增加国内金融市场的流动性,容易催生资产价格泡沫,导致宏观金融风险上升。[①] 2015 年爆发的股灾可以解释上述结构性变化:2015 年上半年,A 股市场发展繁荣,股价节节攀升;2015 年下半年,股市由于市场预期逆转而暴跌,震荡剧烈。

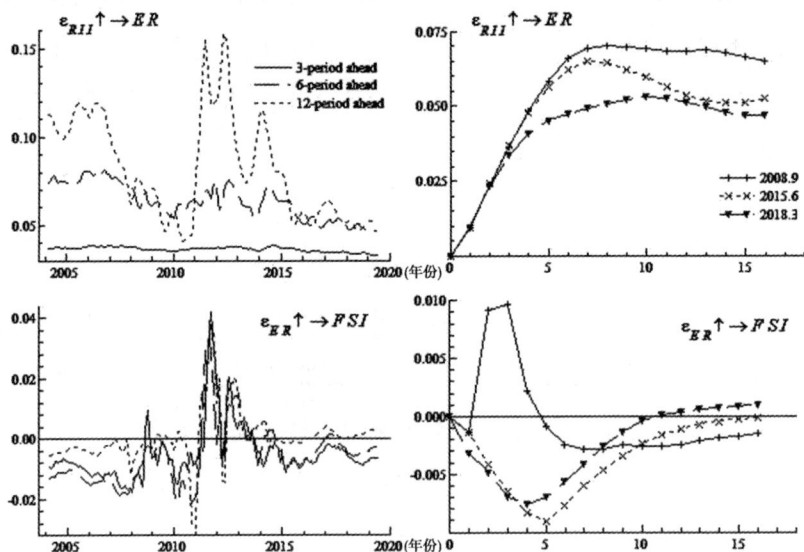

图 3-14 2005—2020 年人民币国际化、汇率与宏观金融风险

观察图 3-14 右侧,汇率对人民币国际化正向冲击的脉冲响应($\varepsilon_{RII} \rightarrow ER$)在三个时点的走势有着显著的相似性,汇率都显著上升,至第七期后有所回落。由于 2015 年后人民币国际化受挫,2015 年 6 月和 2018 年 3 月的汇率响应值均低于 2008 年 9 月的响应值。而宏观金融风险对汇率冲击的脉冲响应函数($\varepsilon_{ER} \rightarrow FSI$)却有不同的走势,当期和第一期三个时点的脉冲响应函数较为相似,都为负向冲击;第一期之后,2008 年 9 月的汇率对金融风险的冲击由负转正,大约至第五期后转为负值并逐渐收敛于零,说明全球金融危机

---

① G. Calvo, "Financial Crises and Liquidity Shocks a Bank-run Perspective", *European Economic Review*, Vol. 56, No. 3, 2012, pp. 317–326.

在短期内增加了我国宏观金融风险;2015年6月和2018年3月的汇率对金融风险的冲击都为负值并逐渐趋于零,说明人民币国际化在这两个时点对国内宏观金融风险的影响有限。

2.利率机制

图3-15上半部分给出了人民币国际化对利率的冲击效应,下半部分给出了人民币利率上升对中国宏观金融风险的冲击效应。观察图3-15左侧,由利率对人民币国际化正向冲击的脉冲响应图($\varepsilon_{RII} \rightarrow IR$)和宏观金融风险对利率正向冲击的脉冲响应图($\varepsilon_{IR} \rightarrow FSI$)可以看出,人民币国际化会对利率变动产生动态影响,而利率的变化又会导致宏观金融风险联动变化;并且在不同的经济背景下,其影响略有不同。2015年以前,人民币国际化对利率上升的影响呈现小幅扩大的趋势,宏观金融风险出现小幅波动;2015年后,利率脉冲响应值降为负值,宏观金融风险出现显著上升,利率作为人民币国际化影响宏观金融风险的中介作用较强。其传递机理为:首先,当国内宏观经济基本面良好时,人民币国际化进展顺利,国内利率上升,将吸引投机性资本大规模涌入,这无疑会增加货币当局的外汇冲销压力。由于外汇占款是我国货币投放的重要渠道,国内货币供应将伴随资本涌入而迅速增加,利率又将承受下行压力;另外,对冲的本币进入流通,会增加货币供给,使物价水平承受上升压力。其次,金融市场流动性增加,导致资产价格趋于泡沫化。最后,货币供应会影响到金融机构的信贷活动,引起投资过热、信用风险累积。一旦国内宏观经济政策、经济增长或者金融市场形势逆转,跨境资本流动方向便会迅速逆转,容易引发外汇储备流失、国内流动性不足、金融市场资产价格暴跌和信用违约风险爆发等宏观金融风险。

观察图3-15右侧,利率对人民币国际化的脉冲响应函数($\varepsilon_{RII} \rightarrow IR$)在三个时点不尽相同,给定人民币国际化一个标准差正向冲击,人民币国际化对利率影响存在结构性变动,2008年9月表现为前三期利率降低,随后转为正向冲击;2015年6月为负向冲击,随后逐渐趋近于0,并于第15期由负转为

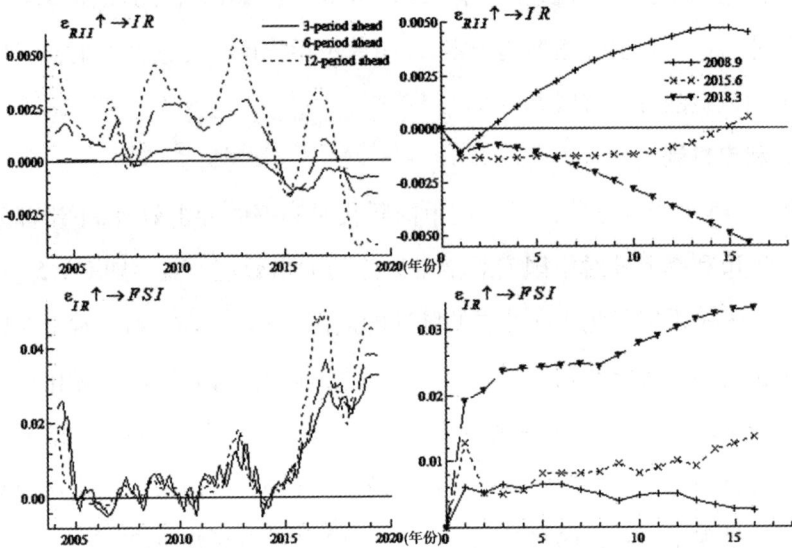

图 3-15　2005—2020 年人民币国际化、利率与宏观金融风险

正;2018 年 3 月则为持续增大的负向冲击。

3. 资本账户开放机制

图 3-16 上半部分给出了人民币国际化对资本账户开放度的冲击效应,下半部分给出了资本账户开放度上升对中国宏观金融风险的冲击效应。观察图 3-16 左侧,由资本账户开放度对人民币国际化正向冲击的脉冲响应图($\varepsilon_{RII} \rightarrow CAO$)和宏观金融风险对资本账户开放度正向冲击的脉冲相应图($\varepsilon_{CAO} \rightarrow FSI$)可以看出,人民币国际化对资本账户开放度有较为明显的负向冲击;2007 年之前,资本账户开放冲击会降低宏观金融风险;而 2007 年之后,资本账户开放冲击会提升宏观金融风险。不过,相对而言资本账户开放对人民币国际化影响宏观金融风险的中介作用较弱。原因可能在于,我国目前仍然实行意愿的结售汇制度,跨境资本无论以何种方式进入国内市场,第一步仍需兑换为人民币;同时,我国仍实行较为严格的资本项目管制,境外短期资金难以大量涌入境内,也无法实现较为自由的资产配置。因此,在资本项目管制

较为严格的条件下,人民币国际化通过资本账户开放度影响我国宏观金融风险的程度还比较有限。

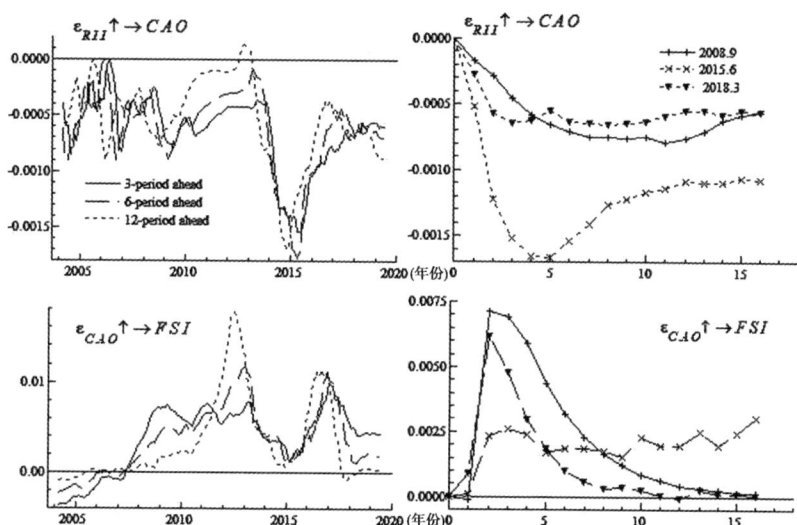

图3-16 2005—2020年人民币国际化、资本账户开放与宏观金融风险

观察图3-16右侧,资本账户开放度对人民币国际化的脉冲响应函数($\varepsilon_{RII} \to CAO$)在三个时点的走势趋同,资本账户开放度都显著下降,第五期后降至最低点后逐渐上升,并始终维持负值。宏观金融风险对资本账户开放度冲击的脉冲响应函数($\varepsilon_{CAO} \to FSI$)也有相同的走势,给予资本账户开放度一个正向结构性冲击,将给宏观金融风险带来显著的正向冲击,于第三期达到峰值,第15期后趋于0值。

三、简要结论与政策含义

(一)研究结论

第一,人民币国际化程度的提升,短期内对宏观金融风险具有一定的抑制作用;中长期而言,人民币国际化会导致宏观金融风险的上升。从宏观金融子系统风险来看,人民币国际化会显著降低宏观经济政策风险、资产价格波动风险和货币替代风险,但会加剧经常账户失衡风险和资本流动风险。人民币三大职能指数对宏观金融风险及其子系统风险的影响表现出一定的异质性。其中,人民币交易媒介职能会显著增加经常账户失衡风险和货币替代风险,降低资产价格波动风险;人民币计价单位职能会显著增加经常账户失衡风险、资本流动风险和货币替代风险,降低资产价格波动风险;人民币价值贮藏职能会显著增加经常账户失衡风险和资本流动风险,降低宏观经济政策风险、资产价格波动风险和货币替代风险。

第二,就人民币国际化对宏观金融风险的传递渠道而言,首先,由于外国投资者对人民币资产需求的不断上升,人民币国际化的顺利推进会促使人民币升值,并吸引境外投机性资本的大规模流入,在增加国内金融市场流动性的同时,也容易催生资产价格泡沫,导致宏观金融风险的累积;其次,人民币国际化进程对利率具有动态影响,利率变化则会引发宏观金融风险的联动变化,特别是 2015 年之后,利率作为人民币国际化影响宏观金融风险的中介作用较强;最后,人民币国际化显著影响以短期资金跨境流动规模表征的资本账户开放度,而资本账户开放冲击会导致宏观金融风险上升。不过,在当前资本账户依然受到较为严格管制的条件下,人民币国际化通过资本账户开放度影响我国宏观金融风险的程度还比较有限。因此,总体而言,汇率和利率机制是人民币国际化影响国内宏观金融风险的重要渠道,而资本账户开放对人民币国际化影响宏观金融风险的中介作用较弱。同时,人民币国际化通过上述三种机制影响宏观金融风险时,存在一定的时滞效应。

(二)政策含义

首先,人民币国际化对宏观金融风险的影响方向在很大程度上取决于前者能否成功。为此,中国应该继续不断提升自身经济、金融实力和竞争力,持续完善人民币国际化的基础设施和市场条件,为人民币国际化的顺利发展打下坚实基础。

其次,人民币国际化特别是人民币作为全球重要储备货币的前景,必然要求资本账户管制的逐步放松,国内外金融市场一体化程度将日渐加深,跨境套利、套汇活动也将更加容易和频繁,由此导致国内利率和汇率管理的失效,并对国内宏观金融稳定带来不利冲击。为此,需要进一步深化利率市场化改革,实现存贷款基准利率与市场利率的并轨,形成市场化的利率调控机制;同时,完善人民币汇率制度改革,实现市场化的汇率形成机制,扩大汇率弹性。

再次,尽管目前来看人民币国际化通过资本账户开放机制对国内宏观金融风险的影响比较有限。但随着未来人民币国际化水平的不断提升和资本账户管制的逐步放松,可以预见与资本账户管制放松相伴随的大规模跨境资本流动特别是短期资金跨境流动将会对中国宏观金融稳定产生越来越重要的影响。因此,应继续坚持审慎、渐进的资本账户开放策略,从而在较长时期内保持资本账户管制的"防火墙"作用;同时,积极推动国内金融市场发展,实现金融市场的深化和广化,以便有效吸收资本账户完全开放之后大规模且极具波动性的跨境资本流动冲击。

最后,由于恰当的金融监管可以有效减轻资本账户开放对宏观金融风险的不利影响(庄起善和张广婷,2013),需要进一步加强国内金融监管,完善有关金融市场的法律制度,建立有效、透明的监管规则,确保国内金融市场的稳定;同时,为应对大规模资本跨境流动对宏观经济、金融稳定的冲击,需要完善宏观审慎政策框架,推动以宏观金融稳定和风险防控为目标的监管改革。

　　本章首先从理论上探讨了人民币国际化背景下宏观金融风险的五大来源及其三大传导机制。在此基础上,基于金融压力指数方法,对我国宏观金融风险进行测度。最后,分别采用因子增广的向量自回归模型和时变参数向量自回归模型,实证分析人民币国际化对中国宏观金融风险的影响及其传导机制。主要结论包括:

第一,人民币国际化程度的提升短期内对宏观金融风险具有一定的抑制作用,中长期而言则会导致宏观金融风险的上升。

第二,人民币国际化会显著降低宏观经济政策风险、资产价格波动风险和货币替代风险,但会加剧经常账户失衡风险和资本流动风险。

第三,人民币三大职能指数对宏观金融风险及其子系统风险的影响表现出一定的异质性。其中,人民币交易媒介职能会显著增加经常账户失衡风险和货币替代风险;人民币计价单位职能会显著增加经常账户失衡风险、资本流动风险和货币替代风险;人民币价值贮藏职能会显著增加经常账户失衡风险和资本流动风险。

第四,汇率、利率机制是人民币国际化影响国内宏观金融风险的重要渠道,特别是2015年之后,利率对人民币国际化影响宏观金融风险的中介作用较强;由于现阶段我国仍然存在资本项目管制,人民币国际化通过资本账户开放机制对宏观金融风险的影响程度有限。

第四章　基于宏观金融稳定的人民币国际化推进策略[①]

　　如前所述,人民币国际化在给中国带来多方面潜在宏微观利益的同时,也可能使中国面临诸多风险。本章首先通过对 2009 年以来人民币国际化路线图的回顾,以及主要货币国际化经验与教训的总结,从维持宏观金融稳定的角度,提出未来人民币国际化路径的优化思路;其次,基于人民币国际化的需求面影响因素分析,探讨如何培育人民币资产的真实境外需求;最后,基于金融市场发展与货币国际化关系的分析,探讨如何实现国内金融市场的深化与广化,从供给面提升人民币对非居民的吸引力和可得性,降低与人民币国际化相关的宏观金融风险。

第一节　基于宏观金融稳定的人民币国际化路径优化

一、重温人民币国际化十年之路

（一）人民币国际化战略缘起

人民币国际化战略的提出,有其深刻的国际国内背景。从国际方面看,

---

　　① 本章部分内容曾作为课题中期成果发表:沙文兵:《稳慎推进人民币国际化:目标定位与策略优化》,《国际商务研究》2022 年第 4 期。

2008 年全球金融危机的爆发,凸显了以美元为主导的现行国际货币金融体系的弊端,引发了改革国际货币体系的广泛呼声。从国内方面来看,一是改革开放以来中国经济持续增长、对外贸易与投资规模不断扩张、综合国力稳步上升,客观上要求人民币获得与中国经济、政治实力相匹配的国际地位;二是持续多年的经常项目与资本项目双顺差,使中国积累了巨额外汇储备(Subacchi,2016),而美联储量化宽松政策的实施导致以美国国债为主体的中国外汇储备面临价值大幅缩水风险。

1. 国际背景:全球金融危机与国际货币体系改革

从国际大环境来看,2008 年全球金融危机的爆发是人民币国际化战略出台的直接动因。此次金融危机源于 2007 年下半年爆发的美国次贷危机。美国次级贷款市场上以证券化为特征的金融创新,形成房地产市场的虚假繁荣,加大了经济的杠杆率,由于信贷环境趋紧和房价下跌,引爆次级房屋信贷危机,最终发展演化为一场席卷全球的金融危机,对全球经济造成巨大冲击,其影响范围与程度大大超过第二次世界大战之后的历次危机。

全球金融危机的爆发使国际货币体系的弊端凸显出来。与"布雷顿森林体系"相比,现行"牙买加体系"尽管实现了储备货币的多元化,但美元依旧是主导性的国际货币(如第一章所述,近年来美元在国际官方外汇储备中的份额一直维持在 60% 以上),并且美元的发行几乎不再受到任何约束;非储备货币发行国则依然需要通过贸易顺差或国际资本净流入获得外汇储备。随着全球范围内资本管制的放松,从理论上看对国际储备的需求应该减少,然而实际上全球储备规模却呈现加速积累趋势,其中以中国为代表的新兴经济体储备增长最为突出。于是,这样一个基于信用本位的国际货币体系就存在许多无法克服的问题与风险。一是"新特里芬难题",即储备货币币值稳定性与流动性之间的两难问题。① 二是资本频繁流动下的系统性金融风险上升。在信用本位制

---

① 周小川:《关于改革国际货币体系的思考》,中国人民银行工作论文,2009 年 3 月。

下,储备货币发行国不再面临货币发行约束,可以完全基于本国利益而作出货币政策的选择,加之金融全球化程度日益提高,资本全球流动更加自由,各国经济金融联系不断加深,形成了有利于系统性风险爆发与传染的条件,第二次世界大战之后频繁爆发的全球金融危机即为例证。三是汇率风险导致的储备资产非对称估值效应。当储备货币(如美元)贬值时,该货币净债务国是正估值效应,其债务规模缩小、福利水平上升;而其净债权国则面临负估值效应,资产价值缩水、国民财富被无偿转移给债务国。譬如,美国是当今世界最大的债务国,且其债务多以美元计价,可以通过增发货币制造美元贬值以稀释债务、转移负担。四是系统性风险与金融危机的不对称冲击。2008 年全球金融危机起源于美国,但美国政府凭借美元的垄断地位,其行为完全从本国利益出发,加剧了危机的传播与扩散,最终对全球经济带来重大不利影响(张岸元和李世刚,2017)。

因此,全球金融危机爆发之后,国际社会对美元主导的国际货币体系的指责日盛,重构国际货币体系的呼声不断高涨(沙文兵等,2016)。然而,没有美国的参与,对国际货币体系的任何改革呼吁都只能是一厢情愿。于是,加速推进人民币国际化,增强人民币国际地位,便成为中国政府应对危机冲击、摆脱对美元过度依赖的自然选择。

2.国内背景:经济政治实力增长与外汇储备风险

从国内背景来看,首先,改革开放以来中国经济保持了长达四十多年的高速增长,并于 2010 年超过日本成为全球第二大经济体,同年成为世界最大货物贸易出口国与第二大进口国。随着经济贸易规模的持续扩张和综合国力的日益增长,中国在国际政治领域的影响力也显著上升。然而,人民币在国际货币体系中的地位则远远滞后于中国经济政治实力。人民币国际地位与中国经济贸易地位不相匹配,对外贸易计价和支付以美元为主,因而需要积累大量美元外汇储备。就微观层面而言,美元计价所带来的汇率风险增加了进出口企业利润的不确定性,并对其所处产业链的上下游企业构成威胁(Papaioanno 和 Portes,2008);就宏观层面而言,对美元的高度依赖意味着对美国的巨额铸币税支付,根据尚丽娜(2007)的测算,仅 2003 年中国支付的国际铸币税就相当于当年国内生产总值的 3.56%。从国际货币更替历史来看,货币国际地位上升与货币发行国经济实力上升息息相关。中国经济实力的提升为人民币国际化创造了基本条件;规模巨大的贸易与直接投资则为人民币在国际交易中更加广泛的使用提供了良好的内生条件(Eichengreen,2011)。因此,获得与经济地位相匹配的人民币国际地位,是中国实施人民币国际化的重要原因。

其次,高外汇储备与高国际投资头寸也是促使中国提出人民币国际化战略的重要原因。由于长期的经常项目与资本项目"双顺差",中国积累了大量外汇储备,并于 2008 年成为全球外汇储备规模最大的国家,其中尤以美国国债为主,因而中国成为美国的最大债权国。由于人民币不能用于国际借贷,中国因此陷入非成熟债权国困境,即以国外资产形式积累的国民财富面临不断贬值的风险。[①] 特别是全球金融危机爆发之后,美国政府为刺激经济,实行多轮量化宽松政策,中国巨额外汇储备面临价值缩水风险。外汇储备作为中国国民财富的重要组成部分,若因美元贬值而减损,会导致国民福利的巨大损失。人民币国际化战略的目标之一就是调整外汇储备和对外资产负债结构,减少其可能的损失。

（二）人民币国际化路线图

2018 年前后,人民币国际化的推进模式与侧重点出现了明显变化,据此可以将迄今为止的人民币国际化进程划分为两个阶段。这两个阶段的人民币国际化路线图存在显著的区别。

1. 2009—2017 年:跨境人民币结算+离岸市场+配套基础设施

（1）推动跨境人民币结算

人民币国际化进程从跨境贸易人民币结算开始,并迅速扩展至整个经常

---

① 李长春:《最大债权国困境与人民币国际化关系研究》,《亚太经济》2011 年第 3 期。

项目。以跨境贸易人民币结算作为人民币国际化的突破口,是由我国在全球贸易领域的地位所决定的。作为全球第二大贸易体和亚洲供应链的中心,人民币具备跨境使用的前提条件(Maziad 和 Kang,2012)。因为,国际贸易是货币使用的天然环境,一国贸易规模越大,在国际结算中使用该国货币的机会越大,越有可能形成国际货币的网络外部性。[1] 此外,人民币国际化初期侧重推动跨境贸易人民币结算,不仅可以为人民币流出境外提供渠道,还能降低企业所面临的汇率风险(孙杰,2014)。

除经常项目之外,资本项目下的人民币使用也迅速启动。资本项目下人民币是双向流动的,对境外企业而言,形成其在中国的本地现金池,便于实行全球资金管理和资产配置,实现将人民币资产作为其全球资产组合一部分的配置和流动性管理需求。对开展人民币跨境直接投资与间接投资的中国企业来说,利用人民币供应链融资和跨境资金池可有效管理对外投资过程中面临的跨币种风险,提升流动资金使用效率。

(2)大力推动离岸人民币市场发展

在人民币国际化初期,人民币回流主要通过离岸人民币市场实现,这是在中国金融市场开放度不足情况下为国际市场提供本币流动性与投融资渠道的必要途径(丁一兵,2016),离岸人民币市场的投融资工具主要包括离岸存款、离岸债券、离岸人民币外汇产品。凭借其优越的地理位置与政策扶持,香港成为最重要的离岸人民币市场。推动香港离岸市场措施主要有两个层面:一是推出更多以人民币计价的金融产品;二是构建离岸人民币资金回流内地的多渠道机制(张岸元和李世刚,2017)。2009—2017 年,离岸人民币市场的发展呈现出金融工具不断丰富、参与主体呈现多样化、金融中心从一个向多个发展的趋势,其他主要离岸人民币金融中心包括新加坡、英国伦敦及中国台湾。

---

① 张文佳:《论人民币国际化的条件与进程》,《经济问题探索》2013 年第 7 期。

（3）配套基础设施建设

前期人民币国际化配套基础设施建设包括：人民币跨境支付系统与人民币跨境收付信息服务系统的建设、人民币清算机构安排和双边本币互换协议的签订。人民币跨境支付系统与人民币跨境收付信息服务系统大大提升了人民币跨境结算的效率，有助于中国人民银行对人民币跨境收付进行宏观审慎监管（管晓明，2016）；人民币清算机构为人民币跨境收付与离岸金融业务提供资金清算、结算服务；双边本币互换则为境外人民币市场提供流动性。货币互换协议的签订主要基于需求导向，由于离岸市场并不存在频繁的人民币供不应求状况，故被真正激活使用的案例并不多（张明和李曦晨，2019）。

前期人民币国际化路线图的内在逻辑在于：首先，在跨境贸易与投资中使用人民币来结算，可以推动人民币从国内向国际市场流动；其次，发展离岸人民币金融中心，一方面有助于促进人民币在离岸市场的交易与清算，另一方面有助于在境外向非居民提供更多人民币计价资产，以鼓励非居民长期持有人民币；最后，如果离岸市场上针对人民币的潜在需求超过其供给，那么外国中央银行就可以通过启用与中国中央银行的本币互换，获得额外的流动性来满足潜在需求（张明，2013）。

2. 2018 年之后：大宗商品人民币计价+国内金融市场开放+"一带一路"建设中人民币的使用

张明和李曦晨（2019）指出，2018 年之后人民币国际化路线图可以总结为新的"三位一体"策略，即推出人民币计价的石油期货交易、加大国内金融市场开放力度和鼓励"一带一路"相关建设与投资中更多使用人民币。

（1）大宗商品人民币计价

为培养人民币作为国际计价货币，2018 年 3 月 26 日，以人民币计价的原油期货合约在上海国际能源交易中心（INE）挂牌交易，同时引入境外交易者；此后不久，以人民币计价的铁矿石期货合约、精对苯二甲酸期货合约和 20 号胶期货合约依次上市，并引入境外交易者。截至 2020 年末，折算成人民币计算,境外交易者累计汇入保证金 711.44 亿元、累计汇出 779.96 亿元,其中人民币占比分别为 73.3% 和 84.3%,体现出境外交易者对人民币的偏好。[①] 这四种大宗商品都是与中国实体经济息息相关的原材料,以人民币作为其计价货币,并引入境外交易者,不仅有助于提升期货市场服务实体经济的功能,更有助于培养人民币作为国际计价货币的惯性,提升其国际影响力。不过,从图 4-1 可以看出,原油期货合约和铁矿石期货合约的月度成交量在经历了初期较大幅度的上升之后均出现明显下降,表明其对国际投资者尚未形成持续性的吸引力。

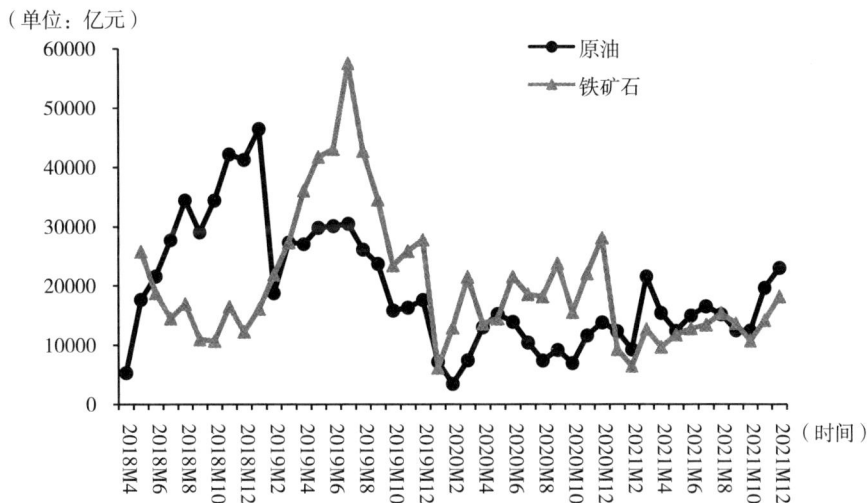

图 4-1 2008—2021 年原油和铁矿石期货合约成交额(按双边交易额计算)

资料来源:上海期货交易所,大连商品交易所。

(2)加快国内金融市场开放步伐

由于离岸市场难以为非居民提供足够的人民币计价金融产品,2018 年以来中国政府加快了国内金融市场的开放步伐(张明和李曦晨,2019)。主要措施包括:第一,2018 年 5 月 1 日,将"沪股通"和"深股通"每日额度扩大 4 倍;

[①] 中国人民银行:《2020 年人民币国际化报告》,http://www.pbc.gov.cn/goutongjiaoliu/113456/113469/4071737/2020081416503717495.pdf,2020 年 8 月 14 日。

第二,2018 年 6 月 13 日,开放证券投资项下跨境人民币购售业务;第三,2019 年 8 月,取消中资银行和金融资产管理公司外资股比限制;第四,2019 年 9 月,取消合格境外机构投资者和人民币合格境外机构投资者投资额度限制;第五,2020 年 6 月,金融业准入负面清单实现全部清零。

人民币计价的国际原油期货交易有助于增大外国投资者持有人民币作为交易支付手段的规模,而国内金融市场的开放则有助于增强外国投资者长期持有人民币资产的意愿,两者相辅相成,形成人民币流向境外以及回流国内的资金闭环。"计价货币+金融开放"策略有望取代"跨境结算+离岸市场"策略,成为推进人民币国际化的新动力。[①] 国内金融市场开放,显著提升了人民币资产对非居民的可获得性和吸引力。2018 年 6 月,A 股股票正式被纳入明晟(MSCI)新兴市场指数和全球基准指数。中国金融资产价格指数被纳入全球主要资产价格指数,有利于吸引境外投资者增加对人民币金融资产的配置,为中国金融市场引入大量增量资金,提升人民币作为金融资产计价货币的国际地位(张明和李曦晨,2019)。

(3)推动"一带一路"建设中的人民币使用

由于沿线许多国家的陆上交通、贸易通道、交通枢纽建设并不完善,基础设施建设作为实现"五通"(政策沟通、设施联通、贸易畅通、资金融通、民心相通)的关键,对"一带一路"倡议至关重要,由此派生出的大量资金需求与投资机会给人民币国际化提供了极大的发展空间。亚洲基础设施投资银行(AIIB)的成立有利于我国资本输出,促进"一带一路"沿线国家和地区的基础设施建设,为人民币成为对外借款货币创造了良好的机遇,促进人民币在区域内的使用和流通。[②] "一带一路"沿线国家和地区既包括中国目前所需原材料的重要出口国,也包括中国出口产品的主要进口国;同时,"一带一路"沿线基础建设、能源开发等提供了中国企业"走出去"的机会,且有大量融资需求。

---

① 张明、高卓琼:《原油期货交易计价与人民币国际化》,《上海金融》2019 年第 6 期。

② 韩玉军、王丽:《"一带一路"推动人民币国际化进程》,《国际贸易》2015 年第 6 期。

如图 4-2 所示,自 2015 年开始,中国对"一带一路"沿线国家和地区的非金融类直接投资呈现持续上升趋势。鉴于此,可以依靠中国外汇储备优势,扩大人民币结算的比例,在减少企业外汇风险的同时,实现资本项目下的人民币输出,增加人民币的可得性和吸引力,推进人民币国际化(申岚和李婧,2020;Subramanian 和 Kessler,2012)。

（单位：亿美元）

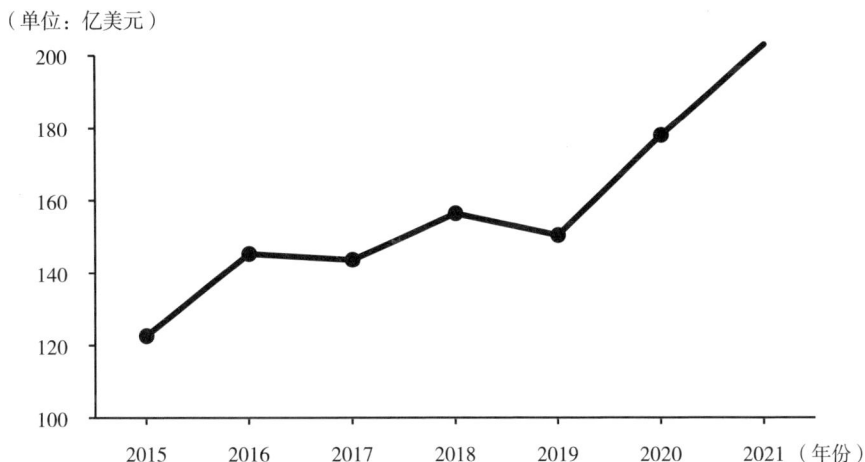

图 4-2　2015—2021 年中国对"一带一路"沿线国家和地区非金融类直接投资

资料来源:商务部:《2020 年度中国对外直接投资统计公报》《2021 年我对"一带一路"沿线国家投资合作情况》(www.mofcom.gov.cn)。

2018 年之后人民币国际化路线图的内在逻辑在于:首先,通过推动人民币成为原油等大宗商品的计价货币,在培养人民币计价货币职能的同时缓解国际市场美元汇率波动引起的原材料价格变化对国内实体经济的冲击,并形成人民币的计价惯性,为人民币的储备货币职能发展创造前提条件;其次,金融开放与人民币计价的大宗商品交易构成了新的人民币跨境流动循环通路,相较于贸易结算与跨境投资构成的循环通路而言,更具有可持续性与自主性;最后,依托"一带一路"建设,通过开放性金融与基础设施建设,进一步扩大中国对外投资中的人民币计价结算的比例,培养人民币的海外真实需求,有助于推动非居民把人民币作为计价货币与储备货币(张明和李曦晨,2019)。

（三）人民币国际化路线图与中国宏观金融风险

1. 前期（2009—2017 年）人民币国际化路线图蕴含的宏观金融风险

从前期人民币国际化路线图的特点来看，一方面过于侧重人民币结算功能，另一方面过分倚重离岸市场；而这两者的发展在很大程度上又都依赖于人民币升值预期的推动，容易造成人民币国际化的"泡沫化"或虚假繁荣，因其具有不可持续性而存在逆转风险。2015 年之后人民币国际化陷入停滞即为例证。

首先，2009 年人民币国际化战略启动之后，政策层面的主要措施是推动跨境贸易、投资活动的人民币结算，相对忽视计价功能的培育。对进出口企业而言，选择以本币进行贸易计价，意味着将汇率风险转嫁给贸易伙伴。因此，贸易计价货币的选择，很大程度上取决于进出口企业的议价能力，而企业议价能力的大小又取决于其在国际市场上的竞争力。由于中国企业大多处于价值链的中低端，其产品的可替代性较强，在国际市场上的议价能力较弱，难以说服外国企业接受人民币计价。于是实践中常以人民币结算但仍以美元计价（何帆等，2011；沙文兵等，2016）。这不仅未能降低中国企业面临的汇率风险；更为重要的是，还导致美元外汇储备不减反增（见图 4-3①），因而并不能降低对美元的依赖。随着人民币跨境贸易结算的发展，中国对美元风险的暴露非但没有减少，反而不断增加（殷剑峰，2011）。

其次，过分倚重离岸市场在人民币国际化进程中的作用，国内金融改革相对滞后。离岸市场与在岸市场的汇率、利率形成机制不同，妨碍了内地自主推进汇率形成机制与利率市场化改革，为境外投机资本套利、套汇行为提供了条件，导致跨境套利、套汇活动大行其道②；在岸金融改革滞后导致国内金融市

---

① 图 4-3 同时表明，在 2009—2014 年人民币国际化加速推进的几年中，中国外汇储备规模不断扩大与人民币兑美元持续升值密切相关。

② 张明、何帆：《人民币国际化进程中在岸离岸套利现象研究》，《国际金融研究》2012 年第 10 期；余永定：《人民币贸易结算与短期资本跨境流动》，《上海交通大学学报（哲学社会科学版）》2014 年第 3 期。

（单位：亿美元）

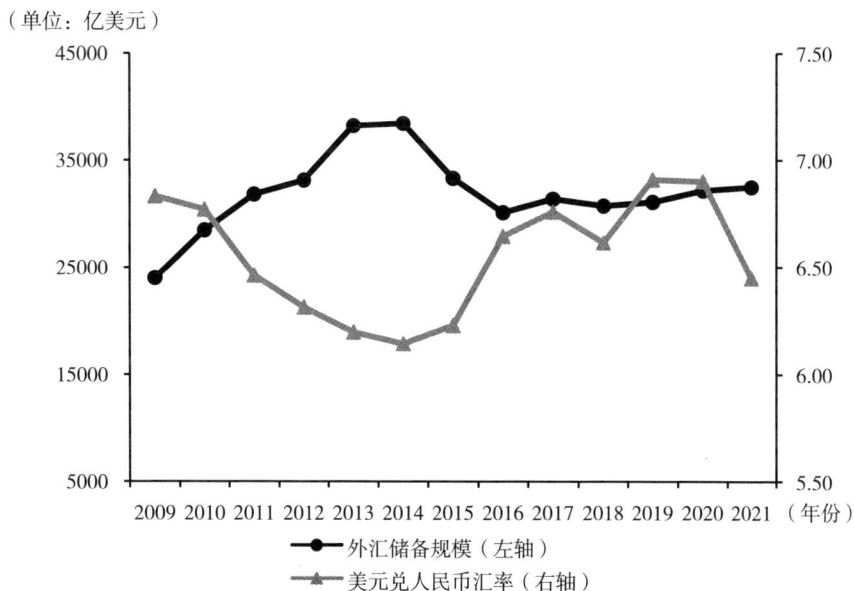

图 4-3 2009—2021 年外汇储备规模与人民币汇率走势

资料来源：国家外汇管理局统计数据（http：//safe.gov.cn/safe/tjsj1）。

场缺乏深度、广度与流动性，非居民对人民币资产的可获得性与投资机会非常有限，在抛开投机需求之后，其对人民币的真实需求明显不足。2015 年"8·11"汇改之后，人民币兑美元单边升值预期消失甚至发生逆转，非居民持有人民币资产的意愿随之下降；加之中美货币政策分化、中美利差收窄，引发套利资本大规模外流（张明和李曦晨，2019），国内宏观金融风险有所上升。为应对资本外流，中央银行不得不加强资本管制。[1] 可见，离岸市场对人民币国际化虽有促进作用，但绝非决定性力量；人民币国际化更多地取决于国内经济与政治条件，不应过分强调离岸市场的作用（Cheung，2014）。

最后，无论是推动人民币结算，还是离岸市场发展，都依赖于人民币升值预期，或者让利于外国企业，容易造成人民币国际化的"泡沫化"或虚假繁荣。

---

[1] M. Zhang，"China's Efforts to Contain Renminbi's Depreciation and the Relating Impacts"，*China Economic Journal*，Vol. 12，No. 1，2019，pp. 16-31.

以贸易结算为例,由于外国企业使用人民币的成本较高,除非中国企业能够在价格上给予让利,或者存在人民币升值预期,否则外国企业往往不太愿意接受人民币结算。切伊(Chey,2014)以韩国为例的研究指出,在人民币—韩元直接交易推出之前,韩国企业如果使用人民币与中国企业进行贸易结算,需要先用韩元购买美元,再用美元购买人民币,由此导致双重汇兑损失和汇率风险。因此,当人民币出现贬值预期,或者中国企业无法持续提供价格让利之时,仅作为结算货币的人民币国际化进程极易发生逆转。同样,离岸人民币市场的发展也与人民币汇率走势及其预期密切相关,当人民币处于升值通道,或者存在升值预期时,大量人民币资金会流向离岸市场;反之,一旦升值预期逆转,离岸人民币则会出现大规模回流,冲击国内金融体系。

2.2018 年之后人民币国际化路线图蕴含的宏观金融风险

与前期人民币国际化路线图相比,2018 年之后的人民币国际化路线图更加注重对人民币真实境外需求的培养,因而其风险相对较小。然而,过快的国内金融市场开放,同样容易导致宏观金融风险积聚。原因在于:

首先,国内金融改革尚未完成,表现为国内银行体系尚不够健全,市场化的利率和汇率形成机制尚待完善等。譬如,利率市场化改革主要通过扩大存贷款利率的浮动空间来推进存贷款利率水平的变化,使商业银行等金融机构可以根据市场资金的松紧程度在存贷款业务活动中调整具体的存贷款利率,实质上并未解决资金需求双方的金融选择权问题,金融机制没有改变①;人民币汇率制度改革尚未完成,中央银行对外汇市场的干预仍然较为频繁,导致市场配置效率下降,需要持续完善市场化的汇率形成机制②;此外,作为利率与汇率市场化改革的直接承受主体,国内银行体系仍然较为脆弱,存在资产结构不合理、不良贷款率较高等问题,面对金融业全面开放和外国银行的竞争,国内银行的经营风险上升,容易引发银行体系的系统性金融风险。

---

① 王国刚:《深化利率市场化改革、推进资本账户开放》,《中国外汇》2019 年第 19 期。
② 于凤芹、王智明:《中国汇率制度改革 40 年:变迁与发展》,《经济与管理研究》2018 年第 12 期。

其次,国内金融市场发展水平尚未得到显著提升。国际货币的重要职能之一是价值贮藏,这要求外国投资者可以自由进入该货币计价的债券市场(Hasegawa,2018);国际货币发行国需要发展一个有广度、有深度且流动性高的国内金融市场,以便在为非居民提供更多、更便捷的投资渠道的同时,承受金融开放之后大规模跨境资本流动冲击而不至于发生价格的剧烈波动。中国金融市场发展至今,仍然由大型国有商业银行主导,企业融资主要来自银行贷款,债券和股票市场发展则相对不足(Cruz 等,2014)。在国内金融市场缺乏深度、广度和流动性的情况下过快开放国内金融市场,容易遭受大规模跨境资本流动冲击,加剧国内金融体系风险。

最后,国内金融监管制度尚未完善。一是国内金融监管制度建设相对滞后于多元化金融市场发展的速度,尚未形成统一高效的监管体制。二是仍然存在金融资产过度扩张,放大金融杠杆率;部分风险资产未纳入银行资产负债表,银行资本充足率与风险拨备率虚高;金融产品收益率过高,金融"脱实向虚"趋势明显等问题。① 在此情况下,过快开放金融市场会使国内金融体系承受较高风险。

二、他山之石:主要货币国际化的经验与教训

(一)英镑

1. 英镑国际化历程

自 16 世纪始,葡萄牙、西班牙和荷兰通过海上贸易和海外扩张先后实现了经济崛起,荷兰甚至于 1609 年成立了世界上第一个股票交易所和第一家中央银行。然而,荷兰盾却没有成为第一个国际货币,主要原因在于 17 世纪之前各国经贸往来还比较少,国际货币缺少发挥作用的空间。② 直至 18 世纪

---

① 尹振涛:《对全球金融监管改革核心内容的再认识》,《国际经济评论》2011 年第 6 期;宋士云、宋博:《三个版本的〈巴塞尔协议〉与中国银行业监管》,《理论学刊》2019 年第 1 期。

② 李翀:《论英镑、美元和日元国际化对人民币国际化的启示》,《贵州财经学院学报》2013 年第 1 期。

初,世界经济体系才逐渐形成,此时的英国对外相继战胜西班牙和荷兰,对内则在取得光荣革命胜利后建立了第一个资产阶级政权的国家,开始朝着日不落帝国迈进。可见,英镑恰好抓住了天时——在最合适的历史时期开启国际化之路。表4-1给出了英镑国际地位演变的简要历程。

表4-1 英镑国际地位演变的简要历程

年度	重大事件或政策措施
1694	议会通过《商品运输吨税法令》,王室获得吨税与酒税的征收权,并允许认购国债者成立一个银行法人机构——英格兰银行
1816	议会通过了《金本位制度法案》,以法律的形式确认了黄金作为货币本位来发行纸币的地位
1819	议会通过《恢复兑换条例》,规定恢复货币兑换金块、金条,并取消对金币金条的出口限制
1826	议会通过《银行特许条例》,将英格兰银行分为发行部和银行部,并赋予英格兰银行发行货币的地位
1932	英国在渥太华召开英联邦和殖民地经济会议,建立了关税同盟性质的帝国特惠制。会议决定:第一,英国给予自治领地、殖民地的进口商品关税优待;第二,自治领地、殖民地农产品在英国的销售市场需得到英国的保证,从自治领地、殖民地以外输入的农产品必须加以限制;第三,运往自治领地、殖民地的英国工业品要相应地受到优待;第四,自治领地、殖民地在制定关税政策时,需接受英国的建议,对从英国以外国家输入的商品要征收高额关税
1939	英镑区成立
1961	英国接受国际货币基金组织协议"第八条款"的承诺,在国际商品和外汇交易中承担英镑兑换的业务,实现了英镑在经常项目下的自由兑换
1979	英镑区解散
1986	以"金融服务业自由化"为核心和以统一金融监管为特征的金融整合——金融大爆炸拉开序幕
2009	《2009年银行法通过》,主要内容为:建立永久性的特别解决制度,为当局提供处理陷入财务困难的银行的工具;创建新的银行破产程序;规定了新的银行管理程序,用于从破产银行部分转移业务的情况;修订2000年《金融服务和市场法》,使金融服务补偿计划能够作出改变,该计划不属于现行立法的范围;正式确定英格兰银行在监管银行间支付系统方面的作用;废除有关苏格兰和北爱尔兰发行纸币的立法,限制向现有发行人发行,并规定新的准备金要求;作出有关英格兰银行治理的规定,包括制定新的法定金融稳定目标和设立金融稳定委员会

资料来源:课题组根据文献整理。

（1）英格兰银行成立

1694 年,出于应对政府债务危机的目的,英格兰银行①宣告成立,获得了银行券的发行权。此后,英格兰银行逐渐成为管理、运作国债的专门机构,在政府停止偿还国债本息时,其通过停止向政府提供资金来避免债务违约的发生,这为日后英国国债成为世界上信用度最高的国债奠定了坚实基础(杨玲,2017)。

（2）金本位制确立

1699 年,科学家牛顿担任英国铸币局局长。他在任期间主张放弃白银,并将每盎司黄金价格定为 3 英镑 17 先令 10.5 便士。1816 年,英国率先以法律形式确立了金本位制;1821 年,英镑成为英国货币的标准单位,英国正式开始实行金本位制度,从而为英镑国际化奠定了基础。

（3）英镑成为第一个真正意义上的国际货币

继葡萄牙、西班牙和荷兰之后,英国通过海外贸易和殖民统治完成了资本原始积累;18 世纪 60 年代兴起的工业革命则逐步确立了英国作为世界经济霸主的地位。到 19 世纪下半叶,英国进入全面工业化,成为名副其实的"世界工厂"。先进的制造业水平使英国商品具有强大的国际竞争力,加之英国开始推行自由贸易政策,对外贸易大幅扩张,不仅扩大了英镑的结算量,也为英国国内金融业的发展注入了更多动力和源泉。随着欧洲各国开始仿效确立金本位制,英国无可比拟的经济贸易实力使各国纷纷在伦敦开设账户进行结算以降低成本。由于拥有一流的航运和保险等贸易服务提供商,伦敦成为获取贸易信贷的最优地点,并逐步发展成为全球最大的金融中心。与此同时,英格兰银行也终于发展成为现代意义上的中央银行(Eichengreen 等,

---

①　英格兰银行此时还不是中央银行,只是一家拥有参股垄断权的股份银行公司,资本由私人认股投资,由董事会决策。但与政府关系密切,自其建立之日起就承担为政府管理国债和提供贷款的业务。英格兰银行特权的有效期由议会授权,一般为 21 年,到期后须经议会批准方可延期(徐滨,2017)。

2018）。19 世纪末,英国建立了事实上的"黄金—英镑"本位的现代国际货币体系,扫清了欧洲各国因货币制度不统一而造成的自由贸易障碍,国际资本流动性开始增强,世界资本市场加速形成。凭借工业革命以来的制造业优势,英国在国际收支调节、汇率变动和国际货币供应方面充当"乐队指挥"。① 自此,在国际金本位制普及、工业革命兴起和国际金融中心地位的共同推动之下,英镑终于在 19 世纪完成了对黄金的有效替代,成为第一个真正意义上的国际货币。

（4）英镑国际地位的衰落

1873—1896 年欧洲大萧条重创了英国自由贸易体系,随后第一次世界大战的巨大消耗致使英国黄金储备严重不足。然而,1925 年英国却以战前平价强行恢复战时中断的金本位制,而物价上涨使恢复旧平价的英镑被严重高估,英国商品出口竞争力下降,进一步加剧黄金流失。面临储备大规模流失困境,英国不得不在 1931 年 9 月宣布放弃金本位制。为拯救大萧条后国内经济的逐渐衰退,英国于 1932 年召开渥太华经济会议,建立了关税同盟性质的帝国特惠制,以强化对各殖民地、自治领地的经贸掠夺,并防止新兴大国美国对其帝国内部的渗透和扩张。此外,1939 年英国政府在英镑集团的基础上成立了英镑区,试图维护英镑在国际货币体系中的地位,但其往日荣光已一去不复返。②

第二次世界大战的爆发彻底改变了世界经济政治格局,美国成为世界第一大债权国。英国则在 1947—1967 年被迫取消外汇管制、两次实施英镑兑美元的贬值,以及提高军事开支造成巨额贸易赤字和国际社会对英镑信心下降,英镑在全球外汇储备总量中的份额急速下降(Eichengreen 等,2018)。1979 年英镑区解体宣告了英镑霸权时代的结束,随之而来的是伦敦金融中心地位的

---

① J. M. Keynes, *A Treatise on Money : The Pure Theory of Money*, Cambridge : Cambridge University Press, 1930.

② 金卫星:《美元的崛起与欧美经济民族主义博弈》,《世界历史》2008 年第 4 期。

下降。不过,受益于冷战背景下"欧洲美元"市场的发展,英国分别在20世纪80年代和90年代推动了两次"金融大爆炸":80年代金融服务业自由化改革,发展了金融混业经营;90年代进行金融监管体系改革,成立金融服务监管局(FSA),改变了以往分业监管的局面。[①] 在后全球金融危机时代,英国致力于完善金融稳定治理框架,逐步建立以英格兰银行为核心载体,统筹货币政策、宏观审慎和微观监管三大职能,以及三个独立运作的专业委员会治理框架(郑联盛,2019)。在金融自由化和金融监管的改革路径方面,英国为新兴经济体树立了典范,虽然无法恢复英镑昔日地位,但伦敦作为国际金融中心的地位仍不可忽视。根据2021年3月17日英国伦敦Z/Yen集团与中国(深圳)综合开发研究院联合发布的"第29期全球金融中心指数(GFCI 29)"报告,伦敦仍然是仅次于纽约的全球第二大国际金融中心。

2.英镑国际化的特点

(1)信用极强的英国国债体系[②]

1689年《权利法案》规定王室借款需征得议会同意,政府的岁出、借款及税收皆由议会掌握。此后,英国国债从未出现过违约。每次新国债发行都会设立相应税种作为抵押,后来又推出永久税为国债利息担保。17世纪末,包税制的取消促进了税制的进一步完善,政府税收收入增长显著,使国家信用背书更加有力。尤其在拿破仑战争结束至第一次世界大战爆发之间的百年里,英国公债利率逐渐成为各国国债的基准。英国相对稳定的社会环境和资本市场的良好表现受到国际市场的颇多关注,投资者越来越青睐于投资英国国债或购买以英镑计价的其他债券,于是英镑作为计价货币的职能愈加重要。总之,英国国债为日后英镑的广泛使用,以及伦敦世界金融中心地位奠定了深厚的信用基础。

---

① 张懿:《伦敦国际金融中心的创新》,《中国金融》2015年第18期。

② 本小节主要参考杨玲:《英镑国际化的历程与历史经验》,《南京政治学院学报》2017年第2期。

（2）以英格兰银行为核心的高度发达的国内银行体系

17世纪70年代后期,英国先后完善了信贷工具、国债制度和银行网络(于永臻和李明慧,2013)。英格兰银行的成立标志着英国近代金融体系的初步形成;1825年金融危机的爆发则推动了英国银行体制的改革——私人银行向股份制银行转变。这不仅提高了英国金融系统抗御风险的能力,还助力英格兰银行的扩张(徐滨,2017)。到19世纪中叶,英格兰银行获得了英镑的垄断发行权,从而逐步承担起最后贷款人的角色。1866年奥弗兰德与戈尔尼银行危机中,英格兰银行从范围极其广泛的对手方大量购买资产;1890年巴林银行危机期间,英格兰银行提供了紧急流动性(Eichengreen等,2018)。此外,英国北部18世纪兴起的工业革命使各个行业的组织结构开始转型;南部发生了以银行业兴起为标志的金融革命;偏远地区工商业的发展催生了大批由企业主们成立的地方银行①,这些银行提供存贷业务和贴现票据,并逐渐与英格兰银行形成纽带。之后,英国银行体系不断整合、完善,为英镑的国际流通创造了有利条件。

（3）对于殖民地、自治领地的捆绑和政治联盟所形成的事实上的英镑区

尽管正式的英镑区于1939年才成立,但事实上的英镑区自英国盘剥殖民地和自治领地财富之日起就慢慢形成了。首先,英国从澳大利亚、南非等地掠夺的黄金保证了伦敦黄金市场的深度和流动性,同时利用技术优势和军事实力以低廉的价格购入原材料并倾销出口工业品,将绝大部分殖民地、半殖民地嵌入以英镑为中心的贸易体系之中。其次,伦敦确定各殖民地货币的汇率,殖民地需要将外汇储备和贸易顺差所得存放于伦敦。第二次世界大战结束后,英镑仍在全球外汇储备中占主导地位,印度和埃及是其最大的持有国。然而,此时英镑区的功能仅限于延缓英镑的衰落。随后英国从希腊撤军,以及干预苏伊士运河遭美国遏制而仓皇退出,逐渐凸显出其经济、军事实力的下降,英镑

---

① ［英］克拉潘:《现代英国经济史（上卷）:早期铁路时代》,商务印书馆1997年版,第334页。

区的内在稳定性走弱并最终解体。最后,出于政治意图而形成的政治联盟也巩固了伦敦的金融中心地位。譬如日本将英镑和甲午战争中获得的黄金赔款储存在伦敦以巩固其与英国的关系,一段时期日本的英镑储备规模甚至超过印度。因此,殖民地宗主国和政治强腕地位使英国在国际金本位制下能够牢牢把握住手中的"指挥棒"。

(二)美元

1.美元国际化历程

美国从广袤的荒芜之地发展成为当今世界格局的中心,离不开美元霸权的贡献。美国以强权军事为依靠,利用美元霸权进行"金融殖民掠夺",攫取任何融入全球分工网络的开放国家,被攫取的国家则不得不向美国输送价廉物美的商品或者购买美国的金融产品(徐鸿,2018)。因此,美元霸权承载着维持美国持续繁荣的特殊使命。表4-2给出了美元国际化历程的概览。

表4-2　美元国际地位演变的简要历程

年度	重大事件或政策措施
1785	国会通过决议,确定"美利坚合众国的货币单位为美元",美元划分采取十进制
1786	国会授权建立美国铸币厂
1789	《宪法》规定铸币权属于国会,禁止各州铸造货币,并由国会负责规范货币的价值
1791	美国第一银行成立,特许经营期限为1791—1811年
1792	国会通过《铸币法案》,成立美国铸币局并制订美国硬币流通制度,确定美元为美国货币单位
1816	美国第二银行成立,特许经营期限为1816—1836年
1900	颁布《金本位法》,宣布各种形成的货币均可用黄金兑换,规定20.67美元兑换一盎司黄金
1910	摩根集团于佐治亚州哲基尔岛秘密组织召开会议,主要任务是起草关于成立美联储的《联邦储备法案》
1913	国会通过《联邦储备法案》,建立名为联邦储备体系的中央银行体系;按照固定汇率保持美元和黄金的兑换;授权国民银行在国外开设分支机构,建立美元承兑汇票市场

续表

年度	重大事件或政策措施
1919	《埃奇法》通过,允许在联邦管辖权下建立涉外银行企业,以在财政上帮助并促进对外贸易
1944	国际货币金融会议通过《布雷顿森林协定》,规定了固定的货币平价制,各会员国的平价一律以黄金或美元表示,1 美元等于 0.888671 克黄金,美元与黄金挂钩,同时各国货币同美元挂钩,各国货币的汇价不得超过平价上下各 1%的幅度,各国有责任维护这一幅度
1968	美国政府实施黄金双价制的决定,规定在国际清算时,实行 35 美元等于 1 盎司的比价;而在自由黄金市场上,黄金价格自由浮动
1971	8 月,时任总统尼克松宣布美元与黄金停止兑换。 12 月,《史密森协定》签订,美元对黄金贬值 7.89%,黄金官价提高到一盎司兑换 38 美元
1978	《牙买加协定》正式生效,内容包括取消平价和中心汇率制度,允许成员自由选择汇率制度;废除黄金官价,实行黄金非货币化;特别提款权成为主要国际储备资产
1999	国会通过认可金融混业经营、实行金融服务现代化的《格雷姆—里奇—布利雷法案》
2010	国会通过以沃尔克规则为核心的《多德弗兰克法》,主要内容:(1)强化、协调金融监管,防范系统性风险;(2)将对冲基金、私募基金、信用评级公司等的监管,纳入美联储等监管系统的监管范围;(3)增设消费者保护局,加强对消费者权益的保护

资料来源:课题组根据文献整理。

(1)美元诞生

自美国独立战争期间为维持军费开支而发行"大陆币"起的一个世纪里,美国国内大约有 9000 多种不同货币流通。1792 年 4 月,美国国会通过了基于汉密尔顿《建立铸币厂的报告》而形成的《铸币法案》,规定美元使用金、银两种金属,采用十进制。由于美元硬币在铸造过程中参考了西班牙元,很快就被市场接受。该法案标志着美元正式诞生和北美 13 个州的统一货币区最终形成。

19 世纪,当伦敦已成为全球最大的金融中心和获取贸易信贷的最佳地点、英格兰银行成为现代意义上的中央银行之时,美国的货币体系还相当混乱,也缺乏良好的贸易信贷体系。19 世纪 50 年代,美国进出口贸易的主要结算货币依然是英镑、马克和法郎。美国贸易商因依赖伦敦的贸易信贷而需要支付额外成本,因而难以取得国际竞争优势。南北战争期间,联邦政府为筹措经费,在经历了一系列改革之后,其货币体系才逐步建立起来。1879 年金本位制确立,标志着美国正式加入以金本位为基础的国际货币体系。尽管美国在 1894 年已经取代英国成为头号工业强国,但由于美国货币制度的制约、相对内敛的扩张政策以及英镑的自然垄断地位(何帆和李婧,2005),美元在国际货币体系中的地位仍然微不足道。

(2)美联储成立

1910 年,在美国佐治亚州召开的哲基尔岛会议拉开了美元国际化的序幕,并为日后的美联储绘制了蓝图。会议主要议题是如何应对美国金融市场的季节性和周期性波动,以及支持更大国际范围内使用美元(Eichengreen 等,2018)。由于担忧精英集团会控制美国金融,早先成立的美国第一银行和美国第二银行只能算是为财政部服务的全国性商业银行,并不能在出现金融危机时充当最后贷款人角色。美国在第一次世界大战之前共发生过 14 次金融危机,其中 1907 年金融危机时许多银行遭受大规模挤兑。华尔街的摩根挺身而出,率先向市场注入资金。这次危机使整个美国逐渐意识到拥有能够对金融市场进行适度监管的中央银行的重要性。1913 年 12 月,美国国会通过了《联邦储备法案》,并成立美联储。自此,美国拥有了稳定金融市场的中央银行;同时,授权国民银行在国外开设分支机构,发展以美元计价的承兑汇票业务,这就支持了美元的国际化。到 20 世纪 20 年代中期,美国超过一半的进出口贸易是由美元计价的银行承兑汇票所支持的(Eichengreen,2011)。此外,这一时期美元已超越英镑,首次成为主要国际储备货币(Eichengreen 等,2018)。

(3)取代英镑成为首位国际货币,美元霸权确立

第一次世界大战重创了欧洲各国经济,美国则继续实行金本位制,显示了美元的强势;英格兰银行为维持其黄金储备而停止对外融资,给美国进入国际

融资市场提供了巨大机会。巨额的战争订单和大量海外贷款使美国在战后一举成为世界最大债权国和最大资本输出国,从而拥有了与英国抗衡的经济基础。然而,大萧条发生后,美国经济衰退严重,国际贸易受到严重冲击,国内银行系统稳定性遭到严重破坏,在贸易融资和结算方面的美元需求大幅下滑,美元外汇储备份额锐减。尽管美联储不遗余力捍卫美元,但大萧条对美元冲击仍然巨大。相比之下,由于英联邦国家的外汇储备集中在伦敦,英帝国成员听命于英国,英镑受到的冲击较小。

第二次世界大战对美国而言,不仅释放了妇女和黑人劳动力的潜力,更吸引了来自全世界的优秀人才,为日后美国率先进入信息技术时代提供了海量的知识储备和创新潜能。与此同时,美国不断推进对外贸易及投资,逐渐形成以美元为核心的国际投融资市场。战后"布雷顿森林体系"的建立正式确立了以美元为中心的国际货币体系和运行机制。布雷顿森林体系崩溃之后,美元国际地位非但没有下降,反而彻底摆脱了黄金的束缚,并通过挂钩石油等大宗商品而实现了从"金银本位"向"需求本位"的转变,美元霸权地位更加巩固(徐鸿,2018)。

自第二次世界大战以来,美元始终处于国际货币体系的中心,先是通过与黄金挂钩、实施国际援助以及加强贸易与投资等手段,巩固美元国际化的基础;而后在黄金非货币化时期,依托"强势美元政策"。

美元价值与各国经济深度绑定、以美国金融垄断资本推行金融自由化来掠夺全球资产等手段,实现了以往国际货币从未达到的金融霸权地位。而那些拥有美元储备和美元国债的国家要想保持手中美元的价值,就必须维护美元的金融霸权。

2. 美元国际化的特点

(1)美元国际化离不开政府的强力扶持

20世纪初期,美国作为最主要的贸易国,却在承兑汇票一级市场和二级市场的发展方面远远落后于英国。时任纽约联邦储备银行主席本杰明·斯特朗充分认识到贸易承兑汇票市场对稳定美国金融市场和增强美国产业竞争力的作用,认为要解决这一问题,依赖的绝不是"看不见的手",而是强有力的"有形之手"。在斯特朗的坚持下,联邦储备委员会要求联储储备系统各地区分支机构购买承兑汇票并降低贴现率来促进承兑汇票市场的发育。1923年4月,公开市场投资委员会甚至建议美联储采取干预性更强的政策(Eichengreen,2011)。与此同时,美国国务院认为,外国对美国借款的依赖可以成为美国撬动出口市场的杠杆,因而积极支持纽约承销商吸引外国借款人。[①] 可以看出,美联储鉴于伦敦的先发优势而在承兑汇票市场发展方面积极发挥作用,采取了近乎家长式的保护。而在美元霸权确立之后,对于其他货币任何可能的挑战,美国政府更是用尽阴谋阳谋来维护美元霸权体系。

(2)抓住两次世界大战机遇,完成对英镑的超越

第一次世界大战爆发之前,英国经济实力已经相对衰落;美国则不仅经济规模位居世界第一,还是世界第一大出口贸易国。1914—1945年的大部分时间里,全球外国公债(以当期美元汇率折算)中的对美债务主要为拉美国家所欠。[②] 这表明自20世纪初以来,美国与拉美地区已建立强大的经济与金融联系。[③] 此时的美元已经成为主要国际货币,但世界经济仍以英镑为中心。第一次世界大战期间,美元作为唯一可直接兑换成黄金的货币,相对于英镑来说更具吸引力;第二次世界大战后英国债台高筑,美国以战后重建贷款为条件要求英国取消外汇管制,并迫使英镑大幅贬值,以此削弱英镑地位,之后的布雷顿森林体系进一步确立了美元霸权地位。美元超越英镑成为主要储备货币与美国最终取得经济、金融霸权地位之间的一段较长时滞,体现了在位货币所拥有的优势(即网络外部性或惯性)。如果美国没有抓住两次世界大战机遇,美

---

① C. Lewis and K. T. Schlotterbeck,"America's Stake in International Investments",Washington D.:*The Brookings Institution*,1938.

② 第一次世界大战期间,法国因向美国大量借债而占全球对美债务的60%左右。

③ K. J. Mitchener and M. Weidenmier,"Empire,Public Goods,and the Roosevelt Corollary",*Journal of Economic History*,Vol. 65,No. 3,2005,pp. 658-692.

元登顶国际舞台所花费的时间可能要更长一些。

(3)极具流动性、深度和广度的美国金融市场成为美元国际地位的主要保障

艾肯格林等(2018)指出,自1913年美联储成立以来,在全球经济贸易高速发展的这一个多世纪中,美国拥有了最具流动性、深度和广度的金融市场。第一次世界大战期间欧洲贸易信贷市场混乱,美国银行纷纷在国外设立分支机构,继而逐步打开了美元计价贸易承兑汇票的国际市场。在此期间,美联储秉持"尽一切努力发展美元承兑汇票市场"的态度亲自下场担任起做市商的角色,不仅提供较低的贴现利率来补贴二级市场,甚至采取干预政策来消除法律和制度性限制。在经历了两次世界大战的冲击之后,美国终于建立了一个规模巨大、流动性强的美元信贷工具二级市场。作者基于1914—1946年、33个国家发行国际公债所使用的计价货币数据进行实证分析,发现美国金融市场发展是美元克服英镑先发优势的主要因素;金融深化则是1918—1932年美元在全球债券市场中份额增加的最重要因素。在后布雷顿森林体系时期,美元与黄金脱钩,美国逐渐放开了对资本项目和金融业的管制,开始利率市场化改革,至20世纪80年代中期基本实现了利率市场化和汇率自由浮动。[①] 此后,各主要国家纷纷开启金融自由化改革进程,金融全球化不断加深。美国一方面建构新自由主义和金融自由化的话语体系,制定国际金融规则;另一方面利用美元作为全球储备货币的地位及其发达的金融市场,将全球经济纳入"美国优先"(America First)的国际金融体系之中,各国成为美国国债的持有者,美国国债市场成为全球最重要、交易最活跃的国际债券市场。在经历了2008年全球金融危机之后,尽管各国质疑美国所倡导的金融全球化的声音此起彼伏,但美国体量庞大、流动性极强的金融市场仍是美元霸权体系不可分割的部分,依旧是美国攫取全球财富最行之有效的手段。

---

① 张建伟、张谊浩:《主要经济体金融开放的解构及启示》,《上海经济研究》2020年第10期。

(4)依托其政治和军事深化资本输出,深入绑定各国经济

第二次世界大战结束后,美国利用"关税及贸易总协定"大量输出美国商品,抢占世界市场以增加美元在全球市场上的流通份额;通过实施"马歇尔计划"、对日本的经济援助以及后期跨国公司的海外扩张等手段,将主要国家的发展纳入其美元体系。20世纪70年代后,美国国内贸易逆差和财政赤字加剧,布雷顿森林体系解体,美元体系一度走弱;日元、马克及其后的欧元在国际市场上的相继兴起无疑触碰了美国的核心利益,结果必然是迎来美国政治和经济上的打压。进入80年代,美国开始宣扬金融自由化,联合国际货币基金组织和世界银行共同推出华盛顿共识,广大发展中国家只有进行经济社会改革,放松资本管制,才能获得国际资金援助。短期内各国因资本输入确实实现了经济的较快增长,但由于金融监管不完善,国际投机资本进入股市、房地产等虚拟经济领域,在制造巨大泡沫之后迅速撤离,导致发展中国家金融危机频发。美国则以国际援助名义收割各国优质资产,而这些国家的结局无非两种:陷入"中等收入陷阱",或者其国内经济支柱沦为美国金融垄断集团的附庸。美元本位制确立以来,美国以"美元—美债杠杆"为核心,撬动"美元—全球资源杠杆"和"美元—非美元货币"杠杆实现美元环流,最终完成对全球资源价格和非美元货币价值起落的控制,实现美国优先的世界利益秩序构建(徐鸿,2018)。

(三)德国马克—欧元①

由于德国一直是欧元区各国经济发展的翘楚,加之学界普遍认为德国马克最终通过欧元实现了国际化,故本节视德国马克和欧元国际化为同一进程的两个不同阶段,并加以阐述。

---

① 本小节所涉及的1990年及之前数据资料均属原联邦德国(不包括原民主德国);1991年及之后数据资料属于统一后的德国。为表述方便,文中一律称为德国。

1.马克—欧元国际化历程

欧元诞生之后,马克最终退出了流通领域。然而在曾经的国际货币体系中,马克的国际化之路是相当成功的,其大致历程见表4-3。

表4-3 马克国际地位演变的简要历程

年度	重大事件或政策措施
1948	美、英、法三国军事占领局宣布正式发行货币"德国马克"
1952	批准居民对外直接投资
1956	允许居民对外进行证券投资
1957	德国中央银行体系成立
1958	实现经常项目下可自由兑换
1961	跨境资本交易的自由化在《对外贸易和支付法》中得到明确
1969	国际货币基金组织创设特别提款权,德国马克的权重为 12.5%
1975	取消外国存款利息支付限制
1979	欧洲货币体系建立,马克成为锚定货币。所有成员对内采取可调整的固定汇率制,即各国货币对马克均有实质上的中心汇率,且偏离幅度不超过 2.25%,对外实行联合浮动制
1980	允许非居民购买债券
1981	允许非居民购买证券
1984	实现资本项目下可自由兑换
1985	由外国银行管理、发行德国马克债券
1986	允许非固定利率债券发行
1989	缩短公开发行债券最短日期
1991	德国马克在特别提款权中的权重被提高到 21%
1999	欧元正式投入使用

资料来源:课题组根据文献整理。

(1)马克崛起

第二次世界大战再次重创了欧洲各国经济,在战后马歇尔计划的帮助下,欧洲各国走上经济重建之路。欧洲政治家们开始吸取以往各国之间屡次爆发战争的教训,出于"大欧洲"情结以及相近文化背景,最终选择了"统一欧洲,经济先行"的复兴思路。① 此后,德国经济进入快速发展阶段,20 世纪 50—70 年代,国内生产总值年均增长速度超过 5%;1952—1961 年,德国在大量贸易顺差基础上先后实现了贸易和跨境资本交易的自由化(徐慧贤,2017),国际投资者开始表现出对马克的强烈兴趣,马克作为国际货币的地位不断上升。

在马克国际化之初,德国政府主动限制马克的国际使用。主要原因有二:一是为了维护以马克汇率衡量的外部平衡和以国内物价衡量的内部平衡(付敏和吴若伊,2014),联邦银行担忧跨境资本大规模流动冲击会加剧马克兑美元汇率的波动,从而影响国内经济稳定②;二是担心马克国际化会使国际市场对马克的需求剧增,进而导致马克升值,削弱德国出口企业的国际竞争力(Frankel,2012)。20 世纪 70 年代,随着布雷顿森林体系的最终崩溃,德国开始实行浮动汇率制度,联邦银行货币政策灵活性得以增强。面临国际资本市场的持续动荡,建立欧洲货币联盟的《维尔纳计划》呼之欲出,却因石油危机和经济危机的爆发被暂时搁置。然而,欧洲各国对深化内部统一的意识日渐强烈,终于在 70 年代末建立了欧洲货币体系(EMS),币值稳定的马克自然成为该体系的"锚货币"。马克与其他成员货币汇率联合浮动,不仅缓解了马克升值压力,也使欧共体内部各国相对汇率趋于稳定,降低了因美国宏观经济失调而导致的美元危机对欧洲金融体系的冲击。③

进入 20 世纪 80 年代,阻碍马克国际化的主要客观因素是德国国内金融市场发展迟缓。一国货币国际化的实现很大程度上依赖于其国内金融市场的发达与开放水平。④ 战后德国经济发展以工业为主导,直至 1984 年,包括金

---

① 吴君:《人民币国际化的条件、潜能与推进战略》,上海交通大学 2013 年博士学位论文。

② 刘谊、胡国正、闫晓著:《国际货币体系非主流货币国际化对人民币国际化的启示》,《经济研究参考》2010 年第 22 期。

③ 孙健、魏修华、唐爱朋:《从三大货币发展历程看人民币国际化战略的路径选择》,《亚太经济》2005 年第 2 期。

④ D. Williams, "The Evolution of the Sterling System", in Whittlesey, C. R. and J. S. G. Wilson (eds.), *Essays in Money and Banking in Honor of R. S. Sayers*, Oxford:Clarendon Press,1968,pp.266-297.

融业在内的第三产业才成为德国三大产业中占比最高的产业。具有高度独立性的联邦银行实施了一系列资本管制措施,以阻止国际游资对其货币政策目标的冲击①,但这同时也限制了德国资本市场的发展。80 年代中期,德国政府对资本管制的态度发生了转变,德意志联邦银行认为马克必须对其他货币保持竞争力,只有金融市场的长足发展才能较好地隔离外部冲击。

表 4-4　欧元国际地位演变的简要历程

年度	重大事件或政策措施
1951	法国、意大利、联邦德国、荷兰、比利时、卢森堡 6 国签订了为期 50 年的《关于建立欧洲煤钢共同体的条约》
1957	法国、意大利、联邦德国、荷兰、比利时、卢森堡 6 国外长在罗马签订了《欧洲经济共同体条约》和《欧洲原子能共同体条约》,即《罗马条约》,于 1958 年 1 月 1 日生效
1965	法国、意大利、联邦德国、荷兰、比利时、卢森堡 6 国签订了《布鲁塞尔条约》,决定将欧洲煤钢共同体、欧洲原子能共同体和欧洲经济共同体(EEC)统一起来,统称欧洲共同体。条约于 1967 年 7 月 1 日生效。欧共体总部设在比利时首都布鲁塞尔
1971	欧洲部长理事会通过了《维也纳条约》,正式实施欧洲经济与货币联盟(EMU)
1979	欧洲货币体系建立,主要内容包括创设欧洲货币单位、确定成员货币中心汇率、继续实行联合浮动,并通过平价体系和货币篮子体系双重干预方式来实现成员货币汇率的稳定、建立欧洲货币基金,干预外汇市场
1991	欧共体马斯特里赫特首脑会议通过了建立欧洲经济货币联盟和欧洲政治联盟的《欧洲联盟条约》(通称《马斯特里赫特条约》,简称《马约》)
1992	各国外长正式签署《马约》。经欧共体各成员批准,《马约》于 1993 年 11 月 1 日正式生效,欧共体开始向欧洲联盟过渡
1999	奥地利、比利时、法国、德国、芬兰、荷兰、卢森堡、爱尔兰、意大利、葡萄牙和西班牙 11 个国家开始正式使用欧元
2002	欧元取代区域内各国货币,正式成为欧元区的唯一合法货币

资料来源:课题组根据文献整理。

(2)欧元诞生

1991 年 12 月,欧共体成员在荷兰达成了《马斯特里赫特条约》,进一步落实了此前德洛尔委员会于 1989 年提出的关于货币自由兑换、固定汇率、资本

---

① 王信:《西德马克可兑换和国际化历程及其启示》,《中国金融》2009 年第 16 期。

及金融市场完全自由化的改革提议。1997年6月,欧盟签署了多项协议,以保证欧元作为欧盟未来单一货币的稳定性。《马斯特里赫特条约》规定1999年1月1日正式启动欧元,并制定了加入欧洲货币联盟的五项"趋同"标准①。2002年3月1日,欧元取代区域内各国货币,正式成为欧元区唯一合法货币。

随着欧元诞生,马克逐渐退出流通领域,但其币值坚挺的历史成为欧元国际化的坚实基础。欧元国际化是区域货币国际化的典型,它在继承了马克、法郎等欧洲传统货币优势的同时,依托强大的欧元区经济,迅速实现了从区域化到国际化的飞跃(佟家栋和成新轩,2001),成为"天生"国际货币。表4-4给出了近半个世纪以来围绕欧元诞生的重大事件概览。时至今日,欧元区国家虽然经历了2010年"欧债危机",但依托西欧国家经济实力和欧元区贸易规模,欧元依然是世界第二大国际货币,在各国中央银行外汇储备、全球外汇市场交易等方面均仅次于美元。

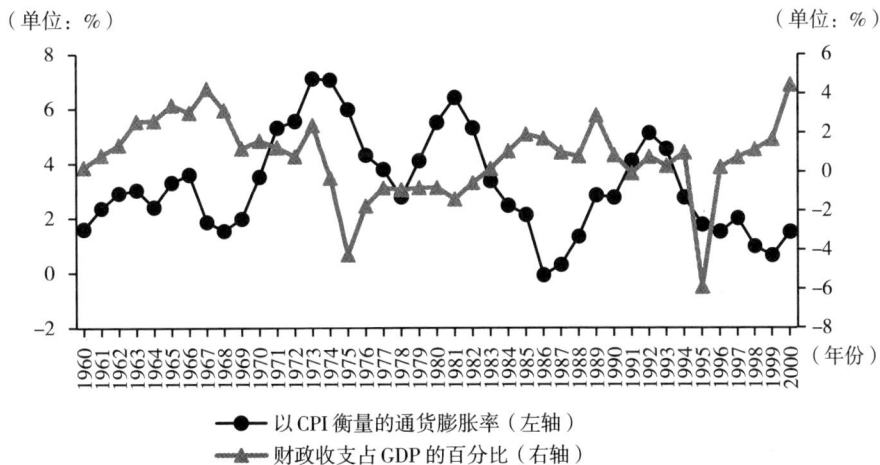

图4-4　1960—2000年德国通货膨胀率和财政收支状况

资料来源:国际货币基金组织:IMF International Financial Statistics(IFS)。

---

① 五项"趋同"标准分别为:通货膨胀率不能超过情况最好的3个成员平均值的1.5个百分点;长期利率水平不超过通货膨胀情况最好的3个成员平均利率的2个百分点;预算赤字不超过国内生产总值的3%;公共债务与国内生产总值的比率不超过60%;在汇率机制的窄幅中至少保持两年的货币稳定。不过,这五项"趋同"标准也为日后"欧债危机"的爆发埋下隐患。

2.马克—欧元国际化的特点

(1)币值稳定使马克拥有极佳的信誉

在接受了历史上两次恶性通货膨胀教训之后,德意志联邦银行始终将稳定物价和抑制通货膨胀作为其首要任务;德国政府坚持财政运行平稳,从机制上提高了中央银行的独立性,保证了马克发行速度与国内经济增长速度相适应。从图4-4可以看出,德国通胀水平和财政收支状况长期维持基本平稳。相对稳定的货币政策有助于降低通胀预期,并使马克相对于其他货币更为坚挺(张岸元和李世刚,2017);德国甚至不惜以牺牲汇率和出口企业竞争力为代价,来保持其货币对内价值稳定并抑制通货膨胀,这更加促进了马克币值稳定和长期升值趋势。布雷顿森林体系崩溃之后,美元、英镑等货币信用下降,具有长期升值趋势的马克作为避险货币在国际市场上的需求激增。在牙买加体系下,马克的坚挺进一步提升了其在国际货币体系中的地位;作为欧洲货币体系锚定货币的马克,拥有了更加良好的国际信誉。

(2)优先提升工业竞争力而非实现金融自由化,夯实马克国际化的微观基础

与拥有发达金融市场的美国和英国不同,直至20世纪90年代,德国在资本市场理论和现代金融工具的使用方面仍然处于发展中国家的水平。① 德国从未公开表示过要积极推动马克国际化,更对金融自由化秉承谨慎态度,主张金融始终要为实体经济服务。战后通过大力发展工业,不断完善现代工业体系,最终打造了一个以汽车和电子电气设备为核心的、高度发达的德国制造业体系,占据了全球相关产业链的制高点,逐渐形成了以马克作为主要计价货币的相关生产要素交易和分配网络(赵柯,2013)。这一强大的工业竞争力保证了国际市场对马克的持续需求,使马克国际化具有坚实的微观基础。

---

① G. Franke,"Deutsche Finanzmarktregulierung Nach Dem Zweiten Weltkrieg Zwischen Risikoschutz Und Wettbewerbssicherung",*CoFE Discussion Papers*,2000.

（3）推动区域经贸合作,最终实现区域货币国际化

欧元自诞生之日起就成为国际货币体系中的第二大国际货币。在布雷顿森林体系下,欧洲各国不得不接受以美元为中心的全球性货币制度安排。由于存在"特里芬难题",布雷顿森林体系最终因美国国际收支失衡走向终结。布雷顿森林体系崩溃之后,德法两国担心美元持续走弱会造成国际金融市场动荡,开始考虑摆脱美元制约;与此同时,欧洲各国以相近的文化背景和共同的发展目标为基础,积极推进区域内的经济贸易合作,从"煤钢共同体""欧洲共同体""欧洲货币体系"直至欧盟诞生,逐渐形成了欧洲统一大市场。欧洲货币体系的建立促使各成员以经济政治利益为纽带,寻求实现货币一体化和统一货币政策。进入21世纪,欧元作为欧元区唯一法定货币投入使用,并一举成为"天生"国际货币。这给世界各国货币国际化以重要启示:以区域内国家综合实力为基础,强化内部经济贸易网络,加强区域货币合作机制,最终推进国际化,或许是在以美元霸权为特征的现行国际货币体系之下实现货币国际地位提升的现实选择。

（四）日元

1. 日元国际化历程

尽管直至1984年日本政府才正式提出日元国际化战略,但由于战后日本经济、贸易实力的不断上升和布雷顿森林体系的崩溃,自发的日元国际化进程从20世纪70年代就已经开始。日元国际化大致历程见表4-5。

表4-5　日元国际地位演变的简要历程

年度	重大事件或政策措施
1949	2月,约瑟夫·道奇帮助日本建立货币政策体系以及实现国际收支平衡,并将美元与日元的汇率定为1∶360。 12月,颁布《外汇和外贸管理法》,对外贸等对外交易采取原则禁止、个别批准的方针,即:法律规定原则上限制和禁止一切对外交易,但在具体执行中可以通过制定政令和省令来解除限制

续表

年度	重大事件或政策措施
1960	创设非居民日元存款自由结算制度
1964	接受国际货币基金组织协议第八条款的承诺,在国际商品和外汇交易中承担日元兑换的业务,实现了日元在经常项目下的自由兑换
1970	批准亚洲开发银行发行首笔武士债(境外发行人在日本发行以日元计价的债券)
1971	制定《外国证券公司法》,允许外国证券公司在日本开设分公司
1973	实行完全的浮动汇率制
1980	颁布新的《外汇法》,将资本交易由过去的原则上禁止改为原则上自由,取消了本国居民向国外提供日元贷款和外汇不能自由兑换成日元的限制。日元实现资本项目下可兑换,资本流动实现自由化
1984	日美委员会关于日本金融、资本市场自由化、日元国际化以及外国金融机构进入日本金融、资本市场等问题达成了一致意见,发表了《日元美元委员会报告书》,同时大藏省发表了《关于金融自由化、日元国际化的现状与展望》的公告,其中,对扩充欧洲日元市场,创设银行承兑汇票市场,以及实现存款利率自由化,允许国外金融机构进入日本等方面作出了具体安排
1985	大藏省外汇审议会提交方案,其中包括:(1)进一步实行利率的自由化,完善并扩大公开短期金融市场的开放,以期实现金融自由化;(2)实现欧洲日元市场自由化,方便非居民使用日元;(3)建立东京离岸市场,为在东京交易欧洲日元提供便利
1986	9月,实施黑子还流计划,向发展中国家提供650亿美元的日元贷款。12月,日本设立东京离岸金融市场,开始发展日本本土的离岸金融业务
1987	美、加、法、日、英、德、意七国财政部部长和中央银行行长达成协议,一致同意在国内宏观政策和外汇市场干预两方面加强紧密协调合作,以阻止当时的美元币值下滑,保持美元汇率的基本稳定,史称卢浮宫会议
1996	桥本政府成立金融体系改革联络协议会,提出金融大爆炸,计划用5年集中全面进行金融改革,放松银行业、证券业和保险业管制、实现国内国际市场一体化,实现国内外资金自由流动以及外汇交易完全自由化等
1997	内阁会议讨论通过新的《日本银行法》。确立与21世纪的金融体系相适应的日本银行(中央银行)制度,明确日本银行调节货币及金融以谋求物价稳定,从而实现国民经济健全发展的宗旨,确保日本银行在金融政策决策中的独立性和透明性
1999	外汇和其他资产交易委员会发表《面向21世纪的日元国际化》报告书
2000	东盟10国与中、日、韩三国的财政部部长在泰国清迈举行会议,就在东盟10国与中、日、韩三国合作(10+3)的机制下建立双边货币互换机制,以及在该机制下建立区域资本流动监控体系和增强集体抵御金融风险的能力等问题达成共识
2001	《日元国际化推进研究会报告书》中提出增加进口以日元计价、探索日元与亚洲货币直接兑换条件、推进亚洲各国金融合作等5项措施,形成日元由国际化向区域化转变的战略

资料来源:课题组根据文献整理。

第二次世界大战后,日本政府采取了金融抑制以实现经济发展的战略①,即通过国家层面的金融抑制来限制对外投资,使国内投资率达到最高水平(Eichengreen 等,2018)。该战略为战后日本经济复兴奠定了基础。② 此外,基于地缘政治因素考虑,美国对日本实施了扶持政策;"朝鲜战争特需"进一步促进了日本工业发展。日本开始了长达 20 年的经济腾飞。

(1)日元国际化的消极阶段(20 世纪 60 年代末至 70 年代末)

1949 年实施的道奇法案规定美元兑日元汇率为 1:360,这极大地促进了日本出口振兴。20 世纪 70 年代初,布雷顿森林体系的崩溃使包括日本在内的各国政府开始反思对美元过度依赖的后果;随后的两次石油危机中,日本及时采取产业结构调整以及金融体系暂时自由化等措施抵御住了冲击,并逐步确立其在世界经济中的地位。至 1968 年,日本已发展成为世界第二大经济体,日本政府开始表现出对日元国际化的兴趣。但考虑到日本经济增长得益于出口振兴,日元国际化可能会破坏尚不完善的金融体系;日元升值也会使出口产品国际竞争力下降,日本政府对日元国际化采取了阶段性的、循序渐进的原则。

(2)日元国际化中立阶段(20 世纪 80 年代中后期至 90 年代初)

1980 年,日本政府修改了《外汇法》,日元实现资本项目可兑换。尽管如此,东京外汇市场、资本市场对非居民仍非完全自由,欧洲日元债券的发行与募集以及交易惯例等方面的限制依然存在。20 世纪 80 年代中期,由于日本金融自由化迟缓、日美贸易不平衡加剧,美国开始不断向日本施加压力。"日元—美元委员会"成立和"广场协议"签订之后,日本被迫实施日元升值(美元贬值)以支持美国。1984 年 5 月,《日元—美元委员会报告书》和《关于金融

---

① 阿拉玛克伊(Aramaki,2014)描述了第二次世界大战后日本组建金融体系的三原则:普遍禁止、例外开放原则;外汇集中原则;授权外汇银行体系原则。

② 不过,这一战略也为 20 世纪 70 年代初日本经济结束追赶阶段后,日元在国际市场上使用程度低埋下伏笔。

自由化、日元国际化的现状与展望》发布，并在利率自由化和创设日元计价的银行承兑汇票(BA)市场等方面做了具体安排。这在很大程度上超越了此前日本政府制定的"阶段性"原则(李晓和上川孝夫，2010)。

1987年旨在制止美元急剧下跌的卢浮宫会议召开之后，日本政府并没能及时遏制住日元升值，而是继续采取扩张性货币政策来配合美国实现美元汇率稳定，从而直接导致了泡沫经济的形成(余永定，2003)，东京成为仅次于纽约和伦敦的世界第三大国际金融市场。待日本资产价格泡沫崩溃之后，经济复苏成为大藏省①和日本银行的首要目标，金融自由化政策的实施被暂时搁置。但此时日本对外贸易中日元计价比例和全球中央银行外汇储备中的日元比例均有所上升，这基本上反映了日本经济地位的提升。因此，如果当时日本政府不是过分关注泡沫经济崩溃后的景气恶化和股价下跌，而是采取积极行动，日元国际化或许会有更大进展。日元升值本应成为日元国际化的发端，但日本却浪费了这一契机(李晓和上川孝夫，2010)。

(3)日元国际化积极阶段(20世纪90年代中期至今)

1996年，桥本政府提出"金融大爆炸"，实施以自由化、公正化和国际化为原则的金融体制改革。但由于政策考虑上缺乏对于日元国际化与日元升值的整体思考，加上1997年亚洲金融危机爆发，此次改革并没有达到预期效果。而当东南亚国家因金融危机而面临外资大量撤离之时，日本商业银行充当了撤离"急先锋"，导致东南亚国家对日本失望至极，以至于日后日本政府关于日元亚洲化战略的实施很不顺利。1999年9月，日本大藏省设立"日元国际化推进研究会"，促成了日元国际化战略的转型：由直接追求国际货币功能化战略，转向注重日元国际货币功能在亚洲区域扩大的区域化战略(李晓，2005)，日本在"向东还是向西"这个百年抉择上，最终选择了重返亚洲。

---

① 2001年1月6日，大藏省改制为财务省和金融厅(主要负责银行监管)。本研究时间跨度涉及2001年前后，故在正文中根据实际情况使用不同的称谓。

进入 21 世纪,日本虽然终于实现了金融自由化,然而日元国际化却出现倒退迹象。截至 2020 年第四季度,日元在全球中央银行外汇储备中的份额为 6.03%[①],较其峰值低了近 3 个百分点。日元终究未能成功晋级第一层级国际货币,这主要归因于其历史和政策因素(Eichengreen 等,2018)。在美元主导的国际货币体系下,日本中央银行对市场套利因素缺乏足够重视:日元升值与国内低利率使国际资本市场上日元与其他货币的短期套利交易异常活跃,日元输出虽有所加强,但也伴随浓厚的对日元的投机性色彩,极大地损害了国际市场对日元币值稳定性的信心(张岸元和李世刚,2017)。日本在 20 世纪 80 年代之前未能逐步实现汇率制度的有序调整,没能及时转变"贸易立国"的发展战略;当美国经济出现问题而要求日本承担更多责任时,日元加剧升值和一系列放松管制措施等政策失误诱发了 80 年代末资产泡沫的积聚。当日本政府下定决心开放国内金融市场时,在国内泡沫经济破裂、亚洲金融危机爆发以及美国互联网泡沫三重冲击之下,日本经济陷入长期疲软,宽松的货币政策和积极财政政策已经失效。2001 年,日本中央银行首创并实施量化宽松(QE),开启了长达 20 年的量化宽松之旅。[②] 总的来说,日本在其经济渡过黄金期之后推进日元国际化,已缺乏现实基础。在失去高速增长的时代机遇之后,更有潜力的人民币业已登上国际舞台,日元国际化之路将愈发艰难。

2.日元国际化的特点

(1)日本政府对日元国际化态度犹豫不定

战后日本经济崛起主要依赖超级竞争汇率,以及一系列补贴措施以实现出口导向型增长。显然,日元国际化会破坏这一经济增长模式。直到布雷顿

---

① 资料来源:IMF Currency Composition of Official Foreign Exchange Reserves(COFER)Database.

② 周冠男、陈静:《揭秘日央行:回溯二十载量化宽松变革,展望二零年货币政策走向》,https://mp.weixin.qq.com/s/jpNRZqYeH m6Wups7KV80Jw,2019 年 12 月 22 日。

森林体系崩溃之后,随着国际市场对日元需求的与日俱增,日本政府逐渐从原先的抵制向容忍态度转变(付丽颖,2010)。进入20世纪80年代,美国要求日本金融市场开放、国际社会要求日元升值的呼声越来越高,由于担心迅速开放金融市场会导致跨境资本大规模流动,造成外汇市场不稳定,并降低日本中央银行对国内货币供给的控制能力,削弱货币政策的有效性,日本政府对日元国际化依然保持消极态度(陈晖,2011)。1996年,桥本政府拉开"金融大爆炸"序幕,积极推动金融市场的彻底改革,试图改变日本经济二元结构①的消极影响(陈虹,2004);1999年《面向21世纪的日元国际化》发布,标志着日本官方立场由被动到主动的重大转变,其中有着深层次的战略考虑:扩大日元国际使用将有利于控制国际交易中的外汇风险、降低日本金融机构的外汇流动性风险以及促进东京发展为国际金融中心(陈晖,2011)。2000年,"清迈协议"的签订表现出日本当局对日元国际化战略的重新探索,试图在经济疲软不振之际稳步提升日元在亚洲区域的关键地位。

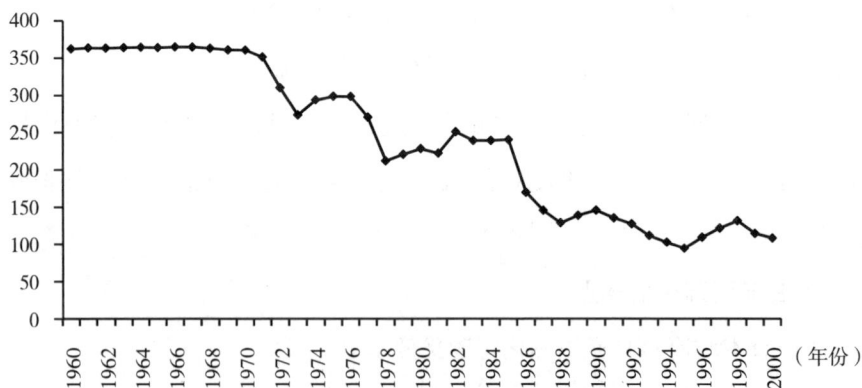

图4-5 1960—2000年日元兑美元年平均汇率

资料来源:经济合作与发展组织。

---

① 日本泡沫经济的崩溃充分暴露了日本经济二元结构的弊端:一方面,其出口行业(制造业)具有强大的国际竞争力;另一方面,国际竞争力低下的金融业不能提供与日本经济实力相匹配的金融服务。

（2）政治、军事上对美国的依赖，使日元国际化进程深受美国立场影响

日元国际化的每一阶段都与其当时所面临的、与美国的政治经济关系密切相关，其政策制定往往需考虑美国的利益。1959 年，美军司令部将美元兑日元汇率定为 1∶360；1985 年广场协议签订后日元被迫升值，至 1995 年日元汇率达到峰值 1∶94.07（见图 4-5）。冷战初期，为遏制苏联和中国，美国制定了一系列对日经济复兴政策，旨在推动日本经济达到自足，继而实现全面复兴。其中，美国积极支持日本加入关贸总协定，并在多数国家阻止日本入关时为日本商品全面开放美国市场，为日后日美经贸摩擦埋下伏笔。[①] 当美国相对经济实力下滑之后，美国对日本政策发生转变，美国凭借美元霸权，利用日元转嫁货币危机或者强制日元承担汇率调整成本，而日元只能被动地适应与调整。[②] 例如，为便利美国金融机构进入东京金融市场，"日元—美元委员会"遂要求日本开放金融市场。因此，日美关系特别是日本在政治上缺乏独立性，决定了美国政策立场会影响日元国际化。日本民间甚至有"美国打个喷嚏，日本就会感冒；美国要是感冒，日本就会得肺炎"的自嘲（陈建安，2003）。总而言之，日本主权的非独立性决定了日元无法抵抗住来自美元的压力，以致直接影响了日元国际化进程。

（3）贸易计价对日元国际化的支撑作用较小

第二次世界大战后，日本经济的腾飞是日元坚挺的基础，日元开始走向硬通货之路。从 20 世纪 70 年代开始，尼日利亚等国开始将日元作为储备货币。至 1984 年，日元成为仅次于美元和德国马克的全球第三大储备货币。然而，在国际贸易方面，日元作为国际计价货币的职能则明显发展滞后。1980—2004 年，日本进出口贸易中，以美元计价的份额一直超过其本币日元计价的份额，这一现象似乎违背了货币国际化的历史经验——格拉斯曼法则和麦金

---

① 邓峰：《艾森豪威尔的日本经济复兴政策及影响》，《社会科学战线》2019 年第 11 期。

② 罗成、顾永昆：《日元衰退及其对人民币国际化的启示》，《现代日本经济》2017 年第 1 期。

农假说①(何帆,2010)。究其原因,首先,从对外贸易结构角度看,日本进口贸易中多为以美元计价的原材料;同时,其出口对美国市场的依赖性过高。其次,金融市场发展缓慢使世界贸易中日元计价的比例偏低。20 世纪 80 年代以来,随着金融自由化改革和资本项目开放,国际贸易中以日元计价的比例从 1992 的约 5%上升到 1997 年的 7%,但仍比美元和其他欧洲货币低得多(李晓,2005)。再次,作为日本重要进出口市场的东亚国家,由于美元本位制、且外汇市场发展缓慢,美元在该地区的贸易中始终保持优势地位。最后,具有垄断地位的日本大型贸易公司在管理外汇风险方面具有相对优势,并且能够利用进口业务抵消相当一部分来自出口业务的风险敞口。因此,为尽量减少汇率变动引起的外国需求波动,他们倾向于在出口贸易中采用进口国货币计价。② 缺乏贸易计价功能的支持,反过来影响了日元在外汇储备中的地位,使缺乏贸易部门强有力支撑的日元国际化之路更加波折。

(4)金融市场开放不彻底,且错失最佳时机

日本资本项目开放从 20 世纪 80 年代初开始,采取的是全方位、有限制、渐进的直接开放路线(张艳,2007)。先经常项目开放、后资本项目开放,先直接投资开放、后间接投资开放的次序,较好地缓解了外部冲击。1980 年和 1984 年实施的外汇市场自由化政策以及欧洲日元市场的发展,极大地促进了自 80 年代中期以来日本企业对离岸市场的利用。这反过来又促进了国内债券市场自由化,并使日本各大银行在短短几年内便流失了许多优质大公司客

---

① 格拉斯曼法则指发达国家之间的贸易大多采用出口国货币计价。麦金农假说(Mckinnons Hypothesis)认为,由生产者造成的产品差别化、出口工业中间产品所导致的价格支配能力等,使生产者的谈判、交涉能力增强,出口国用本币计价的倾向很强。因此,在本国出口产品中容易实现产品差别化的那些产品的比重越大,以本币计价的出口比率就越高;由于原油等原材料产品是差别化或价格控制比较困难的生产资料,国际商品市场上多以美元计价。即便是发达国家,倘若本国进口中原材料产品的比重高,那么进口产品以美元计价的比重也会较高。

② H. Taguchi, "On the Internationalization of the Japanese Yen", in Taguchi, H. and A. *Krueger*, *Macroeconomic Linkage*: *Saving*, *Exchange Rates*, *and Capital Flows*, Chicago: University of Chicago Press, 2009, pp.331-354.

户,于是这些银行开始转而为拥有股权或地产抵押的中小企业提供贷款,导致了灾难性的后果①(McCauley,2011)。此后,虽然日本金融市场实现完全开放,但日本政府从来不肯让外国人过多地涉足其金融市场,特别是政府债券市场。即使在金融完全自由化的 21 世纪,仍然有大约 95% 的日本政府债券被国内投资者持有,而美国的这一比例仅为 69%。这也间接影响了日元国际化进程。② 日本金融市场的相对封闭性和不良资产处理能力不足的银行体系,造成了应对国际金融市场动荡能力的缺乏,导致泡沫经济形成以及其后持续经济低迷;而过度保护国内产业形成了相对于欧美金融领域而言的投资限制,错失了追赶欧美金融机构的机会(张艳,2007)。

(5)进入 21 世纪,日元国际化立足于国内金融改革和区域金融合作

为积极推动日元亚洲化战略,日本开始注重完善国内金融改革,旨在尽快实现国内、国外金融市场的一体化。日本财务省以"10+3"(东盟+中日韩)机制为平台主导了一系列政策以促进亚洲经济金融合作,并在决策过程中形成了一定的独立性,使遭受亚洲金融危机的国家更快摆脱萧条。然而,2001 年小泉政府试图构建新型区域政策,将区域政策中心转移至"东亚峰会"。这种"政策过程"③上的"独立性"和政策目标实现的"依附性",使日本政府的区域金融合作政策呈现"二元性"特征,再次制约了日元国际化。④ 此外,2008 年全球金融危机爆发后,既有合作框架所发挥的作用甚小,各主要经济体之间的分歧也在增加,东亚地区各国之间地缘政治矛盾以及对现行"美元体制"的过度依赖等问题,也影响了日元未来发展的长期性(李晓,2011),从而无法实现

---

① 银行这一举措一定程度上刺激了房市和股市泡沫,泡沫崩溃之后大量贷款最终成为不良贷款。

② A. Kroeber, "The Renminbi:The Political Economy of a Currency", *Brookings*, Sept.7,2011.

③ 政策过程指政策从构思到实施的整个连续性系统,主要包括拟定、制定、实施以及反馈等环节。

④ 陆长荣、孙健美:《日本区域金融政策的"二元结构"与日元"再国际化"困境考察》,《日本学刊》2016 年第 6 期。

"欧元区"的东亚化。

总而言之,日元国际化各个阶段都有其特点,与其当时所处的内外政治经济环境密切相关,因此日元国际化历程有着跌宕起伏、受制于地缘和国际政治的特点(于永臻和李明慧,2013)。

(五)主要货币国际化对人民币国际化的启示

1. 强大的经济和贸易实力是货币国际化的基础

决定一国货币能否成为国际货币的首要因素是其经济实力与贸易规模(Frankel,2012)。英国率先完成工业革命,由此推动实体经济实现爆发式增长,加之早先对外殖民、扩张为英国工业品打开世界市场,并逐渐形成庞大的以英镑计价的贸易网络:1860—1914 年,约有 60% 的国际贸易使用英镑计价结算(Eichengreen,2005)。可见,英镑的国际货币地位离不开国际贸易的推动。第二次世界大战结束之后,美国经济总量约占全球经济总量的 50%,进、出口额分别占全球的 21% 和 12%。布雷顿森林体系之下,与黄金的绑定使美元成为战后全球贸易的主要计价货币,逐渐形成了以美元为中心的国际货币金融体系。

经历改革开放后长达四十余年的快速增长,我国在经济总量、经济结构、经济质量、贸易规模等方面都取得了质的飞跃,正在不断扩大全球影响力,为人民币国际化奠定了坚实的经济基础。[①] 2020 年,我国货物贸易总额保持全球第一,服务贸易稳居世界第二;对前五大贸易伙伴东盟、欧盟、美国、日本和韩国的进出口额合计占进出口总额的 54.3%。[②] 因此,我国必须在保持经济平稳增长的同时,继续深耕贸易网络的发展。经历 2020 年新冠肺炎疫情之

---

① 余振、李钟慧:《美元国际化的实现路径及其对中国的启示》,《世界经济与政治论坛》2019 年第 5 期。

② 中国对外贸易形势报告(2021 年春季),http://zhs. mofcom. gov. cn/table2017//2021060912027654. pdf. ,2021 年 6 月 9 日。

后,我国在全球产业链中的地位虽无法被取代,但需要不断向价值链高端攀升,提高国内企业的议价能力,进而提升人民币的计价职能。只有不断增强的经济实力和日益扩张的贸易市场,才能持续催生人民币的国际需求,为人民币国际化奠定坚实的经济基础。

2.保持币值稳定,避免币值高估

币值的稳定有利于提高货币在国际交易中的占比,而国际货币走弱往往与其币值高估有关。第一次世界大战后英国急于恢复金本位制的同时,却未考虑通货膨胀因素,导致英镑币值高估,不仅严重削弱其出口竞争力,更让通胀水平远低于英镑的美元最终挑战成功,英镑则逐渐失去国际中心货币的地位。德国一直强调对币值稳定和通货膨胀的控制,是维持货币币值稳定的典范。到 20 世纪 60 年代后期,美国一方面因在越南战争中深陷泥潭,军费开支不断扩张,财政赤字持续扩大;另一方面其国际收支也出现巨额逆差。造成美元发行量不断增加而黄金储备持续下降的局面,直接导致了美元币值的持续高估(徐慧贤,2017)。最终布雷顿森林体系开始走向崩溃,国际资本市场出现动荡。法德则借机建立欧洲货币体系,降低对美元的依赖。马克稳定的币值不仅使其成为其他国家的避险货币,还成为欧洲货币体系成员货币的锚定货币。因此,只有持续保持人民币币值稳定、特别是防止人民币币值出现高估,才能稳步推进人民币国际化。

3.持续推进国内金融改革,提升金融市场发展水平

开放、流动和有深度的国内金融市场的存在,是货币国际化的制度支撑和运行载体(徐慧贤,2017)。日本和德国虽然都进行了金融市场的改革,但其货币国际化的结果却有所不同。日本早期资本管制和金融市场改革滞后导致国内、国际双重流动性冲击;当 20 世纪 90 年代后日本终于开始对金融市场进行大刀阔斧的改革时,却没有考虑其经济已处于低谷,导致日本的金融自由化非但没有促进日元国际化,反而加速了经济的衰退。相反,德国始终以国内经济稳定为目标,促进欧洲货币体系的建立,分散马克国际化给国内金融市场带来的压力。此后,德国逐渐开放资本市场,允许外资进入债券市场,其金融市场的发展开始不断适应马克国际化的需求。在美元国际化初期,美联储大力支持承兑汇票市场的发展;当美元完成国际货币身份转变之后,开放、发达的金融市场促使其他国家将大量美元投资于美国国债,最终让美元回流,并为美国的经济发展继续提供充足的资金。因此,我国应继续完善国内金融改革(包括继续推进利率和汇率市场化改革,健全国内金融体系等);大力发展国内金融市场,实现金融市场的深化与广化;与此同时,还要防范化解金融系统潜在风险,确保金融市场开放有序、稳步推进。

4. 抓住历史机遇,强化区域合作,推进人民币区域化

以美元主导的国际货币体系已经发展了半个多世纪,如今的美元已经具有公共物品的某些性质,获得了自然垄断地位,任何货币推进国际化都必然会挑战美元的"在位者"优势。因此,我国作为"贸易国家"①直接推动人民币国际化会产生巨大的调整成本,必须走适宜的道路——加强贸易联系以推动区域合作。欧元的成功证明了从"区域化"到"国际化"的做法是可行的。我国需继续以亚洲基础设施投资银行为战略支点,补充完善现行国际金融投资体系,促进亚洲经济向一体化发展,从而推动国际金融秩序和现有国际货币体系的改革。② 此外,当前美国的全球掌控力和信誉开始下滑,我国必须抓住时代机遇。美国因两次世界大战的机会窗口快速完成了美元对英镑的超越;德国则抓住美元危机、美国对外转移通胀的时机迅速使马克成为第二大储备货币(赵柯,2012)。因此,一方面,我国需全面推进制造强国战略,让"中国制造"在全球竞争中处于优势地位,强化对全球产业链的控制力,提升人民币的国际计价单位职能;另一方面,在推动区域全面合作伙伴关系协定和中日韩自贸区落实的同时,推进中欧全面投资协定(CAI)和全面与进步跨太平洋伙伴关系(CPTPP)协议的谈判,尽管中间过程难免出现阻力,然而一旦实现将会大幅

---

① 此处的"贸易国家"指尚未获得金融霸权的国家。
② 王达:《亚投行的中国考量与世界意义》,《东北亚论坛》2015 年第 3 期。

提高人民币的国际流通规模，为推进人民币区域化，最终实现人民币国际化作出巨大贡献。

综上所述，人民币国际化将是一个长期但终究可以实现的过程，这是历史必然与偶然相互作用的结果。为此，我国需要稳步提升经济实力，进一步加强对外经贸联系，把握住百年未有之大变局中于我有利的一面，适时推进人民国际化。但出于维护国内金融稳定考虑，不必为人民币国际化设立时间表，而应顺势而为，条件有利时可加快推动，存在障碍或阻力时则可以减慢节奏，不急于求成。

三、基于宏观金融稳定的人民币国际化路径优化

（一）人民币国际化的目标定位："主导性国际货币"还是"货币正常化"

1. 关于人民币国际化目标与前景的文献回顾

早在 20 世纪 80 年代末，就有国内学者对人民币国际化问题做了前瞻性研究。[1] 1997 年亚洲危机爆发期间，中国成功地保持了人民币汇率的稳定，为挽救脆弱的亚洲金融市场，并推动危机国家经济复苏作出积极贡献，国际市场开始关注我国经济政策的外部影响力（高海红和余永定，2010）。亚洲金融危机之后，一方面，国际货币体系改革停滞不前；另一方面，东亚区域货币金融合作也陷入困境。究其原因，没有美国的积极参与，任何有关国际货币体系的改革呼吁都难以付诸实施，而美国又恰恰是现行国际货币体系的最大受益者。东亚"美元区"特征明显、各经济体间的经济发展水平差异过大、各国正经历"主权扩张期"以及独特地缘政治状况约束等，也使东亚货币合作难以取得实质性进展（李晓，2011）。2008 年全球金融危机爆发之后，美国为维护其自身利益而损害各国美元资产价值的行为，引起了国际社会对美元主导的现行国

---

① 胡定核：《人民币国际化探索》，《特区经济》1989 年第 1 期。

际货币体系的强烈不满。在此背景下,为取得更多地缘政治影响力,并实现经济政策的自主性(Cohen,2017),中国政府于 2009 年将人民币国际化作为一项国家层面的战略安排正式提上日程。迄今为止,人民币国际化战略已推出十余年。正如第一章所述,尽管绝对水平仍然较低,但人民币在国际货币三大职能、离岸市场发展、制度和基础设施建设等方面都取得了不俗的进展。与此同时,国内外学术界也不断掀起人民币国际化研究的热潮。其中,不少研究探讨了人民币国际化的目标与前景,并形成了以下三种主要观点。

第一,人民币可能最终挑战美元的全球首位国际货币地位。伊藤(2010)认为,当人民币从 2005 年 7 月到 2008 年秋季对美元持续升值时,人民币就已经成为亚洲地区有影响的"货币锚";随着资本管制的逐步解除,给定中国的经济增长速度,人民币会成为美元霸权地位的一个强有力的挑战者。苏布马尼亚(2011)研究发现,包括国内生产总值、贸易和净债权国地位在内的广义经济优势是储备货币的关键决定因素,而国际货币惯性的存在使储备货币变迁滞后于广义经济优势变迁。他认为,由于中国广义经济优势指数在 2010 年就已超越美国,人民币将在 2022—2030 年挑战美元的主要国际储备货币地位。

第二,人民币可能成为由美元、欧元和人民币构成的三元国际货币体系中的"一元"。李(Lee,2014)研究认为,在假定美元、欧元和日元的全球储备货币份额保持不变的情况下,若中国金融开放程度提升到与美国相同水平,人民币将在 2035 年占到全球官方外汇储备的 3%—12%,并超过日元或英镑成为第三大国际货币。类似地,许多学者都认为人民币将成为主要国际货币之一,但仍无法挑战美元的主导地位(Prasad 和 Ye,2012;Eichengreen,2011;成思危,2014;甄峰,2014)。鲍尔斯和王(Bowles 和 Wang,2013)认为,人民币国际化主要是作为一项应对危机——先是亚洲金融危机、后是全球金融危机——的政策,而非长期战略。因此,在可预见的将来,人民币只是实现其作为全球第二大经济体货币的正常国际地位。

第三,人民币国际化前景悲观,难以取得成功。李永宁等(2010)认为,在后全球金融危机时代,多元国际货币体系不易建立,因此加速人民币国际化不具有现实意义,而应该帮助企业"走出去",并呼吁推进国际货币基金组织等国际组织改革。弗兰克尔(2012)指出,"如果中国尚未准备好开放其国内金融市场,并使资本流入合法化……那么人民币全面国际化可能还有很长的路要走"。类似地,科恩(2014)也认为,由于存在较为严格的金融管制而缺乏发达和开放的金融体系,仅仅依靠经济规模是无法轻易实现人民币国际化的。

2.人民币国际化目标:货币正常化——成为三元国际货币体系中的一元,而非取代美元成为主导性国际货币

由于下面的原因,我们认为,在可预见的未来,人民币国际化的目标在于取得与中国作为全球第二大经济体相称的国际货币地位,成为三元国际储备货币体系中的一元,而非取代美元成为主导性国际货币。

(1)大国竞争与地缘政治关系

尽管经济因素对货币国际地位提升非常重要,但政治因素的重要性同样不可忽视。冉扬和普拉卡什(Ranjan 和 Prakash,2010)认为,人民币国际化能否成功很大程度上取决于日本对中国在亚洲日益增长的影响力的反应,以及美国对中国发展的反应。高木(Takagi,2010)则进一步指出,美国很可能会联合欧洲,千方百计阻挠中国成为全球经济和政治体系中的重要支配力量,包括人民币成为世界关键货币。科恩(2017)同样认为,美国如何应对挑战是影响人民币国际化的重要影响因素;人民币国际化目标能够在较大范围内实现,更多是由于美国的消极态度,甚至是有意疏忽。海莱纳(Helleiner,2008)指出,政治可以通过信心、流动性和交易网络等间接渠道影响市场和(外国)政府等行为者的经济选择,进而帮助巩固其货币的国际地位。[①] 一旦美国采取反击措施,将可能对人民币国际化带来极大风险,不可不关注。此外,与美国相比,

---

① E. Helleiner, "Political Determinants of International Currencies: What Future for the US Dollar?", *Review of International Political Economy*, Vol. 15, No. 3, 2008, pp. 354-378.

中国所面临的地缘政治关系更为复杂。能否妥善解决与亚洲邻国之间的领土纠纷,弱化地缘政治的不利影响,很大程度上决定着人民币国际化能走多远。

(2)网络外部性(美元惯性)

战后布雷顿森林体系赋予美元独特地位。美元先是通过与黄金挂钩、其他国家货币与美元挂钩,成为国际货币体系的中心货币;然后,美国通过马歇尔计划等战后援助计划,以及大规模跨国贸易与投资等形式向全球大量输出美元,终于形成美元霸权。在布雷顿森林体系崩溃之后的牙买加体系下,美元霸权地位非但没有下降,反而自此摆脱了黄金的束缚,不必依据黄金存量确定其发行量;美国凭借其军事、政治实力将石油输出国组织(OPEC)纳入美元体系,从此石油、铁矿石等大宗商品贸易均以美元计价结算,形成了难以突破的美元惯性。更为重要的是,美国提供了开放、流动和有深度的金融市场,极大地降低了货币的交易成本并增加了美元的流动性和可用性(Ito 和 Chinn,2014),进一步巩固并强化了美元的使用惯性。总而言之,美国所建立的广泛交易网络是其他任何国家短期内难以超越的。

(3)金融市场发展水平相对不足

尽管经济与贸易规模很重要,但决定一国货币国际地位更为重要的因素是其金融市场发展水平与开放程度(Frankel,2012;Cohen,2017;Eichengreen,2011)。正如马拉比和韦辛顿(Mallaby 和 Wethington,2012)所指出的,美元拥有一个其前任(英镑)从不具备的优势,那就是在美国境内和境外都存在极具深度、广度和流动性,且高度开放的金融市场。这不仅极大地降低了非居民使用美元的交易成本,增加了美元资产的可用性;更使美国能够承受大规模跨境资本流动冲击。相比之下,中国金融市场无论在深度、广度和流动性,还是在开放程度方面都远远不及美国,甚至也不及日本。由于我国金融发展水平相对有限,无法向世界提供充足的人民币供给渠道,也还不能承受金融市场全面开放下的跨境资本流动冲击,这就决定了人民币暂时还不具备挑战美元国际地位的实力。

（4）潜在收益与风险的考量

人民币国际化,可以为中国带来多方面利益。譬如,获得可观的国际铸币税收入,并减轻外汇储备贬值风险(石巧荣,2010);降低企业面临的汇率风险,并在某种程度上降低其借贷成本(Taylor,2013);促进国内金融体系发展,增加金融部门收益(Ranjan 和 Prakash,2010);获得宏观经济政策灵活性的好处,并大幅提升中国的国际影响力(Cohen,2012b)等。然而,另外,人民币国际化也会给中国带来诸多成本与风险。譬如,加大宏观经济调控难度,影响宏观经济政策的独立性,特别是政策制定需要考虑其对世界其他国家可能产生的溢出效应,并肩负起更多的国际责任(Liu 和 Moshirian,2014);当其他国家汇率盯住人民币时,中国将难以使用汇率政策调节国际收支(Dobson 和 Masson,2009;Chey,2013);非居民对人民币需求的增加将导致人民币升值,从而降低中国出口商品的竞争力(Frankel,2012)等。

我们认为,人民币国际化特别是如果人民币最终成为首位国际货币,可能给中国带来的最大经济利益是国际铸币税收入、宏观经济政策灵活性、降低企业交易成本与汇率风险。然而,随着世界经济、政治格局的日趋多极化,未来国际货币体系的发展方向必然是多元化,类似战后布雷顿森林体系所确立的单一主权货币霸权将不复存在。在多种国际货币并存的多元国际货币体系之下,即便是首位国际货币发行国,由于竞争者的广泛存在,其滥用中心货币权力而实施不负责任的经济政策的行为("嚣张的特权")将受到限制(Eichengreen,2011;Jenkins 和 Zelenbaba,2012)。因此,不仅宏观经济政策灵活性的好处难以实现,事实上国内经济政策还将面临更多外部约束,因为不负责任的经济政策可能会导致非居民对其货币需求的转移("用脚投票")。同时,由于存在竞争性国际货币,国际铸币税收入也会大大降低(Cohen,1971)。

另一方面,成为首位国际货币的前提是资本账户完全开放,由此带来的大规模且易变的跨境资本流动将加剧国内金融市场波动,影响国内宏观金融稳定;同时,削弱政府引导储蓄进入相关产业的能力,因为如果外国公司向居民提供更有吸引力的产品,那么居民储蓄就不会自动流入本国银行,继而也就不会进入政府所支持的产业和企业(Eichengreen,2011)。此外,首位国际货币发行国为了赢得国际声誉,必然扩大财政赤字以满足其参与全球政治、经济与军事合作的需要(Cohen,2019),政府开支与债券发行规模将不断扩大,不仅加剧还本付息压力,还可能因此削弱人民币币值稳定性,进而影响外国投资者对人民币计价资产的持有意愿,导致其对人民币需求的转移,跨境资本随之大规模流出,宏观金融风险急剧上升。

总之,在未来国际货币竞争日益加剧的条件下,人民币成为首位国际货币的真实收益或许有限,而其潜在风险则不容忽视。应该始终把降低与人民币国际化相关的风险、维护国内宏观金融稳定放在优先地位。在此前提下,稳步推进人民币国际化,实现与中国经济地位相称的国际货币地位。

(二)人民币国际化的路径优化

1. 基本原则:市场驱动为主、政策扶持为辅

如前所述,人民币国际化战略自 2009 年正式启动以来,经历了两个发展模式:一是 2009—2017 年的"旧三位一体"(跨境人民币结算+离岸市场+配套基础设施);二是 2018 年之后的"新三位一体"(大宗商品人民币计价+国内金融开放+推动"一带一路"建设中人民币使用)(张明和李曦晨,2019)。这一发展模式的转变表明,市场在人民币国际化进程中的作用得到更多关注和体现。未来应进一步发挥市场的主导作用,坚持市场驱动为主、政策扶持为辅的基本原则。这是因为,纵观主要国际货币的国际化历史,唯有 20 世纪 90 年代之后的日元国际化是在日本政府主导下推动的,然而其结果却并不理想;其他国际货币(包括英镑、美元、欧元等)的国际化都不是依赖于一个正式的政府机构所制定的正式规划而实现的(Cohen,2014),尽管政府在其货币国际化过程中也发挥了重要作用。从 2016—2017 年人民币国际化的停滞也能看出,主要依赖政策推动的人民币国际化或许并不具有可持续性。当然,这绝不意味

着政府应该"毫无作为"。事实上,英镑与美元国际化的历史表明,适当的政府政策对货币国际化的实现非常重要。政府的主要作用在于培育市场和制度条件,并防控与人民币国际化相关的宏观金融风险。与之相关的是,不必也不应为人民币国际化预设时间表。随着相关制度基础和市场条件的日渐成熟,人民币终将发展成为三元国际货币体系中的一元,获得与中国经济地位相称的国际货币地位。

2. 人民币国际化的推进策略

(1)需求面策略:培育非居民对人民币资产的真实需求

一国货币能否成功实现国际化,取决于非居民是否对其具有广泛且持续的需求。因为,没有任何一个国家可以强迫外国居民使用其货币,而只能通过各种方式增强其货币对潜在使用者的吸引力(Chey, 2014;Cohen, 2014)。2016—2017年人民币国际化陷入停滞表明,套利套汇动机驱动下的货币投机需求只会带来人民币国际化的虚假繁荣而难以持续,唯有培育非居民对人民币及人民币资产的真实需求,才能实现人民币国际化的持续发展。本章第二节将通过人民币国际化需求面的影响因素分析,从国际货币的交易媒介、计价单位和价值贮藏三大职能角度,探讨人民币国际化的需求面推进策略。

(2)供给面策略:培育发达且高度开放的国内金融市场

供给面策略主要关注如何促进货币发行国经济与贸易规模增长,提升其军事和政治影响力,以及培育发达且高度开放的国内金融市场等。对于实现前述人民币国际化的目标——即取得与全球第二大经济体相称的国际货币地位——而言,中国目前的短板主要在国内金融市场发展水平与开放程度。克鲁兹等(2014)认为,中国当前金融市场的深度和流动性不如德国、日本和韩国开始货币国际化之时,更远低于这些经济体的当前金融市场发展水平,特别是资本市场的发展远远落后于现有的国际货币发行国。提升国内金融市场的发展水平,不仅能够提高人民币及人民币计价资产对境外投资者的可获得性,更有利于为跨境资本流动打造"蓄水池",抵御大规模跨境资本流动对国内金融体系的冲击,防范与之相关的宏观金融风险。本章第三节将基于国内金融市场发展现状的详细分析,提出积极发展多层次金融市场,实现国内金融市场深化与广化的具体措施。

(3)配套政策措施

为降低与人民币国际化相关的宏观金融风险,推动人民币国际地位稳步提升,还需要相关配套改革与政策措施的及时跟进。首先,需要改变对离岸市场的过度依赖,深化国内金融改革,健全金融体系(包括深化利率与汇率市场化改革、健全国内银行体系、规范影子银行发展、强化金融监管等)。其次,在国内金融体系不断健全、金融市场发展水平日益提升的前提下有序推进资本账户开放。再次,完善宏观经济政策调控体系,维持可持续的公共债务水平,保持人民币币值稳定性,构筑非居民对人民币的信心;同时完善宏观审慎监管,以维护国内宏观金融稳定。再次,完善创新政策,促进企业沿价值链攀升,提升其国际竞争力与议价能力,夯实人民币国际化的微观基础。最后,加强区域货币金融合作,降低人民币国际化进程中的困难与风险。我们将在第五章详细探讨上述配套政策措施。

第二节 人民币国际化需求面策略:培育人民币资产的境外真实需求

一、人民币国际化的需求面研究

目前,大多数关于人民币国际化的文献都是从供给角度,即从经济贸易规模、金融市场发展水平、资本账户开放程度、国内价格水平、政府对人民币国际化的政策支持,以及国际影响力等中国自身经济、政治条件出发进行研究。这种仅从中国角度而非从外国人民币使用者角度来研究人民币国际化是存在严重缺陷的,因为人民币国际化能否最终成功,取决于非居民对人民币的需求

（Chey,2014）。正如科恩(2014)所指出的,尽管可能渴望使其货币享有全球地位,但中国不能直接迫使非居民使用人民币,而只能以某种方式增强人民币对潜在使用者的吸引力,即必须使人民币具有竞争力,从而成功改变市场需求面的偏好。对此,科恩(2012b)认为,需求面的偏好由三个基本因素决定。首先,至少在货币跨境使用的初始阶段,人们对该货币未来价值稳定性抱有广泛的信心,这种信心源自货币发行国政治稳定性以及尊重财产权利与法律规则的良好声誉。其次是高度的交易流动性和合理的资产价值可预见性。两者的关键在于拥有一个不受高交易成本和正式或非正式进入壁垒束缚的发达金融市场。该金融市场必须具有广度,即有各种各样的金融工具可用于短期或长期形式的投资;它们还必须具有深度和弹性,即对于大多数金融产品,要有完善运作的二级市场。最后,该国必须承诺建立广泛的交易网络,以确保其货币有足够的潜在用户,即所谓的"网络外部性"。这意味着该经济体的绝对规模庞大且很好地融入世界市场。只要这三种品质都具备,货币的吸引力就会增强,从而鼓励非居民的广泛使用。在科恩看来,中国目前仅具备第三个条件,即拥有广泛的交易网络。不过,从上面的三个条件可以看出,科恩仍然是从中国自身的角度,探讨如何通过间接手段(譬如,保持人民币价值稳定性、发展国内金融市场等)来提升人民币的竞争力和吸引力,进而影响非居民对人民币的需求。真正从外国使用者角度,即需求侧研究人民币国际化的文献还不多见。

（一）基于计价单位职能的研究

计价单位职能是指国际货币被私人部门广泛用于国际商品贸易和金融交易的计价,并被官方部门作为汇率盯住的"驻锚"(Cohen,1971;Hartmann,1998)。由于难以获得各国私人部门将人民币作为商品贸易和金融交易计价的数据,学者们基于官方汇率"驻锚"的视角,研究人民币在相关国家隐含货币篮子中的权重,并从需求方角度探讨其影响因素。苏布马尼亚和凯斯勒

(2012)基于"Frankel—Wei 模型",研究人民币在一组新兴经济体隐含货币篮子中的权重,发现人民币正逐渐成为一些东亚经济体的"锚货币"。他们进一步以贸易份额、共同通货膨胀冲击和共同金融冲击为解释变量,分析为什么一些国家会选择将人民币作为重要的锚定货币,结果发现,一个在贸易方面与中国深度融合的经济体,更有可能将其货币与人民币挂钩。艾肯格林和伦巴第(Eichengreen 和 Lombardi,2017)研究发现,人民币已经成为亚洲第二大锚定货币,尤其是对于东盟经济体而言;一国与中国金融市场之间的相关性越高,该国货币更有可能与人民币共同浮动;而共同通货膨胀冲击和贸易份额对于样本国是否将人民币作为重要锚定货币的影响则不大。

(二)基于交易媒介职能的研究

作为交易媒介,国际货币是在国际贸易和资本交易中被私人部门用于商品交易或任意两个货币之间间接交换的媒介货币;也被官方部门用作外汇市场干预和平衡国际收支的工具(Cohen,1971;Hartmann,1998)。同样,由于相关数据难以获得,一些文献从人民币—本币双边货币互换协议的影响因素角度进行研究,因为人民币与本币的双边互换安排常常被用来作为相关国家的企业获取人民币以支付从中国进口的一种手段(Chey 等,2016)。廖和麦克道尔(2015)认为,人民币国际化的一个关键策略是中国人民银行与越来越多的外国中央银行就双边货币互换协议(BSA)进行谈判,以促进人民币在跨境贸易和直接投资结算中的使用。他们构建了一个解释双边货币互换协议合作的供需联合模型,结果发现越来越依赖中国作为贸易或直接投资伙伴的国家(即事实上的经济相互依存),以及与中国签订了优惠贸易和投资协议的国家(即法律上的经济一体化)更有可能与中国签署双边货币互换协议。艾肯格林和伦巴第(2017)研究发现,较大的经济体更有可能与中国达成双边货币互换协议,且此类安排的金额也更大;同样,贸易伙伴关系对双边货币互换安排至关重要。

（三）基于价值贮藏职能的研究

价值贮藏职能是指国际货币或以国际货币计价的金融资产被私人部门用于投资组合的选择，并被官方部门用作储备资产（Cohen，1971；Hartmann，1998）。关于私人部门投资货币选择的数据同样难以获得，相关文献主要是从官方外汇储备角度进行研究。廖和麦克道尔（2016）研究为什么一些国家在早期阶段就选择多样化其外汇储备，并将人民币纳入其官方外汇储备，而大多数国家仍继续采取观望态度。他们认为，各国对国际秩序——即支配国家间相互关系与行为准则的制度——的偏好会影响其将储备货币多样化并选择人民币作为储备货币的决策。作者利用联合国大会（UNGA）投票数据库的理想点（ideal points data）来衡量国家对国际秩序的偏好，结果发现与美国之间的理想点距离较大的国家更可能将人民币纳入储备货币；与中国之间的理想点距离较小的国家也更有可能将储备货币多样化为人民币；交易需求和最佳投资组合在储备货币选择中的作用不大；经济上依赖于中国的国家，并不一定会将储备货币多样化为人民币。作者据此认为，政治因素而非经济因素可以更好地解释人民币作为新兴储备货币的需求；地缘政治很大程度上影响着一国对人民币作为储备货币的需求偏好。

（四）综合视角的研究

切伊（Chey，2015）从韩国企业、金融行业和政府角度，研究单个外国经济体如何看待人民币国际化。作者发现，尽管与中国有着非常紧密的经济联系，并且有中国政府对人民币国际化的积极推动，韩国至今仍然没有出现有利于提高人民币使用程度的强有力的市场力量。人民币投资机会有限和交易成本高昂限制了韩国企业对人民币贸易结算的需求；相关业务人才的缺乏以及在人民币业务上的竞争力低使韩国商业银行对人民币业务难以产生内生兴趣。2014 年之前，韩国政府对人民币国际化态度中立甚至冷漠；此后出于最大限度地从"中国机会"中获利并加强本国经济稳定性的考虑,从2014年起韩国政府陆续出台了一些强有力的政策以支持人民币在该国的使用。切伊等(2016)认为,特定国家的政府对待人民币在其境内使用的态度很大程度上决定着人民币在该国的使用。考虑到数据可获得性,他们采用样本国政府建立的支持人民币使用的基础设施,而非人民币在该国实际使用数据作为被解释变量,即以2015年11月底人民币被纳入国际货币基金组织特别提款权货币篮子为时间节点,考察人民币国际化的早期阶段,以一个国家拥有人民币合格境外机构投资者计划、双边货币互换安排、人民币清算银行、人民币—本币直接交易和人民币外汇储备五种人民币基础设施的数量,来衡量该国对人民币使用的基础设施水平,并分析其影响因素。结果发现,如果一个国家或地区拥有全球主要金融中心,则其政府更可能建立有利于人民币使用的基础设施;一个国家与中国通过精对苯二甲酸或双边投资协定(BIT)进行制度性经济合作,会对该国政府使用人民币的政策产生积极影响;一国与美国的安全关系与其对人民币的使用之间存在负相关关系。总体而言,一个国家与中国或美国进行市场驱动的经济一体化不会在很大程度上影响其政府的人民币使用政策,原因在于,在人民币国际化的这个非常早期的阶段,使用人民币的交易成本仍然很高,一个国家仅与中国的经济互动并不一定会导致人民币使用量的增加,或者更确切地说,促使其建立强大的人民币相关基础设施。

综上可知,从需求方(即外国使用者)的角度来看,影响人民币国际化的可能因素主要有以下几点。

第一,相关国家与中国法律上的经济一体化。与中国签订优惠贸易和投资协议的国家,即与中国进行制度性经济合作的国家,更有可能通过政策手段推动人民币在其境内的使用。

第二,相关国家与中国的经济融合程度。尽管实证研究结果尚未取得一致,但在其他条件相同的情况下,一个与中国在贸易与投资方面深度融合的国家,越有可能接受人民币,但前提是能够有效降低其使用人民币的交易成本。

第三,政治因素,包括相关国家对现存国际秩序的态度,以及安全方面对美国的依赖程度等,对人民币国际化可能有着相对于经济因素更为重要的影响。

除此之外,一国是否拥有国际金融中心,与中国之间是否存在共同的贸易、金融或其他真实冲击等因素也会影响其对人民币的使用态度和水平。

二、人民币国际化需求面影响因素的实证分析

(一)研究设计

1. 变量选择

为了研究人民币国际化的需求面影响因素,本书以全球 82 个主要国家为研究对象①,构建面板分对数(Logit)模型研究货币使用国方面的因素对人民币国际化的影响。我们重点关注样本国对中国的贸易与直接投资依存度对其人民币使用意愿的影响,同时控制其他需求侧影响因素,譬如样本国是否拥有国际金融中心、经济自由度等。此外,还探讨不同经济发展水平国家、"一带一路"与非"一带一路"国家对人民币使用意愿影响因素的异质性。

(1)被解释变量

关于货币国际化影响因素的研究,一般以货币国际化程度为被解释变量。如第二章所述,人民币国际化程度的衡量方法主要有单一指标法和综合指数法两种。譬如,李稻葵和刘霖林(2008)以主要国际货币占各国中央银行外汇储备的比重来衡量货币国际化程度。林乐芬和王少楠(2015)使用货币结算、投资与储备职能等数据,并赋予各自 1/3 的权重进行加权计算得出人民币国际化指数。本节研究人民币国际化的需求侧影响因素,由于缺乏人民币在各个国家使用情况的具体数据,无论是单一指标法还是综合指数法,都因数据可得性问题而无法运用。因此,借鉴廖和麦克道尔(2016)、切伊等(2016)等做法,结

---

① 本部分选取全球 82 个国家、2009—2018 年的面板数据,涵盖亚洲、欧洲、非洲、北美洲、拉丁美洲、大洋洲等各个板块具有代表性的样本国。

合数据可获得性,同时采用是否与中国签订人民币—本币双边货币互换协议(bsa)、是否设有人民币清算行(rcb)以及是否与人民币进行直接交易(dtr)等三个变量作为被解释变量,以衡量相关国家对人民币的使用意愿。理由如下:

首先,尽管签订双边本币互换协议的最初目的是应对短期国际流动性问题,体现双方加强合作、共同应对金融危机的意愿,然而由于全球金融危机之后主要国际储备货币汇率大幅波动和美元流动性的明显扩张,中国人民银行签订双边本币互换协议的目的由应对流动性风险转变为通过便利贸易与投资来促进人民币国际化。因为人民币与本币的双边互换安排常常被用来作为相关国家的企业获取人民币,以支付从中国进口的一种手段(Chey 等,2016)。廖和麦克道尔认为,人民币国际化的一个关键策略是中国人民银行与越来越多的外国中央银行就双边货币互换协议进行谈判,以促进人民币在跨境贸易和直接投资结算中的使用。

其次,境外人民币清算行相当于人民币离岸中心的中央银行,不仅有利于中国人民银行对离岸金融中心的管理和风险防控,减轻离岸人民币资金对在岸市场的冲击;更为重要的是,它降低了非居民使用人民币的障碍和交易成本,是实现人民币国际化的重要制度安排和金融基础设施。

最后,人民币与其他国家货币实现直接交易,是人民币在外汇市场上发挥国际计价单位职能的重要体现,有利于人民币国际化水平的提升。截至 2019 年年底,人民币直接交易货币对总数已达 24 个,这将对人民币国际化和中国经贸发展产生长期的积极影响。

参考廖和麦克道尔(2016)、朱孟楠和曹春玉(2019)等文献的做法,如果样本国与中国在某一年签订了双边本币互换协议(或设立境外人民币清算行或与人民币直接交易),则在协议(设立或交易)期间设为1,之前的年份设为0;如果协议到期未续签或协议违约也设为0。资料来源于国家外汇管理局和中国人民银行。

(2)解释变量

核心解释变量为样本国对中国的贸易和直接投资依存度,具体包括进

（出）口贸易依存度和双向直接投资依存度。同时，借鉴现有文献研究成果，选择可能影响人民币国际化的其他需求侧因素，包括样本国是否与中国签订自由贸易协定、样本国是否与中国签订双边投资协定、样本国是否拥有国际金融中心、样本国的经济自由度、样本国与中国的距离等。各变量解释如下：

样本国对中国的进（出）口贸易依存度：以样本国对中国的进（出）口额占该国进（出）口总额的份额衡量，其中，出口依存度用 ex、进口依存度用 im 表示。一国与中国的进（出）口贸易联系越密切，越有可能在进（出）口贸易中使用人民币进行交易。数据来自国际货币基金组织的贸易方向统计数据库（Direction of Trade，DOT）。

样本国对中国的双向直接投资依存度。采用样本国吸收的来自中国的直接投资存量占该国吸收的外国直接投资总存量的份额、样本国对中国直接投资存量占其对外直接投资总存量的份额来衡量样本国对中国的双向直接投资依存度①，分别用 $ifdi$ 和 $ofdi$ 表示。随着样本国对中国双向直接投资依存度的提高，在双向直接投资中使用人民币进行结算更有利于降低双方的交易成本。因此，一国对中国的双向直接投资依存度越高，越有利于人民币在该国接受和使用程度的增加，推动人民币国际化。数据来源于联合国贸易发展会议发布的历年"World Investment Report"。

样本国与中国是否签订自由贸易协定（fta）或双边投资协定（bit）：自由贸易协定降低了贸易的关税和非关税壁垒，双边投资协定则降低了东道国政府没收外国投资的风险。对于那些与中国之间拥有自由贸易协定或双边投资协定国家的企业而言，其货物和资本流动受到较少限制，更有利于人民币的使用（Liao 和 McDowell，2016）。这两个变量均为虚拟变量，若一国与中国签订自由贸易协定或双边投资协定设为1，否则设为0。数据来自商务部官网。

样本国是否拥有国际金融中心（$center$）：如果一国拥有全球重要的金融中

---

① 由于只能获得样本国对外直接投资流量数据，我们借鉴范巧（2012）等文献的方法，采用永续盘存法对样本国对外直接投资存量进行估算。

心,在该国运营的金融机构可能出于开拓人民币业务的需要,要求政府采取相关支持政策,以促进其在该国从事人民币相关业务(Chey 等,2016),这显然有利于人民币的国际使用。该变量也是一个虚拟变量,若某国拥有国际金融中心,则设为1;否则为0。数据来自英国智库 Z/YEN 集团和中国(深圳)综合开发研究院共同编制的"2019 年全球金融中心指数报告"。

样本国经济自由度($ecofree$):以经济自由度指数衡量,一个国家的经济自由度越高,表明该国的贸易、投资等活动所受到的约束越少,更有可能与中国开展经贸合作活动,也更有可能使用人民币进行贸易、投资结算。经济自由度指数是由政府规模、法律制度和产权、稳健货币、国际贸易自由和监管五大领域的 42 个指标所构成的综合指数。数据来自《华尔街日报》和美国传统基金会发布的年度报告 Economic Freedom Network,并取其自然对数。

样本国与中国的距离($dist$):以样本国首都与中国首都间的直线距离来衡量。与中国距离越近的国家,贸易和投资活动的交易成本越低,越有利于在其国际交易中使用人民币,因而对人民币国际化具有正向促进作用。人民币的跨境使用最初就是与周边国家通过人员来往、边境贸易、边境旅游等途径开始的,因此我们预期与中国距离近的国家,更有可能使用人民币。

2. 模型与方法

由于被解释变量为 0—1 虚拟变量,线性回归模型并不适用。为了探讨上述因素对各国人民币使用意愿的影响,本书采用分对数模型进行分析。具体而言,构建计量经济模型设定如下:

$$\frac{\ln P(y_i)}{1 - P(y_i)} = \beta_0 + \sum_{i=1}^{9} \beta_i x_i, i = 1,2,\cdots,9。 \qquad \frac{\ln P(y)}{1 - P(y)} = \beta_0 + \sum_{i=1}^{9} \beta_i x_i \quad (4.1)$$

化简之后,最终的计量模型为:

$$P(y) = \frac{1}{1 + \exp[-(\beta_0 + \sum_{i=1}^{9} \beta_i x_i)]} \qquad P(y_i) = \frac{1}{1 + \exp[-(\beta_0 + \sum_{i=1}^{9} \beta_i x_i)]}, i = 1,2,\cdots,9。$$

$$(4.2)$$

其中,x_i 为解释变量向量,β_0 为常数项,β_i 衡量第 i 个解释变量对人民币使用意愿的影响方向与强度。上式能够较好地测度被解释变量 y (分别为 bsa、rcb、dtr)发生的概率值 P 和各解释变量之间的非线性关系,可以计算被解释变量取值为 1 或 0 的概率。在回归分析之前,首先对相关变量进行统计描述(见表4-6)。

表4-6 各变量描述性统计

变量	样本数	均值	标准差	最小值	最大值
bsa	820	0.2280488	0.4198303	0	1
rcb	820	0.1317073	0.3383787	0	1
dtr	820	0.2304878	0.4214021	0	1
im	820	4.868017	6.529344	0.0003925	55.75002
ex	820	6.45349	8.633537	0.0306125	89.63097
$ifdi$	820	3.086693	6.227785	0.0005794	45.82561
$ofdi$	820	4.726374	7.234482	0.0013451	39.13455
bit	820	0.8109756	0.3917669	0	1
fta	820	0.2085366	0.4065103	0	1
$center$	820	0.5841463	0.4931693	0	1
$ecofree$	820	1.803999	0.0809282	1.401401	1.954242
$dist$	820	7.641444	4.019698	0.9556511	19.29747

(二)实证结果与分析

1. 基准回归结果

我们选取全球 82 个主要国家、2009—2018 年的年度面板数据,采用 Stata16 软件对上述分对数模型进行参数估计。估计结果见表4-7。表4-7 的第 2 栏、第 3 栏、第 4 栏分别以是否签订双边本币互换协议(bsa)、是否设立人民币清算行(rcb)和是否进行人民币直接交易(dtr)作为被解释变量。

表4-7 基准回归与异质性检验结果

| 变量 | 基准回归 | | | 按经济发展水平分组的异质性检验 | | | | | | 按是否为"一带一路"沿线国家和地区分组的异质性检验 | | | | | |
| | | | | 经济合作与发展组织国家 | | | 非经济合作与发展组织国家 | | | "一带一路"沿线国家和地区 | | | 非"一带一路"沿线国家和地区 | | |
	bsa	rcb	dtr	bsa	rcb	dtr	bsa	rcb	dtr	bsa	rcb	dtr	bsa	rcb	dtr
im	-0.05** (-2.11)	-0.12*** (-3.46)	-0.002* (-0.14)	0.12 (1.10)	-0.05** (-2.18)	-0.04 (-2.00)	-0.04** (-2.07)	-0.15*** (-3.18)	-0.08** (-2.65)	-0.06* (-1.89)	-0.14*** (-3.33)	-0.09* (-2.08)	-0.07 (-1.04)	-0.12* (-1.85)	0.05 (1.41)
ex	0.04** (2.36)	0.06*** (3.14)	0.10*** (6.31)	0.13* (1.28)	0.15* (1.88)	0.15** (2.48)	0.01 (1.01)	0.06** (2.42)	0.09*** (5.28)	0.05** (2.35)	0.01 (1.33)	0.13*** (4.56)	0.17*** (4.28)	0.06** (2.35)	0.10** (3.76)
ifdi	0.03*** (6.13)	0.45*** (7.01)	0.03** (5.59)	0.17 (1.41)	0.62*** (4.35)	0.27** (2.48)	0.06* (1.94)	0.47*** (5.97)	0.14** (2.64)	0.03 (0.98)	0.66*** (5.01)	-0.003 (-0.07)	0.24** (2.07)	0.43*** (4.67)	0.04 (0.79)
ofdi	0.04*** (6.24)	0.67*** (4.76)	0.38*** (4.29)	0.43*** (3.52)	0.75*** (4.76)	0.06 (1.41)	0.28*** (3.94)	0.09** (2.06)	0.70** (1.98)	0.08 (0.12)	0.54*** (4.88)	0.002 (0.05)	0.14* (1.78)	0.34*** (3.21)	0.02 (0.60)
bit	1.45*** (3.97)	0.52 (1.49)	1.37** (2.85)	0.75*** (4.66)	0.78 (1.13)	1.13** (2.52)	1.42*** (3.62)	0.87* (1.91)	0.70* (1.83)	-0.08 (-0.18)	1.77 (1.67)	-0.72 (-1.44)	0.03 (0.02)	0.99*** (2.14)	0.35 (1.10)
fta	1.46*** (6.14)	0.84*** (2.75)	-0.04 (-0.16)	4.57*** (5.14)	-0.86 (-1.08)	1.15* (1.79)	0.29 (1.02)	1.51*** (3.25)	0.08 (0.23)	1.05*** (3.05)	1.25** (2.48)	1.13** (2.13)	3.90*** (5.81)	-0.38 (-0.74)	-0.27 (-0.67)
center	1.04*** (4.12)	5.96*** (5.69)	1.27*** (4.85)	0.76** (2.42)	1.66*** (3.74)	0.73** (2.10)	1.53*** (5.65)	5.74*** (5.14)	1.79*** (4.90)	0.66** (2.32)	9.12*** (4.36)	1.65*** (3.73)	5.03*** (4.49)	5.70*** (3.56)	0.72** (2.10)
ecofree	-1.75 (-1.07)	7.58*** (3.11)	5.59*** (3.32)	0.54 (0.10)	7.44 (1.31)	9.29** (2.39)	2.00 (1.03)	15.04*** (3.65)	2.35 (1.32)	3.05 (1.36)	12.06*** (2.91)	6.14** (2.22)	15.31*** (3.28)	6.62* (1.88)	3.54 (1.43)
dist	0.23 (0.39)	0.36 (1.94)	0.953 (1.34)	0.29** (2.13)	0.18* (1.77)	0.04 (0.60)	-0.01 (-0.55)	2.18*** (3.21)	-0.10* (-1.77)	-0.02 (-0.23)	-0.14 (-0.56)	-3.98 (-3.73)	0.03 (0.71)	0.15 (1.44)	-2.11 (-2.32)

续表

变量	基准回归			按经济发展水平分组的异质性检验						按是否为"一带一路"沿线国家和地区分组的异质性检验					
				经济合作与发展组织国家			非经济合作与发展组织国家			"一带一路"沿线国家和地区			非"一带一路"沿线国家和地区		
	bsa	rcb	dtr	bsa	rcb	dtr	bsa	rcb	dtr	bsa	rcb	dtr	bsa	rcb	dtr
常数项	-1.32*** (-3.68)	-22.84*** (-4.92)	-12.6*** (-4.07)	-2.46 (-0.24)	-17.73* (-1.67)	-19.83* (-2.74)	-6.31* (-1.76)	-36.95*** (-4.511)	-6.31 (-1.54)	-6.72* (-1.61)	-34.39*** (-4.15)	-13.30*** (-2.59)	20.24** (2.34)	-21.38*** (-3.11)	-8.04* (-1.71)
样本数	820	820	820	360	360	360	460	460	460	430	430	430	390	390	390

注：***、**、*分别代表在1%、5%和10%的水平下显著，（ ）内的数值为Z值，表4-4、表4-5同。

247

由基准回归结果可知,我们所关注的核心解释变量,即样本国对中国的出口贸易依存度和双向直接投资依存度对其人民币使用意愿具有显著的正向影响。此外,样本国是否与中国签订自由贸易协定或双边投资协定、样本国是否拥有国际金融中心等因素也显著影响其人民币使用意愿。具体分析如下:

第一,一国对中国的出口依存度和进口依存度对其人民币使用意愿均具有显著影响,但二者的影响方向相反。随着一国对中国出口依存度的提高,其对人民币的使用意愿也会相应上升;然而,一国对中国进口依存度提高反而导致其对人民币的使用意愿下降。究其原因,可能是因为人民币曾经长期处于升值通道,导致外国贸易商更愿意接受人民币(向中国出口采用人民币计价结算)而不愿意支付人民币(从中国进口仍然采用美元而非人民币计价算)。此外,尽管中国已成为世界第一贸易大国,但出口产品仍然以劳动密集型和差异性较小的资本或技术密集型产品为主,这类产品的出口替代弹性较大,贸易竞争力不足(余道先和邹彤,2017),导致中国出口商在计价货币选择方面比较被动,限制了人民币在中国出口贸易(样本国进口贸易)中发挥计价单位职能和交易媒介职能。

第二,样本国对中国的双向直接投资依存度对其人民币使用意愿具有正向促进作用。这是因为,随着样本国对中国双向直接投资依存度的提高,在双边投资中使用人民币进行结算更有利于降低双方的交易成本。因此,一国越依赖中国的直接投资以及向中国进行直接投资,该国越有可能使用人民币。这一结果与实际观察到的数据也是吻合的。中国人民银行于 2010 年 10 月将新疆作为试点城市,正式开展境内企业人民币对外直接投资业务;至 2011 年 8 月,对外直接投资人民币结算地域范围延伸至全国。2011 年 10 月,境外投资者获准以合法获得的境外人民币依法来华开展直接投资活动。上述政策极大地推动了人民币在双向直接投资中的使用。根据中国人民银行发布的数据,对外直接投资人民币跨境结算金额从 2011 年的 159 亿元上升到 2019 年的

7555亿元,累计增长了约48倍;外商直接投资人民币跨境结算金额从2011年的907亿元上升到2019年的2.02万亿元,累计增长超过22倍。

第三,样本国是否与中国签订自由贸易协定或双边投资协定,对其人民币使用意愿具有积极影响,尤其当以"是否签订双边本币互换协议"来衡量人民币使用意愿时最为显著。自由贸易协定和双边投资协定能够显著降低运输成本、文化壁垒和其他贸易或投资障碍,深化相关国家与中国的贸易、投资和金融互动,从而增强了在该国或地区使用人民币的吸引力(Eichengreen和Lombardi,2017)。

第四,样本国是否拥有国际金融中心对其人民币使用意愿具有显著的正向影响。国际金融中心的设立可以提高样本国企业的融资能力,潜在国际货币发行国更可能与拥有国际金融中心的国家进行合作,以促进其货币的国际使用。同时,在拥有国际金融中心的国家运营的全球金融机构可能要求政府采取相关支持政策,以促进其在该国从事人民币相关业务,并获得竞争优势。为了维持或加强其作为全球金融中心国家的竞争力,政府需要对这种需求作出积极回应(Chey等,2016)。这也是伦敦成为继中国香港和新加坡之后的又一个重要的人民币离岸金融中心的原因。英国也是较早与中国签订双边本币互换协议、建立人民币清算行、与人民币开展直接交易,并宣布将人民币纳入官方外汇储备的发达国家之一。

第五,距离对于样本国人民币使用意愿的影响并不显著。考虑距离对货币国际使用的影响,主要是因为距离会影响交易成本,但货币并不像货物那样会因为距离远而导致交易成本上升,因为货币没有"重量"。类似地,何等(He等,2016)研究发现,世界主要货币国际交易并不受地理距离的影响。这意味着真正意义上的国际货币是无重量的;距离对货币国际化并不是一个重要的影响因素。

第六,样本国经济自由度对其人民币使用意愿(以是否设立人民币离岸清算行,或是否与人民币直接交易来衡量)的影响显著为正,反映了经济自由度高的国家,其企业对外进行贸易、投资活动时所受到的限制和约束较少,更有可能与中国开展贸易与投资合作,从而促进人民币在跨境贸易和投资中发挥计价结算功能,有利于提高人民币国际化水平。

2.异质性检验

(1)按经济发展水平分组的异质性检验

我们首先将样本国按经济发展水平划分为经济合作与发展组织国家①、非经济合作与发展组织国家,两类国家在经济实力、科学技术发展水平、文化环境以及政治制度等方面都存在巨大差异,研究两类国家对人民币使用意愿的异质性,有利于针对性地提出提升人民币在不同经济发展水平国家使用程度的政策建议,对人民币国际化战略意义重大。分组回归结果如表4-7第5栏至第10栏所示。从贸易依存度来看,样本国对中国的进(出)口贸易依存度对其人民币使用意愿的影响,在非经济合作与发展组织国家比在经济合作与发展组织国家更为显著,原因可能在于经济合作与发展组织国家多为发达国家,相对于非经济合作与发展组织国家而言,中国向经济合作与发展组织国家出口的多为劳动密集型产品、原材料或半成品,而进口的多为差异化的制成品、高附加值产品。由前文分析并结合"麦金农假说",那些差异化的制造业产品,由于其生产者拥有较强的议价能力而大多采用出口国货币计价;而那些差异化较小的同质产品(如石油、铁矿石等初级产品),在国际贸易中则多使用主要国际货币(如美元)计价(Kelly,2009)。因此,在同经济合作与发展组织国家的贸易中,推行人民币计价结算相对更为困难。类似地,相较于经济合作与发展组织国家而言,双向直接投资依存度对非经济合作与发展组织国家人民币使用意愿的影响也更为显著。因此,强化双边贸易与投资关系,更有助于推动人民币在非经济合作与发展组织国家的使用。

---

① 经济合作与发展组织是由38个市场经济国家组成的政府间国际经济组织,旨在共同应对全球化带来的经济、社会和政府治理等方面的挑战,并把握全球化带来的机遇,成员大多为发达国家,因此也被称为"富国俱乐部"。

（2）按是否为"一带一路"沿线国家和地区分组的异质性检验

"一带一路"倡议为沿线各国和地区经济发展提供了良好的国际环境,顺应了我国对外开放区域结构转型的需要,也为人民币国际化注入新的生机与活力,对人民币国际化的发展具有重要战略意义。"一带一路"建设与人民币国际化相辅相成、协同发展。一方面,"一带一路"倡议通过基础设施建设、贸易与投资、金融合作等方式推动人民币国际使用程度的上升;另一方面,人民币国际化为"一带一路"建设提供必要的资金和制度保障。因此,我们将样本国划分为"一带一路"沿线国家和地区以及非"一带一路"沿线国家和地区,考察不同组别国家人民币国际化影响因素的差异性。估计结果由表4-7第11栏至第16栏给出。我们发现,相对而言,双向贸易依存度对"一带一路"沿线国家和地区人民币使用意愿的影响更加显著,而双向直接投资依存度对非"一带一路"沿线国家和地区人民币使用意愿的影响更加显著。但无论是"一带一路"沿线国家和地区,还是非"一带一路"沿线国家和地区,贸易依存度对人民币使用意愿的影响都明显大于投资依存度的影响。可能是因为,相较于贸易结算货币而言,对投资货币的要求要高得多。在人民币国际化初期,人民币作为贸易结算手段的国际接受度要远高于其作为投资手段的接受度。

3. 稳健性检验和内生性处理

（1）替换核心解释变量的稳健性检验

刘玲(2019)采用"对外贸易总额/国内生产总值"作为对外贸易依存度,从货币替代与融合角度研究"一带一路"区域人民币国际化影响因素。[①] 我们借鉴这一做法,将核心解释变量替换为进(出)口贸易额或双向直接投资额占样本国国内生产总值的比重,分别衡量样本国对中国的贸易与直接投资依存度。估计结果如表4-8第2栏至第4栏所示,核心解释变量的显著性和影响方向基本保持不变,因此我们的估计结果具有较强的稳健性。

---

① 刘玲:《货币替代与融合发展》,《现代财经》2019 年第 11 期。

（2）控制政治因素和文化因素的稳健性检验

政治因素与文化因素也会影响国际货币的选择（杨连星和刘晓光，2017）。我们进一步控制政治因素和文化因素，以检验实证结果的稳健性。对于政治因素，我们加入了全球治理指数指标。全球治理指数（WGI）是一个包含了有关政府治理的六大方面的综合性指标，具体包括话语权和问责（VA）、政治稳定与杜绝暴力（PV）、政府效能（GE）、规制质量（RQ）、法治（RL）和遏制腐败（CC）。这六大指标基于三十多个基础数据源，报告了全球大量调查对象和专家对治理的看法，可以很好地衡量一个国家的政治稳定程度。样本国良好的政治环境可以降低该国与我国的制度距离成本，促进海外投资（刘晓光和杨连星，2016），进而影响人民币在海外的使用。对于文化因素，我们引入是否设立孔子学院（CI）这一虚拟变量，如果有记为1，反之设为0，以反映样本国是否与中国有地缘政治冲突或历史隔阂。孔子学院的设立一是为了宣传中国文化，增强中国软实力；二是宣扬合作共赢理念，共建和谐世界。文化具有鲜明的多样性与民族性，不同文化体系的矛盾、冲突和碰撞由来已久，一国设立孔子学院说明该国认同中国的传统文化，在文化方面没有大的分歧，同时可以加强文化交流，有助于提升人民币在该地区的接受程度。控制政治或文化因素的估计结果如表4-8第5栏至第10栏所示，回归结果与基准回归基本一致，再次说明估计结果具有稳健性。

（3）内生性问题

核心解释变量，即样本国对中国的双向贸易和直接投资依存度（包括ex、im、$ifdi$、$ofdi$）可能存在内生性。其内生性的可能来源有二：一是某些影响样本国与中国贸易、投资关系的不可观测因素同时也影响其人民币的使用意愿，从而导致核心解释变量与随机误差项相关；二是样本国有利于人民币使用的政策和基础设施的建立（如双边货币互换协议的签订、离岸人民币清算行的设立以及与人民币开展直接交易），反过来也会促进其同中国的贸易和投资往来，从而可能存在反向因果关系。为克服可能存在的内生性问题而导致估计结果的有偏和不一致性,我们将关键解释变量分别滞后一期和两期作为工具变量,采用 ivprobit 方法重新估计。由于工具变量个数和核心解释变量个数一致,无须进行过度识别检验,但要进行弱工具变量检验。CLR、K—J、AR 检验的 p 值均在 5% 的水平下显著,Wald 检验的 p 值在 10% 水平下显著,说明所选择工具变量不是弱工具变量。具体估计结果见表 4-9 第 2 栏至第 7 栏。考虑内生性后,回归结果与基准回归基本一致,说明前述估计结果具有可靠性。

（三）研究结论

本节选取全球 82 个国家、2009—2018 年的数据,实证分析了影响人民币国际化的需求面因素,得出以下结论:第一,样本国对中国的出口贸易和双向直接投资依存度对其人民币使用意愿具有显著的正向影响,样本国是否与中国签订自由贸易协定或双边投资协定、样本国是否拥有国际金融中心等也会正向影响其人民币使用意愿;第二,相较于经济合作与发展组织国家而言,贸易和直接投资依存度对非经济合作与发展组织国家人民币使用意愿的正向影响更显著;第三,双向贸易依存度对"一带一路"沿线国家和地区人民币使用意愿的影响更加显著,而双向直接投资依存度对非"一带一路"沿线国家和地区人民币使用意愿的影响更显著。

表 4-8　稳健性检验结果

变量	替换核心解释变量的衡量指标			控制政治因素			控制文化因素		
	bsa	rcb	dtr	bsa	rcb	dtr	bsa	rcb	dtr
im	-0.04* (-1.69)	-0.07* (-1.98)	-0.05* (-1.68)	-0.06** (-2.28)	-0.12*** (-3.06)	-0.001 (-0.05)	-0.05* (-1.93)	-0.12*** (-3.44)	-0.01 (-0.29)
ex	0.10*** (5.19)	-0.01 (-0.31)	0.10*** (4.95)	0.03** (2.05)	0.06*** (2.62)	0.12*** (6.94)	0.04*** (2.71)	0.07*** (3.17)	0.11*** (6.62)
ifdi	0.09** (4.45)	0.19*** (6.39)	0.002 (0.11)	0.04 (1.24)	0.49*** (7.07)	0.07** (2.17)	0.03 (1.15)	0.45*** (6.70)	0.02 (0.78)

续表

变量	替换核心解释变量的衡量指标			控制政治因素			控制文化因素		
	bsa	*rcb*	*dtr*	*bsa*	*rcb*	*dtr*	*bsa*	*rcb*	*dtr*
ofdi	0.13* (1.69)	0.18** (2.39)	0.10* (1.37)	0.01 (0.30)	0.59** (7.98)	0.08** (3.19)	0.28 (0.94)	0.63** (2.07)	0.52** (1.99)
bit	0.77** (2.12)	−0.04 (−0.16)	0.63** (1.84)	1.58*** (4.36)	−0.16 (−0.60)	0.62* (1.69)	1.53*** (4.16)	0.53 (1.53)	1.11** (3.79)
fta	1.52*** (6.45)	0.84*** (2.77)	0.05* (1.68)	1.39*** (5.39)	0.69** (1.99)	−0.06 (−0.22)	1.39*** (5.85)	−0.20 (−0.81)	0.82*** (2.67)
center	1.09*** (4.30)	3.75*** (5.29)	1.44*** (5.35)	1.37*** (4.92)	5.97*** (5.30)	1.04*** (3.75)	1.04*** (4.11)	5.97*** (5.69)	1.20*** (4.56)
ecofree	−1.01 (−0.71)	2.85 (1.31)	5.82*** (3.41)	9.59** (2.51)	3.35 (0.61)	−0.60 (−0.16)	−1.96 (−1.21)	7.52*** (3.09)	5.50*** (3.25)
dist	−0.02 (−0.62)	0.09*** (2.75)	0.004 (0.13)	0.04 (1.31)	0.17*** (4.21)	−0.03 (−0.83)	−0.01 (−0.54)	0.06* (1.91)	−0.04* (−1.75)
VA	—	—	—	−0.37** (−2.281)	−0.75*** (−3.494)	0.06 (0.377)	—	—	—
PV	—	—	—	−0.02 (−0.121)	0.55* (1.884)	−0.78*** (−4.157)	—	—	—
GE	—	—	—	0.25 (0.886)	0.14 (0.423)	0.63** (2.042)	—	—	—
RQ	—	—	—	−0.98* (−1.881)	1.19 (1.504)	−0.36 (−0.682)	—	—	—
RL	—	—	—	0.21 (0.634)	1.16** (2.047)	1.20*** (3.370)	—	—	—
CC	—	—	—	−0.21 (−0.684)	−1.68*** (−3.702)	−0.09 (−0.260)	—	—	—
CI	—	—	—	−0.366** (−2.281)	−0.75*** (−3.49)	0.060 (0.377)	—	—	—
VA	—	—	—	—	—	—	1.10** (2.136)	0.24 (0.389)	2.13*** (3.064)
常数项	−10.2*** (−2.47)	−12.1*** (−3.08)	−13.4*** (−4.31)	−21.0*** (−3.08)	−16.71* (−1.68)	−2.01 (−0.30)	−1.08 (−0.36)	−22.9*** (−4.94)	−14.4*** (−4.54)
样本数	820	820	820	820	820	820	820	820	820

表 4-9　考虑内生性的 IV Probit 回归结果

变量	内生变量滞后一期			内生变量滞后二期		
	bsa	*rcb*	*dtr*	*bsa*	*rcb*	*dtr*
im	-0.04** (-2.16)	-0.08*** (-3.54)	-0.003 (-0.28)	-0.04** (-2.13)	-0.07*** (-3.07)	0.01 (0.91)
ex	0.02** (2.40)	0.05*** (3.45)	0.06*** (6.14)	0.03** (2.37)	0.04** (3.21)	0.07*** (6.02)
ifdi	0.01 (0.64)	0.27*** (6.98)	0.01 (0.32)	0.01 (0.37)	0.24*** (6.24)	-0.03 (-1.14)
ofdi	0.04* (2.13)	0.18** (4.45)	0.004 (0.25)	0.02 (0.76)	0.13* (1.09)	0.09 (6.34)
bit	0.71*** (3.91)	0.35* (1.78)	-0.062 (-0.410)	0.71*** (3.78)	0.37* (1.76)	-0.15 (-0.88)
fta	0.90*** (5.79)	0.51*** (2.74)	-0.02 (-0.12)	0.92*** (5.40)	0.53*** (2.69)	-0.04 (-0.25)
center	0.50*** (3.65)	3.41*** (5.55)	0.70*** (5.05)	0.48*** (3.34)	3.19*** (5.21)	0.74*** (5.04)
ecofree	-1.03 (-1.07)	4.61*** (3.27)	2.90*** (3.11)	-1.17 (-1.14)	4.66*** (3.19)	2.84*** (2.83)
dist	-0.01 (-0.92)	0.04** (2.31)	-0.02 (-1.43)	-0.02 (-1.15)	0.05** (2.36)	-0.03 (-1.62)
常数项	0.19 (0.11)	-13.67*** (-4.98)	-6.49*** (-3.78)	0.58 (0.31)	-13.52*** (-4.74)	-6.25*** (-3.39)
样本数	707	707	707	628	628	628

三、培育人民币资产的境外真实需求

(一)为何必须培育真实、持续的人民币资产境外需求

由于拥有在岸与离岸两个人民币市场,相应地就存在两种人民币利率(如上海银行间同业拆放利率与香港银行同业人民币拆息)和两种汇率(在岸人民币汇率与离岸人民币汇率)。两个市场的利率、汇率差异就为套利套汇提供了空间,由此产生了对人民币的投机需求。这种投机需求与基于贸易、投资等动机的真实需求对人民币国际化的作用截然不同,前者可能使人民币国

际化面临停滞甚至逆转风险,只有对人民币的真实需求才是推动人民币国际化的根本动力(王喆和张明,2020)。自人民币国际化战略启动之后,直至2015年"8·11"汇改之前,由于在岸利率和汇率都没有完成市场化改革且离岸市场存在人民币升值预期,跨境套利和套汇交易迅速增长,这些交易多通过跨境贸易和投资人民币结算的外衣成功逃脱国内金融监管①,导致人民币国际化的"泡沫化"增长;之后,随着交易空间收窄,交易规模显著下降,"泡沫"终被刺破,人民币国际化陷入停滞(张明和李曦晨,2019)。随着未来我国资本账户开放程度的不断提高,跨境资本流动将更加自由、频繁,基于投机需求的人民币国际化将会给中国带来更大风险,严重威胁国内宏观金融稳定。譬如,短期跨境资本大规模流入会增大人民币升值压力,助长股市与房地产市场价格"泡沫",提高国内金融机构与企业的杠杆率。相反,如果短期跨境资本大规模流出,一方面会导致国内利率水平加速上升,资产价格大幅下跌甚至泡沫破灭,使持有大量国内资产的家庭、企业、金融机构与政府部门的资产负债表严重恶化;另一方面会导致人民币急剧贬值,加剧国内企业与金融部门的外债负担。更为严重的是,国际投资者的信心也会随之下降,从而引发更大规模的资本外逃,最终形成通向金融危机深渊的恶性循环(张明等,2021)。因此,只有培育非居民对人民币的真实且持续的需求,才能避免人民币国际化对国内宏观金融稳定的威胁,实现人民币国际化的可持续发展。

(二)如何培育真实、持续的人民币资产境外需求

1.进一步推动事实和法律上的经济一体化,密切与相关国家的经贸关系,培育人民币的交易媒介和计价单位需求

国际贸易与投资是货币使用的天然场所。跨境贸易、投资与相关金融合

---

① 何帆、张斌、张明、徐奇渊、郑联盛:《香港离岸人民币金融市场的现状、前景、问题与风险》,《国际经济评论》2011年第3期;张明:《人民币汇率升值:历史回顾、动力机制与前景展望》,《金融评论》2012年第2期;张斌、徐奇渊:《汇率与资本项目管制下的人民币国际化》,《国际经济评论》2012年第4期。

作有助于加快人民币"走出去"的步伐。凯莉(Kelly,2009)认为,中国在国际贸易体系中占据重要地位,使人民币成为贸易计价货币的限制条件相对较少。因此,以贸易计价功能为突破点,人民币更容易实现国际化。王孝松等(2021)研究发现,贸易与直接投资能够提高人民币国际使用的范围和强度。与上述文献研究结论类似,前文实证分析结果也表明,事实上的经济一体化(双边贸易、投资依存度)和法律上的经济一体化(是否签订自由贸易协定和双边投资协定)对样本经济体人民币使用意愿的影响最大。因此,在人民币国际化推进过程中,需要进一步提升中国与相关经济体事实上和法律上的经济一体化程度,培育人民币的交易媒介和计价单位需求。

(1)密切与相关国家的经贸联系,深化事实上的经济一体化

图 4-6 给出了近年来我国与主要贸易伙伴之间的进出口贸易额变化情况。可以看出,与中国贸易联系最为密切的三大经济体分别是东盟、欧盟和美国,但三者位次发生了显著变化:欧盟从第一大贸易伙伴降至第二位;经历中美经贸摩擦之后,美国从中国的第二大贸易伙伴降至第三位;东盟则从第三大贸易伙伴升至第一位。东盟已成为我国最重要的贸易伙伴。此外,中国与日本、韩国、澳大利亚、俄罗斯、巴西等国家贸易联系的密切程度有所上升。

表 4-10 列示了 2019 年度按流量和存量排名的中国前二十大直接投资目的地国家(地区)。从流量来看,中国对前二十大国家(地区)的直接投资流量合计 1312.6 亿美元,占中国对外直接投资总流量的 95.8%;从存量来看,中国对前二十大国家(地区)直接投资存量合计 20308.7 亿美元,占中国对外直接投资总存量的 92.4%。另据商务部数据,2019 年中国对"一带一路"沿线国家和地区直接投资 186.9 亿美元,占同期中国对外直接投资总流量的 13.7%;截至 2019 年年末,对"一带一路"沿线国家和地区直接投资存量为 1794.7 亿美元,占同期中国对外直接投资总存量的 8.2%。

（单位：亿元）

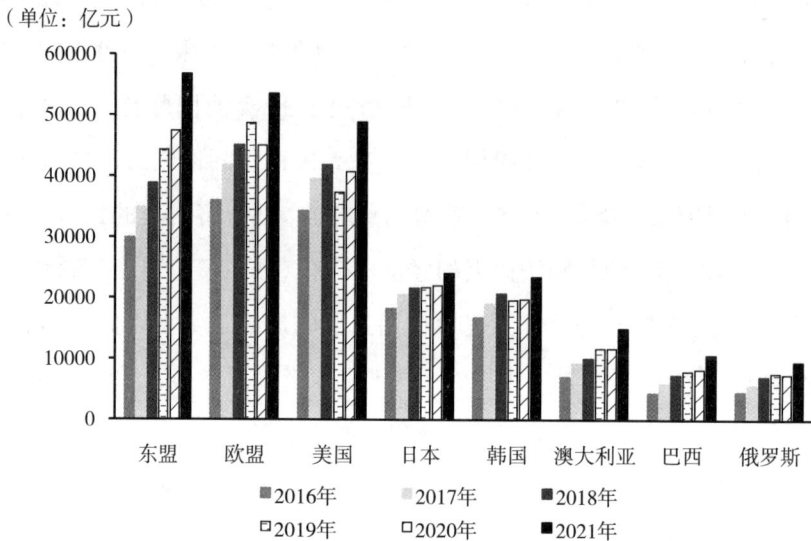

图 4-6　2016—2021 年中国对主要贸易伙伴进出口金额

资料来源：商务部《中国对外贸易形势报告》。

表 4-10　2020 年年末中国对外直接投资前 20 位的国家（地区）

排名	按流量			按存量		
	国家（地区）	金额（亿美元）	份额（％）	国家（地区）	金额（亿美元）	份额（％）
1	中国香港	891.5	58.0	中国香港	14385.3	55.7
2	开曼群岛	85.6	5.6	开曼群岛	4570.3	17.7
3	英属维尔京群岛	69.8	4.5	英属维尔京群岛	1556.4	6.0
4	美国	60.2	3.9	美国	800.5	3.1
5	新加坡	59.2	3.9	新加坡	598.6	2.3
6	荷兰	49.4	3.2	澳大利亚	344.4	1.3
7	印度尼西亚	22.0	1.4	荷兰	260.4	1.0
8	瑞典	19.3	1.3	印度尼西亚	179.4	0.7
9	泰国	18.8	1.2	英国	176.5	0.7
10	越南	18.8	1.2	卢森堡	160.0	0.6
11	阿拉伯联合酋长国	15.5	1.0	德国	145.5	0.6

续表

排名	按流量			按存量		
	国家（地区）	金额（亿美元）	份额（%）	国家（地区）	金额（亿美元）	份额（%）
12	老挝	14.5	0.9	加拿大	124.9	0.5
13	德国	13.8	0.9	俄罗斯联邦	120.7	0.5
14	马来西亚	13.7	0.9	瑞典	106.0	0.4
15	澳大利亚	12.0	0.8	中国澳门	105.3	0.4
16	瑞士	10.7	0.7	马来西亚	102.1	0.4
17	柬埔寨	9.6	0.6	老挝	102.0	0.4
18	巴基斯坦	9.5	0.6	阿拉伯联合酋长国	92.8	0.4
19	英国	9.2	0.6	泰国	88.3	0.3
20	中国澳门	8.3	0.5	越南	85.7	0.3
	合计	1411.4	91.7	合计	24105.1	93.4

资料来源：商务部：《2020年度中国对外直接投资统计公报》。

　　未来应继续扩大对外开放力度，进一步拓展与东盟、"一带一路"沿线国家和地区的经贸合作，推动人民币在双边贸易与投资中的使用，特别是必须降低相关国家的企业使用人民币的交易成本。为此，可根据经贸联系的密切程度发展更多人民币直接交易货币对。人民币—本币直接交易可以通过降低人民币交易成本，来提高相关国家的企业对于人民币的使用意愿，因为不再需要中介货币（如美元）就可以直接进行本币与人民币的交易（Chey，2015）。譬如，在人民币—韩元直接交易推出仅一年之后，韩国每笔价值100万美元的人民币—韩元交易的平均佣金从16000降至6000韩元，其买卖价差也小于通过美元的交叉汇率（Chey等，2016）。因此，推出更多人民币—本币直接交易，有利于鼓励人民币作为贸易投资中的计价货币和媒介货币，提升相关国家对人民币的真实需求。

（2）与更多国家或地区缔结自由贸易协定与双边投资协定，推动法律上的一体化

表 4-11　中国签订自由贸易协定情况一览表

已经签订的自贸区		正在谈判的自贸区	正在研究的自贸区
签订双方	签订时间		
中国—柬埔寨	2020 年 10 月 12 日	中国—海合会	中国—哥伦比亚
中国—毛里求斯	2019 年 10 月 17 日	中日韩	中国—斐济
中国—马尔代夫	2017 年 12 月 7 日	中国—斯里兰卡	中国—尼泊尔
中国—格鲁吉亚	2017 年 5 月 13 日	中国—以色列	中国—巴新
中国—澳大利亚	2015 年 6 月 17 日	中国—挪威	中国—加拿大
中国—韩国	2015 年 6 月 1 日	中国—摩尔多瓦	中国—孟加拉国
中国—瑞士	2013 年 7 月 6 日	中国—巴拿马	中国—蒙古国
中国—冰岛	2013 年 4 月 15 日	中国—韩国自贸协定第二阶段谈判	中国—瑞士自贸协定升级
中国—中国台湾	2010 年 6 月 29 日	中国—巴勒斯坦	
中国—哥斯达黎加	2010 年 4 月 8 日	中国—秘鲁自贸协定升级谈判	
中国—秘鲁	2019 年 4 月 28 日		
中国—新加坡	2008 年 10 月 23 日		
中国—新西兰	2008 年 4 月 7 日		
中国—巴基斯坦	2006 年 11 月 24 日		
中国—智利	2005 年 11 月 18 日		
中国—中国香港	2003 年 6 月 29 日		
中国—东盟	2002 年 11 月 4 日		
中国—中国澳门	2003 年 10 月 17 日		

资料来源：中华人民共和国商务部。

自由贸易区协定的签订或双边投资协定的缔结可以减少跨境贸易、投资壁垒，推动中国与相关经济体的经济一体化进程，有利于培育相关经济体对于人民币的真实需求。如表 4-11 所示，截至 2020 年年底中国已与 18 个国家签订了自由贸易协定、尚在谈判中的自由贸易协定有 10 个、研究中的自由贸易

协定有 8 个。未来可进一步推动中国与更多"一带一路"沿线国家和地区签署自由贸易协定。"一带一路"沿线很多国家和地区(譬如俄罗斯、中亚、西亚各国等)已经成为我国重要的贸易伙伴,同时又拥有丰富的石油、天然气等资源。与"一带一路"沿线国家和地区建立自由贸易区,可深化中国与相关国家经贸联系,有利于推动人民币作为大宗商品的贸易计价货币。

根据商务部 2021 年 7 月发布的《企业利用投资协定参考指南》,截至2020 年年底,我国已与相关国家和地区签署了且仍处于有效期的双边投资协定 108 个,涉及各个大洲;2020 年 12 月 30 日中欧完成双边投资协定谈判。未来可争取重启中美双边投资协定谈判,改善两国日趋紧张的经贸关系。正如国家主席习近平在 2019 年二十国集团(G20)领导人大阪峰会期间所指出的,中美"合则两利、斗则俱伤,合作比摩擦好,对话比对抗好"。如前文所述,改善中美关系,也有利于减少人民币国际化的阻力,降低人民币国际化的风险。

2.继续推进初级(大宗)产品人民币计价,培育人民币计价单位需求

布雷顿森林体系崩溃之后,美元霸权地位非但没有被削弱,反而有所强化,其重要原因之一便是全球大宗商品主要以美元计价,使美元获得了强大的网络外部性,形成了美元惯性,并成为其他竞争性货币国际地位提升的主要障碍。因此,推动大宗商品的人民币计价对人民币国际化意义重大,有助于人民币突破美元惯性,并培育非居民对人民币的计价单位需求。

2019 年 8 月 12 日,20 号胶期货在上海期货交易所国际能源交易中心上市,至此我国已上市了原油、铁矿石、精对苯二甲酸和 20 号胶等 4 个人民币计价的特定期货交易品种。不过,如前所述,尽管以人民币计价的大宗商品期货交易上市之初,其发展颇为迅猛,但随着时间的推移,其发展势头明显减弱。譬如,上海期货交易所数据显示,2018 年 3 月 26 日上市的上海国际能源交易中心(INE)原油期货,其日均成交额最高为 2019 年 1 月的 2110 亿元,至 2020年 12 月,日均成交额已降至仅 600 亿元;类似地,根据大连商品交易所发布的数据,铁矿石人民币期货日均成交额从 2019 年 7 月的 2498 亿元下降至 2020

年12月的1219亿元。这表明,目前人民币计价的大宗商品期货对境外交易者还缺乏持续性的吸引力。为此,需要进一步提升我国大宗商品期货市场的流动性与交易便捷程度,提高人民币计价大宗商品期货对非居民的吸引力,提升人民币作为大宗商品计价货币的职能。

(1)不断丰富以人民币计价的大宗商品期货品种,延长交易时间

首先,适时引入更多人民币计价的特定大宗商品期货交易品种,推动人民币计价职能发展。譬如,可以凭借我国作为全球重要供给者或需求者的优势,推出稀土、天然气、大豆等商品的人民币计价期货(巴曙松和王珂,2019);随着2017年7月南海可燃冰试开采的成功,在加快对可燃冰的商业化开采运营基础上,适时推出人民币计价的可燃冰期货[1];“一带一路”沿线许多国家和地区是石油、天然气等全球大宗商品的重要出口国,也是我国重要贸易伙伴,可通过国际能源合作推进人民币计价的大宗商品交易,建立“石油—人民币”机制,突破美元在大宗商品计价方面的垄断地位。[2] 其次,不断增加现有人民币计价期货产品的期限品种。目前我国原油、20号胶等大宗商品期货合约期限多为一年和三年,期限品种较为单一,可以适当增加期限品种以满足交易者多样化的投资需求。最后,适当延长期货交易所的交易时间。由于全球交易者所处时区的不同,部分时区的国际投资者不便在中国正常交易时间段内开展交易,目前虽已延时交易30分钟,但还不能满足大多数境外投资者的需求,可以考虑再适当延长特定期货品种的交易时间,提高境外投资者参与交易的便捷程度。

(2)引入、完善做市商制度,提升人民币计价大宗商品期货市场的流动性

做市商制度有利于缩小价差、增加交易量,从而提升市场流动性。[3] 譬

---

[1] 张帆、尚宇红、雷平:《基于市场结构理论的大宗商品定价权分析及中国对策》,《上海对外经贸大学学报》2018年第5期。

[2] 程贵:《新时代人民币国际化的推进路径研究》,《现代经济探讨》2020年第10期。

[3] R. Battalio, "Discussion of 'Do Thinly-traded Stocks Benefit from Specialist Intervention?' by Nimalendran and Petrella", *Journal of Banking & Finance*, Vol. 27, No. 9, 2003, pp. 855–1857.

如,芝加哥期权交易所(Chicago Board Options Exchange,CBOE)自引入垄断做市商之后,市场活力显著提高,交易效率也随之上升。[1] 为增强人民币计价大宗商品期货交易对国内外投资者的吸引力,提升市场流动性与交投活跃程度,需要尽快引入并完善做市商制度。首先,积极引入境内、外金融机构成为国内人民币计价大宗商品期货市场的做市商,适当调整做市商准入条件,增加做市商数量[2],提高市场流动性与开放程度。其次,积极培育国内重要大宗商品企业和金融机构成为期货市场做市商。再次,建立有效的做市商竞争与激励机制[3],激发做市商的做市热情。最后,加强对做市商的监管,制定完备的做市商规范管理制度,完善做市商成交信息公开制度,严惩做市商违规行为,维护健康、有序的期货市场环境。

(3)完善大宗商品市场体系和相关金融服务

利用上海自贸区和深圳前海自贸片区建设契机,综合运用多种机制构建境内外相联系的大宗商品交易平台,形成现货与期货、场内与场外等多层级市场紧密结合,远期、期货、期权交易等功能完善的大宗商品市场体系。推动我国商业银行与大宗商品交易中心对接,支持交易中心推出更多对境内外投资者有吸引力的、以人民币为计价货币的期货产品;支持商业银行为境内外投资者和交易商提供结算、经纪、咨询等全方位的金融服务。[4]

3.维持人民币币值稳定,提升人民币投资便利性,培育人民币价值贮藏需求

能否改变市场需求面的偏好,是一国货币能否成功实现国际化的关键。

① A. Anand and D. G. Weaver, "The Value of the Specialist: Empirical Evidence from the CBOE", *Journal of Financial Markets*, Vol. 9, No. 2, 2006, pp. 100-118.
② 赵崇博、刘冲、钱留杰:《做市商制度促进股票流动性了吗?》,《经济学报》2019年第4期。
③ 张媛、胡单:《做市商与新三板流动性》,《中国金融》2016年第23期。
④ 杨正东、王海全、唐明知:《基于国际经验的人民币计价职能推进研究》,《新金融》2017年第2期。

决定需求面偏好的重要因素之一是货币价值的稳定性;特别是在货币跨境使用的初始阶段,非居民必须对该货币未来币值的稳定性拥有信心(Cohen,2012b)。2015 年之前人民币国际化取得较快发展,很大程度上与人民币升值预期有关。然而,依赖升值预期推动的人民币国际化并不具有可持续性,因为一旦升值预期消失甚至发生逆转,将引发非居民对人民币及人民币计价资产的抛售行为,不仅使人民币国际化遭受重大挫折,也会引发国内金融风险上升。因此,只有保持人民币币值的稳定性,并改善人民币投资的便利程度,才能提升非居民对人民币及其计价资产的可持续的真实需求,增强人民币的价值贮藏职能。

币值稳定包含对内和对外两个方面:对内指较低且稳定的通货膨胀率,对外指实际汇率的稳定。① 图 4-7 和图 4-8 给出了 2009—2021 年主要国际货币发行国通货膨胀率和实际有效汇率②的变动趋势。可以看出,2009—2011 年中国的通货膨胀率较高,并显著高于其他国际货币发行国;2012—2019 年我国的通货膨胀率明显下降,峰值由 2011 年的 8.08%下降到 2019 年的 1.58%,低于美国、澳大利亚和加拿大。因此,从人民币对内价值来看,由于通货膨胀率较为温和,货币对内价值较为稳定,有利于吸引非居民持有人民币资产。2009—2015 年人民币实际有效汇率指数持续上升,2015 年之后人民币实际有效汇率指数先有所下降、后保持相对稳定;从实际有效汇率的波动性来看,在所有国际货币发行国中属于中等水平。可见,人民币对外价值稳定性的表现也较好。未来应继续保持人民币币值的稳定性,奠定人民币真实需求的基础。

① 徐建国:《币值稳定与人民币国际化》,《上海金融》2012 年第 4 期。
② 实际有效汇率不仅考虑了一国与主要贸易伙伴国货币双边汇率的变动,而且剔除了国内外相对通货膨胀因素的影响,能够更加真实地反映一国货币的整体对外价值。实际有效汇率指数增大代表本国货币相对价值上升,指数减小表示本币相对价值下降。

（单位：%）

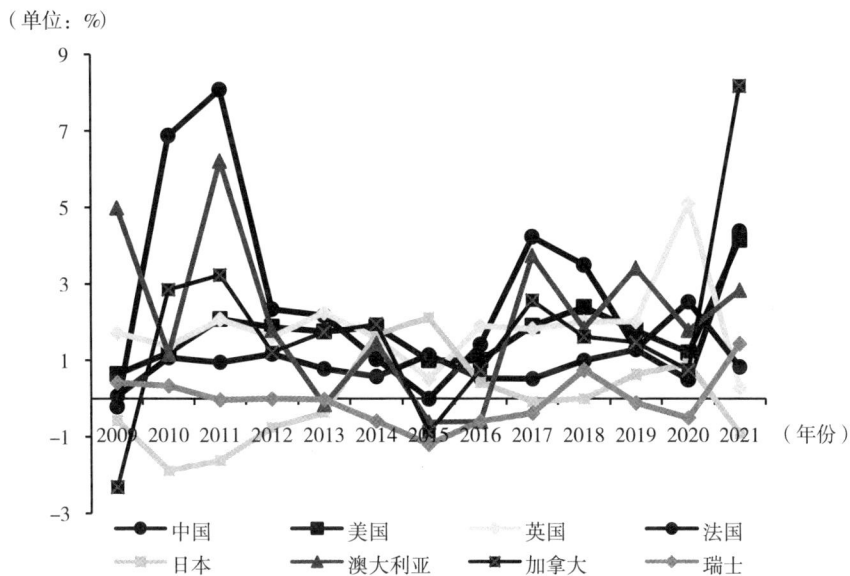

图 4-7　2009—2021 年主要国际货币发行国以国内生产总值平减指数衡量的通胀率

资料来源：世界银行 World Bank Open Data（www.data.worldbank.org）。

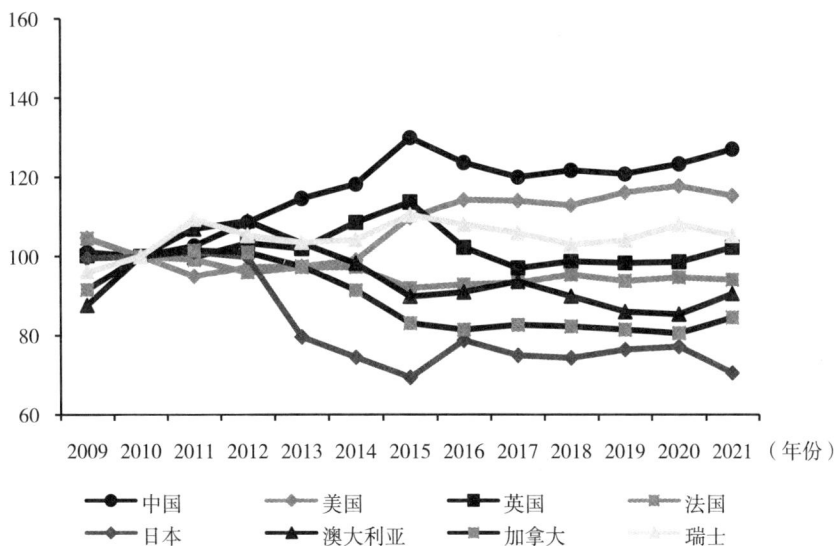

图 4-8　2009—2021 年主要国际货币实际有效汇率指数　（2010＝100）

资料来源：国际货币基金组织 IMF International Financial Statisties（IFS）。

首先,继续保持较低且稳定的通货膨胀率,既不发生高的通货膨胀也不发生严重的通货紧缩。从日元国际化的历史来看,1985年广场协议后日元持续大幅升值,日本自此走上了利用不合理的低利率来平衡货币价值的道路,导致过度负债和泡沫经济形成,泡沫崩溃之后又陷入长期经济疲软和通货紧缩,日元国际化也以失败告终。因此,从日元国际化的教训来看,中国货币政策应该指向通货膨胀,尽快实施通货膨胀目标制,以维持人民币币值稳定。为此,需要提升中国人民银行的独立性,使中国人民银行在制定和实施货币政策时,不会受到其他政府目标或部门利益的干扰,而专注于维护国内物价稳定。

其次,保持人民币实际有效汇率的稳定性。人民币单边升值虽然有利于促进非居民购买并持有人民币资产,但因其不可持续而存在逆转风险;当然,更不能出现人民币持续贬值或贬值预期。因此,需要进一步完善人民币汇率制度改革,发挥汇率调节宏观经济和国际收支自动稳定器的作用;中国人民银行逐步退出常态化干预,扩大人民币双向波动幅度,提高汇率弹性,并强化对汇率预期的引导,保持人民币对一篮子货币价值的基本稳定。

第三节　人民币国际化供给面策略:实现国内金融市场的深化与广化

货币国际化的供给面分析主要关注货币发行国的经济和政治条件,譬如经济与贸易规模、金融市场发展水平、军事和政治影响力等。然而,从货币国际化的条件来看,中国在经济与贸易规模、军事和政治影响力等方面已经具备一定的优势。正如国内外许多学者所指出的,国内金融市场欠发展是人民币国际化的最大障碍;更为重要的是,从宏观金融稳定角度来看,只有国内金融市场实现充分发展,才能有效降低与人民币国际化及资本账户开放相关的宏观金融风险。因此,本节主要从金融市场发展角度,探讨人民币国际化的供给面推进策略。

一、金融市场发展与货币国际化

迄今为止的人民币国际化策略基本上集中于供给面,强调人民币或人民币计价资产对非居民的可获得性。譬如,发展离岸市场人民币存款和人民币计价债券,建立广泛的双边本币互换协议网络,指定境外人民币清算行,推动人民币加入国际货币基金组织特别提款权货币篮子等。这些举措无疑都显著增加了人民币的国际声誉及其对非居民的可获得性。然而,就降低人民币的交易成本、提升其竞争力及对非居民的吸引力而言,最为重要的供给面策略当属大力发展国内金融市场,实现金融市场的深化和广化,提高金融市场的开放程度。

(一)金融市场发展水平是一国货币国际地位的关键供给面决定因素

大量研究表明,仅仅国内生产总值规模并不足以导致货币国际地位的显著提升,金融市场发展水平及其对世界其他地区的开放程度才是决定一国货币国际地位更为关键的因素(Tavlas,1990;Chinn 和 Frankel,2007;Frankel,2012;Ito 和 Chinn,2014;Cruz 等,2014;Cohen,2017;等)。英国是 19 世纪最大的外国贷款人,拥有全世界容量最大的金融市场,使英镑成为当时世界经济中占据主导地位的国际货币;美国国内金融市场发展(包括其促进金融发展的政策)则是 20 世纪 20 年代美元最终克服英镑的先发优势,并崛起为主导性国际货币的最重要决定因素。原因在于,规模最大、流动性水平最高的金融市场上,其融资成本也最低。而这些金融市场之所以规模大、流动性水平高,是因为进、出口商都倾向于在这里开展贸易融资。同样,外国投资者也倾向于在金融市场规模最大、流动性水平最高的国家存放其外汇结余,因为投资者非常看重其价格稳定、不易受到买卖交易行为影响的市场特性。此外,各国政府和中央银行在决定其外汇储备的货币构成时,也会倾向于选择金融市场规模最大、流动性水平最高国家的货币,通常也是其他债权人十分青睐的货币(Eichengreen 等,2018)。

根据英镑、美元等国际货币更替的历史经验和国内外学者的研究,与国际货币相容的国内金融市场必须具备以下三个重要特征:

第一,规模大。国内金融市场的规模越大,其市场价格越不容易受到单个投资者买卖行为的影响,也越不容易引发具有破坏性的"羊群效应",因而其价格往往较为稳定。艾肯格林(2015)认为,具有吸引力的国际货币所必须具备的基本属性之一是稳定性,即该货币必须保持价值稳定,发行国金融市场也必须保持稳定,以便向持有人保证其未来价值将保持不变,从而吸引国际使用者。

第二,流动性好。流动性包括相互联系的两个方面:一是资金流动性,指信贷的可获得性或机构可以借贷或利用杠杆的难易程度;二是市场流动性,指市场吸收大笔交易而对价格没有太大影响的能力。丰富的资金流动性可以为交易头寸提供融资,从而使价格波动变得平稳,并使市场具有流动性。流动性在金融市场的运作中起着核心作用,它可以改善资源分配和信息效率。对国际货币而言,发行国金融市场的流动性对其货币国际地位的提升具有非常重要的意义:没有高水平的流动性,国际投资者和交易者将无法低成本且有效地结算其交易,因而他们就不愿意持有以该货币计价的资产作为投资手段或国际储备(Cruz 等,2014)。因为对国外私人和官方投资者来说,他们不仅希望国际货币能保持其价值,还希望能够以低成本(买卖差价低)调整其投资组合,而不至于遭受价值损失(Eichengreen,2015)。金融市场的流动性高低取决于其广度和深度。其中,广度指金融工具的可用性(包括对冲风险的次级工具市场),即拥有大量且种类繁多的金融工具可为各种类型的投资者使用;深度则是指拥有发达的二级市场。广而深的金融市场能够满足潜在投资者和使用者的各种需求,因而具有更高水平的流动性。美元之所以成为最主要的国际货币,就是因为其广泛、有深度和流动性好的金融市场使投资者能够自信地将美元投资于能够满足其需求的各种金融工具(Liu 和 Moshirian,2014)。

　　第三,开放度高。为了使一种国际货币能够用于跨境贸易和金融交易,国际交易者和投资者必须能够获得以该货币计价的各种金融资产(Cruz 等,2014)。因此,作为国际货币发行国的金融市场必须具有开放性。更高的国内金融市场开放度可以为国际投资者带来更多本国货币的可用性和投资机会,因此可能会导致本国货币更多地被用作全球范围内的计价结算和价值存储手段(Ito 和 Chinn,2014;Hasegawa,2018)。金融市场开放意味着国际货币发行国必须实现较高程度的资本账户自由化,特别是对国际储备货币而言。

　　以上三个特征之间是相互联系、互为因果的。譬如,规模大的金融市场由于其能够吸纳更多具有不同投资视野和投资期限的异质性投资者,其交投往往更为活跃,从而具有更高程度的流动性;流动性高的金融市场则因为其较低的交易成本而吸引更多投资者参与,从而具有更大的规模。开放程度越高的金融市场,对非居民投资者和贸易商的吸引力也越大,从而拥有更大的规模和流动性;而规模庞大、流动性良好的金融市场更能承受金融开放或资本账户自由化所带来的大规模资本流动冲击。

(二)中国金融市场发展对人民币国际化的支撑作用

　　总体而言,国内金融市场发展对人民币国际化的支撑作用主要体现在以下三个方面,其中前两个有利于提升非居民对人民币的使用意愿,后一个则有利于降低与人民币国际化相关的国内宏观金融风险。

　　第一,降低非居民使用人民币的交易成本。在规模大、流动性水平高且开放的金融市场上,其货币交易成本(买卖价差)也低;同时,具有深度和广度的金融市场可以帮助减轻汇率波动所带来的不确定性,因而对外国交易商和投资者更具有吸引力。我国国内金融市场发展还相当不成熟,股票市场和债券市场仍然无法提供外国投资者和中央银行所珍视的深度、广度和流动性。正如克鲁兹等(2014)所言,没有合理的广度、深度和流动性的金融市场,国际贸易商和投资者将无法对冲汇率风险,人民币将不会被可靠地用于国际交易。包括中央银行在内的外国投资者,如果不能在需要时轻易转换这些资产,他们将不会持有人民币计价资产。切伊(2014)对韩国人民币使用情况的研究发现,尽管与中国具有非常紧密的经贸联系,韩国企业和金融部门对使用人民币依然缺乏兴趣,其重要原因之一就在于,在人民币国际化的初期,其交易成本要比那些业已建立交易网络的在位国际货币(如美元)高得多。作者进一步指出,人民币在贸易结算中的交易成本(特别是与美元交易相比)的大幅下降,只有在人民币国际化达到相当高的水平之后才可能出现,而这将需要中国金融市场的日趋成熟。

第二,增加非居民对人民币资产的投资机会。中国金融市场的不发达和有限的进入渠道,限制了对人民币的投资机会,大大降低了非居民使用人民币的动机。这意味着有必要进一步扩大中国金融市场对非居民的开放程度(Chey,2015),即实现资本账户开放。尽管资本账户开放既非货币国际使用的必要条件,也非其充分条件。然而,如果要发挥国际储备货币职能,则向非居民开放国内金融市场、放松资本账户管制将是其必要条件之一。这是因为,一种货币要成为国际储备货币,它必须能够容易地被非居民获得,特别是非居民能够自由地购买该货币发行国的资产(Subramanian,2011)。目前,中国的资本账户交易还存在较多管制,在岸金融部门仍然很大程度上与离岸市场隔绝。如果不进行重大改革以实现国内金融市场发展和开放,人民币作为投资货币或储备资产的前景将十分有限(Subacchi,2016;Prasad,2017;Cohen,2017)。正如弗兰克尔(2012)所指出的,如果中国尚未准备好开放国内金融市场,并使资本流动合法化,那么人民币全面的国际化可能还有很长的路要走。可见,进一步发展国内金融市场,提高其规模、流动性和开放度,提供更多高质量的金融产品和投资机会,才能增强人民币对非居民的吸引力。

第三,减轻资本账户开放之后大规模跨境资本流动对国内金融体系的冲击。人民币成为全球具有较高影响力的国际储备货币的前景,要求中国放松资本账户管制,向非居民开放国内金融市场。正如伊藤和钦(2014)所指出的,在某种程度上,作为候选储备货币的发行国,中国金融市场相对封闭且不发达。

只要国家以严格的方式限制资本流动并限制可兑换性,在国际交易(包括金融交易)中使用其货币的可能性就不会迅速增加。因此,资本账户开放程度很大程度上决定了人民币国际化能否最终成功。然而,20世纪90年代新兴经济体资本账户开放的实践表明,在国内条件尚不具备的情况下贸然放松资本账户管制,将会给国内脆弱的金融体系带来巨大风险,甚至可能诱发严重的金融危机(沙文兵等,2016)。这种风险源于资本账户开放所带来的巨额跨境资本流动冲击,而发达的国内金融市场可以有效地吸收这种冲击。正如马拉比和韦辛顿(2012)所指出的,美元拥有一个其前任(英镑)从不具备的优势,那就是在美国境内和境外都存在规模庞大且有深度的金融市场。这使美国能够承受大规模资本跨境流动冲击,而不至于造成金融市场价格的剧烈波动。发达的金融市场至少可以通过两种途径来减轻风险:首先,规模庞大、有深度的国内金融市场可以有效吸收大量跨境资本流入冲击,防止它们造成不稳定的资产泡沫;其次,发达的金融市场可以确保不会因信贷定价错误而将流入的资本错误地引导到影子银行部门(Liu和Moshirian,2014),这一点对于中国而言显得尤为重要,因为中国的影子银行系统近年来经历了异常迅速的扩张,并且导致整个银行体系面临的风险有所上升。可见,从规避资本账户开放风险的角度来看,大力发展国内金融市场,实现金融市场的深化和广化,是中国未来面临的一项十分迫切的任务。

二、比较视阈下的中国国内金融市场发展现状

金融市场是以金融资产为交易对象而形成的供求关系及其机制的总和。在现代市场经济中,金融市场既是储蓄转化为投资的关键环节,也是市场机制的主导和枢纽,从而构成了市场经济的核心。其经济功能从微观角度看主要包括价格发现、提供流动性和降低交易成本,从宏观角度看则包括资金聚敛、资源配置与财富分配,以及宏观经济调控等。[①] 依据不同标准,可以对金融市场进行

---

① 张亦春:《现代金融市场学(第四版)》,中国金融出版社2019年版,第2—8页。

不同的分类。其中最为常见的是按照标的物,将金融市场分为货币市场、资本市场(主要包括债券市场和股票市场)、外汇市场、黄金市场、保险市场、金融衍生品市场等。从货币国际化角度来看,最为重要的是债券市场、股票市场和外汇市场。它们不仅能够为非居民提供投资机会、从而增强货币的吸引力,其发展水平更是关乎货币国际化条件下的国内宏观金融稳定。因此,下面详细分析人民币国际化战略启动以来,我国债券市场、股票市场和外汇市场的发展状况。

(一)国内债券市场[①]

债券市场是发行、买卖债务证券的市场,包括债券发行市场和债券流通市场。[②] 债券市场的发展对货币国际化而言意义重大。这是因为,相较于股票等投资标的而言,债券特别是中央政府债券的风险更低、价格波动性更小,往往成为外国中央银行外汇储备投资决策时的首选产品。譬如,美国国债就是大多数国家外汇储备的主要形式,是支撑美元国际储备货币地位的关键。因此,国内债券市场对人民币国际化特别是人民币作为储备货币的前景至关重要,其发展水平和开放程度很大程度上决定着外国中央银行对人民币的信心。下面从规模、结构、流动性和开放性四个方面分析我国债券市场的发展。

1. 债券市场规模

(1)债券发行量与存量规模

近年来,中国债券市场规模发展迅速。从发行量来看,债券发行总量呈快速增长趋势。如图 4-9 所示,中国债券市场发行量从 2012 年的 7.98 万亿元上升至 2020 年的 37.75 万亿元,年平均增长率高达 21.4%。从存量来看,全

---

① 我们没有单列货币市场,原因有二:一是对货币国际化而言,资本市场远比货币市场更为重要;二是债券市场中的相当一部分产品(如 1 年期以下债券)亦属货币市场工具,在债券市场分析部分已有所涉及。

② 债券发行市场(一级市场)是政府、金融机构以及工商企业等资本需求者向社会发行债券以筹集资金的市场;债券流通市场(二级市场)则是债券发行后在不同投资者之间进行买卖流通的市场,目的在于实现债券的流动性。

市场债券托管量从 2012 年的 26 万亿元上升至 2020 年的 104.32 万亿元,年均增长幅度约为 19%。

（单位：万亿元）　　　　　　　　　　　　　　　　　　　　　　　（单位：万亿元）

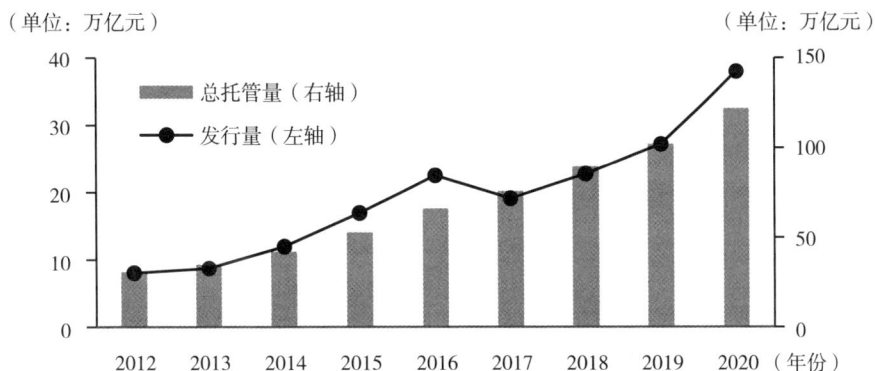

图 4-9　2012—2020 年中国债券市场发行量与总托管量①

资料来源:中国债券信息网(中央结算公司)统计数据(http://chinabond.com.cn/channel/19012917)。

从国际比较来看,根据国际清算银行统计,中国国内债券市场未清偿余额从 2018 年起超越日本,成为仅次于美国的全球第二大债券市场。截至 2019 年年末,中国国内债券市场未清偿余额达 14.2 万亿美元,美国和日本分别为 38.9 万亿美元和 12.4 万亿美元。不过,从相对规模来看,中国国内债券市场发展还不够充分。图 4-10 给出了 2000—2019 年主要国家国内债券市场未清偿余额占其国内生产总值的份额情况,可以看出,尽管近年来发展较为迅速,但中国国内债券市场相对于国内生产总值的规模不仅仍远远落后于美国和日本,甚至落后于加拿大、英国和澳大利亚等国,仅仅比瑞士稍高。

（2）债券二级市场成交规模

近年来,我国债券二级市场成交规模呈波动上升趋势(见图 4-11)。总成交额从 2010 年的 63.65 万亿元上升至 2021 年的 229.19 万亿元。其中,银行间市场净价②

---

①　此图数据不包括同业存量发行量和托管量。因为同业存单期限大多在 1 年以内,属于货币市场工具。

②　净价是指不含应计利息的价格;净价成交额即按净价计算的成交金额,为净价与券面总额之积。

（单位：%）

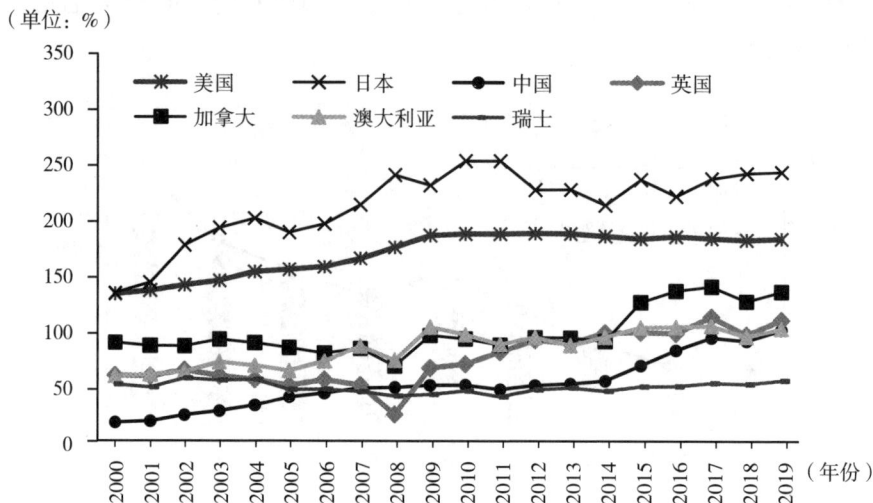

图 4-10　2000—2019 年主要国家国内债券市场未清偿余额占国内生产总值份额

资料来源：国际清算银行 Quarterly Review,世界银行 World Bank Open Data。

成交额从 63.28 万亿元上升至 211.96 万亿元,交易所成交额从 0.37 万亿元上升至 17.22 万亿元。可见,银行间净价成交居于债券市场绝对主体地位。

图 4-11　2010—2021 年中国债券二级市场成交额

资料来源：万得(Wind)金融终端数据库。

2. 债券市场结构

(1)债券品种结构

近年来我国债券市场品种结构发生了较大变化(见图4-12)。从发行量份额来看,金融债券发展迅速,其占比从2011年的36.6%波动上升至2020年的51.25%,目前已成为我国最主要的债券品类;公司信用类债券发行量占比则呈下降趋势,其占比从2011年的36.7%最高升至2014年的46.9%,之后急剧下降至2020年的24.97%;政府债券发行占比从2011年的26.7%平缓下降至2020年的23.78%。从存量份额来看,金融债券占比一直较为稳定,基本维持在35%—38%;公司信用类债券占比则先升后降,从2011年的24.46%上升至2014年的33.3%,之后逐渐降至2020年的24.84%;政府债券占比则先降后升,从2011年的37.79%下降至2014年的30.74%,之后逐步升至2020年的39.55%。

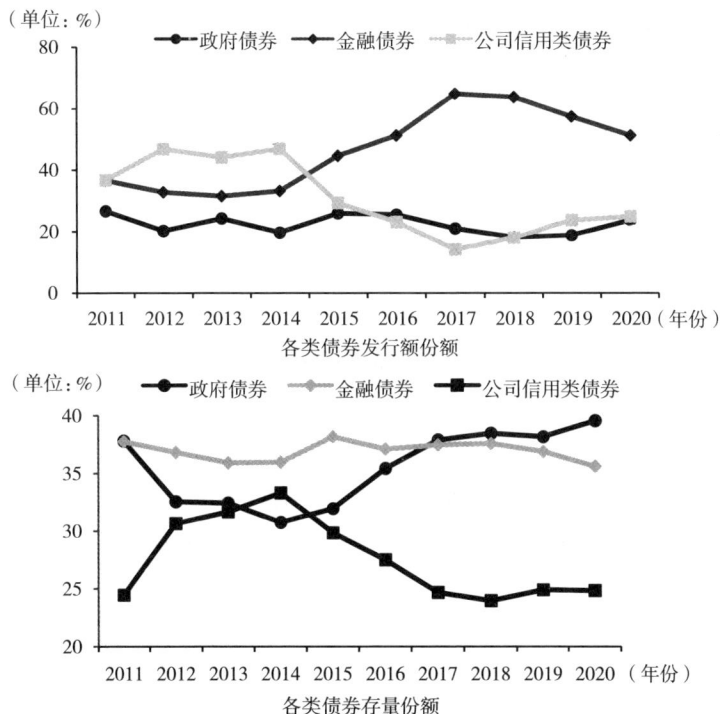

图4-12 2011—2020年中国债券市场品种结构变化

资料来源:中国人民银行《中国金融稳定报告(2021)》。

相比之下,美国债券市场上各类债券占比基本维持稳定,政府债券一直是美国债券发行的主要品种。以 2018 年为例,美国共发行政府债券 3.67 万亿美元(其中,国债 2.68 万亿美元、联邦机构债券 0.65 万亿美元、市政债券 0.34 万亿美元),占全部债券发行额的 49.5%。①

(2)债券市场分布②

银行间市场是我国最大的债券市场。从一级市场债券分销情况来看,以 2019 年为例,根据中央结算公司统计,全年各类债券共实现销量 15.3 万亿元,其中银行间市场销售 14.8 万亿元,占全市场销售份额的 96.7%;交易所和柜台分别销售 0.12 万亿元和 0.35 万亿元,分别仅占全市场销售额的 0.8% 和 2.3%;从二级市场成交额来看,银行间市场占比更是高达 99%。③

(3)债券期限结构

从债券发行的期限结构来看,各种期限债券发行份额经历了较大的变化(见表 4-12)。1 年期以下短期债券占比从 2010 年的 49.81% 急剧下降至 2020 年的 13.97%;10 年期以上长期债券占比则从 2010 年的 5.52% 上升至 2020 年的 20.8%;1—10 年中期债券份额总体呈上升趋势,从 2010 年的 44.67%,最高上升至 2015 年的 87.1%,其后有所下降,至 2020 年为 65.24%。从中期债券内部来看,7—10 年期债券份额增长最快,从 2010 年的 8.32% 上升至 2020 年的 26.33%;1—3 年期债券份额相对稳定;3—5 年期、5—7 年期债券份额则呈先升后降趋势。

表 4-12　2010—2020 年债券发行期限结构　　　　(单位:%)

年份	1 年以下	1—3 年	3—5 年	5—7 年	7—10 年	10 年以上
2010	49.81	18.73	9.95	7.67	8.32	5.52

① 资料来源:前瞻数据库(https://d.qianzhan.com/)。
② 目前,中国债券市场主要包括银行间市场、交易所市场和柜台市场。
③ 资料来源:中国债券信息网(https://www.chinabond.com.cn/)。

续表

年份	1 年以下	1—3 年	3—5 年	5—7 年	7—10 年	10 年以上
2011	32.17	17.14	19.92	12.38	10.10	8.29
2012	9.04	16.12	27.02	23.81	15.49	8.53
2013	11.27	28.13	22.17	21.82	12.30	4.30
2014	14.17	23.61	17.00	23.24	18.15	3.83
2015	10.52	20.71	22.85	20.36	23.18	2.38
2016	9.69	18.80	24.04	20.42	22.75	4.30
2017	13.44	20.74	21.96	18.89	21.44	3.54
2018	13.20	23.27	25.17	14.51	18.96	4.89
2019	10.89	18.37	20.83	12.04	23.46	14.42
2020	13.97	16.26	13.43	9.22	26.33	20.80

原始资料来源:中国债券信息网(中央结算公司)统计数据(http://chinabond.com.cn/Channel/19012917#)。

3.债券市场流动性

流动性是影响金融市场效率的重要因素。流动性越强,金融市场在资源配置、价格发现等方面的功能也越强。借鉴巴曙松和姚飞(2013)等文献,分别采用换手率和流动性比率两个指标来测度中国债券市场的整体流动性。

换手率指在一定时间内市场中债券转手买卖的频率,是度量成交深度的指标,换手率高意味着交投活跃、市场流动性好。其计算方法有"成交量/流通数量"和"成交金额/流通市值"两种,基于数据可获得性,我们采用后一种方法。

由于换手率仅考虑了成交的深度,而没有考虑成交量对价格的冲击,因此借鉴巴曙和松姚飞(2013),采用 Hui—Heubel 比率计算流动性比率[1],从价量结合的角度分析债券市场的流动性。Hui—Heubel 比率反映每单位成交金额

---

[1]　流动性比率衡量价格与交易量变化之间的关系,其基本原理是,如果较小的交易量所引起的价格变化较大,则意味着市场流动性较差;相反,如果较大的交易量所引起的价格变化很小,意味着市场流动性较好。

对债券价格的影响,该比率越小,表明市场流动性越好。具体计算公式如下:

$$L_{HH} = \frac{(P_{max} - P_{min})/P_{min}}{V/(S \cdot \bar{P})} \qquad (4.3)$$

其中,P_{max} 为最高价、P_{min} 为最低价,$(P_{max} - P_{min})/P_{min}$ 表示振幅;V 为成交金额;$S \cdot \bar{P}$ 表示对应的市值。由于我们要测算的是中国债券市场整体流动性,价格 P 采用中债综合指数(总值)财富指数来衡量。理由是综合类指数可表征全市场债券价格走势;而且财富指数是以债券全价计算的,并考虑了利息再投资因素。[①]

图 4-13 给出了 2010 年 1 月—2021 年 12 月中国债券市场换手率和流动性比率的测算结果。不难看出,中国债券市场换手率和流动性比率的逐月波动程度均较高;更为重要的是,无论是从换手率还是从流动性比率来看,中国债券市场的整体流动性水平并没有表现出明显的上升趋势。

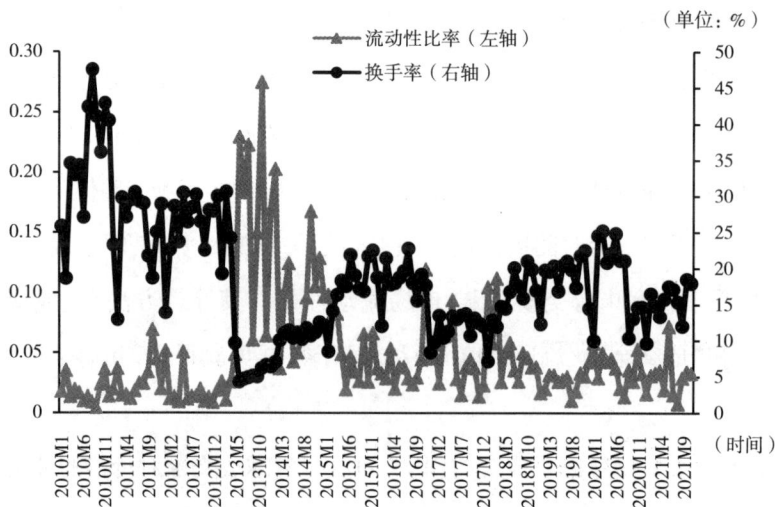

图 4-13　2010—2021 年中国债券市场换手率与流动性比率

资料来源:课题组测算。

---

① 由于中债综合指数(总值)财富指数为日度数据,而成交金额和流通市值只有月度数据,故将流动性比率频度选为月度,分别以每月最高与最低指数代表整个债券市场当月最高价与最低价来计算振幅。成交额、流通市值以及中债综合指数(总值)财富指数等资料来源于同花顺。

4.债券市场的开放

（1）"熊猫债"的发行

国内债券市场的开放始于"熊猫债"的发行①。自2005年10月世界银行所属的国际金融公司和亚洲开发银行首次在中国银行间债券市场发行人民币计价债券以来，"熊猫债"的发行主体已逐步扩展至境外金融机构、非金融企业、外国政府等。图4-14给出了2005年以来的"熊猫债"发行情况，"熊猫债"发行规模年度波动幅度较大，其中2016—2018年发行较为活跃。截至2021年年底，各类主体共发行"熊猫债"331只，累计发行金额5288.2亿元。

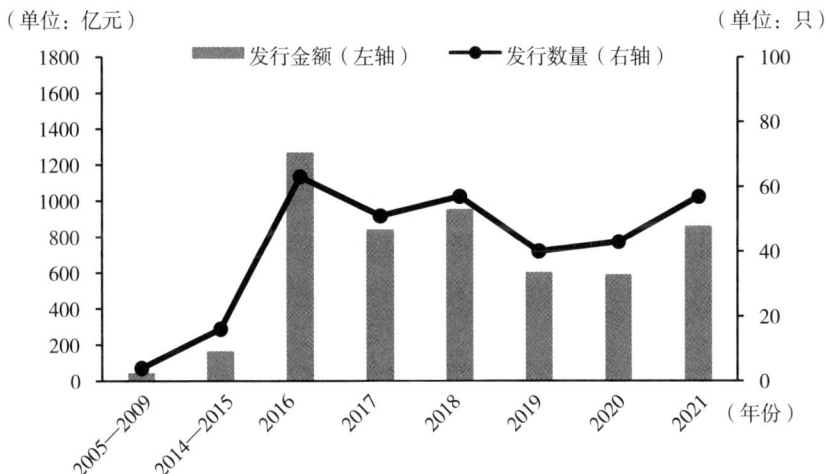

图4-14　历年熊猫债券发行情况

资料来源：Bloomberg（彭博）金融终端。

（2）银行间债券市场开放

为拓宽人民币回流渠道、促进人民币的国际使用，自2010年8月起中国银行间债券市场陆续对境外中央银行或货币当局、人民币清算行、跨境贸易人民币结算境外参加银行、合格境外机构投资者、人民币合格境外机构投资者、国际金融组织、主权财富基金、境外各类金融机构与中长期机构投资者开放；

---

① 熊猫债是指境外机构在中国境内发行的以人民币计价的债券。

同时,境外机构的投资范围也逐步扩展至债券回购、债券借贷、债券远期、利率互换以及远期利率协议等交易,并取消额度限制。2017年7月债券通("北向通")的正式上线,进一步提高了境外投资者进入中国银行间债券市场的方便程度与交易效率。

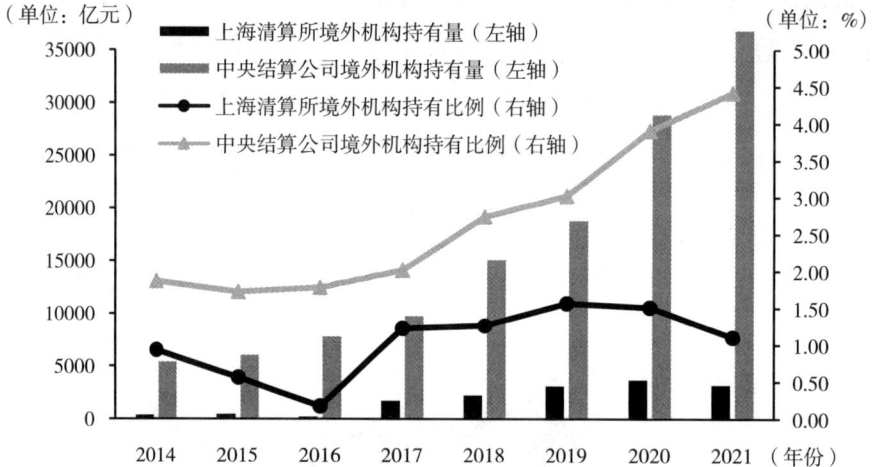

图4-15　2014—2021年境外机构持有境内银行间市场债券的规模与份额

资料来源:中国债券信息网(中央结算公司)统计数据(http://Chinabond.com.cn/Channel/19012917),
　　　　上海清算所统计月报(http://shclearing.com/sjtj/tjyb)。

由图4-15可以看出,境外机构持有上海清算所托管的债券余额从2014年的352.6亿元增加到2021年的3200亿元,年平均增长率高达37%;持有中央结算公司托管的债券余额从2014年的5361.8亿元增加到2021年的36834.3亿元,年平均增长率达31.7%。不过,从相对份额来看,尽管近年来增长较快,境外机构持有国内银行间债券市场的份额依然很低,以2021年最新数据为例,境外机构仅持有上海清算所债券余额的1.10%,中央结算公司债券余额的4.41%。

（二）国内股票市场

国内股票市场的高度发展与开放,能够为非居民提供投资于国内资产的机会,有利于提升人民币对非居民的吸引力,推动人民币国际化进程。

历经三十多年的发展,中国股市已经成为全球具有重要影响力的资本市场之一。A 股股票相继于 2018 年 6 月和 2019 年 6 月正式被纳入明晟新兴市场指数、全球基准指数和富时罗素全球股票指数,标志着中国资本市场发展与开放的重大突破。下面从规模、价格波动性、流动性和开放性四个方面分析近年来中国股票市场的发展,并与美国股市进行对比分析。

1.股票市场规模

(1)上市公司数量与股票市值

从上市公司数量来看,如图 4-16 所示,近年来我国上市公司数量不断增加,并且逐渐缩小了与美国的差距。2009 年,中国上市公司数量为 1718 家,美国上市公司数量为 4401 家,是中国上市公司数量的 2.56 倍;2019 年,中国上市公司数量增至 3777 家,美国为 4821 家,仅为中国上市公司数量的 1.28 倍。

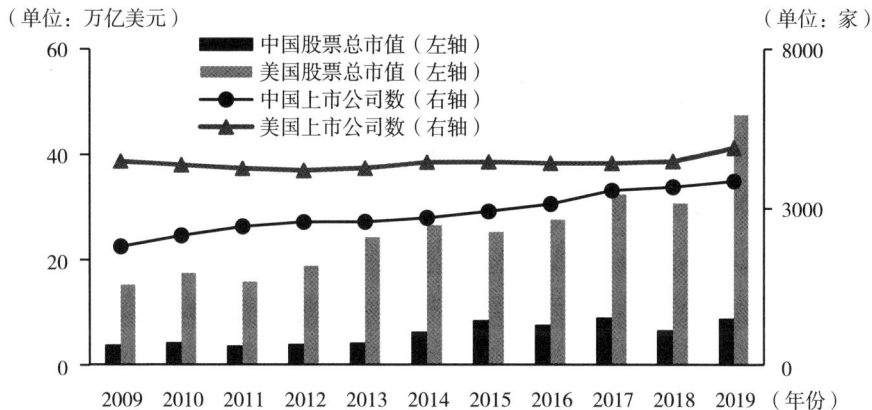

图 4-16　2009—2019 年中美股票市场上市公司数量和市值比较

资料来源:世界银行 World Bank Open Data(http://data.worldbank.org),万得(Wind)金融终端数据库。

从市值来看,近年来我国股票市值呈波动上升趋势,且与美国相比仍有较大差距。如图 4-16 所示,2009 年,我国股票市场期末总市值为 24.4 万亿元(其中流通市值 15.1 万亿元),约合 3.57 万亿美元,同期美国股票市场期末总市值为 15.1 万亿美元,为中国股市市值的 4.2 倍;2019 年,我国股票市场期末总市值为 59.3 万亿元(其中流通市值 48.3 万亿元),约合 8.52 万亿美元,同期美国股票市场期末总市值为 47.16 万亿美元,为中国的 5 倍之多。

(2)股票市场成交规模

中国股票市场成交量与成交额的逐年波动程度较大(见图 4-17)。2009 年我国股票市场年成交量为 5.11 万亿股、日均成交 209.45 亿股,年成交额为 50.6 万亿元、日均成交额 2196.67 亿元;之后成交量和成交额双双下降,至 2012 年,年成交量和成交额分别降至 3.29 万亿股和 31.47 万亿元,日均成交量和成交额分别降至 135.31 亿股和 1294.93 亿元。

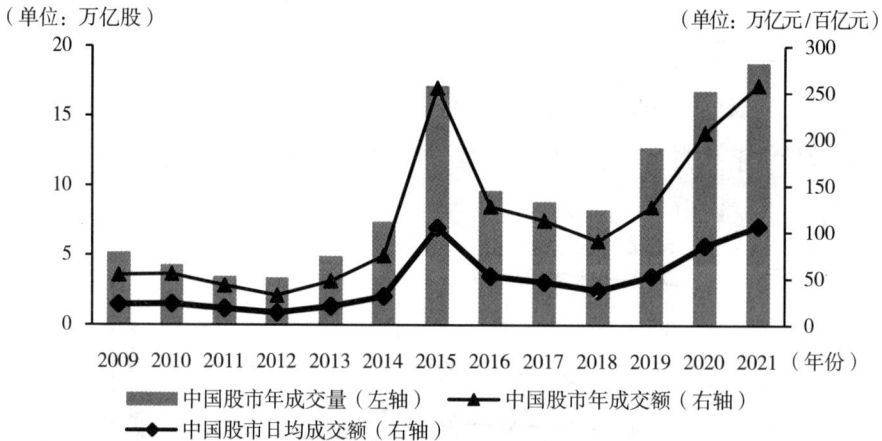

图 4-17   2009—2021 年中国股票市场成交情况

资料来源:中国证券监督管理委员会统计信息(http://csrc.gov.cn/csrc/tjsj)。

2013—2015 年,中国股票市场成交量和成交额呈快速增长趋势并达到峰值,年成交量和成交额从 2013 年的 4.84 万亿股和 46.87 万亿元分别上升至 2015 年的 17.10 万亿股和 255.05 万亿元,日均成交量和成交额分别从 203.25 亿股和 1969.45 亿元增长至 700.98 亿股和 10453.04 亿元。

2015 年之后,中国股市成交规模再次急剧萎缩,至 2018 年,年成交量和成交额分别降至 8.2 万亿股和 90.17 万亿元,日均成交量和成交额分别降至 337.6 亿股和 3710.86 亿元。2019 年,股市成交规模有所回升,年成交量和成

交额分别为 12.66 万亿股和 127.42 万亿元,日均成交量和成交额分别为
518.95 亿股和 5221.96 亿元。此后,中国股市成交规模稳步上升,至 2021 年,
股市成交量与成交额均创出历史新高。

与美国股市相比,中国股市成交规模增长迅猛,与美国股市的差距日益缩
小。根据世界银行发布的数据,2009 年,中美两国股票市场成交规模分别为
7.83 万亿美元和 34.31 万亿美元;2019 年,中国股市成交规模上升至 19.05
万亿美元,而美国股市成交规模为 23.19 万亿美元。

2. 股票市场价格及其波动性

(1)股票价格指数

中国股市"牛熊交替、牛短熊长"的特征非常明显。自 2007 年 10 月创出
历史最高点位之后,上证综合指数从 2007 年 10 月 16 日的 6124 点一路下跌,
最低跌至 2008 年 10 月 28 日的 1664 点。进入 2009 年之后,股市逐步回暖,
上证综指于 8 月 4 日达到 3478 点;然而在之后长达五年多的时间里,中国股
市再次进入漫漫熊市,并于 2013 年 6 月 25 日创出另一个历史底部 1849 点。
后经一年左右的横盘,中国股市自 2014 年 7 月开始经历了新一轮牛市,特别
是 12 月上证综指突破并站稳 3000 点之后,股市一路高涨,于 2015 年 6 月 12
日创出又一个历史峰值 5178 点;其后两个多月股市连续暴跌,上证综指最大
跌幅超过 40%。2016 年 1 月熔断机制的推出再次引发股市暴跌,尽管这一机
制很快被叫停,上证综指仍然在一个月左右下跌了近千点。之后长达 6 年时
间里,中国股市虽然也经历过小牛市,但总体而言波澜不惊,上证综指基本运
行在 2500—3500 点。

图 4-18 汇报了 2009 年 10 月至 2021 年 12 月中美两国股票市场代表
性股票价格指数的变动情况。可以看出,除 2020 年 2 月由于新冠肺炎疫情
导致股市大幅下跌之外,美国三大股指总体而言一直呈现持续上升趋势;相
比之下,中国股市三大股指则一直没有突破其 2015 年 6 月创下的历史次
高点。

图 4-18　2009—2021 年中美股票市场三大综合价格指数变动趋势比较

资料来源：万得（Wind）金融终端数据库。

（2）股票市场价格波动情况

作为新兴市场，中国股票市场的发展尚不成熟，其重要表现之一就是股价易于波动。图 4-19 给出了 2010—2021 年中美股票市场三大主要价格指数的波动程度。由于各大股价指数的均值差异很大，我们选择变差系数（CV：Cofficient of Variation）来测度并比较各指数的波动程度①，其计算公式如下：

---

① 变差系数可以衡量具有不同均值分布的相对离散程度（波动性），常被用来比较不同股票组合的相对风险。

$$CV = \frac{\sigma}{\mu} \tag{4.4}$$

其中,σ 为标准差,μ 为均值。变差系数值越大,表明数据的波动程度越高。我们分别根据每一年所有交易日某个股票价格指数的平均值和标准差,计算该股票价格指数当年的变差系数值。由测算结果可以看出,创业板综合指数的波动性高于深圳成分股指数和上证综合指数;同时,中国股市三大主要价格指数的波动性明显高于美国股市的三大价格指数,表明中国股市具有相对更高的风险。

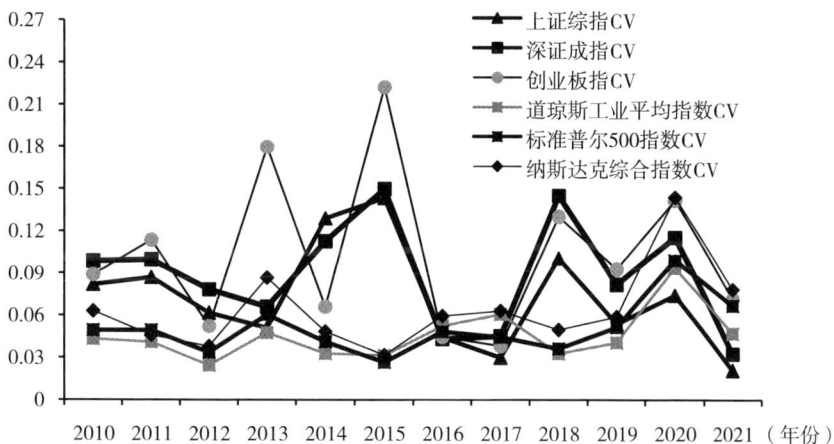

图 4-19　2010—2021 年中美股票市场主要指数变差系数比较

资料来源:本课题组根据原始数据计算。

3.股票市场流动性

（1）换手率

如图 4-20 所示,我国股市的换手率有两个重要特征。一是沪深两市换手率随市场行情起伏而大幅波动:牛市市场交投活跃,换手率不断上升;熊市市场交投清淡,换手率降低。在 2009 年和 2014—2015 年牛市行情中,沪市月度加权平均换手率最高分别达到 65% 和 50%;深市月度加权平均换手率分别高达 83% 和 87%。而在 2011—2013 年和 2018 年的熊市行情中,沪深两市的加权平均换手率均降至谷值。二是由于两市个股规模差异,深圳市场的换手率一直高于上海市场,两者差距基本维持在 15—35 个百分点。因此,从换手率来看,深圳市场的交投更为活跃,其流动性高于上海市场。

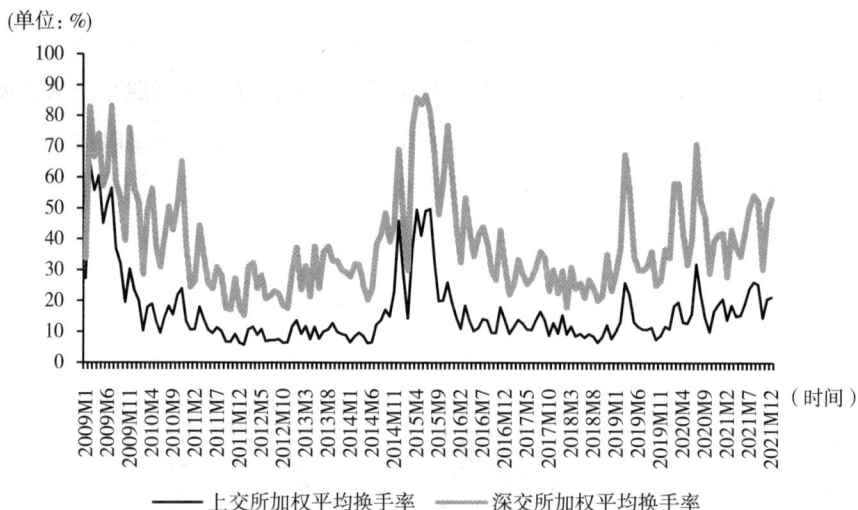

(单位:%)

图 4-20 2009—2021 年中国股票市场月度加权平均换手率

资料来源:中国证券监督管理委员会统计信息(http://csrc.gov.cn/csrc/tjsj)。

(2)流动性比率

如前所述,换手率仅仅考虑成交的深度,而没有考虑成交量对价格的冲击,因此借鉴现有文献做法,构造沪市和深市流动性比率指标,见式(4.5)[1]:

$$LIQ = \frac{turnover}{amp} \tag{4.5}$$

其中,$turnover$ 为市场平均换手率,采用上海交易所和深圳交易所月度加权平均换手率数据;amp 为振幅,分别根据上证综合指数和深证综合指数[2]月

---

[1] 方舟、倪玉娟、庄金良:《货币政策冲击对股票市场流动性的影响》,《金融研究》2011 年第 7 期;陈仲常、刘敏、叶嘉:《股票市场流动性水平的度量》,《统计与决策》2006 年第 18 期。

[2] 此处计算的是深圳交易所全市场流动性比率,因此深圳综合指数要比深圳成分股指数更为合适。

内最高值和最低值计算,原始数据来自中国证券监督管理委员会。该比率反映了单位股价指数振幅所需换手率的大小,数值越大,意味着市场流动性越好。

图 4-21 给出了 2009—2021 年沪深两市流动性比率的测算结果。首先,从时间维度来看,沪深两市的流动性比率波动幅度都较大,且没有表现出明显的时间趋势,表明近十多年来中国股票市场的流动性水平尚未得到显著改善;其次,从空间维度来看,深圳市场的流动性比率一直高于上海市场,即深证市场单位股指振幅所需的换手率更大,再次表明其流动性好于上海市场。

图 4-21　2009—2021 年中国股票市场流动性比率

资料来源:本课题组根据原始数据计算。

4. 中国股票市场的开放

股票市场的开放进程最早开始于 20 世纪 90 年代初外资股(B 股)的发行,而占国内资本市场主导地位的 A 股市场则长期处于封闭状态,直至 2002 年合格境外机构投资者制度的引入,才为境外投资者提供了一个投资于 A 股市场的渠道。此后,人民币合格境外机构投资者(2011 年)、沪港通(2014 年)、深港通(2016 年)、沪伦通(2019 年)等制度相继引入,境内股票市场向境外投资者开放的渠道不断拓宽,特别是 2019 年 9 月合格境外机构投资者和人民币合格境外机构投资者投资额度的取消,进一步提升了国内股票市场的开放程度。

境外机构和个人持有境内股票资产余额从 2014 年 1 月的 2230 亿元,增长到 2021 年 12 月的 39419.9 亿元,占国内股票市场总市值和流通市值的份额分别从 1.4% 和 1.69% 上升到 4.30% 和 5.25%。境外投资者已经成为中国股票市场的重要投资主体和参与者,有利于改善我国长期以来以散户交易为主体的投资者结构,也有利于改善我国资本市场定价机制、提升资源配置效率。

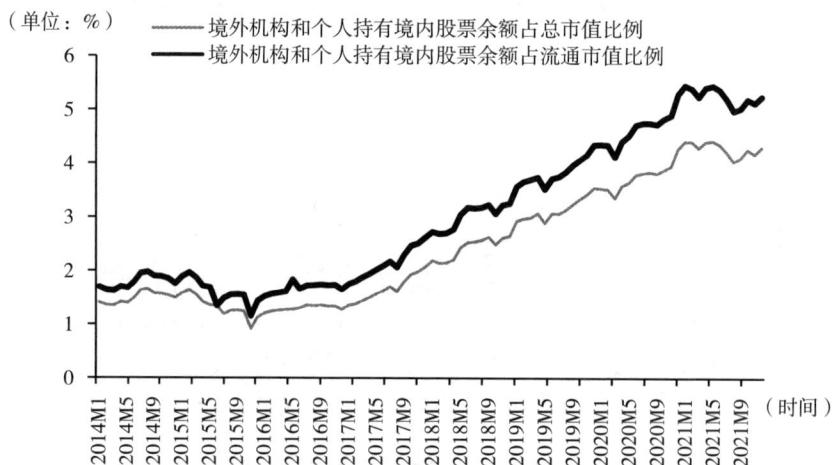

图 4-22　2014—2021 年境外机构和个人持有中国境内股票资产比例

资料来源:中国人民银行《人民币国际化报告》(2015—2020 年),中国证券监督管理委员会统计信息(http://csrc.gov.cn/csrc/tjsj)。

(三)外汇市场

外汇市场承担着货币兑换与价格转换的职能,是连接国内、国际市场的纽带,因而在货币国际化进程中具有重要作用。自 1994 年全国统一的银行间外汇市场建立特别是 2005 年人民币汇率制度改革以来,随着相关制度和基础设施的不断完善,以及远期、掉期、货币掉期和期权等交易产品的相继推出,中国外汇市场在规模、结构、开放程度等方面均取得了重大发展。

1. 人民币外汇交易规模

近年来,中国外汇市场交易规模持续增长(见图4-23),人民币外汇交易总额从2011年的86431亿美元稳步上升至2021年的368676亿美元,年平均增长率约为15.6%。分交易品种来看,增长速度最快的是期权交易,其交易额从2011年仅19亿美元急速上升至2021年的12381亿美元,年平均增长率高达91.2%;其次为外汇和货币掉期交易,其交易额从2011年的17853亿美元上升至2021年的204763亿美元,年平均增长率达27.6%;即期交易规模增长相对平缓,从2011年的62544亿美元升至2021年的142223亿美元,年均增长8.6%;远期交易规模则呈波动上升趋势,最低为2016年的3783亿美元,最高为2021年的9309亿美元。[①]

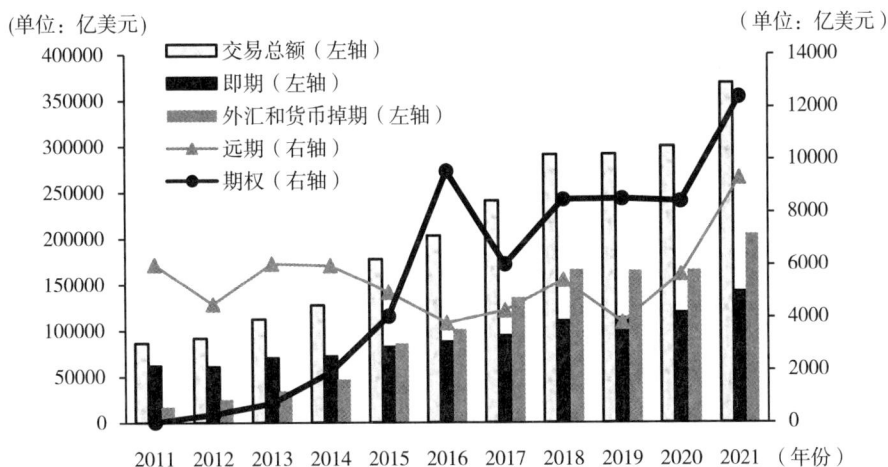

图4-23　2011—2021年在岸市场人民币外汇交易额

资料来源:国家外汇管理局统计数据(http://safe.gov.cn/safe/tjsj1),万得(Wind)金融终端数据库。

根据国际清算银行发布的数据,中国在岸外汇市场日均交易额已由2010年的197.74亿美元增至2019年的1360.17亿美元,占全球外汇市

---

① 以上数据仅含中国在岸外汇市场上人民币外汇交易额(人民币与外汇之间的交易),不含外币对交易额(外汇与外汇之间的交易)。

场份额从 0.4% 升至 1.64%;上海在全球外汇市场中的排名则从 2010 年的第 20 位(落后于俄罗斯、印度等新兴经济体)升至 2019 年的第 8 位,仅次于伦敦、纽约、新加坡、中国香港、东京、苏黎世和巴黎(如图 4-24 所示)。不过,与全球主要外汇交易中心国家(地区)相比,中国外汇市场的交易规模还相对偏小:以 2019 年数据为例,中国在岸外汇市场日均成交额仅约为英国的 4%、美国的 10%、新加坡和中国香港的 1/5、日本的 1/3 和瑞士的 1/2。

（单位：亿美元）

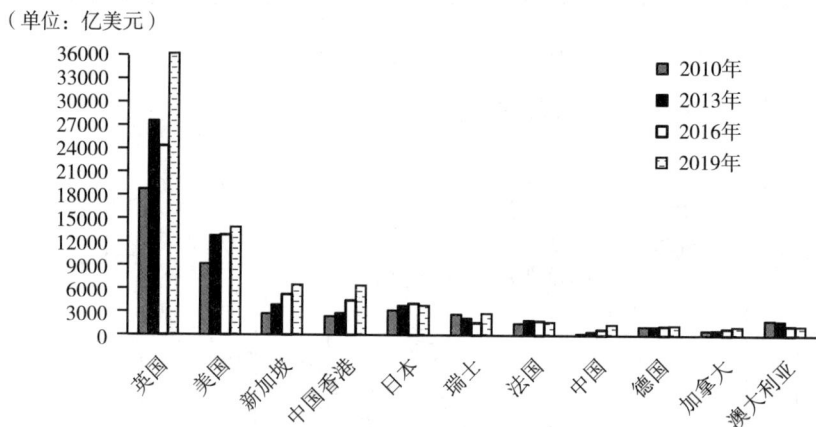

图 4-24 2010—2019 年全球主要外汇交易中心国家(地区)日均外汇成交额

资料来源:国际清算银行 Triennial Central Bank Survey(2010 年,2013 年,2016 年,2019 年)。

2.外汇市场结构分析

(1)外汇交易产品结构

从产品结构来看,外汇即期交易、外汇和货币掉期是我国外汇市场产品的绝对主体,合计占到外汇市场产品份额的 90% 以上;远期交易和期权交易在我国外汇市场中占据的份额则很小(见图 4-25)。具体来看,人民币即期外汇交易曾长期占据中国外汇市场的主体位置,但近年来其份额持续下降,从 2011 年的 72% 下降至 2021 年的 38.58%;人民币外汇和货币掉期交易发展迅速,并逐渐成为我国外汇市场最主要的交易产品,其份额从 2010 年的 21% 上升至 2021 年的 55.54%；远期交易占外汇市场产品份额相对较小，且呈波动下降趋势，其份额从 2010 年的 7%降至 2021 年的 2.52%；期权交易份额同样很小，但近年来发展较快，其占我国外汇市场的产品份额从 2010 年的 0.02%增至 2021 年的 3.36%。

（单位：%）

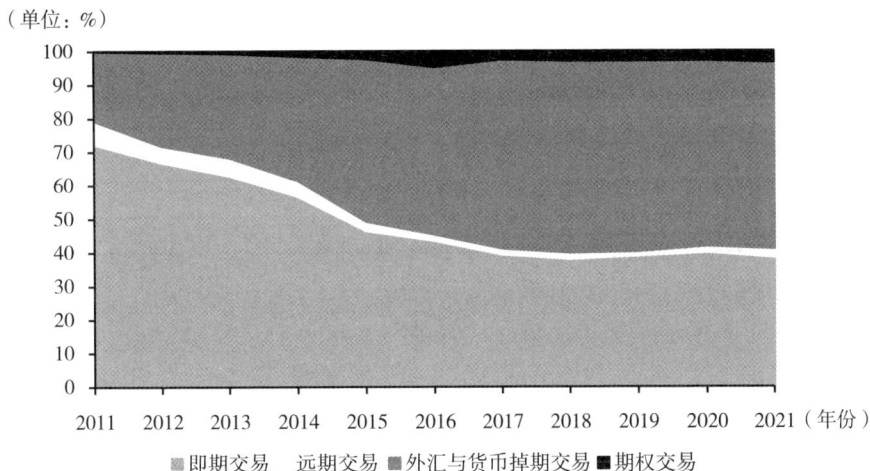

图 4-25　2011—2021 年外汇交易品种结构及其变化趋势

资料来源：国家外汇管理局统计数据(http://safe.gov.cn/safe/tjsj1)。

（2）外汇交易市场分布①

从外汇交易的市场分布来看(如表 4-13 所示)，与全球其他主要外汇市场类似，我国外汇交易同样以银行间外汇市场为主，银行间外汇市场交易额占全部外汇交易的份额从 2015 年的 76.3%增加到 2021 年的 85.02%；作为零售市场的柜台交易占比则持续下降，其份额则从 2015 年的 23.7%降至 2021 年的 14.98%。

---

① 根据交易地点不同，外汇市场可分为场内市场(交易所市场)和场外市场。其中，场外外汇市场由银行间市场(外汇批发市场)和柜台市场(银行对客户的零售市场)构成。就中国外汇市场而言，主要是银行间市场和柜台市场(即场外市场)，目前还没有建立交易所市场。

表4-13　中国外汇交易市场分布　　　　（单位：亿美元；%）

交易类型	市场	2015年		2017年		2019年		2021年	
		金额	占比	金额	占比	金额	占比	金额	占比
全部交易	柜台	42142.22	23.7	37479.85	15.6	41117.52	14.1	55218.85	14.98
	银行间	135488.95	76.3	203365.32	84.4	250079	85.9	313457.06	85.02
即期	柜台	33978.49	41.1	30914.31	32.6	34187.55	30.1	42195.57	29.67
	银行间	48623.2	58.9	63979.59	67.4	79373.68	69.9	100027.74	70.33
远期	柜台	4577.61	92.5	3225.27	75.7	3046.91	80	8220.18	88.30
	银行间	372	7.5	1033.68	24.3	759.5	20	1088.86	11.70
外汇和货币掉期	柜台	2426.94	2.8	1032.22	0.8	1194.88	0.7	1356.71	0.66
	银行间	83606.18	97.2	134639.56	99.2	164133.7	99.3	203405.99	99.34
期权	柜台	1159.18	28.6	2308.05	38.3	2688.18	31.6	3446.39	27.84
	银行间	2887.57	71.4	3712.49	61.7	5812.04	68.4	8934.46	72.16

注：本表数据仅为人民币兑外汇的交易量（不含外汇之间的交易），按单边交易量统计。
资料来源：国家外汇管理局统计数据（http://safe.gov.cn/safe/tjsj1）。

不过，就不同交易产品而言，银行间市场与柜台市场的相对重要性有所不同。其中，外汇和货币掉期交易几乎全部集中于银行间市场，其份额占到99%左右；即期交易和期权交易以银行间市场为主，但柜台交易也占有相当可观的份额；远期交易则主要以柜台市场为主，银行间市场份额相对较低。

（3）外汇交易币种分布

目前，中国银行间外汇市场已经推出人民币直接交易货币对24个。不过，从各币种交易份额来看，人民币兑美元之间的交易仍然占据绝对的主体地位。表4-14给出了2018—2021年人民币对各币种即期外汇交易的份额，其中人民币兑美元交易额占人民币即期交易总额的96%左右，远远超过位居第二位至第四位的欧元、日元和港元的份额。这表明，尽管中国对外贸易的地域结构正日趋多元化，但美元仍然是中国外汇市场上的关键货币。值得一提的是，尽管绝对份额依然很小，人民币对一些新兴经济体货币的直接交易正迅速发展。如2018年才开始发展的人民币对泰铢交易，至2020年其份额已跃升至第八位。

表 4-14　2018—2021 年人民币即期外汇交易额前十大币种及其变化

交易额排名	2018 年		2019 年		2020 年		2021 年	
	货币对	占比（%）	货币对	占比（%）	货币对	占比（%）	货币对	占比（%）
1	USD/CNY	96.83	USD/CNY	95.8	USD/CNY	96.2	USD/CNY	95.93%
2	EUR/CNY	1.39	EUR/CNY	2.49	EUR/CNY	2.47	EUR/CNY	2.73%
3	JPY/CNY	0.57	JPY/CNY	0.65	JPY/CNY	0.48	JPY/CNY	0.42%
4	HKD/CNY	0.39	HKD/CNY	0.35	HKD/CNY	0.25	HKD/CNY	0.24%
5	AUD/CNY	0.17	SGD/CNY	0.24	SGD/CNY	0.15	GBP/CNY	0.13%
6	SGD/CNY	0.12	GBP/CNY	0.14	AUD/CNY	0.1	AUD/CNY	0.12%
7	CAD/CNY	0.12	AUD/CNY	0.12	GBP/CNY	0.1	NZD/CNY	0.05%
8	GBP/CNY	0.11	CAD/CNY	0.05	CNY/THB	0.06	SGD/CNY	0.09%
9	CHF/CNY	0.06	CNY/THB	0.05	CAD/CNY	0.06	CHF/CNY	0.06%
10	CNY/KRW	0.04	NZD/CNY	0.03	NZD/CNY	0.04	CAD/CNY	0.11%

资料来源:中国货币网(中国外汇交易中心)统计月报(http://chinamoney.com.cn/chinese/mtmoncjgl)。

3.在岸与离岸市场人民币汇率联动性分析

由于离岸人民币外汇市场的存在以及两个市场的分割,人民币存在两种汇率:在岸汇率(CNY)与离岸汇率(CNH)。图 4-26 给出了 2012—2020 年在岸人民币汇率与离岸人民币汇率及两者汇差的变动趋势。可以看出,首先,离岸与在岸人民币汇率具有一致的变动趋势,表明尽管存在离岸与在岸市场的分割,有限套汇机制的存在依然使两种汇率具有高度联动性;其次,汇率差异持续存在,且没有表现出明显的缩小趋势,意味着十多年来在岸与离岸人民币外汇市场的一体化程度尚未得到显著改善。

接下来,我们选择离岸人民币即期汇率(CNH)、在岸人民币即期汇率(CNY)和离岸无本金交割 1 年期远期汇率(NDF,用以反映离岸市场人民币汇率预期),构建 TVP—SV—VAR 模型,分析离岸和在岸人民币汇率联动性。首先对上述三个变量进行平稳性检验,结果如表 4-15 所示。离岸人民币即期汇率、在岸人民币即期汇率和离岸无本金交割 1 年期远期汇率均非平稳,但它们的一阶差分序列均为平稳序列,分别记为 DCNH、DCNY 和 DNDF。因此,以

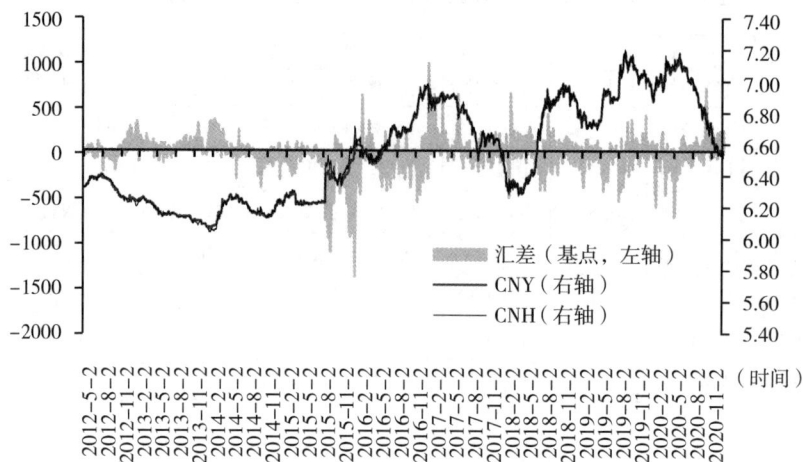

图 4-26　2012—2020 年在岸、离岸人民币汇率及其汇差

资料来源:万得(Wind)金融终端数据库。

DCNH、DCNY 和 DNDF 构建 TVP—SV—VAR 模型。根据表 4-16 的各种信息准则,确定模型最优滞后期数为 2。据此,构建变量顺序为 DCNH、DCNY 和 DNDF,滞后期为 2 期,马尔科夫链蒙特卡洛模拟抽样次数为 20000 次的 TVP—SV—VAR 模型。模型参数估计结果如表 4-17 所示,在 5% 的置信水平下 Geweke 统计量均小于临界值 1.96,不能拒绝趋于后验分布的原假设,表明马尔科夫链趋于集中。无效因子最大为 39.71,在连续抽样 20000 次的条件下,至少可得 503(20000/39.71)个不相关的样本,所得样本数量足够模型的后验推断,表明参数估计显著有效。

表 4-15　各变量 ADF 单位根检验结果

变量名	ADF 统量量	临界值 1%	临界值 5%	结论
CNH	1.221387	3.495677	2.890037	非平稳
CNY	1.205751	3.495677	2.890037	非平稳
NDF	−1.245913	3.495677	2.890037	非平稳
DCNH	−9.44099	3.496346	2.890327	平　稳

续表

变量名	ADF 统量量	临界值1%	临界值5%	结论
DCNY	-9.626027	3.496346	2.890327	平　稳
DNDF	-9.389187	3.496346	-2.890327	平　稳

表 4-16　滞后阶数选择指标信息

滞后阶数	*LogL*	*LR*	*FPE*	*AIC*	*SC*	*HQ*
0	583.1683	NA	1.13E-09	-12.08684	-12.00670*	-12.05445
1	603.2381	38.46694	8.98E-10	-12.31746	-11.99692	-12.18789*
2	613.995	19.9452	8.66e-10*	-12.354*	-11.79311	-12.12732
3	621.9286	14.21427	8.87E-10	-12.33185	-11.53049	-12.00792

表 4-17　模型参数估计结果

参数	均值	标准差	95%置信区间	Geweke	无效因子
*sb*1	0.0226	0.0025	[0.0183,0.0282]	0.367	6.14
*sb*2	0.0227	0.0026	[0.0182,0.0284]	0.099	6.33
*sa*1	0.0595	0.0162	[0.0367,0.0988]	0.108	31.43
*sa*2	0.0748	0.023	[0.0421,0.1308]	0.263	31.87
*sh*1	0.8277	0.1808	[0.5367,1.2439]	0.049	39.71
*sh*2	0.4532	0.081	[0.3190,0.6347]	0.446	29.5

对于不同提前期冲击的脉冲响应,我们选择提前3期、提前6期、提前12期,分别反映离岸人民币即期汇率、在岸人民币即期汇率和离岸无本金交割1年期远期汇率三者间的短、中、长期动态关系。对于不同时点的脉冲响应,我们借鉴钟永红和邓数红(2020),选择2014年3月、2015年8月和2017年5月三个代表性时点,考察离岸人民币即期汇率、在岸人民币即期汇率和离岸无本金交割1年期远期汇率之间关系的时变特征和影响路径。具体选择依据为,

2014年3月17日银行间即期外汇市场人民币兑美元交易价浮动幅度由1%上调至2%;2015年8月11日,货币当局启动人民币汇率中间价形成机制改革;2017年5月26日,中央银行在人民币兑美元中间价报价模型中引入逆周期因子。

从图4-27人民币在岸汇率与离岸汇率不同提前期的脉冲响应函数来看,人民币离岸汇率对在岸汇率波动的反馈更为强烈。短期内(即提前3期)二者之间互为正向影响,在岸人民币贬值会推动离岸人民币贬值,同样离岸人民币贬值也会推动在岸人民币贬值。从提前6期和提前12期脉冲响应来看,离岸汇率对在岸汇率冲击的响应十分微弱;提前6期的在岸人民币即期汇率对离岸人民币即期汇率有微弱的负向响应,提前12期的响应则几乎为0。这是因为,当在岸汇率发生剧烈波动时,货币管理当局往往会入市加以干预或调控。在中长期,中央银行调控削弱了人民币在岸汇率对离岸汇率波动的反馈。综上可知,人民币离岸汇率与在岸汇率间的联动响应主要表现在短期,中长期影响微弱,且在岸汇率对离岸汇率的影响更为显著。

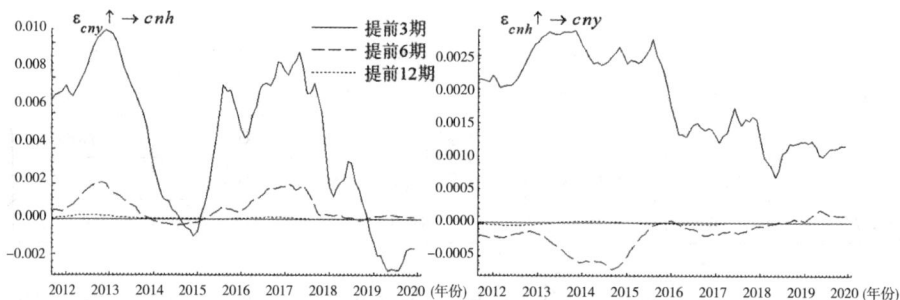

图4-27　2012—2020年人民币在岸汇率与离岸汇率不同提前期脉冲响应

从图4-28人民币在岸汇率与离岸汇率不同时点的脉冲响应来看,人民币离岸汇率对在岸汇率的影响在三个时点均为正向,即在所考察的不同经济政策背景下,离岸人民币贬值会导致在岸贬值。由于受到的管制较少、与世界金融市场联系更为紧密、交易量相对于在岸人民币市场更大以及市场参与者更为多元化等原因,离岸人民币市场能更好地反映全球风险变化(丁剑平等,2020)。另一方面,人民币在岸汇率对离岸汇率的影响在不同时点基本一致。

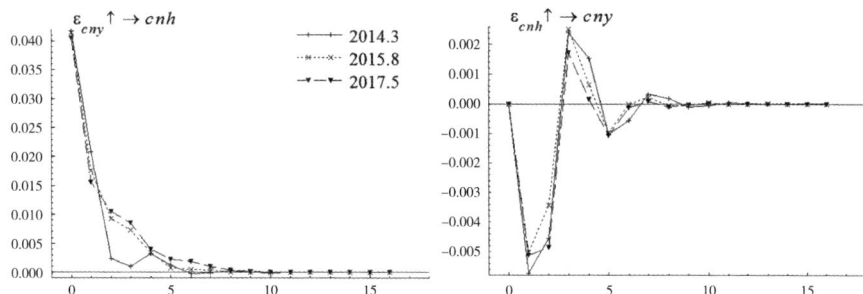

图 4-28　2014—2017 年人民币在岸汇率与离岸汇率不同时点脉冲响应

从图 4-29 人民币在岸汇率与离岸无本金交割 1 年期远期汇率的不同提前期脉冲响应来看,人民币在岸汇率与离岸无本金交割 1 年期远期汇率在短期内互为正向影响;中期来看,两者互为正向影响但程度微弱;长期响应几乎为 0。即人民币在岸汇率与离岸市场汇率预期在短期内互为正向影响:离岸无本金交割 1 年期远期汇率上升(离岸市场存在人民贬值预期),会推动在岸人民币贬值;反之,人民币在岸贬值也会推动离岸无本金交割 1 年期远期汇率走高。从图 4-30 人民币在岸汇率与离岸无本金交割 1 年期远期汇率的不同时点脉冲响应来看,人民币在岸汇率与离岸市场汇率预期在不同时点响应均一致,且均互为正向影响。

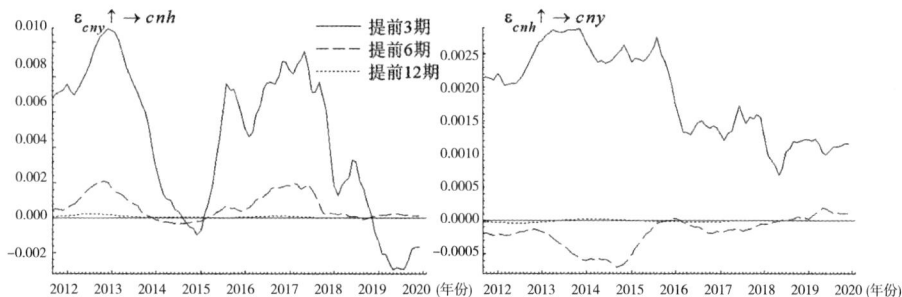

图 4-29　2012—2020 年人民币在岸汇率与汇率预期不同提前期脉冲响应

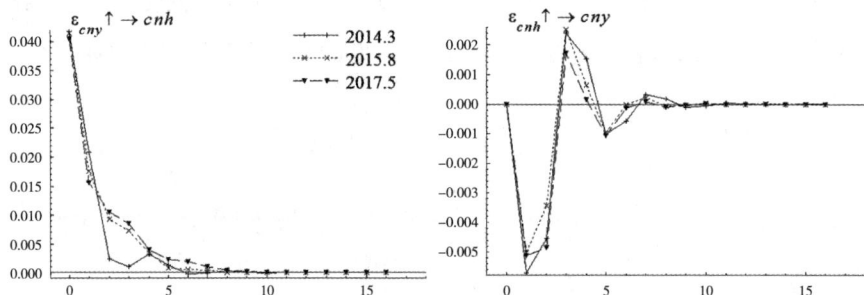

图 4-30　2014—2017 年人民币在岸汇率与汇率预期不同时点脉冲响应

从图 4-31 人民币离岸即期汇率与离岸无本金交割 1 年期远期汇率不同提前期的脉冲响应来看,在短期内离岸市场汇率预期对离岸即期汇率冲击的响应整体为正向,但响应波动性较大;中长期汇率预期对离岸即期汇率冲击的响应微弱。人民币离岸即期汇率对汇率预期冲击的脉冲响应在短期为正,中长期响应微弱。即人民币离岸即期汇率与汇率预期短期内互为正向影响,当离岸人民币即期贬值时,离岸无本金交割 1 年期远期汇率走高;反之,当离岸无本金交割 1 年期远期汇率上升时离岸人民币即期也会出现贬值。从图 4-32 人民币离岸即期汇率与汇率预期的不同时点脉冲响应来看,人民币离岸即期汇率与汇率预期在不同时点响应均一致,且均互为正向影响。

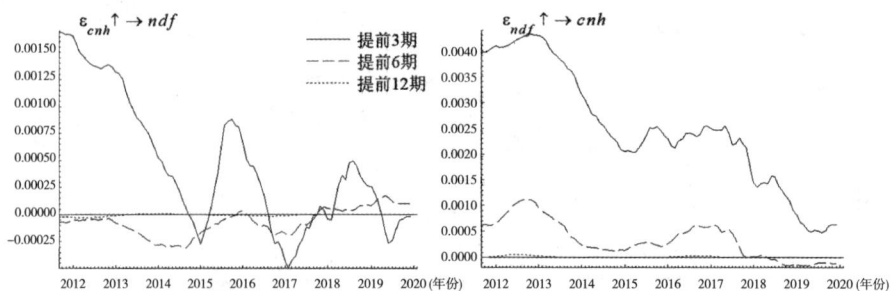

图 4-31　2012—2020 年人民币离岸汇率与汇率预期不同提前期脉冲响应

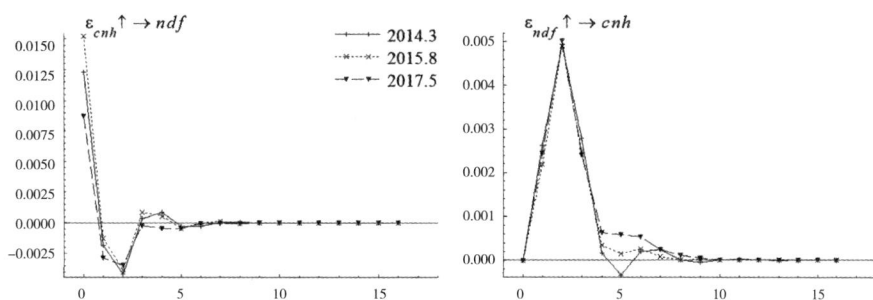

图4-32　2014—2017年人民币离岸汇率与汇率预期不同时点脉冲响应

4.外汇市场的开放

中国外汇市场的开放相对较晚。2004年,以盈丰财资市场(CMC Markets)为代表的首批境外外汇经纪商获准进入中国市场。2015年9月起,境外中央银行类机构获准直接进入中国银行间外汇市场,开展各类外汇交易。同时,越来越多的境外金融机构获批成为中国银行间外汇市场的做市商,为外汇市场提供流动性(见表4-18)。截至2021年年底,绝大多数币种的国外机构做市商占比均超过20%,其中人民币对日元、韩元市场的国外机构做市商占比均超过50%。

表4-18　2021年银行间外汇市场做市商数量及构成

币种	做市商数	国外机构占比 (%)	币种	做市商数	国外机构占比 (%)
美元和港元	25(7)	28.00	韩元	15(8)	53.30
欧元	15(6)	24.00	阿联酋迪拉姆	7(2)	28.60
日元	10(5)	50.00	沙特里亚尔	7(2)	28.60
英镑	12(4)	33.30	匈牙利福林	5(1)	20.00
澳大利亚元	11(4)	36.36	波兰兹罗提	5(1)	20.00
新西兰元	9(4)	44.44	丹麦克朗	9(2)	22.20
新加坡元	13(6)	46.20	瑞典克朗	12(3)	25.00
瑞士法郎	12(4)	33.30	挪威克朗	10(2)	20.00
加拿大元	10(3)	30.00	土耳其里拉	6(2)	33.30

续表

币种	做市商数	国外机构占比（%）	币种	做市商数	国外机构占比（%）
林吉特	5(2)	20.00	墨西哥比索	6(1)	16.70
卢布	4(1)	25.00	泰铢	13(6)	46.20
南非兰特	12(3)	25.00	外币对	28(13)	46.42

注:括号内为做市商中的纯国外金融机构(不包括境外中资金融机构)家数;"外币对"指外币对外币之间的交易,其余均为人民币对外币的交易。

资料来源:根据中国外汇交易中心中国货币网(http://www.chinamoney.com.cn)数据整理。

三、积极发展多层次金融市场,实现金融市场深化与广化

国内金融市场的发展水平是一国货币国际地位的关键决定因素。金融市场发展水平包括三个方面:广度、深度和流动性①。没有合理的广度、深度和流动性的金融市场,人民币将不会被可靠地用于国际交易,也不会吸引国际投资者(Cruz 等,2014)。如前所述,近年来我国金融市场规模不断扩大,交易工具与交易品种日渐丰富。但与其他主要储备货币发行国相比,我国金融市场发展还相对滞后,尚难以发挥对人民币国际化的有效支持作用,也不足以抵御与人民币国际化、资本项目完全开放相关的宏观金融风险。为此,需要积极发展多层次金融市场,尽快实现国内金融市场的深化和广化,进一步提升市场流动性。

(一)积极转变社会融资结构,大力发展直接融资市场

从我国的社会融资结构来看,以银行贷款为代表的间接融资一直占据主导地位。根据中国人民银行统计,截至 2020 年年底,间接融资存量规模为194.61 万亿元,占整个社会融资存量规模的 68.3%②;直接融资存量规模为

---

① 金融市场的广度指存在各种各样的金融工具可用于短期或长期形式的投资;深度指的是对于大多数金融产品来说,要有完善运作的二级市场;流动性是指投资者能够在不改变价格或承担不合理交易成本的情况下购买和出售金融资产。

② 其中,贷款融资存量规模为 191.1 万亿元,占间接融资存量规模的 98.2%,占整个社会融资存量规模的 67.1%。

81.85万亿元,仅占整个社会融资存量规模的28.7%①。以间接融资为主的社会融资结构与我国金融体系的特征密切相关,即银行部门长期以来一直都是我国金融体系的核心主体。

从人民币国际化视角来看,首先,间接融资为主导的社会融资结构使金融风险过度集中于国内银行体系。特别是在人民币国际化水平与资本账户开放程度日益提高的过程中,这样的融资结构和金融体系很难抵御大规模跨境资本流动的冲击。其次,直接融资比例高意味着金融体系的市场导向强,更有利于促进经济增长。特别是在金融发展的扩张期,相较于间接融资,直接融资对经济增长的促进作用更强(何宗樾和宋旭光,2019);而保持经济持续、稳定的增长有利于扩大人民币的交易需求与网络外部性,提升人民币的国际地位。因此,应积极转变社会融资结构,大力发展直接融资市场,推动直接融资与间接融资平衡发展,构建多元化、高水平的国内金融市场体系。

(二)各金融子市场均衡发展,提升金融市场整体发展水平

我国各金融子市场发展程度存在一定差异,并且不同子市场由于交易要素、主体结构、交易机制的不同,在交易规模、市场流动性、开放程度、监管制度等方面均存在较大差异,应针对各金融子市场存在的不同问题逐个突破,实现不同子市场均衡发展,构建合理化、高级化和梯度化②的金融市场体系(吴腾华和胡耀元,2021)。目前我国各金融子市场产品品种不断丰富,业务模式、监管机制也有所创新,但与人民币国际化和资本账户开放对国内金融市场的

---

① 自2018年7月起,中国人民银行完善了社会融资规模统计方法,将"存款类金融机构资产支持证券"和"贷款核销"纳入社会融资规模统计,在"其他融资"项下单独列示。截至2020年年底,其他融资存量规模约占整个社会融资存量规模的3%。

② 合理化指各金融子市场之间及其组成要素比例合理化,具体表现为各子市场相互联系、相互支持,能妥善解决好金融创新、金融开放与金融监管三者之间的关系;高级化指金融市场中的组成要素种类高级化,具体表现为金融市场中的运行机制、金融工具、交易主体和组织方式更加多元化、丰富化;梯度化指金融市场体系中的组成要素结构梯度化,表现为空间结构、行为结构、监管结构和层次结构更加适应我国经济社会的发展水平(吴腾华和胡耀元,2021)。

要求相比,仍然存在不小的差距。

1.债券市场

根据中国人民银行统计,截至 2020 年年末我国债券融资存量规模为 73.6 万亿元,占直接融资规模的 89.9%,其中企业债券融资存量规模为 27.55 万亿元,政府债券融资存量规模为 46.05 万亿元;非金融企业境内股票融资存量规模为 8.25 万亿元,占直接融资规模的 10.1%。可见,债券是我国直接融资市场的主要金融工具,这是因为与股票市场相比,债券市场风险更小且提供的交易品种也更为丰富;更为重要的是,政府和其他公共机构通常也会参与债券市场,这无疑会增加债券市场对投资者的吸引力,并使债券融资成为直接融资的主要方式。如前所述,从绝对规模来看,我国债券市场已成为仅次于美国的全球第二大市场。不过,相较于主要储备货币发行国,我国债券市场发展水平依然不能满足人民币国际化的要求,特别是还存在市场分割、债券品种以及发行结构不够完善、市场准入门槛高、相关信用评级和信息披露等配套服务机构少等诸多问题。需要从以下方面着手,进一步推动国内债券市场的发展。

(1)打破市场分割,加强市场整合,提升市场流动性

我国债券市场分割严重,银行间市场与交易所市场在交易主体、品种、方式及登记托管结算方面均存在差异(李敏,2021)。从交易主体来看,机构和个人投资者均可参与交易所市场交易,而银行间市场交易主体则是银行类机构和保险、基金、券商、信托、财务公司等非银行金融机构[1]。从交易品种来看,除国债和企业债可同时在两个市场发行外,央行票据、金融机构债券、短期融资券和中期票据等只能在银行间市场发行,而由中国证监会审批的公司债和可转债则只能在交易所市场发行。从交易方式来看,银行间企业债券交易通过全国同业拆借中心进行一对一询价或做市商双向报价方式成交,而交易

---

[1] 邢梅:《债券监管框架下的公司债发行审核制度反思》,《证券法苑》2016 年第 1 期。

所企业债则是通过电子交易系统集中撮合成交。[1] 从登记托管结算来看,银行间市场债券的托管结算在中央国债登记公司,清算则由上海清算所负责;交易所市场由中国证券登记结算公司的上海和深圳分公司负责,两套系统在具体运行规则上存在诸多差异(李敏,2021)。

严重的市场分割,使我国尽管拥有全球第二大债券市场,但债券市场的流动性远远不及主要储备货币发行国。[2] 因此,需要加强国内债券市场的整合。一是借鉴外汇市场模式,交易所以标准化产品为主,银行间市场则可以为客户提供更加个性化的产品。二是提高不同证券登记结算机构间的转托管效率,不断扩大跨市场交易的债券品种,促进债券市场互通互联。三是针对债券市场架构割裂、做市商功能弱化和基础结算账户分级失序等问题,在区隔场内与场外市场的基础上引入双层架构,完善"权义平衡"的做市商制度,加强后台登记结算机构及交易数据库的统合。[3] 四是放宽交易所与银行间两大市场的准入限制,拓宽两大市场交易者结构,以实现充分套利和债券市场的整合,促进银行间交易市场,交易所市场以及柜台市场共同形成互为补充、安全高效、相互联通的债券市场,提升整个市场的流动性。

(2)尽快实现统一监管

与市场分割相适应,我国债券市场存在多个监管部门。从一级市场来看,金融债发行监管主体主要是中国人民银行和中国证监会,其中短期融资券和中期票据的发行监管则由中国人民银行授权给银行间市场交易商协会负责;银监会对银行业机构从事债券业务进行监管;发改委是企业债的监管主体;财政部是国债的监管主体。从二级市场看,也为多部门分散监管模

---

[1]　李湛、曹萍、温锦波:《我国企业债券银行间市场与交易所市场的比较研究》,《农村金融研究》2008 年第 11 期。

[2]　G. N. Ma and W. Yao,"Can the Chinese Bond Market Facilitate a Globalizing Renminbi?", Institute for Economies in Transition,Bank of Finland,*BOFIT Discussion Papers*,No. 1,2016.

[3]　冯果、张阳:《不能忽视的债券市场分层:基于破解市场流动性困局的思考》,《华东政法大学学报》2021 年第 2 期。

式,中国证监会监管沪深交易所上市的债券,中国人民银行负责监管银行间上市债券;交易商协会经中国人民银行授权对流通债券市场日常监测过程中发现的异常交易情况进行监管(冯果和刘秀芬,2016)。多头监管导致各类债券在审批、发行、交易和信息披露等环节存在诸多差异,使中国债券市场的整体性和统一性遭到破坏,阻碍了债券市场的长远发展;同时,也增加了监管协调的难度,导致了监管的低效率(谭小芬等,2018)。为此,需要在债券市场整合的基础上,进一步实现统一监管。一是出台统一的债券市场监管法规。二是尽快建立统一的债券市场监管机构。目前学术界对于统一债券市场监管机构的建议方案主要有两类:成立多部门债券市场监管协调机构①和由中国证监会实施统一监管②。考虑到我国债券市场监管分割历史较久,贸然将债券监管全权授予中国证监会的改革动作或会引起市场动荡,风险较大。因此,构建监管协调机构,先适当地将部分监管权集中至中国证监会,而后渐进地实现由中国证监会对债券市场实施统一监管的方式较为稳妥。

(3)加强信用评级管理,降低违约事件发生概率

近年来随着债券市场规模的扩大,债券违约事件的发生概率也显著增加,尤其是公司信用债券违约事件频发。譬如,2020年11月10日,河南永城煤电控股集团有限公司旗下债券"20永煤SCP003"到期未能兑付,发生实质性违约。而在违约发生前,"永煤债券"的信用评级竟是AAA级。这起典型的国企债券违约事件引发各方的广泛关注,也反映了我国债券市场信用评级体系的缺陷。为减少违约事件发生,需要加强信用评级管理,可以借鉴股票市场上市公司管理办法,尝试建立债券风险分类管理,将存量债券主体划分为不同

---

① 沈炳熙:《关于债券市场监管体制改革的若干思考》,《金融纵横》2010年第3期。

② 胡荣尚、张强:《我国企业类债券发行市场的监管问题探讨》,《求是学刊》2013年第5期;庞红学、金永军、刘源:《美国债券市场监管体系研究及启示》,《上海金融》2013年第9期。

的分类等级,并根据分类结果进行差异化监管,多角度、全链条监测债券风险及其运作的规范情况。①

(4)促进不同类型债券市场协调发展

我国债券市场券种结构失衡,市场化程度低,难以形成具有基准意义的收益率曲线,削弱了中国债券的国际影响力。应增加国债及政策性金融债的品种和流动性,满足境外机构投资者的配置需求;提高企业信用债券的市场化程度,有序打破隐形担保;继续完善债券衍生品,提供更多风险对冲工具(谭小芬等,2018)。

首先,我国国债存在期限设置不合理,短期及长期品种较少,中期品种占比过高,不利于市场基准利率体系的完善;同时,国债二级市场整体流动性水平有待提高。可适当增加短期、长期及超长期国债的发行规模和频率,优化国债期限结构。其中,短期国债增发可以增加交易型需求的比重,增强二级市场流动性;长期国债则有助于国债收益率曲线从短端利率向长端利率的有效传导,提高市场基准利率的基准性。②

其次,在进一步拓展各类债券发行与交易规模的同时,加强对公司信用类债券的流动性管理,建立相应的监管预警制度,降低违约事件发生频率。实施以功能监管为目标的制度改革,以实现市场准入条件、信息披露标准、资信评级要求、投资者适当性管理和投资者保护五个方面的统一。③

(5)进一步发展人民币国际债券市场

发展人民币国际债券市场能够在资本与金融项目下提供更加顺畅的人民币流出和回流通道,提高人民币在国际金融交易中的使用比例,对人民币国际化意义重大。为此,需要加快推进人民币国际债券市场基础设施建设,丰富人

---

① 中泰证券课题组:《公司信用债违约风险预警与防范研究》,《证券市场导报》2021 年第 2 期。

② 马赛:《我国国债市场期限结构及其问题研究》,《新金融》2020 年第 3 期。

③ 吴涛、龚金国、陈莉:《我国公司债市场监管效果度量与制度完善》,《金融监管研究》2019 年第 12 期。

民币计价债券产品,提升人民币国际债券的影响力。作为人民币国际债券市场的主要品种之一,"熊猫债"市场规模小、发行量不稳定且存在结构性问题。譬如其发行人以政府为主,企业发行人大多来自中国香港且以私募为主。为从制度上解决"熊猫债"的结构性问题,需要放弃"双边认可模式",建立"单边决定模式",依据国内法规制境外会计审计的准入问题①。此外,可充分利用"债券通",发挥香港债券市场的作用,联通境内与境外债券市场②;还可借助上海自由贸易实验区和"一带一路"平台,在上海自由贸易实验区建立离岸人民币债券市场,鼓励境内外企业发行"一带一路"专项人民币债券,通过境内离岸人民币债券的交易,推进离岸与境内两个债券市场互动。③

2. 股票市场

如前所述,中国股票市场在规模、产品品种、开放程度等方面取得了显著进展,但相较于美国等发达国家仍然存在不少差距与问题。首先,尽管近年来我国股票市场规模持续扩大,与美国股市的差距也日益缩小,但流动性水平不高,表现为中国股票市场的价格相较于美国股市具有更高的波动性,相同的成交量对股票市场价格的冲击效应更大。其次,我国股票市场同样存在市场分割,A 股、B 股和 H 股市场在发行定价、投资者等方面都有一定差异,由于资本管制,同一公司的股票价格通常并不相同。如果投资者可以同时在两个市场上交易,那么就存在套利机会。伊藤(2017)指出,由于资本管制的存在,即便有沪/深港通,这两个市场上同一家公司的股票价格往往也有较大价差;如果没有完全放开卖空交易,就很难进行无风险套利。再次,我国上市公司存在被动退市难问题,退市难不仅源于退市制度的不完善,也是企业、利益相关者、市场组织者和监管机构等市场各方利益诉求的客观反映(张跃文,2020)。最

---

① 唐应茂:《"一带一路"背景下熊猫债结构性问题的制度出路》,《法学》2018 年第 2 期。

② 管涛:《"债券通"上线,中国资本账户开放迈出新步伐》,《国际金融研究》2018 年第 1 期。

③ 张莹莹:《离岸与在岸人民币债券市场溢出效应研究》,《国际商务(对外经济贸易大学学报)》2020 年第 6 期。

后,政策不稳定性对股票市场流动性具有重要影响,经济政策不确定性越高,股票市场的流动性越差。① 鉴于此,可从以下方面入手,进一步推动中国股票市场发展以适应人民币国际化的需要,

第一,全面推进注册制改革,进一步扩大股票供给与股市规模。股票市场作为经济的晴雨表,能够及时反映宏微观经济状况;全面推进注册制改革有利于股票市场发行定价和交易定价更加真实地反映市场需求,从而提高资源配置效率,推动整个经济运行效率的提高。因此,需要及时总结科创版注册制改革试点中的经验与教训,尽快全面推进注册制改革,有序扩大股票供给与市场规模,推进交易品种的多样化,提高股票市场的流动性。

第二,优化退市制度。一是实施严格的投资者适当性制度和阶梯式退市与转板安排,推动相关公司顺利退市(张跃文,2020);二是完善主动退市制度体系,分类制定可量化的退市标准,明确退市程序,健全相关退市管理细则②;三是推动规制理念由效率导向型转向兼顾公平型,构建以先行赔付、责令回购等非诉程序为主、代表人诉讼等诉讼程序为辅的高效退市投资者损害赔偿救济体系。③

第三,积极开发股票衍生品,推动股票期货、股票期权的发展,提供更多股票市场交易工具,拓宽股票市场广度;同时,降低股票交易成本,充分利用沪/深港通,推动各市场互联互通,提高股市的流动性,拓展股票市场的深度。

第四,提高政府经济政策的连续性和稳定性,严厉打击股市的违法违规行为,杜绝违法信息披露和内幕交易,建立健全配套监管机制;保障投资者的合法权益,加强投资者预期引导,培育理性、优质的投资者;不断完善股票市场的融资功能,推动股票市场健康稳定发展。

---

① 刘旸、杜萌:《经济政策不确定性、货币政策与股票市场流动性》,《大连理工大学学报(社会科学版)》2020 年第 5 期。

② 陈见丽:《基于注册制视角的上市公司退市制度改革研究》,《学术交流》2019 年第 3 期。

③ 张艳:《注册制下科创板退市法律规制模式转型——以投资者妥适保护为核心》,《上海财经大学学报》2021 年第 3 期。

3. 外汇市场

我国外汇市场以银行间市场为主,尚未建立交易所市场。以2019年为例,我国银行间外汇市场交易量为25万亿美元,约占全年外汇市场交易总量的85.9%。从外汇市场产品结构来看,即期交易、外汇和货币掉期交易是我国外汇市场的主要交易产品;相对而言,外汇期权交易、外汇远期交易在我国外汇市场交易中占比较小。作为国内外金融市场联系的纽带,外汇市场发展水平在很大程度上决定着金融市场开放的风险大小,对人民币国际化意义重大。为此,可从以下三方面着手,进一步推动外汇市场发展。

第一,逐步建立多层次外汇市场体系,推动不同外汇交易产品平衡发展。在继续保持外汇即期以及外汇和货币掉期交易发展的同时,把握外汇市场需求,不断丰富外汇衍生品,大力推动外汇远期和期权交易的发展;尽快推出人民币外汇期货产品,可针对目前24个人民币直接交易货币对,逐步推出相应的人民币外汇期货品种;未来可不断推出更多直接交易货币对和相应的外汇衍生品,不仅为投资者分散风险提供更多选择,更可以强化人民币的国际计价单位职能,提升人民币国际化水平。同时,鼓励更多国内外银行、非银行金融机构和非金融企业成为外汇市场交易主体,提升市场交投活跃程度;加强交易系统、清算制度等基础设施建设。

第二,完善做市商制度。2021年1月国家外汇管理局发布了修订的《银行间外汇市场做市商指引》,优化了做市商结构,给予做市商更多准入空间,完善做市商评价机制,并加强对做市商行为的监测。不过,由于资本管制、报价限制和中央银行干预等因素的存在,干扰了做市商的做市效率,不利于市场均衡汇率的形成。未来应从逐步取消报价波动限制、继续扩大做市商做市空间等方面入手优化做市商交易制度,促进汇率形成机制的市场化。[1] 具体来说,一是持续引导做市商在即期、远期、掉期、期权等多个交易品种上提升做市

---

① 许罕多:《外汇市场中做市商制度的交易特征及做市行为研究》,《社会科学辑刊》2011年第4期。

及竞争能力,丰富外汇市场的流动性;二是指导交易中心做好对尝试做市机构的管理工作,鼓励更多有做市意愿和做市能力的国内外金融机构参与做市,不断拓展外汇市场深度和流动性;三是持续引导做市商重视规范交易,充分发挥外汇市场自律机制的效能,维护市场良性竞争秩序。①

第三,面对资本账户开放给外汇市场带来的冲击,为使汇率稳定,一是可以设立汇率平准基金,使人民币汇率波动幅度限制在合理范围内;二是加强对外汇市场的监管,防范其他国家外汇市场风险输入与传染,针对外汇市场的特殊性,建立风险识别体系以及配套预警方案,灵活应对外汇市场的突发情况;三是加强对跨境资本流动的监管,警惕投机性国际资本对外汇市场的冲击。

(三)推动金融改革开放,完善与金融业开放相适应的风险防控体系

近年来我国金融业开放步伐不断加快。中国银行业协会发布的《2019 在华外资银行发展报告》显示,截至 2019 年年末,外资银行在华资产总额 3.48 万亿元,同比增长 4.13%,占中国银行业总资产的 1.2%。2019 年 7 月 20 日,国务院金融稳定发展委员会办公室宣布进一步扩大金融对外开放的 11 条措施②,主要体现在外资参与金融机构业务的放开,具体来说包括四个方面:一是持股比例放开,二是业务范围放开,三是设立条件放开,四是在对外金融开

---

① 荣蓉、章蔓菁:《聚焦做市商制度新动向》,《中国外汇》2021 年第 5 期。

② 这些措施被称为金融开放"新十一条",具体包括:允许外资机构在华开展信用评级业务时,可以对银行间债券市场和交易所债券市场的所有种类债券评级;鼓励境外金融机构参与设立、投资入股商业银行理财子公司;允许境外资产管理机构与中资银行或保险公司的子公司合资设立由外方控股的理财公司;允许境外金融机构投资设立、参股养老金管理公司;支持外资全资设立或参股货币经纪公司;人身险外资股比限制从 51% 提高至 100% 的过渡期,由原定 2021 年提前到 2020 年;取消境内保险公司合计持有保险资产管理公司的股份不得低于 75% 的规定,允许境外投资者持有股份超过 25%;放宽外资保险公司准入条件,取消 30 年经营年限要求;将原定于 2021 年取消证券公司、基金管理公司和期货公司外资股比限制的时点提前到 2020 年;允许外资机构获得银行间债券市场 A 类主承销牌照;进一步便利境外机构投资者投资银行间债券市场。资料来源:中国政府网 http://www.gov.cn/guowuyuan/2019-07/20/content_5412220.htm。

放的体制机制建设上,探索并实施"准入前国民待遇+负面清单"管理制度。①
如前所述,金融市场的发展不单单取决于市场规模大小与流动性高低,作为国
际货币发行国的金融市场必须具有高度的开放性,以使国际交易者和投资者
能够更为便捷地获得以该货币计价的各种金融资产。同时,金融市场开放也
有利于为市场引入并培育更多更优质的异质性投资者,有利于增强市场的流
动性。此外,扩大金融业开放有利于利用国际国内两个市场,使国内金融市场
与国际金融市场相衔接,激发人民币资产在国际与国内两个市场上的流通活
力。为此,未来还可从以下三方面入手,进一步提升国内金融市场开放水平,
并防范与之相关的金融风险。

第一,为中外金融机构提供一个良好的政策制度环境。随着金融开放步
伐的加快,需进一步完善符合国情的金融开放政策,以及金融监管、税收制度
等相关法律法规。在相关法规、政策制定时,结合多维度、多主体利益的考量,
将外资金融机构诉求与内资金融机构的生存经营能力和可持续发展诉求、国
内金融市场效率质量提升与公平良序发展诉求,以及"双循环"新发展格局、
资本市场与价格机制改革、人民币国际化与上海国际金融中心建设等战略目
标和制度发展的诉求相结合,找到并扩大各方利益契合点,实现优势互补和多
方共赢(徐奇渊等,2021)。

第二,处理好金融市场对内开放与对外开放的关系。其中,对内开放即逐
步降低市场准入门槛。一是坚持金融对内开放快于对外开放的原则,加快金
融市场对国内民间资本开放的步伐,放松对民营金融机构的限制(张明等,
2021);二是对外继续完善合格境外机构投资者、人民币合格境外机构投资者
制度,审慎处理对外金融开放事宜,为境内外人民币资产的流通提供一个良好
的政策环境。

第三,在推动金融业开放的同时,完善与金融业开放相适应的风险防控体

---

① 刘非、郑联盛:《我国金融高水平开放问题研究》,《理论探索》2021年第3期。

系。金融市场开放对外汇市场的冲击最大,因此要重点关注人民币汇率的反应,完善中央银行外汇干预措施,特别是预期管理(戴淑庚和余博,2019);强化针对跨境资本流动的监测与宏观审慎管理。此外,随着金融业不断开放,我国金融市场将面临更多的潜在风险,为防范系统性金融风险积聚,应加强金融监管,尤其要避免监管制度碎片化、监管机构权责不明晰而造成的监管盲区。

　　本章分析了迄今为止的人民币国际化路线图所蕴含的宏观金融风险,并结合主要货币国际化经验、教训的总结,从维护国内宏观金融稳定的视角,提出未来人民币国际化路径的优化思路。在此基础上,分别从需求面和供给面探讨人民币国际化的推进策略。

　　人民币国际化路径优化。2018年前后,人民币国际化推进模式发生明显变化,据此可将十余年来人民币国际化进程划分为两个阶段。前一阶段(2009—2017年)路线图为"跨境人民币结算+离岸市场+配套基础设施",后一阶段(2018年之后)路线图可概括为"大宗商品人民币计价+国内金融市场开放+鼓励'一带一路'建设中更多使用人民币"。我们认为,两个阶段的路线图都蕴含着潜在的宏观金融风险。前一阶段路线图过于侧重人民币结算功能、过分倚重离岸市场作用,而这两者的发展在很大程度上又都依赖于人民币升值预期的推动,容易造成人民币国际化的"泡沫化"或虚假繁荣,因其具有不可持续性而存在逆转风险。后一阶段路线图更加注重对人民币真实境外需求的培养,其风险相对较小。然而,由于国内金融改革尚未完成、金融市场发展水平还没有得到显著提升、金融监管制度不够健全,过快开放国内金融市场同样容易导致宏观金融风险积聚。接下来通过对英镑、美元、德国马克(欧元)和日元国际化历程的详细回顾,归纳出主要货币国际化的经验教训。在此基础上,基于大国竞争与地缘政治关系、网络外部性(美元惯性)、国内金融市场发展水平,以及潜在收益与风险考量等多视角的分析,认为人民币国际化的目标定位是"货币正常化",即获得与中国作为全球第二大经济体相称的国际货币地位,成为三元国际货币体系中的一元,而非取代美元成为主导性国际货币。据此,提出人民币国际化路径优化的思路。一是坚持"市场驱动为主,政策扶持为辅"的基本原则。政府的作用主要在于培育市场和制度条件,并防控与人民币国际化相关的宏观金融风险;不必也不应为人民币国际化预设时间表。二是基于宏观金融稳定视角,从需求面、供给面与配套政策措施三个方面,提出人民币国际化的推进策略。其中,需求面策略旨在培育非居民对人民币资产的真实需求;供给面策略重在培育发达且高度开放的国内金融市场;配套政策旨在完善人民币国际化的制度与市场条件,降低与人民币国际化相关的宏观金融风险。

人民币国际化需求面策略。首先,基于文献回顾,从需求方(即外国使用者)的角度来看,影响人民币国际化的可能因素主要有相关国家与中国法律上的经济一体化,相关国家与中国的经济融合程度,以及政治因素(包括相关国家对于现存国际秩序的态度以及安全方面对美国的依赖程度)。此外,一国是否拥有国际金融中心,与中国之间是否存在共同的贸易、金融或其他真实冲击等,也会影响其对人民币的使用态度和水平。然后,选取全球82个主要国家、2009—2018年的年度数据,实证分析了影响人民币国际化的需求面因素,结果表明,样本国对中国的出口贸易和双向直接投资依存度对其人民币使用意愿具有显著的正向影响,样本国是否与中国签订自由贸易协定或双边投资协定、样本国是否拥有国际金融中心等也会正向影响其人民币使用意愿;相较于经济合作与发展组织成员而言,贸易和直接投资依存度对非经济合作与发展组织成员人民币使用意愿的正向影响更显著;双向贸易依存度对"一带一路"沿线国家和地区人民币使用意愿的影响更加显著,而双向直接投资依存度对非"一带一路"沿线国家和地区人民币使用意愿的影响更显著。最后,基于文献梳理和实证分析结论,提出培育人民币资产境外真实需求的思路,包括:进一步推动事实和法律上的经济一体化,密切与相关国家的经贸关系,培育人民币的交易媒介和计价单位需求;继续推进大宗商品人民币计价,培育人民币计价单位需求;维持人民币币值稳定,提升人民币投资便利性,培育人民币价值贮藏需求。

人民币国际化供给面策略。货币国际化的供给面分析主要关注货币发行国的经济和政治条件(如经济与贸易规模、金融市场发展水平、军事和政治影响力等)。不过,从货币国际化的条件以及人民币国际化的目标定位来看,中国在经济与贸易规模、军事和政治影响力等方面已经具备一定的优势,而国内金融市场欠发展是人民币国际化的最大障碍;更为重要的是,从宏观金融稳定角度来看,只有国内金融市场实现充分发展,才能有效降低与人民币国际化及资本账户开放相关的宏观金融风险。因此,人民币国际化供给面策略主要是培育发达的国内金融市场,实现金融市场的深化和广化,提高其开放程度。通过对与人民币国际化密切相关的三大金融子市场(债券市场、股票市场与外汇市场)发展现状的分析,并与主要国际货币发行国金融市场进行比较后发现,近年来我国金融市场规模不断扩大,交易工具与交易品种日渐丰富。但与主要储备货币发行国相比,我国金融市场在深度、广度和流动性等方面还相对滞后,尚难以发挥对人民币国际化的有效支持作用,也不足以抵御与人民币国际化、资本项目完全开放相关的宏观金融风险。为此需要积极发展多层次金融市场,尽快实现国内金融市场的深化和广化,进一步提升市场流动性和开放水平。具体包括:积极转变社会融资结构,大力发展直接融资市场;推动各金融子市场均衡发展,提升金融市场整体发展水平;推动金融改革开放,完善与金融业开放相适应的风险防控体系。

第五章　基于宏观金融稳定的人民币国际化配套政策

　　为降低与人民币国际化相关的宏观金融风险,还需要实施相关配套改革与政策措施。本章首先从深化利率与汇率市场化改革、健全国内银行体系、规范影子银行发展、强化金融监管等方面,探讨如何进一步深化金融改革,健全国内金融体系;其次,基于资本账户开放风险与国际经验教训的分析,探讨谨慎推动中国资本账户开放的路径;最后,从财政政策、货币政策与宏观审慎政策、创新政策以及区域货币金融合作等方面,探讨稳步推进人民币国际化,实现宏观金融稳定的其他配套政策。

第一节　深化金融改革,健全国内金融体系

一、深化利率市场化改革

　　如前所述,人民币国际化客观上需要中国逐步实现资本项目开放。资本项目开放将使国内外金融市场之间的联系更加密切,跨境套利活动变得更加容易、便捷,由此加深国内外金融市场的一体化程度,导致国内利率管制政策失效。譬如,如果政策当局人为压低本国利率,非居民会乘机在国内借入大量

廉价资金,而居民则会将资金投资于国外高收益资产(Subramanian,2011;
McCauley,2011;Eichengreen 和 Kawai,2014;沙文兵等,2016),这将对国内宏
观金融稳定带来不利冲击。因此,加快建立市场化的利率形成机制,根据金融
市场真实的资金供求关系决定利率水平,有利于国内金融市场的健康、平稳运
行,并降低与人民币国际化相关的宏观金融风险。

（一）中国利率市场化改革进程回顾

1.逐步放松对存贷款利率的管制

表 5-1 给出了中国利率市场化改革的简要历程。可以看出,我国利率市
场化改革是从贷款利率的市场化开始的,最早可追溯到 20 世纪 80 年代早
期。① 1993 年党的十四届三中全会正式提出利率市场化改革的基本设想。
1998 年 10 月扩大金融机构对小企业贷款利率以使其愿意对后者贷款。此
后,贷款利率浮动幅度几经扩大,最终于 2013 年全面放开贷款利率管制,贷款
利率市场化改革基本完成。

表 5-1　1983—2020 年中国利率市场化简要历程

年度	重大事件或政策措施
1983	授予中国人民银行在基准贷款利率基础上,上下各20%的利率浮动权
1996	放开银行间同业拆借利率; 贷款利率上浮幅度缩小为10%
1997	放开银行间债券回购利率
1998	贷款利率市场化的破冰之举:金融机构对小企业的贷款利率、农村信用社贷款利率上浮幅度均扩大至20%
1999	贷款利率浮动幅度再扩大; 中资商业银行对中资保险公司试办协商确定利率的大额定期存款
2003	农村信用社改革试点地区信用社的贷款利率浮动上限扩大到基准利率的2倍; 协议存款试点的存款人范围逐步扩大

① 1983 年,中国人民银行被授权在基准贷款利率基础上,上下各20%的利率浮动权。后
来为减轻企业利息负担,1996 年 5 月起贷款利率上浮幅度缩至10%。

续表

年度	重大事件或政策措施
2004	基本取消金融机构人民币贷款利率上限,仅对城乡信用社贷款利率实行基准利率2.3倍的上限管理; 与贷款利率下限管理同步实行存款利率上限管理
2005	放开金融机构同业存款利率
2006	人民币利率互换交易试点启动
2007	上海同业拆放利率运行
2012	贷款利率浮动区间的下限调整为基准利率的0.8倍; 存款利率浮动区间的上限调整为基准利率的1.1倍
2013	全面放开贷款利率管制,建立贷款基础利率集中报价和发布机制
2015	存款利率上限先后调至1.3倍、1.5倍,最终不再设上限; 国务院出台存款保险条例,规定存款保险实行限额偿付,最高偿付限额为人民币50万元
2018	推动利率"两轨并一轨"
2020	存量浮动利率贷款定价基准转换顺利完成,转换率超过92%

资料来源:中国人民银行《〈中国货币政策执行报告〉增刊:稳步推进利率市场化报告》(2005)、《〈中国货币政策执行报告〉增刊:有序推进贷款市场报价利率改革》(2020)。

相对而言,人民币存款利率的市场化改革则更为审慎。因为在银行缺乏健全的产权约束机制和经营体制的情况下,贸然放松存款利率管制容易引发银行间恶性价格竞争,导致存款搬家,影响金融体系稳定性(易纲,2009)。为降低改革风险,存款利率市场化改革是从机构间批发市场开始的。1999年10月,中资商业银行获准对中资保险公司试办协商确定利率的大额定期存款;其后试点存款人范围逐步扩大。2004年实施存款利率上限管理,后经数次调整,存款利率上限最终于2015年10月被取消,利率市场化改革初步完成。不过,尽管存款利率上限已经放开,但由于部分银行存贷款定价能力不足和行业自律机制的存在,全行业之间形成了一个隐形的利率上限,以规避银行之间对存款的恶性竞争。

2. 引入、培育市场化利率

我国利率市场化改革采取"双轨制"方式,在逐步放松对存贷款利率管制的同时,引入市场化的资金批发市场利率,以改善资金配置效率,并减少改革阻力。1996—1997年,银行间同业拆放利率和债券回购利率相继放开,初步形成了独立于存贷款管制利率体系的市场化利率。2007年上海银行间同业拆放利率正式运行,并逐步成为市场利率的定价基准。

概而言之,我国利率市场化改革以"双轨制"、渐进、稳步推进为特点,历经三十余年,政策层面的市场化改革已基本完成。然而,由于利率"双轨制"[①]依然存在、统一的基准利率体系尚未完全形成,市场化的利率形成机制还没有真正建立起来。

(二)利率市场化改革深化过程中的主要问题

1. 商业银行经营风险上升,冲击宏观金融稳定

作为利率市场化的直接承受主体,具有显著外部性特征的商业银行在利率市场化进程中的表现,直接关系国家的经济、金融安全。利率市场化一方面会提高商业银行的资金配置效率,促使其积极拓展非利息收入业务,有利于银行完善存贷款结构和经营模式;另一方面,也会冲击商业银行的传统业务结构和资产配置,进而影响其运营绩效。[②] 首先,利率市场化加剧了商业银行之间的竞争,促使其追求信贷扩张的高风险行为,同时提高存款利率以竞争存款,由此削弱商业银行利润空间,甚至导致无效率银行的破产[③],引发系统性金融风险。其次,利率市场化进程中金融供给与需求的不匹配,容易培养市场参与者的投机习惯,社会风险偏好随之上升,导致系统性风险加大。[④] 再次,利率市场化所引起的直接融资工具的迅速发展,可能导致银行业面临资金"脱媒"风险(易纲和赵先信,2001;刘莉亚等,2017)。最后,当利率由市场决定时,其

---

① 即货币市场利率由市场决定,而中央银行决定存贷款基准利率。
② 曾小春、钟世和:《利率市场化对商业银行效率的影响》,《管理学刊》2018年第4期。
③ X. Freixas and J. C. Rochet, *Microeconomics of Banking*, Cambridge, MA: MIT Press, 1997.
④ 帅昭文、吴本建、陈小辉、喻翔宇:《利率市场化进程中的隐忧与风险揭示》,《统计与信息论坛》2021年第1期。

波动性会比受到管制时更大,银行业由此面临更大的不确定性;而相关监管制度短期内又难以建立、健全,监管效率也会下降(王道平,2016),不利于宏观金融稳定。此外,蒋海等(2018)研究发现,目前中国商业银行资本缓冲水平与利率市场化水平呈"U"型关系,利率市场化弱化了资本缓冲的逆周期性,而资本缓冲的逆周期性能够帮助金融体系有效抵御金融系统性风险。综上可见,利率市场化在推动商业银行创新经营模式,发展多元化业务的同时,也会由于我国目前利率市场化不尽完善、商业银行不够成熟而加剧国内金融市场的不稳定性,诱发系统性金融风险。

2. 货币政策工具转型面临困难

目前我国货币政策工具正从数量型向价格型转变①;而价格型工具需要一个成熟的、市场化的利率形成机制。我国货币政策在对存贷款利率进行管制时主要依靠基准利率来调控,利率市场化后放松了存贷款利率管制,出现基准利率调控和市场利率调控并存的局面。但由于我国当前融资结构仍以间接融资为主,信贷渠道仍是货币政策传导的主要渠道,存贷款基准利率有着重要的锚定作用,已放开的市场利率仍受到存贷款基准利率的影响,利率价格信号存在人为扭曲,从而降低政策传导效率,弱化利率手段在货币调控中的作用(刘莉亚和余晶晶,2018;李宏瑾,2020);同时,利率双轨制催生了影子银行的发展,各种形式影子银行产品转移了部分受监管的传统信贷市场资金,货币乘数放大,管制利率的调控作用受限,从而影响货币政策目标的实现(马亚明等,2018)。因此,在我国货币政策转向以利率政策为代表的价格型货币政策过程中,利率市场化不够深入,对利率调控的不成熟,以及利率双轨制的存在会使货币政策的实施效果大打折扣。

3. 基准利率体系尚不健全

目前,我国基准利率体系建设取得重要成效,货币市场主要以存款类金融

---

① 数量型货币政策工具主要包括存款准备金政策、再贴现再贷款、信贷政策、公开市场等;价格型货币政策工具主要有利率政策、汇率政策等。

机构质押式回购利率(DR)为基准,信贷市场以市场化的贷款基础利率为基准,债券市场则以国债收益率曲线为主要的债券定价基准。[①] 然而,基准利率体系还有待进一步健全。首先,在利率"两轨并一轨"过程中,存款与贷款利率市场化进程的不一致,以及存贷款定价锚的不一致会带来基准风险。[②] 其次,目前银行贷款利率以贷款市场报价利率为基准,这与主要依靠调节短端基准利率实现利率调控的国际经验及利率期限结构预期理论不符。[③] 最后,上海银行间同业拆放利率作为我国重点培育的市场基准利率,由于拆借交易活跃度不足,且局限于同业市场,其基准性有待加强。[④]

(三)推动利率"两轨并一轨",深化利率市场化改革

目前,我国政策层面的利率市场化改革已基本完成,但由于利率"双轨制"依然存在、基准利率体系尚不健全,市场化的利率形成机制远未成熟。为此,需要从以下四方面着手,进一步深化利率市场化改革。

1.培育有效的市场化基准利率,健全基准利率和市场化利率体系

基准利率是各金融机构存贷款利率的重要参考指标;健全的基准利率和市场化利率体系不仅对完善货币政策调控和传导机制具有重要意义,更有利于为人民币国际化提供一个具有深度、广度及流动性高的国内金融市场。如前所述,目前我国尚未形成一个健全的市场化利率体系,作为中央银行力推的上海银行间同业拆放利率缺乏中长期基准性[⑤];国债收益率曲线通常被市场看作无风险收益率而满足基准利率要求,但缺乏短期及长期基准性。为健全

① 中国人民银行货币政策分析小组:《中国货币政策执行报告增刊:有序推进贷款市场报价利率改革》,中国人民银行,2020年。
② 鲁政委:《利率并轨的三大挑战》,《债券》2019年第5期。
③ 项卫星、闫博:《价格调控模式下中央银行基准利率选择》,《国际金融研究》2020年第12期。
④ 李宏瑾、任羽菲:《国际货币市场基准利率改革及对中国的启示》,《国际经济评论》2019年第6期。
⑤ 谭德凯、何枫:《自律机制对Shibor报价的影响研究》,《金融研究》2019年第6期。

基准利率体系,未来应丰富我国同业拆借期限结构,尤其是要加大中长期品种的开发。一是增强上海银行间同业拆放利率报价有效性,加大以上海银行间同业拆放利率为定价基准的中长端利率交易品种的开发,扩大其定价范围,提高上海银行间同业拆放利率独立运行能力与基准性;二是丰富国债期限品种,尤其是发展半年以内、10 年以上的国债,提高国债收益率曲线的基准性;三是继续深化贷款基础利率改革,在"两轨并一轨"的过程中不断完善贷款利率定价基准体系,为中小企业融资以及利率机制传导疏通渠道。

2. 完善货币政策调控工具改革

利率市场化进程中货币政策调控效果会因利率体系的变化而不同,需要根据市场新变化及时调整货币政策工具,提高货币政策调控效率。利率市场化进程中货币政策调控转型应沿着数量型调控调整和价格型调控完善的双向改革思路进行。数量型货币政策应注重由传统需求管理工具向结构调整工具转变;价格型货币政策应着重完善贷款基础利率报价,并培育市场利率的形成和传导机制。[①] 在做好货币政策调控方式转型准备的基础上使数量型和价格型货币政策完美结合,以维护宏观金融稳定和经济平稳增长,实现货币政策目标。为此,需要建设有效利率走廊[②],不断完善利率走廊机制。利用市场化手段确定走廊的上下限,有利于我国实现货币政策调控工具转型,提高货币政策操作有效性和传导效率。具体来说,可以扩充作为利率走廊上限的常备借贷便利(SLF)抵押品范围,促进 7 天逆回购利率作为利率走廊隐性下限功能的发挥,收窄走廊宽度[③],从而进一步完善以利率为主的货币政策操作框架。此外,完善货币政策调控工具改革要注重优化货币政策传导效果,引导资金向成长型的中小型风险企业流动,解决中小企业"融资难、融资贵"问题;同时,也

---

① 李成、王东阳:《利率市场化进程中的货币政策调控转型》,《当代财经》2020 年第 8 期。

② 指中央银行通过向金融机构提供贷款便利工具和存款便利工具作为利率调控的上下区间,将短期货币市场利率稳定在政策目标利率附近。

③ 曹超:《利率走廊机制构建的中国路径》,《新金融》2020 年第 9 期。

要做好货币政策、财政政策和产业政策的相互配合(马亚明等,2018);进一步优化货币政策最终目标体系,在面临复杂的政策约束条件下,配合好价格型和数量型货币政策工具,以多种政策工具实现多重目标,以避免多目标的重叠干扰(李宏瑾,2020)。

3. 发展利率衍生品,丰富利率风险管理手段

进一步发展利率衍生品,不仅有利于提高金融市场的广度和深度,更能为市场主体管理利率风险提供必要的手段。利率互换与国债期货作为利率衍生工具的主要品种,在引导我国利率市场价格发现过程中发挥重要作用(张劲帆等,2019)。尽管近年来利率互换在商业银行间活跃度有所提高,但就整个利率衍生品市场来看,还存在交易品种单一、交易准入门槛较高、整体交易量偏低等问题。为此,应积极发展利率衍生工具,拓展新交易品种,完善利率衍生品交易制度,防止过度投机,为投资者提供便捷安全的交易环境以及更多的利率风险管理产品选择。首先,发展利率互换期货,丰富利率风险管理手段。利率互换期货不仅可以对冲场外利率互换风险,提高资金使用效率,还可以利用场内互换期货和国债期货间的价差,获得或对冲互换价差风险敞口。① 其次,引入做市商制度,提高利率衍生品市场的流动性。再次,建立以市场需求为导向的金融衍生品供给制度,逐步由审批制向注册制过渡,加快利率衍生品的供给,为投资者提供更有弹性、更具活力的利率衍生品市场(李彩云,2019)。最后,建立信息协作机制,最大限度地获取市场信息,合理监管利率衍生品市场,为投资者提供一个安全的交易环境。②

4. 强化各主体间的合作,完善利率风险管理体系

完善利率市场化需要多方金融主体的共同努力,强化各主体间合作有利

---

① 王玮:《场外衍生品场内化的分析——以美元利率互换期货为例》,《新金融》2020 年第4 期。

② 陈柯晔:《论我国金融衍生品市场中央对手方自律管理权与行政监管权的配置》,《上海金融》2017 年第 4 期。

于利率风险管理体系的优化。根据国际经验,利率市场化收官风险较大,货币当局应当加强资本管理,完善存款保险制度,在货币政策上继续向价格调控为主的调控方式转变,进一步完善贷款基础利率报价机制,正确引导各金融主体自主定价,深化宏观金融审慎监管。银行业监管机构需要加强微观审慎监管,谨防利率市场化过程中银行的高风险投机行为。商业银行需要在把握自身核心优势的基础上大力开拓与利率市场化改革相承接的金融业务,加快金融创新以减少对息差收入的依赖,同时尽快提升自身应对利率风险和流动性风险的能力。[①] 此外,作为利率市场化进程中最重要的主体,商业银行应不断完善定价体制机制,针对不同的金融服务对象,参考不同的基准利率,灵活定价(譬如,对中小企业贷款定价时可参考中债企业债收益率曲线作为贷款定价基准);并充分利用金融创新更好地服务实体经济。

二、深化汇率制度改革

随着人民币国际化进程的持续推进和资本账户开放程度的不断提高,国内金融市场与全球金融市场的联系也将日益密切,跨境套汇、套利活动更加频繁。这就需要更大程度的人民币汇率弹性,以便充分吸收更大规模且更具波动性的跨境资本流动冲击(沙文兵等,2016),维护国内金融体系稳定。自2005年汇率制度改革以来,人民币汇率弹性不断增大,但仍然不足以支撑资本项目开放之后的大规模跨境资本流动冲击。因此,需要进一步深化人民币汇率制度改革。

(一)人民币汇率制度改革历程

人民币汇率制度改革的过程,也是市场在汇率决定中的作用不断得到强化的过程。表5-2给出了改革开放以来人民币汇率制度改革的主要历程。

---

① 王剑、李欣怡:《利率市场化改革的关键时点选择及影响》,《债券》2018年第6期。

表 5-2　人民币汇率制度改革历程

时间	重大事件或政策措施
1981—1984	官方汇率和贸易内部结算汇率并存的双重汇率制度:一是适用于非贸易外汇收支的公开牌价;二是适用于出口贸易结算和外贸单位经济效益核算的贸易外汇内部结算价
1985—1993	官方汇价和外汇调剂市场汇价并存的双重汇率制度:1983 年 3 月起,各地普遍设立外汇调剂中心,放开外汇调剂市场汇率,同年 9 月上海创立了外汇调剂公开市场;之后官方汇率历经数次调整,逐渐向调剂市场汇率靠拢
1994—1996	1993 年 12 月 25 日,国务院发布通知(国发〔1993〕89 号),决定自 1994 年 1 月 1 日起,进一步改革外汇管理体制,实现汇率并轨,实行市场供求为基础的、单一的、有管理的浮动汇率制度
1997—2005	人民币汇率采取事实上盯住美元的汇率制度:在固定汇率水平单一盯住美元
2005 中期—2008 年中期	类似爬行盯住的有管理的浮动汇率形成机制:2005 年中央银行宣布中国开始实行以市场供求为基础、参考一篮子货币进行调节、有管理的浮动汇率制度,不再单一盯住美元
2008 中期—2010 年 6 月	人民币汇率再次采取事实上盯住美元的汇率制度:2008 年全球金融危机对实体经济造成严重冲击,中国重新回归事实上盯住美元的汇率制度
2010 年 6 月至今	2010 年 6 月 19 日,中国人民银行宣布进一步推进人民币汇率形成机制改革,增强汇率弹性。 2012 年 4 月 16 日,中国人民银行发布公告,银行间即期外汇市场人民币兑美元交易价浮动幅度由 0.5%扩大至 1%。 2014 年 3 月 15 日,中国人民银行发布公告,将银行间即期外汇市场人民币兑美元汇率浮动幅度由 1%扩大至 2%。 2015 年 8 月 11 日,中国人民银行启动人民币汇率中间价形成机制改革。 2017 年 2 月,外汇市场自律机制优化了中间价对一篮子货币的参考时段;5 月,将"逆周期因子"引入中间价报价模型之中

资料来源:中国人民银行《径山报告》课题组:《中国金融开放的下半场》,中信出版社 2018 年版。

1. 由双重汇率到单一汇率

为鼓励出口、限制进口,自 1981 年起我国实行官方牌价和贸易外汇内部结算价并存的双重汇率制度。① 1985 年贸易内部结算价被取消,实现了贸易内部结算价与官方牌价的并轨,但由于存在外汇调剂市场,实际上形成了官方汇率与外汇调剂汇率并存的双重汇率制度。

---

① 事实上,这一期间还存在第三种汇率,即外汇调剂市场的外汇调剂价。

随着外汇调剂市场的不断发展和双轨汇率差距的持续扩大,自1994年1月1日起,我国对人民币汇率制度进行重大改革,实施"以市场供求为基础的、单一的、有管理的浮动汇率制度",实现官方汇率与外汇调剂汇率并轨,人民币汇率一步并轨到1美元兑换8.7元(人民币)。在其后的3年里,人民币汇率适应国际收支顺差趋势,从1美元兑8.7元逐渐上浮至8.3元。然而1997年亚洲金融危机爆发之后,起初是为了应对危机冲击,后来主要是为维持出口贸易竞争力,政策当局基本放弃了1994年设定的汇率改革目标,转而通过持续的调控阻止人民币升值,将汇率固定在8.3元附近,实行事实上盯住美元的汇率制度(张礼卿,2018)。

2. 由事实上的盯住美元到参考一篮子货币的管理浮动汇率制度

2005年7月21日,在"双顺差"迅速积累的情况下,我国决定再次进行汇率制度改革,宣布人民币汇率将实行"以市场供求为基础、参考一篮子货币进行调节、有管理的浮动汇率制",并将人民币兑美元汇率日波动区间设定为上下千分之三。[①] 此后直至全球金融危机爆发之前,由于持续的国际收支双顺差,人民币兑美元维持单边升值趋势,实际上属于爬行盯住美元的汇率制度(陆前进,2018)。2008年7月至2010年6月,随着全球金融危机导致世界经济形势日益恶化,为了稳定国内经济,中国人民银行将人民币汇率固定在1美元兑6.83元(人民币),再次回到盯住单一美元的汇率制度。2010年6月19日,中国人民银行宣布将继续进行汇率改革,以提高人民币汇率弹性,增强人民币交易的灵活性。自此结束了两年来人民币与美元挂钩的制度,重新参考一篮子货币进行调节,重回有管理的浮动汇率制。

2015年8月11日,为了深化人民币汇率的市场化改革,同时配合人民币加入特别提款权货币篮子,中国人民银行宣布完善人民币兑美元中间汇率报价方式,参考收盘价决定次日中间价。这是人民币汇率形成机制迈向浮动汇

---

① 后经多次调整,至2014年3月扩至上下2%。

率的重要一步,汇率弹性显著增强;人民币不再单一盯住美元,而是一篮子货币,真正建立了参考一篮子货币、有管理的浮动汇率制(陆前进,2018)。2016年2月,中国人民银行又公布了一个基于规则的中间价定价机制。根据新规定,当日人民币汇率的中间价将等于上一日的收盘价,且需要同时考虑一个由13种货币(2017年后调整为24种)、按照贸易权重加权平均后构成的人民币汇率指数(CFETS)的作用。进入2017年,中国人民银行又引入了"逆周期调节因子",即在新的定价公式下,中间价等于收盘价加一篮子货币汇率变化,再加逆周期调节因子(张礼卿,2018)。

(二)与人民币国际化相兼容的汇率制度

国际货币基金组织于1999年提出了汇率制度的分类和界定,并在2009年进行了重大修订,修订后的汇率制度分为硬盯住、软盯住、浮动和其他四大类(见表5-3)。

表5-3　国际货币基金组织汇率制度分类

类型	修订前	修订后
硬盯住	无独立法定货币安排 货币局	无独立法定货币安排 货币局
软盯住	传统盯住 — 水平带内盯住 爬行盯住 爬行区间	传统盯住 稳定化安排 水平带盯住 爬行盯住 类爬行安排
浮　动	无预定路径的管理浮动 独立浮动	浮动 自由浮动
其　他	—	其他有管理的安排

资料来源:国际货币基金组织:IMF Annual Report on Exchange Arrangements and Exchange Restrictions,2009,缪延亮和谭语嫣:《从此岸到彼岸:人民币汇率如何实现清洁浮动?》,《国际经济评论》2019年第4期。

由于国情不同,实行管理浮动汇率制的国家在政策操作方面的差距逐渐扩大,国际货币基金组织在2009年进行重大修订时,将原先"无预定路径的管理浮动"分别划归"稳定化安排""浮动"和"其他有管理的安排"三种制度;将"独立浮动"更名为"自由浮动"。根据国际货币基金组织汇率制度分类,"浮动"汇率制需要满足以下几个条件:首先,汇率主要由市场决定,没有可预测的水平与方向;其次,允许政府对汇率进行适度的直接或间接干预,但其目的并非是为了维持汇率的某一特定水平不变,而是为了防止汇率的大幅波动;最后,汇率波动性大小取决于经济冲击的大小。"自由浮动"则需要在满足浮动汇率制的基础上,要求对干预的频率和透明度有更高的披露(缪延亮和谭语嫣,2019)。根据国际货币基金组织分类标准,"爬行盯住"制度指的是官方明确承诺以爬行的方式盯住单一或一篮子货币,并通过介入外汇市场,确保汇率走势合意;而在"类爬行安排"中,汇率走势与爬行盯住类似,只是官方并未明确承诺爬行盯住,且汇率波动幅度至少为中心汇率上下各1%。由于目前人民币汇率中间价主要参考上一交易日收盘汇率,且日汇率波动幅度达到正负2%,因此,当前人民币汇率制度应当属于国际货币基金组织现行标准中软盯住大类的"类爬行安排"。①

从主要货币国际化的经验来看,如果人民币要成为"三元"国际储备货币中的"一元",资本项目完全开放将是一个必然的选择;同时,作为一个大国,中国需要保持货币政策独立性以解决可能出现的国内经济失衡问题。因此,浮动、特别是自由浮动汇率制度才是与人民币国际化的最终目标(成为重要的国际储备货币)及资本账户完全开放最为相容的汇率制度(沙文兵等,2016)。因此,为了最终实现人民币的国际化,人民币汇率制度改革的目标应

---

① 在2014年度《汇兑安排与汇兑限制年报》中,国际货币基金组织将2010年6月以后的人民币汇率制度归为"类爬行安排";而在2019年度《汇兑安排与汇兑限制年报》中,国际货币基金组织将现行人民币汇率制度归为"其他有管理的安排"。然而不管怎样,现行人民币汇率制度并不符合人民币国际化和资本账户完全开放对汇率制度的要求。

当是实行浮动汇率,甚至是自由浮动汇率制度。

(三)人民币浮动汇率制度的实现路径

货币国际化的程度取决于资本项目可自由兑换的程度,因此,人民币国际化与汇率制度选择的关系,就表现为资本项目开放与汇率制度选择的关系;实现人民币汇率市场化和完全浮动是人民币资本账户完全开放的前提,否则容易引致国际投机攻击①,诱发货币危机。当前我国实行的是有管理的浮动汇率制度,人民币汇率无论是盯住美元,还是盯住"一篮子"货币,都没有改变其盯住汇率制度的本质。然而,要实现人民币汇率制度改革的最终目标(即浮动或自由浮动汇率制度),还需要很多前提条件,因此人民币汇率市场化改革不可能一蹴而就,仍然需要坚持渐进、有序、可控的原则。就具体实现路径而言,可以按短期、中期和长期安排如下。

短期(5 年)内,在全面评估外汇风险敞口的基础上,适当扩大汇率的波动区间。具体来说,继续参考一篮子货币确定人民币汇率中间价,同时放宽对汇率的浮动区间限制,逐步允许汇率在更大范围内浮动,譬如,五年内汇率浮动幅度由目前的上下 2% 逐步扩大至上下 10%。

中期(5—10 年)内,随着国内外汇市场的不断发展,各类市场主体的定价能力和风险管控能力的逐步提高,人民币汇率波动区间进一步扩大至上下20%。为此,需要进一步发展人民币外汇远期交易、期权期货交易等规避外汇风险的衍生品市场,逐步取消对这些交易的限制(李艳丽,2018);加强人民币外汇市场建设,鼓励多种主体参与外汇市场、创新新型外汇避险产品和汇率风险管理工具、加强外汇市场自律机制建设。② 同时,中央银行逐步弱化常规性干预,增加对汇率波动的容忍度,因为过度频繁的干预会扰乱市场预期,

---

① 宋海:《人民币汇率制度改革与国际化研究》,中国金融出版社 2011 年版。
② 张笑梅、郭凯:《汇率形成机制改革与人民币汇率预期管理》,《新金融》2019 年第8 期。

使汇率波动加剧,不利于外汇市场健康有序发展;明确汇率干预方式,仅在市场异常波动时采取必要措施,但也绝不承诺不会对外汇市场进行必要的干预。

在长期(10 年以上),随着汇率波动幅度的逐渐扩大,中间汇率和区间界限的作用会越来越弱化,最终可以取消中心汇率和浮动幅度,允许汇率自由浮动。当然,即使实现了人民币汇率的自由浮动,仍有必要采取一定的跨境资本流动管理措施,防止跨境资本的异常波动对我国外汇市场和宏观经济的不利冲击。

(四)汇率市场化改革深化过程中的配套措施

1.丰富在岸、离岸市场人民币汇率衍生品

为避免浮动汇率制度下人民币汇率过度波动给企业的贸易与投资等活动带来不利影响,需要进一步发展人民币外汇市场,特别是丰富在岸和离岸人民币汇率衍生品体系,为国内外企业提供外汇风险管理手段,提高非居民投资者对人民币资产的配置弹性。据统计,2020 年我国外汇市场交易规模达 30 万亿美元,其中 60% 为外汇衍生品交易。[①] 然而,如本书第四章第三节所述,在岸衍生品交易以外汇与货币掉期为主,占在岸人民币外汇交易总额的 55%;而远期交易和期权交易合计占比不到 5%。因此,未来应着力发展外汇远期交易、期权交易,尽快引入人民币外汇期货交易,不断增加外汇衍生品交易的品种,提高外汇市场的深度和广度;引入更多做市商,提高市场的流动性。同时,继续发挥伦敦、中国香港等离岸人民币市场的优势,丰富离岸人民币汇率衍生品,为国际投资者对冲汇率风险提供

---

① 转自潘功胜:《适应汇率双向波动新常态,稳步推进外汇管理改革》,http://www.lujia-zuiforum.org/node2/n1471/n1757/n1764/u1ai39681.html。

更有效的工具①,提升离岸市场的广度和深度,提高非居民投资者持有人民币的信心。②

2.实施通货膨胀目标制

在浮动汇率制度下,市场主体对汇率水平及波动的不确定性更加敏感,就需要建立一种新的、可靠的货币政策规则,否则容易造成大规模抛售或抢购外汇情形的出现,进而引发价格水平和通货膨胀率的剧烈波动。新西兰、加拿大、英国和瑞典等发达国家,以及成功从固定汇率制转向浮动汇率制的国家,大多选择了通货膨胀目标制(IT)作为货币政策的名义锚。它可以利用一切可以获得的信息来决定政策工具的使用,具有可预测性、透明性和强相关性,被称为"受约束的相机抉择"政策,而不像货币供应量目标那样依赖货币量与价格之间的稳定关系。为最终实现人民币汇率的市场化,需要尽早为通货膨胀目标制的实行做准备,突出价格稳定在货币政策目标中的优先地位,提高中央银行决策的透明度,引导市场对汇率等形成有效的一致性预期,增加中央银行政策的可信度(李艳丽,2018)。此外,随着汇率制度改革和资本账户开放的推进,面临"三元悖论"难题,货币政策的传导以及实施难度加大,应加快构建跨境资本管理体系,协调推进货币政策与针对跨境资本流动的宏观审慎政策,增强货币政策独立性和有效性(胡小文,2020),积极推动货币政策框架转型。

3.审慎处理资本账户开放、人民币国际化与汇率改革间的关系

资本账户开放、人民币国际化与汇率改革三者之间密切联系、相互促进。人民币国际化特别是成为国际储备货币,需要中国资本账户的开放。由于大规模资本跨境流动会对外汇市场和汇率产生冲击,并由此对单个市场主体乃

---

① 朱淑珍、张景明、李志鹏:《新常态下人民币汇率异常波动的应对策略》,《管理现代化》2020 年第 2 期。

② 杨甜婕、邓富华:《基于 GARCH 模型的人民币汇率形成机制研究》,《中南财经政法大学学报》2019 年第 6 期。

至整个国内经济和金融稳定产生重要影响,货币当局需制定出一套连贯的方法来应对资本账户开放、人民币国际化的推进以及人民币汇率制度改革。就三者的次序而言,从降低宏观金融风险角度考虑,应将汇率市场化改革置于资本项目开放与人民币国际化之前。因此,当前不应加快资本项目开放,而应考虑加快汇率和利率的市场化改革;同时,推进国内金融市场改革,实施国内结构调整,积极参与国际合作以协调资本流动管理。①

三、健全国内银行体系

如前所述,人民币最终成为重要国际储备货币的战略目标要求中国不断放松对跨境资本流动的限制,实现资本账户的开放;而资本账户开放的重要前提之一,是必须拥有强大的国内银行体系。这是因为,放松资本流动管制之后,国内居民可能会使其资产的币种组成多样化,从而导致国内银行体系的资金外流;如果国内银行体系被认为是薄弱的,则可能会加剧这种资金外流,因为居民会认为将资金转移到外国银行更为安全。一旦转移的规模足够大,将可能引发本币贬值和信贷危机(Lardy 和 Douglass,2011;Liu 和 Moshirian,2014)。此外,配合人民币国际化和资本账户开放所实施的利率、汇率市场化改革和金融业对外开放(如国外银行的进入),会加剧国内银行业的竞争,削弱中资商业银行的盈利能力,鼓励其开发具有更高风险的业务。由于银行部门是我国金融体系的主体和核心,一旦银行部门风险上升,将导致整个金融体系的系统性风险不断积聚②,威胁中国经济的健康发展和人民币国际化进程。因此,只有健全国内银行体系,才能确保我国金融市场的健康、安全发展,为人

---

① M. Zhang, "The Liberalization of Capital Account in China: Retrospect and Prospect", in J. Stiglitz and R. Gürkaynak(eds.), Taming Capital Flows: Capital Account Management in an Era of Globalization, *Palgrave Pivot*, 2015, pp. 56-81;胡逸闻、戴淑庚:《人民币资本账户开放的改革顺序研究》,《世界经济研究》2015 年第 4 期。

② 吴成颂、王琪:《利率市场化、资产价格波动与银行业系统性风险》,《投资研究》2019 年第 3 期。

民币国际化保驾护航。

（一）中国银行体系发展历程及现状

1. 中国银行体系发展历程

（1）中国银行体系的改革

表5-4给出了我国银行体系的演进历程。改革开放前，中国人民银行是全国唯一一家办理各类银行业务的金融机构。1979—1984年，中国银行、中国农业银行、中国建设银行和中国工商银行相继成立，中国人民银行开始专门行使中央银行职能；1986年之后，又陆续设立中国交通银行、中国招商银行等多家全国性或区域性银行，初步形成多样化的银行体系。1994年之后，逐步建立起"在中央银行宏观调控下的政策性金融与商业性金融分离、以国有商业银行为主体的多种金融机构并存"的金融机构体系。2003年开始实行商业银行的股份制改造；2005—2010年，五大行相继上市，其中，中国工商银行和中国农业银行均创下当时全球最大规模首次公开募股（IPO）纪录。自此，与社会主义市场经济体制相适应的银行体系得以确立并逐步完善。

表5-4　中国银行体系发展历程

时间	重大事件或政策措施
1979	先后恢复和设立三家国家专业银行：中国农业银行、中国银行和中国建设银行。日本输出入银行在北京设立了中国第一家外资银行代表处，标志着中国银行业对外开放的序幕拉开
1984	中国工商银行成立：中国人民银行承担的工商信贷和储蓄业务剥离出来，成立了中国工商银行，农、中、建、工构成了一个分工明确的国家专业银行体系
20世纪80年代	股份制商业银行建立：1986年，中国第一家股份制商业银行交通银行成立，随后多家股份制商业银行成立，逐步形成适应社会主义市场经济要求的多类型、多层次的银行体系
1994	陆续设立三家政策性银行：国家开发银行、中国进出口银行和中国农业发展银行，改变商业银行政策性金融业务和商业性金融业务不分的局面
1996	1996年起，在整顿全国各地资金市场的基础上，借助外汇交易市场的电子系统，中国人民银行建立了银行间交易市场。1996年6月1日，中国人民银行放开了银行间同业拆借利率，标志着利率市场化改革起步

续表

时间	重大事件或政策措施
1999	成立四家金融资产管理公司:中国长城资产管理公司、中国信达资产管理公司、中国华融资产管理公司和中国东方资产管理公司,专门收购、处置从四家国有商业银行剥离出来的不良资产
2001	12月11日,中国正式加入世贸组织,其中安排了银行业对外开放的5年过渡期
2006	2006年年底,中国银行业结束过渡期,取消外资银行经营人民币业务和客户限制,同时取消其他的非审慎性限制,外资银行已经在中国境内设立了14家法人机构和195家分行,经营运作的资产总规模达到1000多亿美元
2014	国务院又进一步放宽了外资银行准入条件和经营人民币业务的限制。2014年年末,总计20家中资银行业金融机构开设了1200多家海外分支机构,覆盖全球53个国家和地区,总资产1.5万亿美元
2016	中国人民银行从2016年起将现有的差别准备金动态调整和合意贷款管理机制"升级"为"宏观审慎评估体系"(以下简称MPA)。 10月10日,国务院印发《关于积极稳妥降低企业杠杆率的意见》及《关于市场化银行债权转股权的指导意见》,有序开展银行债权转股权
2017	11月9日,外交部宣布,中国将大幅放宽金融业(包括银行业、证券基金业和保险业)的外资市场准入限制。 12月31日,经国务院批准,银监会放宽对除民营银行外的中资银行和金融资产管理公司的外资持股比例限制,实施内外一致的股权投资比例规则
2018	4月11日,中国人民银行宣布了进一步扩大金融业对外开放的时间表和具体措施,明确11项金融开放政策,中国金融业对外开放明显提速。 8月17日,中国银保监会决定,取消中资银行和金融资产管理公司外资持股比例限制,实施内外资一致的股权投资比例规则,持续推进外资投资便利化
2019	10月16日,中国人民银行会同国家外汇管理局出台通知,进一步便利境外机构投资者投资银行间债券市场

资料来源:中国人民银行(http://pbc.gov.cn),《径山报告》课题组:《中国金融开放的下半场》,中信出版社2018年版,王国刚:《中国银行业70年:简要历程、主要特色和历史经验》,《管理世界》2019年第7期。

(2)中国银行业的对外开放

1979年,日本输出入银行在北京设立中国第一家外资银行代表处,标志着中国银行业对外开放的序幕拉开。2001年我国加入世界贸易组织(WTO),并承诺银行业在五年过渡期之后逐步开放;2006年年底,境内银行业全面对外开放;此后,银行业准入门槛不断降低,开放水平持续上升。截至2020年年末,外国银行在华共设立41家外资法人银行、116家外国银行分行和144家代表处,营业性机构共 946 家,外资银行总资产 3.78 万亿元人民币。① 与此同时,中资银行也加速国际化步伐。截至 2019 年年末,中资银行在全球 60 多个国家和地区建立海外分支机构约 1200 家。②

2. 中国银行业发展现状

近年来,面对逆全球化、新冠肺炎疫情冲击等外部不确定性,我国银行业总体运行稳健,资产负债规模不断增长,资本充足率逐年上升,风险抵御能力有所提高,盈利能力基本稳定。具体分析如下。

(1)资产负债规模不断增长

进入 21 世纪以来,我国银行业资产负债规模稳步增长(见图 5-1)。其中,银行业金融机构总资产从 2003 年的 276583.8 亿元,增长至 2020 年的 3126737.3 亿元,年平均增幅高达 15.33%;总负债则从 2003 年的 265945 亿元,增至 2020 年的 2862495 亿元,年平均增幅为 15%。

(单位:亿元)

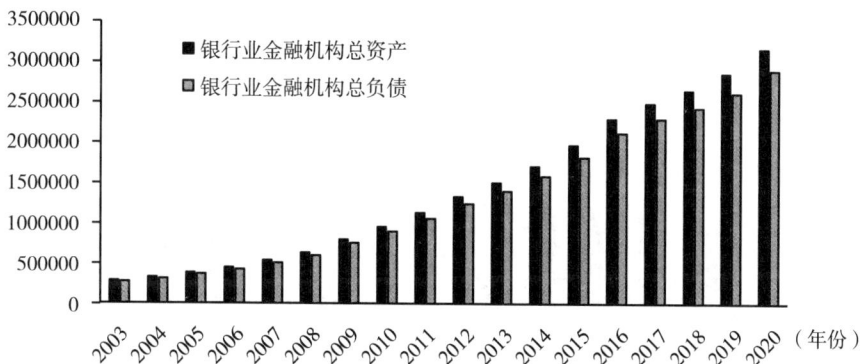

图 5-1　2003—2020 年中国银行业金融机构资产负债情况

资料来源:万得(Wind)金融终端数据库。

---

① 资料来源:中国银行保险监督管理委员会。
② 宗良、刘尔卓、李佩珈:《新发展格局下的中国银行业国际化》,《银行家》2020 年第 12 期。

（2）商业银行净利润稳步增长，但利润率有所下降

图5-2给出了中国商业银行盈利能力指标的变化情况。从利润总量来看，商业银行净利润从2010年的7637亿元，增长至2019年的19932亿元，年均增长11.3%；不过，受新冠肺炎疫情影响，2020年净利润有所下降，为19392亿元，同比减少2.71%；2021年则迅速回升至21841亿元，创历史新高。从利润率来看，商业银行资产利润率和资本利润率均有所下降，其中，资产利润率从2010年的1.2%，降至2019年的0.87%，2020年进一步降为0.77%，2021年有所回升，达0.79%；资本利润率则从2010年的19.2%，大幅下降至2020年的9.48%，2021年小幅回升至9.64%。从商业银行收入的来源结构看，非利息收入占比呈波动上升趋势①，从2010年的17.5%，最高升至2015年的23.73%，随后逐渐降至2021年的19.81%。此外，商业银行净息差稳中略有下降，最高为2012年的2.75%，最低为2021年的2.08%。

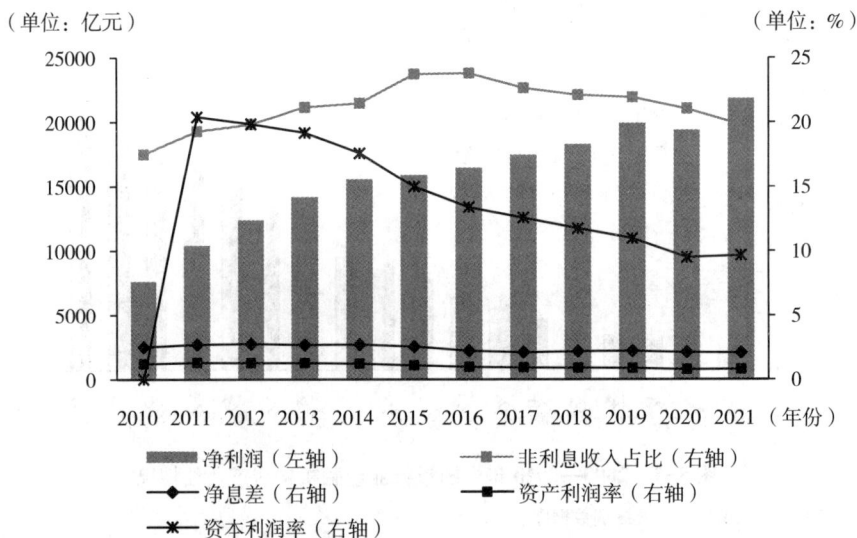

图5-2　2010—2021年商业银行盈利能力

资料来源：万得（Wind）金融终端数据库。

――――――――

① 非利息收入是商业银行除利差收入之外的营业收入，主要有投资活动所产生的收入、手续费和佣金等。

（3）资本充足率稳中有升

我国商业银行资本净额和一级资本净额分别从 2013 年年初的 8.59 万亿元和 6.88 万亿元,增至 2021 年年底的 27.41 万亿元和 22.38 万亿元,年平均增速分别为 15.6% 和 15.9%。资本充足率稳中略有上升,截至 2021 年年底,核心一级资本充足率为 10.78%,一级资本充足率为 12.35%,资本充足率为 15.13%,表明商业银行风险抵御能力有所提高(见图 5-3)。

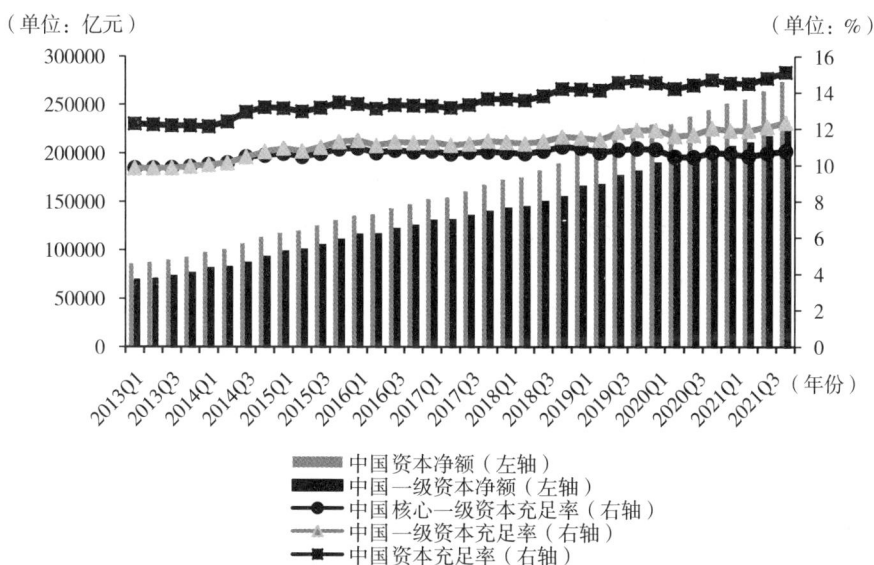

图 5-3　2013—2021 年商业银行资本充足率及资本构成

资料来源:万得(Wind)金融终端数据库。

（4）资产质量逐渐好转

自 2003 年以来,商业银行不良贷款余额呈现先下降而后上升的趋势(见图 5-4):从 2003 年年末的 21044.6 亿元下降至 2011 年年末的 4279 亿元;之后持续、快速上升至 2021 年年末的 28470.23 亿元。不过,商业银行不良贷款率则平稳下降,从 2003 年年末的 17.90% 持续下降至 2021 年年末的 1.73%,资产质量有所好转。

（单位：亿元）　　　　　　　　　　　　　　　　　　　　　　　　（单位：%）

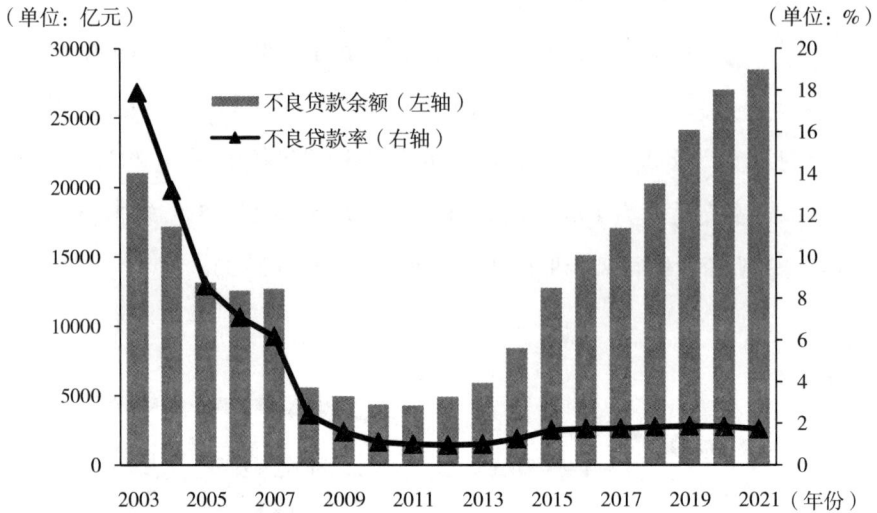

图 5-4　2003—2021 年商业银行不良贷款变化情况

资料来源：万得（Wind）金融终端数据库。

（二）中国银行体系面临的问题与挑战

1.货币错配加剧银行业风险

货币错配指资产与负债以不同币种计价的情形。随着人民币国际化进程的推进、国内金融市场双向开放程度的不断提高，银行业对外投资所涉及的币种数目也将越来越多，银行部门资产负债表中的货币错配问题将更加凸显。根据国家外汇管理局发布的数据，截至 2020 年年末，我国银行业对外资产 13724 亿美元，对外负债 14847 亿美元，对外净负债达 1123 亿美元。正的对外净负债表明我国银行部门属于"债务型"货币错配主体，容易受到人民币贬值的不利影响。当人民币贬值时，银行业对外负债偿还压力增加，财务状况恶化，融资和投资能力下降，可能危及银行体系的稳定性（金祥义和张文菲，2019）。特别是，人民币国际化与汇率市场化改革的推进会加大汇率的波动性，从而影响银行业收入与负债状况，使国内银行面临巨大的外汇风险。对于中国这样的新兴经济体而言,银行体系大规模的货币错配,容易造成国内金融体系的脆弱性;在宏微观经济基本面恶化的情况下,可能引发银行危机和货币危机。① 此外,当面临不利冲击时,货币错配还会导致银行业资产负债结构中固有的期限错配问题进一步恶化,容易引发挤兑风潮,威胁银行体系的稳定性与国家金融安全。因此,积极解决银行业货币错配问题、健全银行体系,是人民币国际化的内在要求。

2. 间接融资结构使风险集中于银行体系

与欧美发达国家不同,我国的社会融资结构一直以间接融资为主。据中国人民银行统计,截至 2020 年年底,间接融资存量占整个社会融资规模的 68.3%,而银行贷款占间接融资存量的 88.2%。以银行贷款为主的间接融资比例过高,使经济、金融风险过度集中于银行体系内部(刘翔峰,2013)。同时,近年来银行机构将资金通过各种所谓"创新"的表外业务输送到房地产等泡沫经济特征明显的行业,以及地方政府债务平台等,致使银行体系成为我国局部性和系统性金融风险累积的链接点(张杰,2018)。由于我国金融体系仍然以银行机构为主,银行业风险过度积聚,将对整个金融体系带来巨大的风险与挑战。

3. 金融双向开放下中资银行面临的挑战

银行业开放在给中资银行带来发展机遇的同时也带来巨大挑战。一方面,外资银行进入为中资银行带来先进的经营理念和经验,激发了中资银行创新潜能;另一方面,外资银行对国内市场份额的争夺加剧了国内银行业的竞争,压缩了中资银行的利润空间,并可能促使其从事高风险的投资活动,不利于银行系统的稳定性。同时,人民币国际化需要金融基础设施的支持,由此推动中资银行不断"走出去"②,国内银行体系受境外金融风险传染的可能性也

---

① R. McKinnon and G. Schnabl, "The East Asian Dollar Standard, Fear of Floating, and Original Sin", *Review of Development Economics*, Vol. 8, No. 3, 2004, pp. 331–360; 夏建伟、曹广喜:《货币错配与银行危机和货币危机》,《当代财经》2007 年第 4 期。

② 姜薇、陶士贵:《人民币国际化背景下中资银行"走出去"能提高自身效率吗》,《现代经济探讨》2019 年第 3 期。

随之增大。

4.金融科技发展对商业银行的挑战

近年来金融科技的迅猛发展也给传统商业银行的运营带来新的挑战。首先,数字金融在商业银行经营中的应用,使其业务更加依赖于信息和数据,而信息私密、安全与数据可靠性、真实性之间的矛盾,是商业银行在应用金融科技之后所面临的主要困境;同时,商业银行自身对新兴技术的应用还不算熟练,许多核心领域仍存在技术壁垒。[①] 其次,金融科技公司依靠技术比较优势创新金融理财产品,抢占商业银行传统理财产品的市场份额。最后,金融科技融入金融业务的速度要求金融监管制度及时跟进,然而目前金融监管制度还相对滞后,由此增加金融风险发生的概率。因此,如何在利用好金融科技创新业务、增加营收的同时化解相关的金融风险,是银行机构面临的重要课题之一。

(三)健全国内银行体系,助力人民币国际化

1.加强银行业外汇风险审慎性监管

如前所述,我国银行业存在债务型货币错配现象,因此易受汇率波动的不利冲击:外汇风险会加大货币错配风险,并可能导致银行业系统性风险上升。银行业作为我国金融业最重要的主体,必须加强对风险的审慎性监管,防范银行业系统性风险,确保整个金融市场的平稳健康运行。首先要加大对银行业外汇风险暴露的监测力度,设定适度的风险警戒线,着力降低外汇风险暴露对银行业乃至整个金融稳定性的影响(金祥义和张文菲,2019)。其次,货币当局应灵活调整货币政策,保持人民币汇率在合理均衡水平上的基本稳定。最后,商业银行需强化风险管理,提高应对外部冲击能力。

---

① 叶蜀君、李展:《金融科技背景下商业银行面临的风险及应对策略》,《山东社会科学》2021年第3期。

2.加快发展直接融资市场,改善我国社会融资结构

为缓解银行业风险积聚现象,需要积极转变我国的融资结构,实现"改善间接融资结构、提高直接融资占比"的总体金融体制改革目标(张杰,2018)。为此,一是加快股票、债券市场发展,完善多层次资本市场体系①,畅通直接融资渠道。二是加强金融市场基础设施建设和金融市场法律法规制度建设,完善直接融资配套措施,降低直接融资交易成本与交易风险,提高直接融资比例。

3.推动银行业综合化经营

随着我国金融市场的不断深化和金融创新、客户金融需求的日渐多元化、利率市场化的加速推进,以及外资银行的持续涌入,传统的依赖存贷款业务及利差收入的经营方式难以为继,综合化经营已经成为我国商业银行战略转型的重要选择。② 因此,对于商业银行来讲,一是紧跟综合化经营的趋势,加快金融产品创新,满足客户对产品便利化、综合化的需求;二是在依托自身传统业务资源的基础上,拓展如金融租赁、基金、保险、资产管理等相关业务③,整合各类业务资源;三是在追求经营效益的同时,不断完善风险管理机制,针对不同金融业务的特点,预防风险跨领域传递;四是改革组织及管理架构以适应综合化经营的需要。

4.利用金融科技促进商业银行经营创新

商业银行应抓住金融科技创新的机会,把金融科技和自身业务融合起来,创新金融产品、扩大中间业务规模,提高盈利水平,在新的竞争形势下寻找自身比较优势。同时,商业银行应增加科技投入,培养或引进金融科技人才,打

---

① 易会满:《提高直接融资比重》,《经济日报》2020 年 12 月 21 日。

② 商业银行综合化经营是金融综合化经营的一个重要部分,主要是指商业银行突破传统业务范围,拓展新兴银行业务以及保险、基金、投行、信托等相关业务,以便为客户提供全方位金融服务(清华大学国家金融研究院《商业银行法》修法研究课题组,2016)。

③ 董希淼:《综合化经营已成为商业银行转型发展的重要选择》,《证券日报》2016 年 2 月 27 日。

破现存核心技术壁垒,加强同业间以及与金融科技公司的合作,努力推进商业银行自身的数字化转型。此外,在监管政策方面,充分吸取发达国家先进经验,弥补金融科技监管制度缺失;利用大数据、区块链、人工智能等技术,创新金融风险的监测方式与监管手段。

5.建立风险预警机制,协调微观与宏观审慎监管

随着国内金融市场双向开放程度的提高,与国际金融市场的联系将更加密切,金融风险将更容易跨国家、跨行业传染。因此需建立风险预警机制,在精准把握国内国际经济、金融形势的基础上有效防范金融风险。首先,加强对重点行业的风险监控以及对经济形势的分析预判,强化对银行业各部门以及各金融机构之间业务往来的监测,避免风险积聚于银行业。其次,加强宏观审慎监管与微观审慎监管的协调。在宏观审慎监管层面,提高金融监管透明度和法治化水平,建立高效的监管决策协调沟通机制,强化各金融管理部门的协同合作①;在影子银行、风险基金等各种金融创新产品不断涌现、资金"脱实向虚"的背景下,实施穿透式、全覆盖、协同化的金融风险监管制度(张杰,2018);密切关注银行机构的高风险经营行为,强化对系统重要性银行的监管,防范系统性金融风险。在微观审慎监管层面,严厉打击非法金融活动,提高对关联交易监管和集中度监管的有效性,强化流动性监管和资本要求、金融机构资本约束、异地展业和异地经营监管②;严格控制银行业重点监控指标(如不良贷款率、资本充足率、杠杆率等),使其处于安全阈值范围内,以预防单一银行机构风险的发生与传染。

四、规范影子银行发展

影子银行是指游离于金融监管体系之外、可能引发监管套利和系统性风

---

① 郭树清:《完善现代金融监管体系》,《经济日报》2020 年 12 月 17 日。
② 孙天琦:《后疫情时期的宏观政策选择与风险应对》,http://www.cf40.org.cn/news_detail/11809.html。

险的信用中介机构及其相关业务活动。① 由于仅受到最低程度的金融监管，近几十年来影子银行体系的规模在全球范围内迅猛增长，中国自然也不例外。作为金融创新的产物，影子银行是对传统商业银行体系的补充：一方面，它在一定程度上缓解了中小企业融资难问题；另一方面，它也满足了部分高风险偏好的投资者追求高回报的需求。

然而，影子银行可能会对人民币国际化产生重大影响。这是因为，影子银行所受到的监管程度最低，且与金融体系的其他组成部分联系密切，很容易导致系统性金融风险的积聚。而且，商业银行在中国影子银行体系中发挥着主导作用，不仅发行关键影子银行工具（如理财产品）为投资者提供投资渠道，也为信贷公司等其他影子银行实体提供流动性，同时还是同业理财、资金信托等影子银行工具的主要持有者（Ehlers 等，2018；《径山报告》课题组，2020）。一旦影子银行陷入困境，向它贷款的银行也会陷入困境②，引发系统性金融风险，削弱非居民对人民币及人民币计价资产的信心，不利于人民币国际地位的提高。因此，为更好地推动人民币国际化进程，需要趋利避害，加强对影子银行的监管，以规范其发展。

（一）中国影子银行的形成和发展

中国影子银行的形成最早可追溯至 20 世纪 80 年代信托、保险等非银行金融机构的设立，但直至 2000 年后，随着商业银行大量开展理财业务，影子银行规模才开始快速增长。表 5-5 给出了中国影子银行的主要发展历程。可以看出，中国影子银行系统大体可以分为萌芽（20 世纪 80 年代—2001 年）、

---

① P. Krugman, *The Return of Depress on Economics and the Crisis of 2008*, New York: W. W. Norton & Company Inc. ,2009;FSB, "Shadow Banking:Scoping the Issues", *A Background Note of the Financial Stability Board*, April 12,2011.

② ［美］保罗·克鲁格曼、茅瑞斯·奥伯斯法尔德、马克·梅里兹:《国际金融（第十一版）》,丁凯、黄都、储蕴、吴书凤、吕媛媛译,中国人民大学出版社 2021 年版,第 275 页。

成长(2002—2007年)、野蛮扩张(2008—2016年)和治理规范(2017年至今)四个发展阶段。

表5-5　中国影子银行发展历程

时间	重大事件或政策措施
20世纪80年代	开始设立信托公司、保险公司等非银行金融机构
1997	1997年10月,《证券投资基金管理暂行办法》出台,证券投资资金规模迅速扩张
2002年起	影子银行整体规模不断扩大:商业银行陆续开展理财业务。在这一时期,各类机构主要还是围绕自身业务经营范围发展,产品之间的边界划分较为清晰
2008年以后	影子银行进入快速增长阶段,为规避宏观调控和监管,银行将资产大量移到表外。各类跨市场、跨行业的影子银行业务因而迅速增长
2013	影子银行的重心开始转向表内同业业务,银行理财投资非标资产占全部理财的比例高达27.49%。 监管部门发布《关于规范商业银行理财业务投资运作有关问题的通知》,对银行理财投资非标资产设置了比例限制
2017	互联网金融产品和网络借贷等新型业务模式迅猛发展,我国第三方互联网支付市场规模从2013年度的16万亿元猛增至2017年度的143万亿元。余额宝于2013年6月上线,到2017年年末净资产已高达1.58万亿元。 2017年年初,金融管理部门集中开展"三违反""三套利""四不当""十乱象"专项整治活动
2018	2018年4月,中国人民银行、中国银保监会、中国证监会和国家外汇管理局联合发布《关于规范金融机构资产管理业务的指导意见》(以下简称《资产新规》),对金融机构资产管理业务进行规范
2019	2019年年底,经过为期三年的集中治理,影子银行野蛮生长得到遏制,广义影子银行和狭义影子银行规模分别较历史峰值下降15.5%和23.3%;违法违规活动大幅下降;风险水平得到显著控制
2020	2020年7月底,为应对新冠肺炎疫情对经济造成的冲击,中国人民银行发布公告,"资管新规"过渡期延长至2021年年底;同时,建立健全激励约束机制,完善配套政策安排,平稳有序推进资管行业规范发展

资料来源:中国银保监会政策研究局统计信息与风险监测部课题组:《中国影子银行报告》,中国银行保险监督管理委员会工作论文,2020年第9期。

　　根据中国银行保险监督管理委员会于2020年12月发布的《中国影子银行报告》对影子银行范围的界定,中国影子银行分为狭义和广义两大类(见图5-5),其中狭义影子银行的风险程度更高;截至2019年年底,广义影子银行

规模为 84.8 万亿元,相当于同期银行业总资产的 29%;狭义影子银行规模为
39.14 万亿元,占广义影子银行规模的 46.2%。

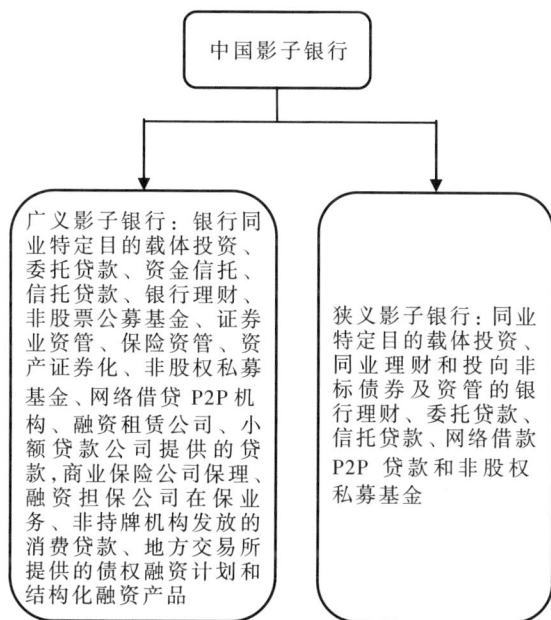

图 5-5 中国影子银行体系的划分

资料来源:中国银保监会政策研究局统计信息与风险监测部课题组:《中国影子银行报告》,中国银行
保险监督管理委员会工作论文,2020 年第 9 期。

(二)中国影子银行体系与系统性金融风险

中国影子银行体系规模庞大且发展速度快,蕴含着潜在的金融风险。首先,游离于监管体系之外的影子银行具有常规商业银行的信用中介功能,且主要向商业银行难以覆盖的实体提供融资,而这类实体的信用水平往往较差,存在较高的违约风险。同时,影子银行业务大多具有跨市场、跨行业且透明度低的特征,极易成为系统性金融风险的源头(中国银保监会政策研究局统计信息与风险监测部课题组,2020)。

其次,商业银行是中国影子银行体系的核心参与者,主要影子银行业务是

由商业银行驱动的。因此,商业银行往往被视为在可能的违约情形下为客户提供隐性担保,即理财产品或其他影子银行产品的购买者通常会认为,在发生违约情况下经销银行会提供赔偿[①];而在激烈竞争的环境下,银行甚至有动机鼓励投资者持有这种假设(Ehlers 等,2018),由此可能引发严重的道德风险,威胁金融稳定。银行业作为我国金融业的支柱,占金融业总资产的份额一直维持在 90% 左右,一旦影子银行集聚的风险集中爆发,将对我国商业银行体系,乃至整个金融体系和金融市场的稳定性产生巨大的破坏作用。

再次,从表面上看,影子银行为我国金融市场提供了新的融资方式,为一些原本不在常规银行提供融资服务范围内的中小微企业、民营企业等提供融资,助力实体经济发展。但由于影子银行业务结构复杂、对其监管的体制机制尚未成熟,影子银行提供的多种理财产品层层包装、逃避金融监管,出现大量资金空转现象,即许多资金只是在金融机构之间流转,并未真正注入实体经济。譬如,2013 年出现的银行间同业存单业务,许多金融机构沉迷于同业拆借等往来业务,逐渐偏离主业;同业存单业务膨胀式发展使资产负债虚增,帮助一些商业银行实现监管套利。因此,影子银行自身特点以及金融监管体制机制的不成熟,给了影子银行主体套利的机会,导致资金空转现象频发,助长"脱实向虚"现象,造成资源以及期限的错配,阻碍实体经济发展;同时,影子银行还加大了社会经济发展的债务负担,降低了资金使用和周转的效率,不断推高杠杆水平,扭曲了正常市场行为,挤兑合法金融业务的生存空间,威胁金融稳定。

最后,中国影子银行不仅与商业银行体系联系密切,而且还与债券市场等金融体系的其他部分建立了紧密的联系。根据理财产品监管规定,其 75% 以上的基础资产必须包含债券、货币市场工具和银行存款等标准化债务工具。由此,影子银行创造了紧密的金融系统关联性(Ehlers 等,2018)。影子银行将

---

① 事实上银行并没有进行赔偿的法律义务,因为合同中明确排除了对发行实体的任何追索权。

不同金融子系统的金融机构相互联系,原本一个子系统的风险,相互传染叠加之后,容易演化为整个金融体系的风险,构成系统性风险的重大隐患,不利于宏观金融稳定。更为重要的是,由于金融业具有明显的外部性,金融风险会外溢成社会风险,危及经济、社会的正常运转。

(三)规范影子银行发展,防范系统性风险

如前所述,影子银行体系本身蕴含着潜在的金融风险,并对人民币国际化进程产生不利影响。无论从防范和化解金融风险,还是从推进人民币国际化角度来看,都必须对影子银行的发展加以规范。

第一,健全统计监测,加强信息披露,严防反弹回潮。信息不对称是影子银行风险形成的重要原因之一,要提高对影子银行的信息披露要求,确保对影子银行的全面监测,实现监管信息在监管部门之间的共享[1];正确测算影子银行规模,实行实时监管,将影子银行风险保持在可控范围内;鼓励银行与实体企业之间搭建紧密的合作关系,降低银行的信息不对称问题,发挥正规银行在解决中小企业融资难方面的作用[2];提高影子银行产品和交易信息的透明度,缓解因信息敏感而带来的风险;建立防范风险的长效机制,严防影子银行规模的再次疯长以及风险扩散。[3]

第二,合理控制影子银行治理力度与节奏。影子银行既有规避监管、诱发金融风险的负面特征,又有填补常规银行等融资渠道不足、服务实体经济的正面作用(《径山报告》课题组,2020;李文喆,2021)。当前我国正处于经济转型的关键时期,过快、过猛地对影子银行进行整顿治理,容易导致监管过度而引

---

① 朱凯、王君:《影子银行发展、金融结构演进与系统性金融风险》,《金融监管研究》2020年第3期。

② 黄贤环、吴秋生、王瑶:《影子银行发展与企业投资行为选择:实业投资还是金融投资?》,《会计研究》2021年第1期。

③ 杜威望:《资管新规对省域影子银行发展的政策效应评估及启示》,《投资研究》2020年第11期。

起流动性紧缩等问题,不利于经济的平稳运行。因此,需要辩证地看待影子银行,合理控制影子银行的整治节奏与力度,给予影子银行合理的风险定价和盈利空间;协调影子银行发展与经济发展之间的关系,做到稳中有序,发挥影子银行服务实体经济、缓解融资约束的优势。

第三,根据中国影子银行的特点,完善监管制度,加强金融机构之间的风险隔离,降低金融风险的关联性和传染性,有针对性地进行差异化管理策略,控制风险传染,引导影子银行发展。我国影子银行体系以商业银行为主导,但依托于商业银行的影子银行却没有受到诸如《巴塞尔协议 III》或同等程度的监管,因而成为金融风险的重要来源。[1] 因此需将影子银行纳入现有监管体系。监管部门要及时监测并适时控制影子银行规模,防止影子银行过度承担风险,避免信贷市场过度竞争和无序扩张引起资本市场崩盘[2];加强"一行两会"之间的监管协调,消除监管盲点,积极推进监管方式转变,将固化的监管方式逐渐转变为灵活有效的行为监管。[3] 在各个金融机构之间建立风险预警机制,规范各金融机构的发展,尤其规范商业银行发展。影子银行以及金融交叉业务的兴起造成金融风险传染速度、力度的加大,应从路径上进行隔离,建立起各金融机构之间的风险"防火墙",降低金融风险传染程度。

第四,构建影子银行信用创造的反馈机制,实施逆周期管理,建立适用于我国影子银行的"最后贷款人"制度,降低其固有的期限错配风险,加强宏观审慎与政策协调机制建设。影子银行业务延伸广泛,与其他金融机构之间存在较强的联动性,风险性极高。[4] 因此,需健全货币政策与宏观审慎"双支柱"

---

① 廖儒凯、任啸辰:《中国影子银行的风险与监管研究》,《金融监管研究》2019 年第 11 期。

② 张冰洁、汪寿阳、魏云捷、赵雪婷:《我国影子银行的风险传导渠道及监管对策研究》,《系统工程理论与实践》2021 年第 1 期。

③ 佟孟华、李洋、于建玲:《影子银行、货币政策与商业银行系统性金融风险》,《财经问题研究》2021 年第 1 期。

④ 王晰、王雪标、白智奇:《影子银行对金融稳定的动态影响研究》,《金融论坛》2020 年第 10 期。

调控框架,将影子银行纳入宏观审慎监管范围,加强对风险集聚业务的逆周期管理,建立适用于我国影子银行的"最后贷款人"制度,对金融嵌套业务实施"穿透式监管",有效降低期限错配风险。① 同时,不断拓展新的宏观审慎政策工具及政策体系,以应对可能出现的新的监管套利方式。

五、加强金融监管

随着人民币国际化的推进和资本项目的逐步开放,我国金融市场与全球金融市场的联系将越发紧密,国内金融体系在获得更大发展机遇的同时,也将承受更大风险。因此,需要强有力的金融监管体制机制,防范、化解金融风险,为人民币国际化进程保驾护航。

(一)中国金融监管存在的主要问题

1.金融业发展迅猛,传统监管模式存在监管漏洞

我国目前采取分业监管模式,金融监管由"一行两会"及地方性金融监管部门负责。数字化时代的到来催生出许多金融创新(如数字货币、影子银行等),诞生了诸多新的金融主体,由此带来监管真空或交叉监管。监管制度与措施难以匹配金融创新的速度,不利于风险控制;并且这些金融创新所带来的风险容易迅速传染,具有极大的破坏力,对国内金融市场稳定造成很大威胁。此外,由于我国缺乏对跨市场、跨行业的金融产品及服务的监管分工,存在一定监管漏洞,金融创新以及金融开放带来的一些交叉业务和产品对我国金融监管带来很大挑战。随着金融市场的深化,金融产品呈现复杂化、多样化趋势,使监管作用发挥受限情况愈加严重。②

---

① 刘用明、李钊、屈万程:《美国影子银行对金融稳定性的影响研究》,《四川大学学报(哲学社会科学版)》2021年第1期;李文喆:《中国影子银行的经济学分析:对金融稳定的影响》,《金融监管研究》2020年第5期。

② 任碧云、许高庆:《关于强化行为监管完善我国金融监管体系的若干思考》,《经济纵横》2020年第3期。

2. 人民币国际化和金融开放加大金融监管风险

如前所述,人民币国际化加快了我国金融开放步伐。① 资本市场互联互通渠道不断扩大、外资金融机构持续进入,为中国金融市场注入发展活力的同时,也给国内金融市场带来一定程度的挑战,加大了外部输入风险的防控压力(吴振宇和唐朝,2021)。外资金融机构大多采用混业经营模式,而我国金融监管体制为分业监管。首先,外资金融机构可以将其金融产品和服务放至成本最低、监管最少的部门从而规避监管,加大我国金融监管的难度。其次,外资金融机构多为跨国经营,在一个国家(或地区)的子公司出现财务或经营问题时,会殃及其他国家(或地区)的子公司,由此风险国际传递的可能性大大上升。最后,由于外资金融机构内部关联交易的增多,加大监管复杂程度;外资金融机构金融创新也可能会使监管滞后于创新,并且由于缺乏国际金融监管合作经验,给中国金融监管带来了重大挑战(刘翔峰,2013)。

3. 金融科技创新带来监管挑战

金融科技发展打破了传统金融机构的运作方式,给我国金融监管带来挑战。因其具有互联互通、覆盖面广、渗透速度快等特征,金融与科技的加速融合加剧了风险的隐蔽性、扩散性和传染性。首先,金融科技与金融传统业务的结合,在提高金融效率的同时也增加了潜在金融风险。其次,金融科技带来数据保护问题(吴振宇和唐朝,2021)。数据是金融科技发展所依赖的载体,数据的收集、存储以及运用是否合规,关乎整个金融市场的运行。若数据的收集、存储以及运用不符合国家监管标准,会带来合规风险和运营风险。再次,金融科技创新下金融机构使用的新技术是否符合监管法规要求,以及对新技术的操作风险也会给金融监管带来一定挑战。最后,金融科技创新依赖于许多数字信息的传递,并且数据信息错综复杂,加大了监管难度。对于一些新兴

---

① 在2021年4月发布的《外商投资准入特别管理措施(负面清单)(2020年版)》中,金融业负面准入清单已经实现清零。

的金融科技产物尚未形成完善统一的监管标准,信息安全也成为金融市场运行的重点问题。

(二)强化防范金融风险的监管体制

1.整合现有监管机构,尽早实现统一监管

尽管我国金融业目前仍然实行分业经营模式,但金融创新活动使各类金融主体的业务边界日益模糊;同时,如前所述,进入中国金融市场的外国金融机构大多采用混业经营模式,"一行两会"的分业监管模式已经难以适应金融业的发展现实。为此,需要对现有监管机构进行整合,以便构建统一的监管体制。

2.建立动态宏观审慎监管框架,完善金融调控

随着金融创新活动的不断发展,金融监管面临着越来越大的挑战,需要积极拓展宏观审慎工具,实施动态宏观审慎监管框架。同时,还要注重金融监管对经济发展的影响,协调经济发展与适度监管之间的关系,避免过度监管导致经济效率、活力的降低和相应的成本损失。加强金融监管政策与货币、财政等其他政策的协调(郭娜等,2021),完善金融宏观调控架构。此外,根据金融风险的特质和传染性特征,建立分层次、分区域的监管合作体制机制,逐步推动差异化监管,适度放松对中小型银行金融监管的要求,完善中小企业金融服务体系(胡滨,2020)。

3.健全金融市场法律法规,发挥行业自律监管作用

健全金融监管法律法规是实现有效监管的制度保障。由于金融科技创新的极速发展,大量新金融主体、金融产品及服务不断涌现,需要及时根据新兴的金融主体以及金融产品等创新产物,建立明确的监管法律法规进行规范约束,严控风险,避免风险传染,细化对金融市场、产品以及参与者的监管法律法规,做到不留监管死角。目前我国缺乏地方金融监管的法律法规制度体系,应加快地方金融监管立法建设,在法律上明确地方监管主体的职能、权利与义

务,建立起中央地方双向联动的监管体制机制,赋予地方政府一定的金融执法权与行政处罚权,逐步推进地方金融业态的统一归口管理。此外,还需要发挥金融行业协会的作用,明确行业协会的权责范围,完善协会组织结构,制定行业自律条例对从业人员进行约束,形成行业内互相监督的良好风气;建立监管权力问责机制,在赋予权力的同时也要承担相应的义务,谨防权力亵渎。[①]

4. 以人民币国际化为契机,积极参与全球金融治理

以金融开放和数字化货币为机遇,促进人民币国际化发展,提高人民币国际储备货币地位。积极与欧盟、日韩、东盟、非盟等经济体或区域性合作组织加强双边或多边金融合作,推动国际货币体系实现多元化(吴振宇和唐朝,2021);加强各国监管机构协调,开展跨境金融监管合作;提高国际金融机构和国际金融监管的有效性;积极参与国际金融监管标准制定,共建国际金融监管新框架。

5. 推动金融基础设施建设,实施金融科技监管模式

传统的人力监管、现场监管等方式费时、成本高,由于人为因素在其中发挥重要作用,监管的及时性以及透明性难以保证。在整合现有金融基础设施(如中债登、银联、网联)的基础上,各监管部门和金融科技公司开展政企合作,利用科技公司先进技术(如云计算、大数据、预测编码等),构建风险预警系统,及时、准确获取风险信息,有效防控风险蔓延[②];创新动态监管模式,确保金融市场安全稳定;推动研发数字货币等,加大金融基础设施建设,使金融科技监管模式向现代化方向发展,守住不发生金融风险的底线。[③]

---

① 尹振涛、潘拥军:《我国金融基础设施发展态势及其统筹监管》,《改革》2020 年第 8 期。

② 吴曼华、田秀娟:《中国地方金融监管的现实困境、深层原因与政策建议》,《现代经济探讨》2020 年第 10 期。

③ 张学超:《破解金融监管中的"孤岛现象"》,《人民论坛》2020 年第 15 期;郑丁灏:《全球稳定币的系统性风险:监管挑战与应对》,《税务与经济》2021 年第 2 期。

第二节　谨慎推进资本账户开放

尽管资本账户开放既非货币国际化的必要条件,也非后者的充分条件,但对于国际储备货币而言,资本账户开放是其必要条件。原因在于,国际储备货币必须易于被外国投资者所获得,尤其是外国投资者必须能够自由地购买该货币发行国的金融资产(Subramanian,2011;Kawai 和 Takagi,2011;Ito 和 Chinn,2014;Liu 和 Moshirian,2014;Eichengreen,2015)。中国资本账户的不完全开放性使外国投资者不能方便地购买人民币资产,外国货币当局也难以使用人民币干预其外汇市场。这显然会降低人民币作为国际储备货币的吸引力和前景(Cheung,2014;Eichengreen 和 Kawai,2014;沙文兵等,2016)。

此外,国际货币发行国主要通过经常账户(维持贸易赤字)和资本账户(借短贷长)两个渠道向世界供给货币。由于经常账户赤字最终可能会削弱非居民对该国货币的信心,资本账户渠道相对更优,特别是在货币国际化的早期阶段(Chey,2013)。因此,逐步取消资本账户管制,实现资本账户开放,是人民币走向全球重要国际储备货币的必由之路。

一、资本账户开放对宏观金融稳定的影响

20 世纪 90 年代新兴经济体资本账户开放的实践表明,在国内条件尚不具备的情况下贸然放松资本账户管制,将会给一国宏观金融稳定带来巨大挑战,甚至可能诱发金融危机。[1] 资本账户开放影响宏观金融稳定的机制如下。

(一)资本账户开放引发资本流动的不确定性增加

资本账户开放首先会对跨境资本流动产生直接影响。巴凯塔(Bacchetta,

---

① 周小川:《推进资本项目可兑换的概念与内容》,《中国外汇》2018 年第 1 期。

1992)指出,跨国界资本交易控制的取消对资本流动方向的影响具有不可预测性。[①] 资本账户开放之后,一些国家依靠良好的经济发展前景吸引大量国际投资,这些国际资本中不乏逐利性、投机性强的"热钱",很容易在资本流入国引发投资狂热。然而,由于这种资本流入的易变性,一旦经济基本面有变或者投资者预期逆转,先前流入的逐利性资本会迅速撤离。跨境资本过度流入存在诱发金融资产泡沫的风险,而泡沫破灭或信心逆转则会导致资本恐慌性出逃风险,这两者无疑都会动摇一国金融体系的稳定性,甚至诱发金融危机。正如奥坎波(Ocampo,2015)所指出的,经济繁荣时资本大量流入,而一旦经济增长速度放缓,资本流动方向可能会发生逆转,这种资本流动的顺周期性无疑会加剧危机。[②] 特别是对于新兴经济体来说,因其国内金融市场规模小、流动性低、敏感性高,很难承受大规模投机性资本流动的冲击,容易造成金融市场动荡,甚至引发严重的系统性金融危机。墨西哥、俄罗斯以及东南亚一些国家都经历过国际资本大规模流入,而后又突然大规模流出的过程。大进大出的投机性资本严重冲击了相关国家的国内金融体系,导致金融危机爆发。

更为糟糕的是,金融全球化使世界各国在金融市场、金融产品、金融业务等方面的联系日益密切,这极大地便利了金融风险突破地理界限而在国与国之间传染,放大了金融危机的破坏力。当一个国家的金融市场存在风险时,正如第三代货币危机模型所指出的那样,由于该国发生资本恐慌性外逃而引发"羊群效应",导致与该国经济密切相关或经济基本面条件类似的其他国家同样会发生大规模金融资产抛售行为,从而动摇后者的宏观金融稳定。余永定(2016)认为,泰国金融危机发生的重要原因就在于其过早地开放了资本账户,导致国际资本过度流入,而后资本流动方向突然逆转,最终直接引爆危机。

---

① P. Bacchetta, "Liberalization of Capital Movement the Domestic Financial System", *Economica*, Vol. 2, No. 59, 1992, pp. 465-474.

② Ocampo, José Antonio, "Capital Account Liberalization and Management", *United Nations University World Institute for Development Economic Research Working Paper*, No. 048, 2015.

（二）资本账户开放加剧汇率的波动

资本账户开放提高了国外投资者资产配置的便利性,但这可能会给东道国带来跨境资金流动的大幅波动,从而导致东道国币值稳定性下降;同时,东道国外汇市场也将面临国际投机风险。具体来说,由于新兴经济体的资本劳动比率低于发达国家,其国内均衡利率往往高于发达国家,而高资本回报率会吸引发达国家对新兴经济体的投资。国外资本的大量涌入,一方面会抬高国内金融资产价格和物价水平;另一方面,对本币需求的大幅攀升会加大本币升值的压力。开放经济的"三元悖论"表明,货币政策独立性、汇率稳定与资本自由流动三个目标不可兼得。此时,政府会陷入两难选择,如果为稳定汇率而干预外汇市场,则会加剧通货膨胀;如果为解决通货膨胀问题而实施紧缩性货币政策,则会使本币进一步升值,从而吸引更多国际短期投机性资本涌入,进一步哄抬金融资产价格和物价水平,导致金融资产泡沫不断累积。然而,本币升值和通货膨胀都会使经常项目恶化,最终可能引起国际投资者信心逆转和国际资本大量撤离,不仅会引发"羊群效应"和投机攻击,导致本币大幅贬值,还会促使金融资产价值缩水、金融泡沫破灭,甚至直接引爆金融危机,经济社会遭受严重破坏。特别是对发展中国家而言,由于其市场透明度不高,公众理性分析能力不足,上述情形更容易发生。

（三）资本项目开放动摇银行体系的稳定性

银行体系健康运行对宏观金融稳定至关重要。资本账户开放可能使资金以各种形式流入本国银行体系,并对银行业的运营产生直接和间接的影响。

一方面,资本账户开放会直接影响国内银行体系的信贷规模和结构。放松资本流动管制使大量国际资本以各种形式流入银行体系,外资的大量流入增加了货币供给,此时银行可贷资金增多,资金使用成本降低,很容易引发银行信贷过度扩张,从而加剧信贷风险(方显仓和孙琦,2014)。美国次贷危机爆发的原因之一,就在于未能对大量流入的跨境资本进行合理运用,引发信贷市场失灵并最终导致银行危机。另外,资本账户开放可能会导致银行资产负债表结构不合理,首先是"货币错配"问题,发展中国家由于其金融市场存在"原罪"而只能使用外币在国际市场上借贷,从而造成资产负债的币种不匹配;其次是资本逐利性的本质会使外国投资者在投资时倾向于选择短期投资产品,而银行的资产可能是对国内建设项目的长期贷款,即出现"借短贷长"的"期限错配"现象,容易引发流动性不足,加剧国内金融体系的脆弱性。一旦面临不利的外部冲击,极易诱发大规模资本外逃和"投机攻击",引发货币危机和银行危机。

另一方面,资本账户开放还会通过产业结构和金融创新对银行体系产生间接影响。就产业结构而言,很多国家的工业体系依赖于外资得以建立起来,其国内企业更容易受到国际不利因素影响。一旦企业经营出现问题,会导致银行不良贷款率上升,进而危及银行业的健康运营。就金融创新而言,资本账户开放意味着更高的效率和更好的金融资源配置能力,这个过程常常会伴随金融科技的迅速发展,各种形式的金融创新产品不断涌现,使那些具有较高风险性的投机资本更容易逃避传统金融监管,不利于金融市场的稳定。此外,各金融子市场也并非相互独立的,银行体系风险很容易扩散到外汇市场、证券市场,诱发系统性金融风险。

图5-6对上述资本账户开放影响宏观金融稳定的机制进行了总结。可以看出,资本账户开放可能会通过影响资本流动方向、加剧汇率波动以及影响银行体系稳定性三个渠道,动摇一国宏观金融稳定性,导致宏观金融风险上升。

二、资本账户开放的前提条件

20世纪80年代以来,不少国家、特别是新兴经济体在实现资本账户开放之后频繁发生金融危机,引起了学术界对资本账户开放问题的广泛关注。学

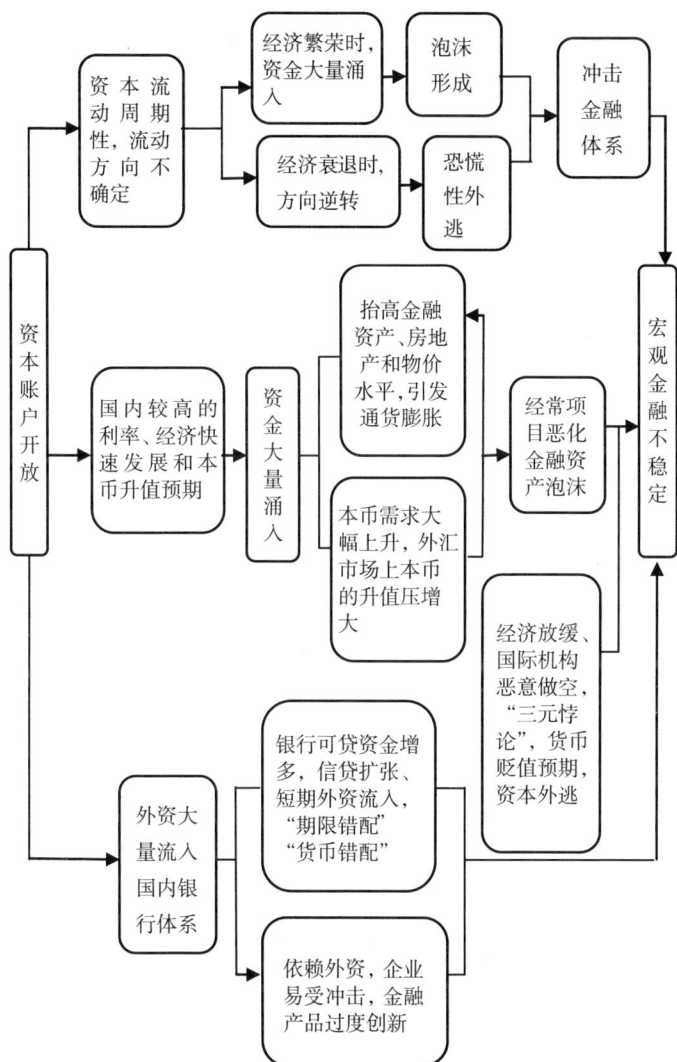

图 5-6 资本账户开放对宏观金融稳定的影响机制

术界普遍认为,资本账户开放需要满足一定的前提条件,否则贸然开放资本账户将会给一国金融稳定带来不利冲击。

（一）稳健的宏观经济和有效的宏观调控

稳健的宏观经济状况①是资本账户开放的重要前提。健康的宏观经济指标能够营造良好的投资氛围，对稳定投资者信心有着重要作用。阿特塔（Arteta）等指出，国内宏观经济平衡是资本账户开放的重要先决条件。② 陈中飞和王曦（2019）认为，资本账户各子项目开放时机成熟与否，取决于经济发展和制度质量能否到达一定门槛水平。③ 胡亚楠（2019）认为，墨西哥是一个典型的在国内宏观经济条件尚未具备的条件下就过早开放资本账户的失败案例，其国内存在的经济结构失衡、政局动荡、巨额贸易逆差、低储蓄率及外汇储备不足等问题都是导致资本外逃并爆发金融危机的重要原因。④ 此外，资本账户开放之后，国内的利率、汇率及物价水平可能会随着资本流动而改变，这就需要政策当局审时度势进行有效的宏观经济调控，为抵御与资本账户开放相伴的风险提供政策保障。

（二）充足的外汇储备和合理的汇率制度

当一国外汇储备充足、汇率制度弹性较大时，金融开放倾向于降低金融风险并促进经济增长。⑤ 作为应对国际资本流动冲击的重要缓冲手段，外汇储备的多寡很大程度上决定着一国对金融风险的抵御能力。资本账户开放之

---

① 主要包括健全的经济和产业结构、合理的国际收支与财政收支水平、稳定的通货膨胀水平、平衡的经济发展等。
② C. Arteta, B. Eichengreen, and C. Wyplosz, "When Does Capital Account Liberalization Help More than It Hurts?", *NBER Working Papers*, No. 8414, 2001.
③ 陈中飞、王曦：《资本账户子项目开放的经济增长效应及中国应用》，《管理世界》2019年第1期。
④ 胡亚楠：《资本账户开放的门槛效应及路径研究》，上海社会科学院2019年博士学位论文。
⑤ 邓敏、蓝发钦：《金融开放条件的成熟度评估：基于综合效益的门槛模型分析》，《经济研究》2013年第12期。

后,政府需要保有充足的外汇储备,以应对随时发生的兑换需求①。当国内经济发生不利波动时,资本项目下的资金可能会大量流出,由此引发货币贬值危机以及金融体系崩盘风险;而充沛的外汇储备作为一种"自我保险",可以有效应对国际投机攻击,并减少产出的损失(Becker 等,2007;Li,2014;Liu 和 Moshirian,2014)。正如伊藤(2017)所指出的,自 2000 年以来,外汇储备的大幅增加使亚洲新兴经济体在面对突然的资本外流冲击时表现得更加稳健;一些国家有效地利用外汇储备减轻了汇率的波动。

另一方面,汇率是连接国内外经济的重要变量,合理的汇率水平可以发挥调节经济内外均衡的作用。资本账户开放下的汇率制度需要能够有效调节国际收支,客观地反映外汇市场的真实需求状况,自发地调节资本流动。因此,资本账户开放要以汇率市场化为前提。如果在汇率缺乏灵活性的同时开放资本项目,中央银行就会丧失货币政策的独立性(余永定,2016)。在这方面,泰国金融危机是惨痛的教训,面临国际资本投机攻击时,泰国当局动用外汇储备强行维持固定汇率制,然而外汇储备不足导致无法长时间维持这种操作,最终固定汇率崩溃,货币危机爆发。

(三)健全的金融体系与有效的金融监管

资本账户开放使国内外金融市场的联系更为紧密,短期跨境资本的流动很容易将国际金融风险传染至国内,此时一国金融体系健全与否就直接关系到能否成功抵御住国际金融风险的传染。米什金(Mishkin,2006)指出,发达的金融业可以有效利用外来资本;相反,发展不成熟的金融机构则是引发与金融开放有关的金融危机的重要因素。为降低资本账户开放风险,首先,金融机构要有较强的风险抗御能力,这要求其杠杆率和不良债权率较低,因为高杠杆

---

① 谢世清、周庆余:《发展中国家资本账户开放的国际经验与借鉴》,《亚太经济》2015 年第 1 期。

率和高不良债权率会加剧金融机构在面对资本流动冲击时的脆弱性。其次，金融中介能够为市场提供及时有效的信息，以便引导金融资源合理有效配置，减少投资者不稳定的投资行为（如羊群效应等）。总之，如果金融体系足够健全和完善，金融机构对外部竞争和冲击的反应足够灵敏，并有较强的风险抗御力，就可以更好地应对资本大规模流动对国内金融体系的负面冲击。

资本账户的完全开放要以有效的金融监管为前提条件。这是因为，资本账户开放提高了跨境资本流动的便利性，大规模"热钱"出入时有发生，加之不同金融市场联系密切，因此一国的金融监管机构要能够对整个金融体系具有较强的监管能力和执行能力，建立有效、透明的监管规则，确保资本账户开放之后国内金融市场稳定。具体包括，金融监管部门能够运用现代监管手段，防止一些金融机构承担超过其资本的风险，并避免金融市场泡沫的产生；能够通过多种有效渠道识别、管理各金融子市场的风险，确保金融机构的稳健经营等。譬如，得益于业已建立的有效、严格规范和法制健全的金融管理体系，香港金融管理局能够对金融体系的运行进行有效监管，加上中国政府的全力支持，在东南亚金融危机期间成功抵御住了国际投机资本的攻击。

（四）金融市场发展水平与制度质量

金融市场发展水平和制度质量是决定资本账户开放能否降低金融风险并促进经济增长的重要门槛条件。[①] 资本账户开放首先要求该国必须拥有可以灵活反映供求变化、引导金融资源优化配置的多层次金融市场（余永定，2016），这一市场必须具备足够的深度和广度，以便有效吸收资本账户开放之后大规模资本流入流出的冲击；其次，拥有多样化的金融产品、投资手段和风险管理工具以便投资者分散并管理风险；最后，具备良好的金融基础设施以减少交易摩擦、降低交易成本。

---

① M. A. Kose, E. S. Prasad and D. A. Taylor, "Thresholds in the Process of International Financial Integration", *Journal of International Money and Finance*, Vol. 30, No. 1, 2011, pp. 147–179.

特拉布勒西(Trabelsi,2017)指出,要在中等收入国家成功实现资本账户自由化,需要发展制度环境作为先决条件。[①] 制度包括法律等正式规则和诸如行为规范与准则、惯例等非正式规则,它们构成了整个社会的激励结构。[②] 良好的制度环境意味着健全的市场交易法规、稳定和高效的政府以及有序的市场环境等,可以有效降低交易成本和结果的不确定性,减少信息不对称风险,给予投资者正向激励。

同时,金融发展与制度质量相互联系、相互制约。资本账户开放、制度质量和金融发展必须协调、同步且动态调整,这样才能达到促进经济增长和降低金融风险的目的(高禄和车维汉,2018)

三、中国资本账户开放历程与现状

（一）中国资本账户开放历程

改革开放之初,我国开始对外汇管理体制进行改革,资本项目开放进程也由此开启,其间经历了1997年东南亚金融危机、2001年加入世界贸易组织、2008年全球金融危机。在充分吸取拉美与东南亚金融危机教训的基础上,我国确立了审慎开放资本账户的总基调,遵循"渐进、审慎、可控"的资本账户开放路径与"成熟一项,开放一项"的基本原则。从开放项目看,先开放风险较小的项目,再开放风险较大的项目;从资金流动方向来看,资本流入开放先于资本流出开放;从期限结构来看,对长期资本流动和汇兑管制的放松先于对短期资本流动管制的放松。表5-6给出了中国资本账户开放的简要历程。

[①]　M. Trabelsi and M. Cherif, "Capital Account Liberalization and Financial Deepening: Does the Private Sector Matter?", *The Quarterly Review of Economics and Finance*, Vol. 64, 2017, pp. 141-151.
[②]　阙澄宇、孙小玄:《金融发展、制度质量与国际证券资本流动》,《财贸经济》2021年第5期。

基于宏观金融稳定视角的人民币国际化策略研究

表 5-6　中国资本账户开放历程

年度	重大事件或政策措施
1979	外汇管理体制改革,实行外汇留成制度;颁布《中华人民共和国中外合资经营企业法》,标志着我国在鼓励国外直接投资方面迈出了第一步
1994	外汇管理体制进行重大改革,实施人民币汇率形成机制改革,实现人民币官方汇率和外汇调剂价格并轨; 建立以市场供求为基础的、单一的、有管理的浮动汇率制; 取消外汇留成,实行结售汇制度; 实现了人民币经常项目有条件兑换
1996	颁布《中华人民共和国外汇管理条例》,取消了经常项目下尚存的其他汇兑限制,将外商投资企业外汇买卖纳入银行结售汇体系; 实现人民币经常项目完全可兑换
2001	正式加入世界贸易组织,中国公开声明要加入《与贸易有关的投资协议》(TRIMS)和《金融服务协定》(FSA)
2002	中国证监会、中国人民银行颁布《合格境外机构投资者境内证券投资管理暂行办法》,正式推出合格境外机构投资者试点
2003	10月,党的十六届三中全会正式重新提出资本项目可兑换的目标; 《中共中央关于完善社会主义市场经济体制若干问题的决定》明确提出,"在有效防范风险前提下,有选择、分步骤地放宽对跨境资本交易活动的限制"
2008	美国次贷危机爆发,中国成为世界经济的新引擎,并加快了资本账户开放步伐:鼓励企业"走出去"; 推动人民币跨境计价结算;与其他国家或地区央行签署双边本币互换协议; 大力发展中国香港、新加坡、伦敦等离岸人民币金融中心; 打造上海国际贸易、国际金融中心
2010	8月,批准三类机构(境外中央银行、港澳地区人民币清算行、境外跨境贸易人民币结算参加行)以人民币投资境内银行间债券市场,拉开债券项目可兑换序幕
2013	银行可跨境转让贸易融资资产,境外投资者可使用人民币在境内设立、并购和参股金融机构; 中国(上海)自由贸易试验区成立
2014	允许境外非金融企业在境内银行间债券市场发行人民币债券融资工具; 在上海自贸区试点开展跨境双向人民币资金池业务; 11月,"沪港通"开通; 11月,人民币合格境内机构投资者机制正式推出
2016	10月,国际货币基金组织把人民币纳入特别提款权货币篮子,成为仅次于美元和欧元的第三大篮子货币; 12月,"深港通"正式启动
2017	7月3日,内地与香港债券市场互联互通合作(简称"债券通")正式上线运行

年度	重大事件或政策措施
2018	6月,外汇局发布《合格境外机构投资者境内证券投资外汇管理规定》(外汇局2018年第1号公告),取消了合格境外机构投资者每月资金汇出不超过上年年末境内总资产20%的限制
2019	1月,彭博公司正式确认将中国债券纳入彭博巴克莱债券指数; 6月,人民币合格境外机构投资者试点地区扩大至荷兰; 9月,国家外汇管理局公告取消合格境外机构投资者和人民币合格境外机构投资者投资额度限制

资料来源:中国人民银行(http://www.pbc.gov.cn);黄继炜:《人民币资产项目开放——亚洲的经验与中国的路径》,经济科学出版社2014年版。

(二)中国资本账户开放现状

1. 基于法律的资本账户开放现状

按照国际货币基金组织的评判标准,截至2016年,在中国40个资本账户子项目中,完全不可兑换的仅4项,占10%;部分可兑换的22项,占55%;基本可兑换的14项,占35%。部分可兑换和基本可兑换项目合计达到90%(张礼卿,2019)。可兑换程度较低的项目集中在债券市场交易、房地产交易和个人资本交易方面。[1]

2. 基于事实的资本账户开放现状

为便于同主要国际货币发行国进行横向比较,我们使用文献中常用的两种基于事实的资本账户开放程度衡量方法,一是采用事实指标测度资本账户开放程度,具体做法为选择一国国际投资头寸表中"证券投资""其他投资""直接投资"以及"金融衍生品"等项目的借贷方余额之和与国内生产总值之比来衡量资本账户开放度(见图5-7);二是采用钦和伊藤(2002)方法所测算的资本账户开放指数,即KAOPEN指数(见图5-8)。两者均为数值越大,其资本账户的开放程度越高。

---

[1] 涂永红、周梓楠:《把握重点节奏促进资本账户有序开放》,《当代金融家》2019年第6期。

从图 5-7 和图 5-8 可以看出,纵向来看,我国资本账户开放程度逐年缓慢上升;横向比较来看,我国资本账户开放程度不仅远低于现有国际储备货币发行国,也低于智利、马来西亚、泰国等发展中国家。

（单位：%）

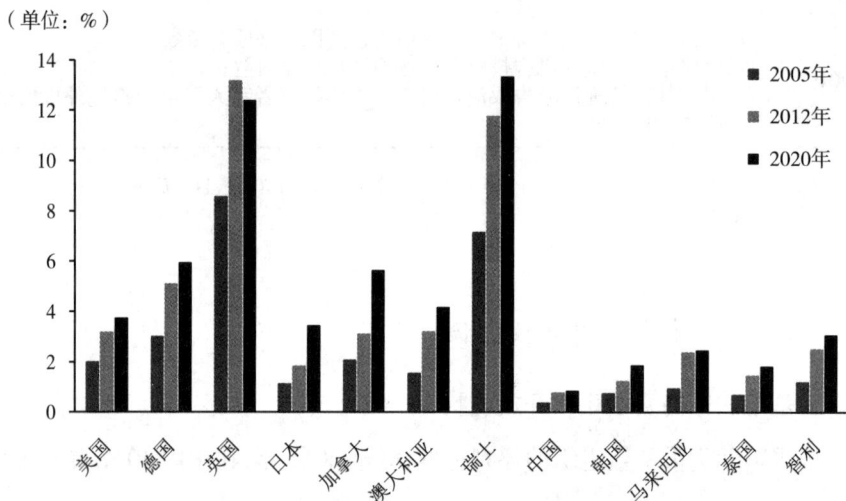

图 5-7　2015 年、2012 年、2020 年基于事实指标测度的各国资本账户开放水平

资料来源：国际货币基金组织 IMF Annual Report on Exchange Arrangements and Exchange Reststrictions, 2005,2012,2020。

四、中国资本账户开放推进策略

（一）继续坚持"渐进、审慎、可控"的开放模式

我国长期保持国际收支"双顺差"格局,经济发展受困于过度依赖出口,是内外经济失衡的重要表现。[①] 因此,有必要积极、稳步地推进资本账户双向开放,支持国内资本"走出去",在全球范围内配置资产,促进经济的内外部均衡,使开放资本账户的经济效益最大化。然而,由于潜在的金融风险,资本账

[①] 盛松成、孙丹:《资本账户双向开放与防范资本流动风险并不矛盾》,《第一财经日报》2020 年 8 月 27 日。

（单位：%）

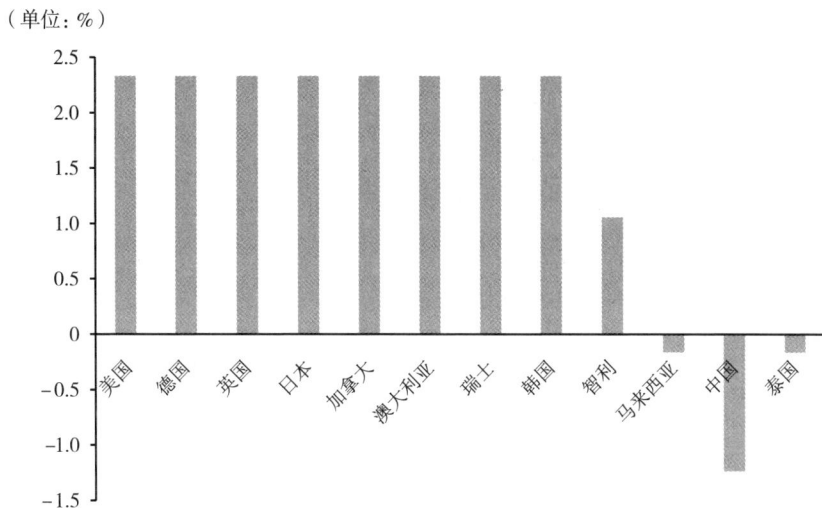

图 5-8　2019 年基于法律法规测度的各国资本账户开放水平

资料来源：KAOPEN 数据库（http：//web. pdx. edu/—ito/Chinn—Ito_website. htm）。

户开放不能一蹴而就，应继续坚持渐进的资本账户开放路径。国际经验表明，激进的资本账户开放模式容易导致金融风险累积，甚至引发严重金融危机。拉美和东南亚金融危机的惨痛教训都证明了这一点。同时，我国目前所面临的复杂国内外经济、政治环境也不允许资本账户的过快开放。从国内来看，在经济发展新常态背景下，经济结构面临调整和转型，在此过程中不可避免地出现了许多问题，如产能过剩、有效需求不足、房地产泡沫、金融市场不健全、金融脆弱性程度较高等；从国际来看，当前国际环境复杂多变，贸易保护主义和"逆全球化"趋势加剧、全球金融流动性趋紧、"黑天鹅"事件频繁发生。过去二十多年来，我国在充分吸收拉美和东南亚国家金融危机教训的基础上，鉴于国内金融市场尚不健全的现实条件，确立了资本账户渐进、审慎开放的总基调，这一基调在当前及未来相当长一段时期内依然适用。

此外，必须保持资本账户开放过程的可逆性，以最大化地降低资本账户开放风险，使资本账户开放过程可控，尤其要注意对短期跨境资本流动的风险管理。一方面，资本账户开放在带来大规模、高频率资本流动的同时，还便利了外部经济体的风险扩散与溢出;另一方面,当前金融科技迅速发展使金融产品不断创新,为国际资本绕过传统的金融监管体系提供了便利。因此,需要建立高效的资本流动监管体系,提高行政效率,及时监测到跨境资本"激增""外逃"和"撤回"等异常状态,根据国内外经济、金融状况采取灵活的资本账户管理措施;在我国货币、外汇、债券、股票市场联动性增强的情况下,构建宏观审慎政策框架,协调宏微观审慎监管政策,全面防范系统性金融风险。

(二)夯实资本账户开放的市场条件和制度基础

资本账户完全开放的前提是健全的金融体系和发达的金融市场。中国资本账户自由化问题的关键是,在资本账户完全开放或部分开放之前,加速国内金融改革与金融市场建设,资本账户开放的时序应当遵从国内金融改革与金融市场发展的时序。[①] 只有当国内金融体系足够健全,金融市场实现深化和广化且流动性良好,足以吸收大规模境外资本流动冲击而不至于发生价格剧烈波动之时,完全放松对资本流动的限制才是安全的。我国金融体系尚不够健全、金融市场也远不发达,表现在对银行体系的过分依赖、金融发展格局不合理、中小金融机构发展不足、金融与实体经济脱节、分业监管制度滞后于金融混业的发展、影子银行体系发展过快、金融系统供需不均衡、金融抑制依然存在、金融市场缺乏深度和流动性等许多方面。因此,当务之急是夯实资本账户开放的制度和市场基础,包括积极发展多层次的国内金融市场,实现国内金融市场的深化和广化;提升直接融资的比重,减少对银行体系的过度依赖;创新金融产品,积极开发金融衍生产品,更好地服务实体经济;加强金融监管,强化国内金融体系,为资本账户有序开放提供良好的金融环境。

同时,资本账户开放意味着境内外金融市场联系更加紧密。此时,国内利率管制将会失效;另一方面,资本项目开放也需要更大的汇率弹性,以支持更

---

① 余永定:《资本项目自由化:理论和实践》,《金融市场研究》2014 年第 2 期;余永定:《最后的屏障:资本项目自由化和人民币国际化之辩》,东方出版社 2016 年版,第 254—255 页。

大规模且更具波动性的跨境资本流动。因此,在完全开放资本账户之前,必须实现利率和汇率的完全市场化。当前,我国政策层面的利率市场化改革已基本完成,市场化的汇率形成机制改革也成效显著。[①] 然而,正如本章第一节所指出的,我国基准利率体系尚不健全,市场化的利率形成机制还远未成熟;与资本账户完全开放相容的、市场化的人民币汇率形成机制还没有建立起来。因此,为了最终实现资本账户完全开放,还需要进一步深化利率和汇率市场化改革,建立真正、市场化的利率与汇率形成机制。[②]

(三)把握重点节奏有序推进资本账户开放

在宏观经济稳健运行且国内金融市场发展到较高水平之后,资本账户就具备了开放的前提条件。但即便如此,还需要谨慎地设计资本账户开放的次序(Maziad,2011;Mallaby 和 Wethington,2012;Eichengreen 和 Kawai,2014)。在这方面,我国一直遵循"成熟一项,开放一项"的基本原则,以及"先流入后流出、先中长期后短期、先直接投资后间接投资、先机构后个人"的开放路径。截至目前,我国资本账户开放也基本遵循着上述次序。不过,就放松资本流入、流出的次序而言,并不存在一成不变的教条,需要根据实际经济、金融形势灵活、动态调整。譬如,2020 年以来,新冠肺炎疫情蔓延导致全球经济深度衰退,发达国家普遍实行量化宽松政策;受益于率先控制住疫情,我国经济实现"V"字型复苏,经济总体平稳,货币政策稳健,预期我国资本流入规模将进一步扩大。在此情况下,可以适当放松对资本流出的限制,允许中国企业和个人投资于海外资产,提高对外投资规模和质量。允许资本流出不仅有利于中国净对外投资头寸从低收益的发达国家政府债券逐步转向高收益的其他国际投资项目,也可以降低中央银行对外汇市场进行干预的必要性(沙文兵等,2016)。

此外,从期限结构来看,不同期限的资本流动对实体经济的作用机制不

---

① 盛松成、孙丹:《利率汇率改革与资本账户双向开放》,《中国金融》2020 年第 Z1 期。

② 有关利率市场化和汇率市场化改革的详细讨论,见本章第一节。

同,带来的风险也不尽相同,短期资本流动一般与金融市场联系紧密,具有很强的投机性;长期资本流动一般与实体经济联系更加紧密,且相比短期资本更加稳定。因此,即便在资本账户实现完全开放之后,也应该注重对短期资本流动的监测和监管。在这方面,可以借鉴日本、智利等国家的经验,在资本账户完全开放之后仍然保留必要的紧急措施,以维护国内金融体系和金融市场的稳定。

需要强调的是,资本管制是中国宏观金融稳定的最后一道防线,完全开放资本账户应是所有市场化改革的最后一步(余永定,2015)。就改革的具体次序而言,首先应该在国内金融市场实现充分发展,并具有深度、广度和流动性的情况下,继续深化利率和汇率的市场化改革,实现市场化的利率形成机制和人民币汇率的自由浮动;然后才是资本项目的最终完全开放。当前我国金融市场发展水平与主要国际货币发行国相比还有很大差距,利率和汇率市场化改革虽然成效显著,但仍存在"利率双轨"及汇率弹性不足等问题。在此情况下,贸然全面开放资本账户会带来大规模且频繁的跨境资本流入流出,不利于维护国内宏观金融稳定。总之,在利率、汇率尚未完全市场化、金融市场深度仍不足以抵御跨境资本大规模流动的潜在风险的情况下,资本账户不宜加速开放(张明等,2021)。

(四)再谈资本账户开放与人民币国际化

人民币国际化与资本账户开放同为我国重要金融开放战略。如前所述,人民币国际化的最终目标是要成为三元国际储备货币体系中的一元;而资本账户完全开放是人民币成为重要国际储备货币的前提条件。迄今为止,人民币的输出过于依赖跨境贸易结算通道,未来需更加注重引导人民币以投资资本金的形式进行跨境支付,建立起资本项目输出渠道,在海外形成长期资本,才能在离岸市场沉淀并循环起来。① 但是,这绝不意味着应加快资本账户开

---

① 盛松成、孙丹:《避免实体经济脱钩,推动资本账户双向开放》,《第一财经日报》2020年8月21日。

放以推动人民币国际化,因为资本账户完全开放需要满足一系列国内初始条件,如健全的国内金融体系、市场化的利率和汇率形成机制、发达的国内金融市场等。在国内初始条件尚不满足的情况下过早实现资本项目完全开放很可能会引发危机。正如余永定(2016)所指出的,在人民币国际化初期,适度资本管制并不影响人民币国际化的稳步推进;不能为人民币国际化而急于推进资本账户开放。总而言之,在当前国际环境复杂多变、世界金融格局发生变动之时,资本账户开放既要抓住机遇,又要审慎监管开放过程中的风险,守住宏观经济稳定和国内金融安全的底线。

第三节　其他相关配套政策

一、财政政策

货币国际化的一个重要条件是非居民对其币值稳定性的信心,而这一信心很大程度上取决于货币发行国可信赖的货币和财政政策(Cohen,2013)。货币政策将在本节第二部分详细探讨,本部分则聚焦于财政政策。

(一)财政状况与货币国际地位

国际政治、军事影响力是实现并维持一国货币国际地位的重要因素(Mundell,2003;Posen,2008;Cohen,2019)。因此,为了维持和巩固本币的国际地位,国际货币发行国必须广泛地参与世界政治、经济和军事事务(张青龙,2005),由此导致对外开支增加,容易形成财政赤字。然而,规模过大的财政赤字又会削弱非居民对该国货币价值稳定性的信心,动摇其国际地位(姜波克和张青龙,2005)。于是,在货币国际化条件下,发行国财政政策往往面临两难选择:一方面需要通过增加财政赤字,积极参与国际事务,以增强其货币的国际地位;另一方面,财政赤字的过度增加会引发人们对本币币值稳定性的担忧(刘仁伍和刘华,2009)。张敬思(2013)基于动态面板门限模型,并以全球外汇储备中的货币份额作为一国货币国际地位的衡量指标,研究发现,为了维持货币国际地位,应将财政赤字控制在国内生产总值的1.88%以内。

在金融危机爆发之后,各国大多会采取扩张性财政政策,通过增加财政支出来摆脱经济困境。因此,金融危机往往成为货币国际地位调整的重要转折点。这是因为,一国货币币值稳定性对其国际地位至关重要,过高的财政赤字会降低人们对该货币价值稳定性的信心,增加持有该货币的风险,甚至引发对该国未来偿债能力的担忧。出于"不把所有鸡蛋放在同一个篮子里"的考虑,国际投资者会调整其投资组合的币种结构,以规避风险。此时,币值越稳定的货币越会受到投资者的青睐,从而在其投资组合中的份额会上升;反之,因财政赤字规模过大而引发币值稳定性担忧的货币,则会遭到减持,由此导致货币国际地位的此消彼长。日本、德国和瑞士就是很好的例证。这些国家在20世纪70年代有着比美国更低的通货膨胀率,使日元、德国马克和瑞士法郎的国际地位大幅提升;而到了90年代,美国持续保持相对较低的通胀率,美元在国际储备中的份额也随之快速上升(元惠萍,2011)。

此外,长期过高的财政赤字也是不可维持的。不断累积的财政赤字会降低国债持有者的信心,不可避免地导致债券价格下跌、利率上涨,政府债务成本上升,并抑制投资,不利于经济发展,形成"经济增长速度缓慢—国家税收减少—财政赤字和国家债务负担增加"的恶性循环①,削弱其货币国际地位。

图5-9总结了财政状况对一国货币国际地位的影响机理。财政赤字/盈余是衡量财政状况的重要指标,可以用来判断财政政策的方向和力度。当一国面临不断增长的财政赤字压力时,政府需要通过增加税收、增发国债或增发货币等方式来解决赤字问题。增加税收会加重企业和个人经济负担,导致投资和消费下降,引发经济萧条;大量增发国债会加重政府债务负担,容易诱发

---

① 倪红日:《当前国际形势下"六稳""六保"财税政策的分析与展望》,《国际税收》2020年第10期。

财政危机;增发货币则导致通货膨胀风险加剧。可见,当一个国家(地区)无法保证其财政支出的可维持性时,该国可能面临经济萧条、政府债务危机风险或通货膨胀风险上升等问题。① 无论哪种情形出现,都会导致该国货币币值的不稳定甚至下跌,动摇非居民对该国货币的信心,导致以该货币计价的资产被非居民持有者大量抛售,形成货币国际化逆转风险。② 反之,如果一国财政状况良好甚至有盈余,非居民对该国货币币值稳定性的信心增强,并扩大其在投资组合中的份额,该国货币的国际地位将会上升。

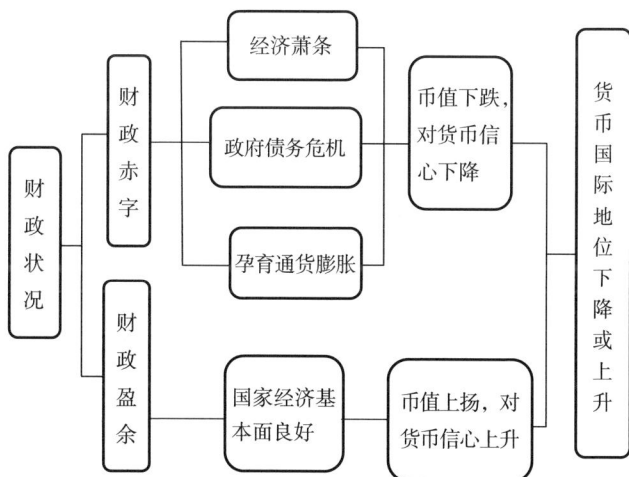

图 5-9　财政状况对一国货币国际地位的影响机理

(二)财政状况对货币国际地位影响的实证检验

1. 变量与模型

接下来我们选择 7 种主要国际货币(美元、欧元、日元、英镑、加拿大元、欧元

① 王岩:《中国财政可持续性:欧债危机教训与异质情境判别》,《财经问题研究》2020 年第 10 期。
② 王晓燕:《货币国际化的综合影响分析——兼谈人民币国际化启示》,《西南金融》2013 年第 4 期;邓贵川、彭红枫:《货币国际化、定价货币变动与经济波动》,《世界经济》2019 年第 6 期。

和瑞士法郎)2000—2019年数据,实证检验财政状况对货币国际地位的影响。① 分别以全球外汇储备币种份额、全球外汇交易币种份额以及国际债券发行额币种份额作为货币国际地位的衡量指标;核心解释变量为一国财政状况;其他控制变量则借鉴现有文献研究成果,选择一国国内生产总值全球份额、出口贸易额全球份额、金融市场发展水平等。各变量的解释如下:

被解释变量:根据现有文献研究和国际货币的三大职能,分别以全球外汇储备币种份额、全球外汇交易币种份额和国际债券发行额币种份额作为价值贮藏、交易媒介和计价单位职能的衡量指标,分别用 rcr、$fetcr$② 和 $ibncr$ 表示。份额越高,表明货币国际地位越高。数据来自国际货币基金组织发布的季度报告和国际清算银行。

核心解释变量:以一国财政状况作为核心解释变量,用一国财政赤字(盈余)与国内生产总值的比率来衡量。如果财政有盈余则比率为正,赤字则为负,用 def 表示。如前所述,财政赤字或盈余状况可能会影响一国货币的国际地位。例如,2008年全球金融危机爆发前后,欧元区财政赤字占国内生产总值的比重从2007年的0.6%上升至2009年的6.8%,导致欧元在国际债券发行额中的份额从44.7%逐年下降至33.9%;欧元在全球外汇储备的份额更是从2007年的26.14%下降至2019年的20.58%。因此,我们预期财政赤字与国内生产总值的比率越大,越不利于一国货币国际地位的提升;反之,财政盈余与国内生产总值的比率越大,则越有利于货币国际地位的上升。数据来自万得数据库。

除核心解释变量之外,根据文献研究成果,选择控制变量如下:

---

① 本小节运用计量经济模型研究财政状况对货币国际地位的影响,要求财政赤字与盈余具有一定的变异性,而在欧元诞生之前,主要国际货币发行国的赤字(盈余)水平相对平稳、缺乏变动,因此选取2000—2019年数据进行分析。

② 国际清算银行每三年对各货币在全球外汇交易中的占比进行一次统计,因此采用线性插值法将缺失值补齐。

　　一国国内生产总值的全球占比。一国国内生产总值的全球占比反映了其经济总量与整体实力,用 *gdpratio* 表示。一般来说,一个国家拥有过硬的经济实力,才能提供一个稳定的政治经济环境,避免国际政治经济波动对本国货币产生的不利影响,从而维持国际市场上对其货币的信心(庄太量和许愫珊,2011)。

　　一国出口贸易额的全球占比。一国在世界贸易中的地位显著影响其货币的国际使用程度;而与进口贸易相比,出口贸易更容易以本国货币作为计价货币,因此出口贸易的全球份额对货币国际地位的影响更为重要。大规模出口贸易所产生的贸易顺差,为本国货币对外输出奠定了币值坚挺的基础,美国、英国和日本在其货币国际化初始阶段,都表现出高贸易收支顺差、高资本与金融项目逆差的特征(元惠萍,2011)。出口贸易额的全球占比用 *export* 表示。

　　国内金融市场发展水平。借鉴现有文献,采用一国股票市场市值和私人部门信贷余额之和占国内生产总值的比重,来衡量经济体的金融市场发展水平①,以 *finance* 表示。大量研究表明,一国金融市场发展水平越高,其货币越有可能成为重要国际货币。

　　资本账户开放度。以短期国际资本(热钱)流动规模占国内生产总值的份额衡量,用 *hotmoney* 表示。目前对于热钱规模的计算方法一般有两种:一是"错误与遗漏"项法;二是残差法。前者直接把国际收支平衡表中的"错误与遗漏"项目余额作为热钱规模,后者则是用外汇储备减去贸易顺差再减去外商直接投资净流入(韩乾等,2017)。我们采用后一种方法。以热钱流动规模为衡量指标的资本账户开放度对一国货币国际地位具有正反两方面的影响:一方面,资本账户开放程度越高,越有利于国际投资者进入国内金融市场,从而有利于本国货币国际使用程度的上升;另一方面,大规模且高度易变的短

---

　　① P. Hsu, X. Tian and Y. Xu, "Financial Development and Innovation: Cross-country Evidence", *Journal of Financial Economics*, Vol. 112, No. 1, 2014, pp. 116-135;刘晓光、刘元春、王健、刘嘉桐:《行为监管与股市发展》,《世界经济》2020年第4期。

期资本(热钱)的频繁流入流出,可能导致国内金融市场价格的大幅动荡,削弱非居民投资者的信心,不利于货币国际地位的提升。因此,资本账户开放度对货币国际地位的净影响取决于这两方面效应的相对大小。

币值稳定程度。采用各国通货膨胀率衡量,以 *inf* 表示。过高的通货膨胀率会降低该国货币的币值,动摇货币持有者对其价值稳定性的信心,因此,预计通货膨胀率对货币国际地位具有负向影响。

以上数据来自国际货币基金组织、世界银行 WDI 数据库、世界贸易组织。表 5-7 给出了相关变量的描述性统计。

表 5-7　相关变量的描述性统计

变量	样本数	均值	标准差	最小值	最大值
rcr	140	14.11109	21.89515	0.0772477	71.51476
ibncr	140	13.8064	17.01395	0.1616636	50.68593
fetcr	140	24.8881	27.6209	2.67	91.33
def	140	−1.242533	2.867608	−9.789	3.913611
gdpratio	140	8.867025	9.154602	0.8017086	31.65651
export	140	7.247889	8.954897	0.9272141	33.01213
finance	140	220.1343	61.51428	121.3213	419.4637
hotmoney	140	14.10481	33.93059	−17.9263	118.8512
Inf	140	1.4723	1.5886	−2.3156	6.2527

货币国际地位同它的影响因素之间可能存在非线性关系(Chinn 和 Frankel,2008),为了捕捉这种非线性关系,对因变量进行逻辑转换,从而将百分比形式的因变量取值范围扩展为 $(-\infty, +\infty)$ [①],建立以下计量经济模型:

$$LResshare_{it} = \beta_1 Def_{it} + \beta_2 Gdpratio_{it} + \beta_3 Export_{it} + \beta_4 Finance_{it}$$
$$+ \beta_5 Hotmoney_{it} + \beta_6 Inf_{it} + \mu_i + \varepsilon_{it} \tag{5.1}$$

其中,$LResshare_{it}$ 代表经逻辑转换后的三个因变量(rcr、$fetcr$ 和 $ibncr$),β_i

---

① 对因变量进行逻辑转换的具体公式为:LogisticA = Log(A/(1−A))。

为系数,反映各解释变量对货币国际地位影响的大小和方向。

2.实证结果与分析

(1)基准回归

鉴于采用的是长面板数据(T>N),首先,使用 LLC 检验和 IPS 检验方法,对各变量进行面板单位根检验,结果表明除了全球外汇储备的币种份额和国际债券发行额币种份额之外,其他变量均为平稳序列;全球外汇储备的币种份额和国际债券发行额币种份额的一阶差分为平稳序列。其次,检验误差项是否存在自相关、异方差和截面相关性,检验结果表明上述问题均存在。因此,采用面板可行广义最小二乘法(FGLS)进行估计,结果见表5-8第2—4栏,分析如下:

表 5-8　模型估计结果

变量	基准回归(FGLS)			稳健性检验(FGLS)			内生性处理(2 SLS)		
	rcr	*fetcr*	*ibncr*	*rcr*	*fetcr*	*ibncr*	*rcr*	*fetcr*	*ibncr*
def	0.023 *** (2.77)	0.015 *** (3.03)	−0.016 (−1.33)	0.004 *** (6.58)	0.003 *** (5.80)	0.002 (1.20)	0.144 *** (3.92)	0.073 *** (2.76)	−0.014 (−0.05)
gdpratio	0.182 *** (19.73)	0.169 *** (18.04)	0.128 *** (15.99)	0.166 *** (17.53)	0.170 *** (18.61)	0.129 *** (14.52)	0.211 *** (33.74)	0.190 *** (31.26)	0.101 *** (8.45)
export	−0.004 (−0.56)	0.036 *** (4.15)	0.043 *** (6.79)	0.040 *** (5.54)	0.035 *** (4.85)	−0.011 (−1.37)	0.055 *** (4.16)	0.053 *** (4.17)	0.077 *** (5.35)
finance	0.001 * (1.65)	0.001 *** (3.80)	0.001 (1.44)	0.001 * (1.83)	0.001 *** (4.50)	0.000 (1.13)	0.007 *** (3.69)	0.002 *** (2.60)	0.005 *** (2.63)
hotmoney	0.227 *** (4.76)	0.113 (1.44)	0.051 (0.38)	0.277 *** (3.79)	0.056 (0.65)	0.004 (0.03)	−0.228 (−1.03)	−0.053 (−0.49)	−0.017 (−0.07)
inf	−0.007 (−1.40)	−0.02 *** (−3.83)	0.003 (0.30)	−0.002 (−0.30)	−0.011 ** (−2.38)	0.002 (0.24)	−0.29 *** (−5.36)	−0.09 *** (−4.78)	−0.18 *** (−5.97)
常数项	4.409 *** (29.92)	−3.18 *** (−16.9)	−4.62 *** (−15.9)	4.336 *** (21.25)	−3.19 *** (−15.6)	−4.58 *** (−14.9)	4.235 *** (8.15)	−3.36 *** (−13.3)	−6.06 *** (−10.8)
样本量	140	140	140	140	140	140	133	133	133
R^2	—	—	—	—	—	—	0.884	0.955	0.825

注:*** 、** 、* 分别代表在1%、5%和10%的水平下显著,括号内数值为 Z 值。

财政赤字(盈余)与国内生产总值的比率对一国货币在全球外汇储备中的份额和全球外汇交易中的份额具有显著的正向影响,但对国际债券发行额币种份额的影响则并不显著。因此,总的来说,一国财政盈余越大或财政赤字越少,越有利于该货币国际地位的提升。因为货币发行国财政状况良好有助于增强非居民对该货币币值稳定性的信心,从而更愿意持有该货币或以其计价的资产;相反,财政赤字的激增可能引发非居民投资者对货币贬值和通货膨胀的担心[1],非居民投资者为降低其资产组合的风险,会选择减少持有该货币计价的资产,从而削弱该货币的国际地位。其他控制变量,譬如国内生产总值全球占比、出口贸易额全球占比、国内金融市场发展水平等,其系数估计值与符号,与先前文献大致相同,因此不再赘述。

(2)稳健性检验

上文使用财政赤字(盈余)与国内生产总值的比率来衡量一国财政状况。姜晶晶和孙科(2015)则使用国内生产总值增速减去一年期国债收益率,来反映货币发行国的财政稳健性和债务偿还能力。借鉴此方法,我们将核心解释变量替换为国内生产总值增速减去一年期国债收益率。一年期国债收益率来自英为财情数据库。再次采用可行广义最小二乘法进行估计,结果列示于表5-8 的第5—7栏。不难看出,除个别控制变量之外,估计结果与基准回归结果基本相同,表明实证结果具有稳健性。

(3)内生性问题及其处理

如前文理论分析所述,财政状况会影响一国货币的国际地位;但反过来,一国为了提高其货币国际地位而积极、广泛地参与国际事务,需要增加财政支出,进而影响该国的财政状况。因此,核心解释变量与被解释变量之间可能存在双向因果关系,带来内生性问题。此外,第二章第二节分析表明,国内生产总值全球占比、出口贸易额全球占比、国内金融市场发展水平、资本账户开放

---

① 梁捷、王鹏翀、钟祥财:《现代货币理论(MMT):内涵、批判和启示》,《上海经济研究》2020 年第 11 期。

度和币值稳定程度等控制变量与一国货币国际地位之间同样可能存在双向因果关系。因此,我们分别以 *def*、*export*、*finances*、*hotmoney* 和 *inf* 的滞后一期作为相应变量的工具变量,使用两阶段最小二乘法进行估计,以克服可能存在的内生性问题。估计结果由表5-8的第8—10栏给出。可以看出,除个别控制变量之外,估计结果与基准回归结果基本一致,再次表明上文实证结果是可靠的。

3. 简要结论

基于七种主要国际货币2000—2019年面板数据,实证分析了一国财政状况对其货币国际地位的影响。结果表明,一国财政状况对其货币国际地位有显著的影响:财政盈余与国内生产总值的比率上升有助于货币国际地位的提升;反之,财政赤字与国内生产总值的比率上升则会动摇其货币的国际地位。

(三)优化财政政策,维持可持续的公共债务水平,构筑人民币国际化的信心基础

1. 中国财政收支与政府债务情况

(1)国家财政收支

图5-10给出了2000—2021年中国财政收支情况。从绝对规模来看,近年来财政收入始终低于财政支出,且财政收支缺口有逐年扩大的趋势,财政赤字从2000年的2491亿元,增长到2021年的43783亿元,财政收支矛盾有所加剧;从增速来看,2012年之前财政收入和财政支出的增速此起彼落,2012年之后财政支出的增速明显高于财政收入,且两者差距同样有逐年扩大趋势。从财政赤字与国内生产总值的比率来看,近年来,我国财政赤字率基本维持在3%以内,略低于《欧洲联盟条约》所规定的3%赤字率警戒线。但2020年受新冠肺炎疫情、减税降费等因素影响,财政收入及其增速下降较多,而财政支出及其增速有所上升,财政收支缺口达到近几年的最大值,财政赤字率达到

6.17%。根据国际货币基金组织 2020 年 10 月发布的《财政监测报告》,2021
年全球财政赤字预计将继续维持高水平,其中,美国财政赤字或高达 3.4 万亿
美元,赤字率将达 15%,日本财政赤字率也将达到 15%,欧元区为 6.7%。由
此看来,我国财政赤字率不算太高,具有可维持性。

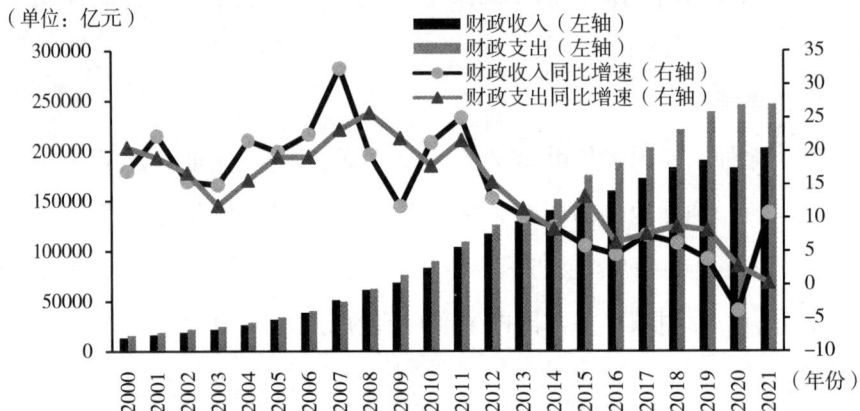

图 5-10　2000—2021 年国家财政收支及增速

资料来源:国家统计局。

（2）政府债务规模

图 5-11 给出了 2005—2020 年我国中央与地方政府债务规模情况。不难
看出,我国中央与地方政府债务余额均呈逐年上升趋势。从中央政府来看,其
债务余额从 2005 年的 3.26 万亿元增长至 2021 年的 23.27 万亿元,年平均增
长率约为 13.1%;中央政府债务余额与国内生产总值的比率则从 2005 年的
17.41% 上升至 2021 年的 20.53%。从地方政府来看,其债务余额从 2015 年
的 16 万亿元增至 2021 年的 30.47 万亿元,年均增长 11.33%;地方政府债务
余额与国内生产总值的比率则从 2015 年的 23.22% 升至 2021 年的 26.89%。
2021 年,中央与地方政府债务余额之和与国内生产总值的比率(负债率)为
47.42%。可见,我国政府债务,特别是地方政府债务形势不容乐观,存在一定
风险。

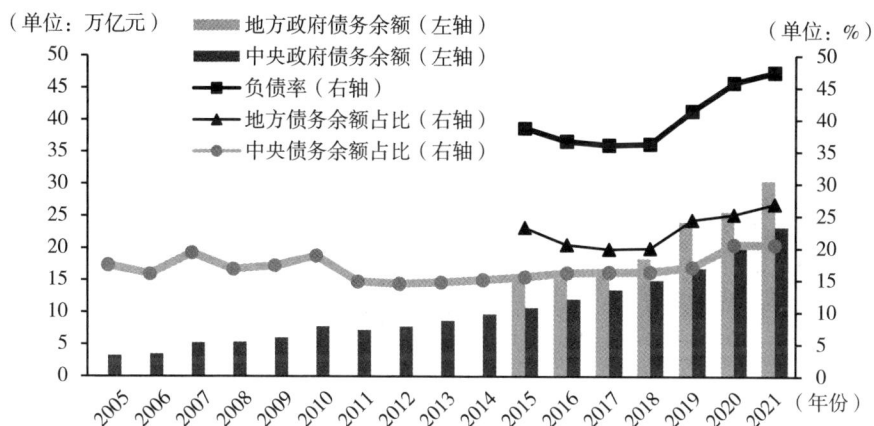

图 5-11　2005—2021 年我国中央及地方政府债务规模[①]

资料来源:国家统计局、财政部。

2. 优化财政政策的建议

从促进人民币国际地位提升的角度来看,财政政策的关键在于维持可持续的公共债务水平,以确保人民币价值的稳定,提升非居民对人民币及人民币计价资产的信心(沙文兵等,2016)。为此,提出政策建议如下。

(1)深化财政体制改革,加强财政公共预算管理

首先,审慎扩大财政赤字规模,将财政赤字限制在可维持的范围内。增发国债是弥补财政赤字的主要手段之一,财政赤字规模的增加会导致国债余额上升,加大政府将来还本付息压力,导致未来财政赤字规模上升,容易陷入"赤字—国债—赤字"的恶性循环,对长期经济发展不利,并阻碍人民币国际地位的上升。因此,要减少对财政政策的过度依赖,推行深层次的财政政策结构性改革,降低政府财政缺口,防范债务风险。其次,建立完善的预算编制体系,建立中长期预算框架。当前我国实行预算年度平衡机制,其时间跨度较

---

① 财政部仅公布 2015 年之后的地方政府债务余额数据;万得数据库虽有 2015 年之前各省(市区)债务余额数据,但缺失严重,无法得到可比的全国加总数据。因此,这里仅汇报 2015 年后的地方债务余额数据。

短,在财政政策制定过程中无法预估政策实施的中长期效果,导致预测和防控财政风险的能力不足。因此,应尽快建立中长期预算管理框架,实施5—10年的跨年度预算平衡机制(吕冰洋和李钊,2020),提高财政政策的灵活性。最后,要严肃财政纪律,增强预算约束管理机制,加强预算执行。

(2)量入为出,优化财政支出结构

2016年以来,全球贸易保护主义势力抬头,逆全球化趋势明显,中美经贸摩擦不断升级。与此同时,中国经济步入新常态,经济增速下行趋势明显,各级政府财政收入有所下降而支出上升,财政收支矛盾较为突出,继续实施总量调控的扩张性财政政策并不可取。应从财政总量扩张向注重优化财政支出结构转变,适当减少政府消费性支出、增加民生支出,以财政资金带动更多社会资金,促进经济增长,缓解外部经济压力,促进国内国际双循环(李戎和田晓晖,2021)。首先,保持政府投资性支出和公共服务型支出,以政府投资支出带动社会投资和经济增长,以公共服务支出促进消费,拉动内需。其次,加大对科学技术领域的财政投入力度,对战略性科学技术(如人工智能、大数据等)予以资金支持,制定行之有效的科技扶持、考核计划,确保财政资金使用效率最大化。再次,加大教育经费支出,提高居民受教育程度,减少人才流失和教育资源浪费(殷红等,2020)。最后,优化财政资金配置效率,取消低效甚至无效的政策项目,构建绩效考核体系,降低财政资金运作成本。

(3)构建有效监管模式,遏制地方政府债务规模过度膨胀,化解地方债务风险

面对地方政府收支矛盾和债务风险较为突出的问题,需要切实提升财政纪律的约束力,遏制地方政府债务规模的过度膨胀。首先,设置地方政府债务的"天花板",动态调整债务容忍度上限,既要避免债务积压、积重难返,又要为经济修复与逆周期调控预留适当空间(李建强等,2020)。其次,提高地方政府预算透明度,强化地方政府债务公开,并构建全方位的监管模式,强化财政纪律的约束力(戴利研和杨攻研,2021)。最后,建立起有助于矫正地方官

员的激励扭曲、能够显著降低债务水平的支出规则和债务规则,防范地方政府债务风险的积聚。

(4)充分发挥财政政策的逆周期调控作用,强化宏观审慎管理

面对复杂的国际经济、政治环境变化以及新冠肺炎疫情冲击,我国经济结构性矛盾仍然突出,需要继续推动供给侧结构性改革,构建国内国际双循环格局。为此,政府要破解财政政策的刚性需求约束,加大逆周期调节力度,同时加强宏观审慎政策与财政政策的协调,发挥其共同应对金融风险的职能。财政政策需要在审慎和积极之间灵活转换。在经济较为繁荣时,需要采取比平时更为审慎的政策,为财政政策留出更多空间;而在经济不景气甚至出现危机时,则需要政府采取更为积极的政策,允许出现适度财政赤字,以避免经济社会和国家财政遭受更大损失[1],为经济稳定发展保驾护航。

二、货币政策与宏观审慎政策

(一)货币政策

1.人民币国际化对货币政策的影响

人民币国际化进程将会对国内货币政策产生重要影响。货币国际使用所带来的资本频繁流动使货币需求变得非常不稳定,政策当局因此难以确定利率目标或合适的货币供给增长率(Cohen,2012a);随着人民币国际化程度的提升,中国人民银行对货币政策的操控能力将被削弱,并且在制定货币政策时还必须考虑国内政策的国际溢出效应以及其他国家的可能反应(沙文兵等,2016)。特别值得关注的是,由人民币国际化和资本账户开放所带来的跨境资本流动可能会使货币政策陷入困境。譬如,资本大规模流入一方面会引发资产价格上涨,另一方面则可能导致国内投资过热和通货膨胀。如果中央银

---

[1] 李欣:《新冠疫情冲击下英国财政政策的调整及启示》,《财经问题研究》2020年第12期。

行为了抑制通货膨胀、稳定国内价格水平而实施紧缩性货币政策,国内利率会上升,导致更多跨境资本流入国内,进一步推高资产价格水平,从而加剧泡沫积聚,引发宏观金融风险积聚。同时,跨境资本频繁流动将通过外汇占款数量进而影响货币供给量,由此削弱国内货币政策的独立性。此外,离岸人民币市场的发展也会对在岸货币政策产生影响。由于在岸、离岸人民币市场的定价体系不同,套汇套利行为得以实施,导致人民币频繁在离岸与在岸之间流动,为维持在岸汇率的相对稳定,中央银行有必要对外汇市场进行干预,从而使中央银行面临汇率稳定目标与国内价格稳定目标选择的两难困境,由此增加了中央银行实现国内货币政策目标的难度。①

2. 人民币国际化背景下的货币政策目标

现行《中国人民银行法》对我国货币政策目标的规定是"保持货币币值的稳定,并以此促进经济增长"。这要求中央银行对内保持物价稳定、对外保持人民币汇率在合理均衡水平上的基本稳定。不过在实践过程中,我国货币政策追求的目标较为多元化,除了维护价格稳定之外,还有促进增长与就业、保持国际收支大体平衡、推动改革开放和金融市场发展等,需要中央银行把握好各目标之间的平衡,解决好多个目标间的冲突与优化问题(刘伟和苏剑,2020)。然而,从货币国际化角度来看,一国货币的国际吸引力很大程度上取决于其保持与其他货币相对价值以及对商品的购买力相对稳定的能力(Dobson 和 Masson,2009)。因此,为顺利推进人民币国际化,货币政策的首要目标还是保持人民币内外价值稳定性,以增强国外投资者对人民币资产的信心,增加人民币的国际吸引力,这要求我国继续完善、优化货币政策。

3. 完善货币政策的具体建议

(1)提升中央银行独立性

中央银行独立性一般指中央银行和政府的关系,包括从法律组织关系、人

---

① 杨雪峰:《人民币离岸市场发展对我国货币政策的影响》,《国际货币评论》2016 年第 10 期。

事任命、财务及政策独立性四个方面排除政府干预的程度。20 世纪 70 年代末、80 年代初期发达经济体普遍陷入经济滞涨之时,各国中央银行通过实施强有力的货币政策从而成功控制住通货膨胀,显示出中央银行保持独立性的重要性。由于中央银行独占货币发行权,必然要对币值稳定负责;而中央银行是否可以不受其他部门约束和外界干扰,根据经济形势独立运作,直接决定着中央银行是否能实现这一维护币值稳定的货币政策目标(蔡一鸣,2014;王华庆和李良松,2018)。人民币国际化的迅速发展使人民币在国际上的影响力逐渐上升;同时,作为大国经济体,我国货币政策外部溢出效应也有所增强,因此更要求中央银行具有独立性。不过,我国中央银行独立性还存在以下问题:第一,银行法虽然以法律形式确立中国人民银行的独立性,但在货币政策重大事项的抉择和执行方面,中国人民银行须上报国务院并获得批准,从而为政治因素干预中央银行独立制定货币政策提供可能(蔡一鸣,2014)。第二,我国多目标制的货币政策易使中央银行稳定币值的政策目标被忽视。第三,我国中央银行不仅承担货币政策职能,还有宏观审慎管理、微观审慎监管规则制定和金融改革等诸多职能,如何区分中央银行的货币政策职能和其他职能也是提高中国人民银行独立性的关键。[①] 为进一步提升中央银行独立性,一是可以考虑将中国人民银行从国务院序列中分离出来,直接对全国人民代表大会或中央财经委员会负责,真正实现中央银行独立制定和实施货币政策;二是改变货币政策的多重目标,专注于对价格稳定目标的追求;三是减少政府对中国人民银行货币政策的干预;四是增加中国人民银行人事配置的独立性。

(2)完善货币政策框架

完善的货币政策框架包括优化的货币政策目标体系、创新的货币政策工具体系和畅通的货币政策传导机制。[②] 首先,从优化货币政策目标体系来看,

---

① 胡红霞、谷蓉娜:《对中央银行独立性问题的思考》,《前沿》2017 年第 6 期。
② 易纲:《建设现代中央银行制度》,《时代金融》2021 年第 1 期。

一是坚持以币值稳定为货币政策首要目标;二是完善货币政策中介目标的锚定方式,以中央银行政策利率体系实现操作目标。其次,在创新货币政策工具方面,需不断丰富货币政策工具箱,健全结构性货币政策工具体系,协调总量工具和结构性工具的使用;进一步完善调节银行货币创造行为的流动性、资本和利率约束机制。最后,从畅通的货币政策传导机制来看,需要建立适应高质量发展需要的市场化利率形成和传导机制,创新货币政策工具体系,不断疏通货币政策传导渠道,实现货币政策目标。①

(3)实行通货膨胀目标制

通货膨胀目标制指中央银行采取的、以"事先宣布的一个量化通货膨胀目标"为核心内容的一系列制度安排。货币政策当局向社会公众定期发布一段时间内的通货膨胀率目标值,并明确告知公众其主要目标是维持较低且稳定的通货膨胀率。② 自1990年新西兰正式实行通货膨胀目标制以来,这一货币政策制度框架迅速在国际上流行起来,不少发达国家和新兴经济体都对这一制度进行广泛实践并取得了合意的政策效果。目前政策制定者和学术界的共识是,通胀目标制的引入增加了货币政策制定的透明度③,并具有三个相互关联的好处:一是通胀目标制能够成功降低通货膨胀率,并减轻其波动性;二是可以降低反通胀的实际成本;三是将长期通胀预期锚定在、或非常接近于通胀目标,对于发达经济体和新兴经济体都适用。④ 国际清算银行的一项研究也表明,中等收入国家采用通胀目标制可以使平均通货膨胀率降低,通货膨胀

① 孙国峰:《健全现代货币政策框架》,《中国金融》2021年第2期。

② 孙丽:《通货膨胀目标制:理论与实践》,华东师范大学2007年博士学位论文;朱从双:《通货膨胀目标制及其在我国实行的可行性分析》,《财政研究》2014年第12期。

③ B. S. Bernanke, T. Laubach, F. Mishkin, and A. Posen, *Inflation Targeting: Lessons from the International Experience*, Princeton: Princeton University Press, 1999; C. Crowe, "Testing the Transparency Benefits of Inflation Targeting: Evidence from Private Sector Forecasts", *Journal of Monetary Economics*, Vol. 57, No. 2, 2010, pp. 226-232.

④ G. O. Martínez, "Inflation Targeting", Bank of Canada, a Festschrift in Honor of David Dodge, November, 2008.

波动性也会降低。① 随着金融创新和金融深化,我国传统的盯住货币供应量的货币政策日渐失效,通货膨胀目标制将是我国货币政策框架的合理选择。② 实行通货膨胀目标制不仅有利于维护人民币对内价值的稳定性,还能更好地与人民币汇率制度市场化改革相适应,并促进人民币国际化程度的提升。

(4)政策工具由数量型向价格型转变

随着利率市场化改革的深入、影子银行等多元化融资方式的不断涌现,中央银行对货币信贷数量的控制越来越难,数量型调控政策日渐失效。同时,我国经济进入新常态发展时期以来,经济、金融中"结构性"问题日益凸显,数量型调控面临着结构性问题的掣肘,传统数量为主的货币调控已难以适应当前货币政策的需要。③ 另一方面,利率市场化改革不断推进、利率传导渠道日益畅通有效,使价格型货币政策的优势逐渐显现,价格型工具调控的边际效应渐进增强。④ 为进一步推动货币政策工具由数量型向价格型转变,一是继续深化利率市场化改革,畅通货币政策传导机制,健全利率走廊机制;二是加快金融市场建设,为利率有效传导提供保障;三是创新货币政策工具,健全结构性货币政策工具体系;四是完善货币供应调控机制,既要避免"大水漫灌",也要防止信用收缩。⑤

(5)货币政策制定必须考虑其国际溢出效应

国际货币发行国的货币政策具有显著的政策溢出效应,由此对其他国家

---

① P. R. Agénor and L. D. Silva, "Integrated Inflation Targeting: Another Perspective from the Developing World", Bank for International Settlements, February, 2019.

② 张萌、钟晓兵:《名义锚的选择分析》,《中国软科学》2004 年第 7 期。

③ 易纲:《货币政策回顾与展望》,《中国金融》2018 年第 3 期;胡志九:《我国货币政策的数量型调控与价格型调控转型》,《改革》2018 年第 8 期。

④ G. Kamber and M. Mohanty, "Do Interest Rates Play a Major Role in Monetary Policy Transmission in China?", BIS Working Papers, No. 714, April, 2018.

⑤ 卞志村、胡恒强:《中国货币政策工具的选择:数量型还是价格型?》,《国际金融研究》2015 年第 6 期;贾应丽、位雪丽、刘程程:《货币政策需要"内外兼修"吗?》,《华东师范大学学报(哲学社会科学版)》2017 年第 5 期;李成、吕昊旻:《中国货币政策调控方式转型:理论逻辑与实证检验》,《现代经济探讨》2019 年第 11 期。

宏观经济产生重要影响。譬如,2014 年年末美联储退出量化宽松政策后,在其持续"加息"过程中,新兴经济体普遍面临资本大量外流及货币贬值压力。美元在国际货币体系中的主导地位决定了其货币政策具有全球效应,而作为全球第二大经济体,我国货币政策的溢出效应也在逐步增强。楚尔鸣和王真(2018)研究发现,我国货币政策操作对世界其他国家经济增长存在溢出效应;在不同金融开放程度和不同双边经贸金融合作条件下,我国货币政策的溢出效应存在异质性。作为一个负责任大国,随着人民币国际化程度的不断提高,跨境资本流动得更加便捷、频繁,中国人民银行在制定货币政策时必须要考虑政策的国际溢出效应和其他国家的可能反应,加强国际宏观经济政策的协调。

(二)宏观审慎政策

1. 宏观审慎政策的由来及实践

全球金融危机的爆发使各国普遍认识到单一货币政策调控的弊端。危机之前各国普遍运用的以货币政策控制通货膨胀、以微观审慎监管政策防范金融风险的主流做法,对于维护金融系统稳定还远远不够。危机之后,各国纷纷实施金融监管改革,宏观审慎政策开始受到广泛关注。传统的货币政策框架擅长于总量控制,可以针对所有部门发挥作用,侧重于实体经济的稳定,但无法对特定领域的金融失衡进行有效防范,其利率工具是应对金融风险比较"钝"的工具;微观审慎监管忽视了单个金融机构非理性行为的"合成谬误",没有考虑到流动性风险、金融机构之间的负向风险外溢作用以及极端条件下的尾部风险。宏观审慎政策则直接作用于金融稳定渠道,可针对具体市场、部门或业务进行更加精准的操作。因此宏观审慎政策可以弥补货币政策和微观审慎监管在维持宏观金融稳定方面的不足,可以与货币政策相互配合,形成互补,从而促进经济、金融稳定(郭子睿和张明,2017;马勇和付莉,2020)。

宏观审慎政策的目标在于防范"跨部门""跨时间""跨国家"的系统性风

险,维护宏观金融稳定。金融系统性风险主要来源于金融顺周期性和跨市场风险传染,宏观审慎恰是对症下药①,它通过事前的约束限制金融市场参与者承担过度风险,从而降低系统性风险发生概率。许多研究表明,宏观审慎政策与货币政策的协调搭配可以提高政策效果,同时实现经济和金融稳定的目标。②

我国也是较早开始宏观审慎政策实践的国家之一。2011 年正式引入差别准备金动态调整机制;2016 年起将其与合意贷款管理机制升级为"宏观审慎评估体系"(简称 MPA);2019 年,中国人民银行下设宏观审慎管理局,正式确立"双支柱"政策操作框架。

2. 完善宏观审慎政策的建议

如第三章所述,人民币国际化使中国与世界经济的融合程度日益加深,从而加剧国内金融体系遭受外部不利冲击时的脆弱性,容易引发宏观金融风险。因此,需要通过完善宏观审慎政策框架,维护国内宏观金融稳定。

第一,持续健全宏观审慎政策框架。根据经济金融形势的变化,不断优化政策目标和工具体系,畅通政策传导机制,完善我国宏观审慎政策的总体设计和治理机制。③

第二,强化宏观审慎监管政策的执行力度与效果。完善系统重要性金融机构的识别、恢复和处置制度;继续加强对房地产金融、跨境资本流动、影子银行体系等重点领域的宏观审慎管理;提高系统性金融风险的识别预警能力,重

---

① 引自易纲 2017 年 10 月 19 日在中国共产党第十九次全国代表大会中央金融系统代表团讨论会上的讲话,https://marketing1. eastmoney. com/20171020786852355. html。

② P. Angelini, S. Neri and F. Panetta,"Monetary and Macroprudential Policies",*ECB Working Paper Series*,No. 1449,2012;B. D. Paoli and M. Paustian,"Coordinating Monetary and Macroprudential Policies",*Journal of monetary,Credit and Banking*,Vol. 49,No. 2-3,2017,pp. 319-349.

③ 引自中国人民银行副行长、国家外汇局局长潘功胜 2020 年 10 月 21 日在 2020 金融街论坛年会上的讲话,https://mo. mbd. baidu. com/r/qgegzRCLTO? f=cp&u=437e294d5546bb93;中国人民银行副行长李波 2021 年 5 月 22 日在清华五道口全球金融论坛上的讲话,https://na. mbd. baidu. com/r/qcOMyfY1d6? f=cp&u=84e61f681 bc493a9。

点加强对加杠杆行为、债务及金融周期的监测,完善监测评估体系;进一步发挥宏观审慎评估体系的作用。

第三,明晰宏观审慎政策工具的作用路径及效果,判断并尽量降低宏观审慎政策工具的实施成本。系统性金融风险来源的复杂性决定了宏观审慎政策工具的多样性,不同工具的搭配效果既可能形成互补也可能会相互抵消,需要明晰风险来源及政策工具的作用路径。宏观审慎政策本质上是一种限制性政策,其工具的实施可能会对货币政策调控产生负面效应,扭曲市场资源配置,因此也要判断宏观审慎政策工具的实施成本,并把握实施时机。①

第四,加强宏观审慎政策与货币政策、微观审慎监管政策、财政政策等其他政策的协调与配合。各种政策所追求的目标具有交叉性,政策的实施效果也存在相互作用,因此要统筹协调宏观审慎政策和其他经济政策的实施,更好地实现维护金融系统稳定、价格稳定以及经济可持续增长的目标。

第五,积极开展国际政策协调与合作。在金融全球化的背景下,风险的传染以及各国宏观经济政策的实施都具有跨国溢出效应,宏观审慎政策的国际协调对于有效防范系统性金融风险的跨国传染意义重大。加强全球经济金融治理的关键在于加强宏观经济政策的国际协调(严佳佳和许莉莉,2021)。为此要强化国家之间的合作,构筑全球金融安全网;加强各国政策制定者之间的交流,构建合作平台,积极寻求共同利益。

(三)完善"双支柱"调控框架

党的十九大报告提出,要健全货币政策和宏观审慎政策"双支柱"调控框架,守住不发生系统性风险的底线,维护经济和金融体系的整体稳定。2019年,中国人民银行增设宏观审慎管理局,正式确立"双支柱"操作框架,"双支柱"调控政策将是我国未来宏观经济调控的主要方式。

---

① 施宇、许祥云:《宏观审慎政策工具的分类、选择及效果评估》,《上海金融》2020年第9期。

由于我国"双支柱"政策实践时间短,如何实现二者搭配、分工还需深入探索。货币政策侧重实体经济稳定,针对总需求进行管理,在维护金融稳定方面存在局限性;宏观审慎政策则直接作用于金融体系,通过金融稳定渠道发挥作用。因此,两者协调搭配的主次之分,需要依据冲击的来源和性质而定(马勇和付莉,2020)。另外,货币政策针对经济周期发挥作用,宏观审慎政策针对金融周期发挥作用,两者的协调配合也取决于经济周期和金融周期是否一致,以及导致经济和金融周期不同步的冲击类型(郭子睿和张明,2017)。

第一,深入研究货币政策与宏观审慎政策的交互机制,厘清不同政策工具的作用方向、机理和适用条件。[①]

第二,完善货币政策与宏观审慎政策协调的制度框架,强化各金融监管机构之间的交流合作;明晰政策目标,注意规避"政策叠加"和"反应过度"。

第三,根据我国国内金融发展情况、风险类别以及制度环境等,构建符合我国国情的政策指标体系,丰富"双支柱"调控政策工具箱,同时注意不同工具组合的不同调控效果。

第四,合理把握宏观审慎工具力度,避免削弱货币政策传导效率和政策效果。宏观审慎政策对货币政策不仅存在正面强化效应,也存在负面外溢效应。宏观审慎政策的谨慎特性较强,而货币政策则极具灵活性,二者具有完全相反的政策属性;宏观审慎监管力度把握偏误可能会导致监管过严,从而对实体经济造成伤害。因此,中央银行和监管部门应该与市场及时沟通,科学把握宏观审慎政策工具的实施力度。[②]

第五,密切"双支柱"政策与财政政策、产业政策等之间的配合。当前我国处于经济新常态发展时期,面临着结构转型的重大任务;同时,国际局势又

---

① 引自中国人民银行副行长李波2021年5月22日在清华五道口全球金融论坛上的讲话。

② V. Bruno, I. Shim and H. S. Shin, "Comparative Assessment of Macroprudential Policies", *Journal of Financial Stability*, Vol. 28, 2017, pp. 183-202; 杨源源、高洁超:《宏观审慎政策对货币政策的强化效应及挑战》,《人文杂志》2021年第2期。

日趋复杂多变。需要提高宏观调控的全局性,建立各种政策的协调配合机制,共同提高政策实施效果,实现经济、金融稳定与可持续发展。

三、创新政策

创新政策对人民币国际化的推动作用至少表现在两个方面:一是提升企业国际竞争力和议价谈判能力,夯实人民币国际化的微观基础;二是人民币国际化需要中国能够长期保持较高速度的经济增长,而创新则是维持经济持续增长的不竭动力,由此可以奠定人民币国际化的长期经济基础。

(一)自主创新能力与人民币国际化

在国际货币的三大职能中,计价单位职能更具基础性。这是因为,计价单位职能是交易媒介职能的基础,且两者在实际交易中常常交织在一起难以截然区分;同时,履行计价单位职能要求货币价值稳定且被广为接受,这些又是发挥价值贮藏职能的前提。因此,一国货币在国际交易中特别是在国际贸易中履行计价单位职能的程度,是该货币国际地位的重要标志。

关于国际贸易计价货币选择的理论主要有"格拉斯曼定律"和"麦金农假说"。其中,"格拉斯曼定律"认为,发达国家之间的贸易通常更倾向于选择出口国货币计价;发达国家与发展中国家之间的贸易则主要以发达国家货币或第三国货币计价;讨价还价能力强的企业更容易选择本国货币计价。[1] "麦金农假说"认为,由生产者决定差异化生产和价格因素的出口产品(如制造业产品),由于生产者具有议价谈判的巨大优势而大多采用出口国货币报价;而那些差异化较小的同质产品(如石油、铁矿石等初级产品)在国际贸易中则多使用主要国际货币(如美元)计价(Kelly,2009)。不难看出,两者都强调了企业议价能力对计价货币选择的重要性。国际贸易计价货币的选择本质上是汇率

---

[1] 周先平:《国际贸易计价货币研究述评——兼论跨境贸易人民币计价结算》,《国外社会科学》2010 年第 4 期;刘瑞:《日元国际化困境的深层原因》,《日本学刊》2012 年第 2 期。

风险由谁承担的问题。因此,企业在贸易中究竟选择何种货币计价,取决于其在国际市场上的议价能力,后者又取决于其竞争力,而竞争力的高低很大程度上取决于企业创新能力。

我国虽已成为世界第一贸易大国,但出口产品仍然以劳动密集型和差异性较小的资本或技术密集型产品为主。这类产品出口替代性较大,因而出口企业议价能力较低,难以说服或迫使进口方采用人民币计价结算,限制了人民币在出口贸易中发挥计价货币职能,基本符合"格拉斯曼定律"和"麦金农假说"。因此,需要努力构建创新驱动型社会,鼓励国内企业沿着价值链攀升,从而提高企业在国际市场上的竞争力和议价能力(沙文兵等,2016)。为此,需要了解我国创新发展现状及其与主要国际货币发行国的差距,以便针对性提出提升我国创新能力的政策建议。

(二)我国创新发展现状及问题分析

近年来,随着经济实力的跃升和创新驱动发展战略的全面实施,我国科技投入规模大幅增加。从研发人员投入来看,2019年全国拥有研究与实验发展(R&D)人员712.9万人,研究与实验发展人员折合全时当量为480.1万人年;我国研发人员投入总量在2013年就超过美国,已连续7年稳居世界第一。从经费投入来看,我国2019年研究与实验发展经费内部支出达22143.58亿元,按汇率折算已成为世界第二大研发经费投入国。从创新产出来看,2019年全球专利申请量超过322万件,其中中国受理专利申请140万件①,位居全球第一。不过,我国在自主创新方面还存在以下问题。

1. 研发经费投入绝对规模持续增加,但相对规模较低

自2000年以来,我国科技经费投入的增长一直高于国内生产总值增速。全国研究与实验发展经费内部支出金额从2000年的895.66亿元,增长到

---

① 资料来源:世界知识产权组织(WIPO)发布的2019年《世界知识产权指标》(WIPI)基础性报告。

2021 年的 24393.11 亿元,按可比价计算,年平均增长速度高达 15%(见图 5-12)。不过,就研发投入的相对规模而言,尽管增速可观,但中国与主要国际货币发行国相比并不占优势(见图 5-13)。譬如,以 2020 年为例,中国研发经费投入占国内生产总值的份额约为 2.40%,美国则为 3.45%,德国和日本也分别高达 3.14% 和 3.26%。

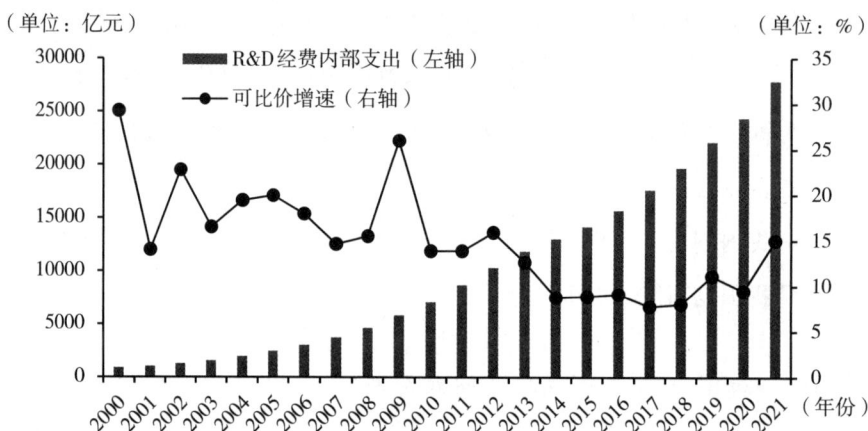

图 5-12 2000—2021 年中国研究与实验发展经费内部支出与增速

资料来源:《中国科技统计年鉴(2021)》。

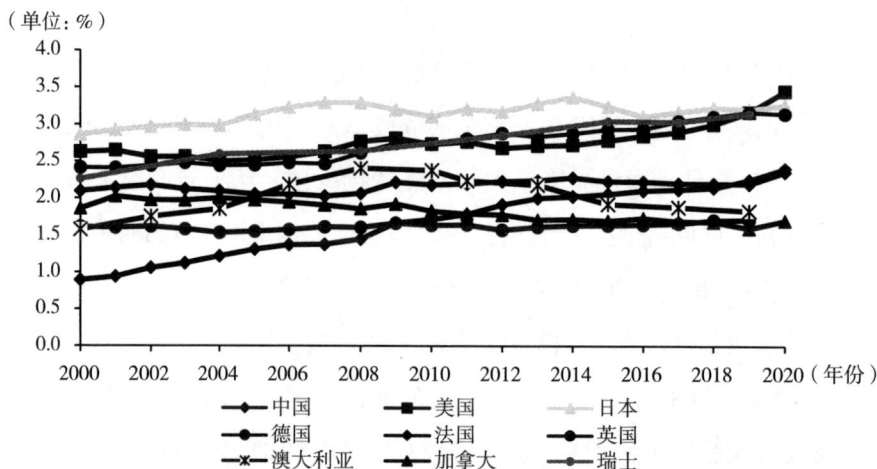

图 5-13 2000—2020 年主要国际货币发行国研究与实验发展经费支出占国内生产总值的份额

资料来源:世界银行:World Bank Open Data(http://data.worldbank.org)。

2.知识产权保护力度不足,企业缺乏自主创新动力

随着社会主义市场经济的发展和知识产权立法的不断完善,我国在知识产权保护方面取得了显著的成绩。以软件盗版情况为例,根据商业软件联盟(BSA)2018 年发布的全球软件调查报告,近年来中国软件盗版率整体呈现大幅下降趋势,从 2011 年的 77%下降到 2017 年的 66%。然而,与主要国家相比,我国软件盗版率仍然较高,甚至高于同为新兴经济体的巴西和印度(见图 5-14)。最高人民法院 2020 年 4 月 21 日发布的《中国法院知识产权司法保护状况(2019年)》白皮书显示,2019 年全国新收各类知识产权案件 481793 件,全国审结475853 件,同比分别增加 44.16%和 48.87%,收案数和结案数都有大幅度上升。这些数据表明,我国知识产权保护形势依然严峻。由于尚未对所有创新者提供足够的保护,自主创新并不能给企业带来与之相匹配的经济利益,致使部分企业通过技术创新获得发展的意识淡薄,创新投入的积极性不高,创新动力不足。

(单位: %)

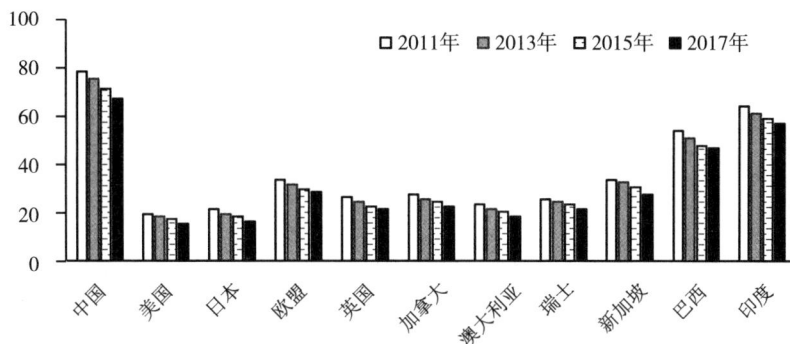

图 5-14　主要国家软件盗版率

资料来源:商业软件联盟(Business Software Alliance);BSA Global Software Survey,June 2018。

3.企业、高校与科研院所未形成良好互动机制,知识产权成果转化率低

我国产学研合作不够紧密,未能实现优势互补。据统计,2018 年全国高校共获得发明专利授权量 79961 件,约占当年发明专利授权总量的 18%。① 与此

---

① 田天、沈铭:《地方高校科技成果转化和技术转移体系的组建与培育》,《中国高校科技》2020 年第 10 期。

形成鲜明对比的是,国家知识产权局调查报告显示,2018 年我国高校有效专利实施率为 12.3%,远低于 52.6%的全国平均水平;有效专利产业化率仅为 2.7%,更是远低于 36.3%的全国平均水平。一个可能的原因是,越来越多的高校和科研院所为保证其科技成果转化率而将其科研成果内部化(吕薇等,2018)。同时,产学研合作中有关知识产权归属、研发投入分摊与利益共享机制等方面存在的问题一直没有得到有效解决,影响了产学研合作的意愿。另一方面,前沿科学技术由于没有经验借鉴,企业在科技成果转化中存在较高风险,因此很多企业不愿意加大资金的投入来促进科技成果的转化。新兴科技具有时效性,很多高校的技术要进入企业需经过漫长的流程,与企业对接存在困难,这使科学技术成果错过最佳的转化时机,大大降低科技成果转化效率。

4. 科研人员激励制度不完善,离职事件频发

2020 年 6 月,中国科学院合肥物质科学研究院下属的核能安全技术研究所,发生了 90 多位研究人员集体离职事件,引起了社会各界的广泛关注。有业内人士指出,目前科研院所研究人员的收入水平不高,加上最近几年各大高校和企业频挖墙脚,高校给出的经费和薪资待遇通常要比科研院所高出 1—2 倍,企业给出的待遇则更高,这使科研院所人才流失严重。与美国、英国、日本、德国等发达国家,以及印度、南非等发展中国家相比,这些国家在科技人员基本工资和福利待遇方面虽有所不同,但各国科技人员的基本工资足以保障其在本国能过上中上等的体面生活。尤其是美国等发达国家,科技人员基本工资是总收入的主体部分,绩效工资是在保障型基本工资之后的一种奖励措施,一般仅占总收入的 2%—10%[1];而中国包括科研机构在内的事业单位绩效性质的奖励与津补贴占到科研人员总收入的 30%—60%。[2] 这种低保障、高激励的工资结构不仅削弱了基本工资的主体作用,也使科技人员报酬与其

---

① 张义芳:《公立科研机构科研人员工资制度的国际比较分析》,《全球科技经济瞭望》2016 年第 6 期。

② 何凤秋、常虹:《我国事业单位实施绩效工资的相关思考》,《人事天地》2011 年第 4 期。

智力劳动的价值不相匹配,不利于稳定、良好的科研环境的形成。[①] 毕竟,薪酬收入作为对科研人员智力劳动的合理经济回报,是满足其生活需求的重要基础,也是最直接、最有效的激励方式。除此之外,科技经费资源配置以及科研工作辅助资源配置还存在分配不合理的情况,难以对科研人员进行持久、有效的激励。

5. 科研评价存在片面导向,致使科研工作者对科学研究产生疏离

目前,我国科技人才评价导向存在片面关注科学引文索引(SCI)论文发表数量的情况,使科技人员追求奖励最大的科研方式,偏离了追求学术的初衷。过分关注发表论文的数量,不利于其他科研创新成果形式的发展,降低科研人员的创新热情。从2016—2018年三年的论文平均发表数来看,我国科技研究人员年均发表的论文数量为305927篇,位列世界第一,全球占比为19.9%;美国为281487篇,占比为18.3%;德国为67041篇,居第三位,占比为4.4%;日本为64874篇,居第四位。[②] 中国科学技术信息研究所统计分析结果表明,2019年共有394种国际科技期刊入选世界各学科代表性科技期刊,发表高质量国际论文190661篇,其中中国发表国际论文59867篇,占世界份额的31.4%,排世界第二;排在首位的美国发表高质量论文62717篇,占比为32.9%。但是数量不等于质量,从评价论文质量的自然指数来看,根据2019年自然指数国家排行榜,美国以20152.48排名第一,我国以13566.11排名第二,美国是我国的1.49倍,表明我国论文质量尚有很大提升空间。

(三)完善创新发展政策,提升企业竞争力与议价能力

如上所述,近年来我国在研发投入和产出方面均取得了显著成效,但同主要国际货币发行国相比仍然存在较大差距,在自主创新能力、产学研合作、科

[①] 张义芳:《基于国际对比的中国科研事业单位科研人员工资制度问题与对策》,《中国科技论坛》2018年第7期。

[②] 资料来源:日本文部科学省科学技术和学术政策研究所。

技人员激励与评价体系构建等方面都存在一些短板。因此,需要进一步提升自主创新能力,提高企业在国际市场中的议价能力,以便促进人民币的国际使用。

1. 多策并举,进一步提高自主创新能力

一是继续加大对教育特别是基础教育的经费投入,为创新奠定坚实的人才基础。帮助学生树立教育强国、科技兴国的理念,培养学生创新精神与实践能力。二是鼓励企业进行自主创新。通过税收优惠政策,鼓励企业加大研发投入,并降低企业自主创新风险;在政府财政预算中设立专项基金用于支持战略性的新兴产业,培育龙头企业[①];加大对高科技领域(如芯片、光刻机、新能源等)的经费投入,减少对发达国家的技术依赖。三是推进科研院所科技管理体制改革,使其更好地整合资源,适应市场,提高活力。四是改革科技评价制度,并规范经费使用。

2. 加大对知识产权的保护力度,为创新战略保驾护航

创新是一种投入成本极高、风险极大的活动,没有知识产权的良好保护,企业不可能有创新的动力。相比于供给型、需求型政策,以目标规划、金融支持、法规规范和知识产权保护等为代表的环境型政策更能够有效激励企业的创新行为(王海和尹俊雅,2021)。为此,一是将鼓励和保护创新作为重要立法原则,修订相关知识产权保护法律法规,完善知识产权保护的制度基础,以健全的法律体系激励、规范、协调、保护创新创业行为;二是提升知识产权执法效率,加大执法力度,对侵权行为实施顶格处罚,以提高知识产权违法成本,积极营造诚实守信、勇于创新的社会环境。[②]

3. 大力推进产学研创新协作,促进科技成果转化

产学研深度融合与创新协作,有利于充分发挥各创新主体积极性,推动科

---

① 邵云飞、穆荣平、李刚磊:《我国战略性新兴产业创新能力评价及政策研究》,《科技进步与对策》2020 年第 2 期。
② 邢斐、周泰云:《研发补贴、知识产权保护与企业创新》,《中国科技论坛》2020 年第 9 期。

技成果推广与产业化发展。① 为此,一是建立成果评估的完备体系,清晰划分成果的产权归属,明确收益分配机制,在产学研之间建立合作成果的公平转换与转化机制(吕薇等,2018),由此促进产学研深度融合,提高理论研究成果转化的速率。二是引导更多高校、科研院所积极开展相关基础应用研究,鼓励企业参与其中,促进产学研协同创新。三是构建信息共享共建平台,利用发达的网络通信技术,及时将相关产学研信息发布到网络上,为企业、高校和科研院所提供合作项目的相关信息咨询,便于他们展开协同合作。四是正确处理好科研与市场发展之间的关系,提升企业、高校和科研院所的创新服务发展能力,促进产学研之间共同进步,降低创新中的成本,大幅度提高各部门的创新效率。五是重视产学研合作中企业主体作用,尤其要发挥国有企业带头作用,不断加大对企业的研发扶持力度。② 六是为科技成果转换提供强有力的后台服务,如推广"技术转让办公室(TTO)",对科研成果转让进行有效管理,大力培养懂法、商务谈判能力强的技术转移经理人,促进高校的存量知识产权成果转移至企业,推动产学研深度融合,提高科技成果转化率。③

4. 完善科技人员激励制度建设,避免激励结构错配

近年来,科技研究人员流失严重的主要原因有两个:一是工资水平相对较低,不能体现创造性劳动的合理报酬;二是科研人员想要的发展空间得不到满足。因此需要加强科技人员激励制度建设,通过经济回报、资源配置、评价体系的调整和完善,全方位、多角度调动科技的人员的创新积极性。④ 首先,实施科学合理的薪酬分配制度,建立有效的动态绩效考核制度,将科研人员的薪

---

① 郑文范、刘明伟:《论产学研协同创新与科技生产关系打造》,《科技进步与对策》2017 年第 24 期;陈红喜、关聪、王袁光曦:《国内科技成果转化研究的现状和热点探析》,《科技管理研究》2020 年第 7 期。

② 陆园园:《切实推动产学研深度融合》,《经济日报》2019 年 8 月 19 日。

③ 雷小苗、李良艳、王蓉:《新时代产学研协同创新的路径研究》,《管理现代化》2020 年第 3 期。

④ 倪渊、张健:《科技人才激励政策感知、工作价值观与创新投入》,《科学学研究》2021 年第 4 期。

资水平同其科研绩效直接挂钩,为科技人员提供与其科研成果相匹配的经济回报,发挥其科学研究的主动性、积极性。其次,努力做到科技资源配置完善且分配合理,营造勇于创新、不怕失败的科研氛围,倡导学术民主的科研环境,让科研人员能不受外界环境的干扰尽可能发挥自己的学术潜能。再次,改变以科学引文索引(SCI)论文发表为导向的评价模式,构建合理的科研人员评价体系,鼓励各种形式的创新,激发科研人员的创新活力与动力。最后,强化科研人员的科研伦理和职业道德教育,构筑科研诚信管理系统,实现奖励与监督约束并重的体制机制;强化学风作风建设,弘扬科学精神和无私奉献的精神,鼓励科研人员追求其自我价值的实现。

四、区域货币金融合作

第四章关于马克(欧元)、日元国际化经验与教训的分析表明,区域货币合作可以减少货币国际化进程中的困难和风险。这一点对人民币国际化同样具有重要的借鉴意义。以区域货币金融合作为抓手,推动人民币首先成为区域关键货币,有利于人民币国际化目标的最终实现。

(一)积极开展经济金融对话,进一步推进亚洲货币金融合作

许多研究发现,人民币已经成为部分亚洲国家特别是东亚地区的隐性货币锚(Subramanian 和 Kessler,2012;Chinn 和 Ito,2013;丁剑平等,2018;等等)。为了进一步提升人民币的区域货币锚地位,还需要积极开展与亚洲国家的经济金融对话,推动亚洲区域货币金融合作取得实质性进展。

首先,继续加大中国与东盟自由贸易区建设,扩大中国贸易网络范围,鼓励人民币作为区域内的贸易计价货币。2021 年 3 月中国核准区域全面经济伙伴关系(RCEP)协议的签署,这一多项指标均领先全球的超大型自由贸易区的成立无疑给成员经济发展和区域内国际贸易合作提供了新的发展机遇。应充分利用区域全面经济伙伴关系协议,加强与成员经济文化交流与合作,不断深化

战略伙伴关系,为成员营造一个更为便捷和谐的营商环境。东盟现已成为中国第一大贸易伙伴,未来可根据不同国家实际情况,有次序、分层次地推动区域货币合作(李俊久和蔡琬琳,2020),增强人民币作为区域内贸易计价货币的功能。

其次,积极推动形成亚洲货币汇率合作机制。一是保持人民币汇率的相对稳定,提升区域内经济主体对人民币的信心;二是加强与区域内国家货币政策、财政政策的协调,共同干预外汇市场以保持双边和多边汇率的稳定。[①]

最后,发展区域内本币债券市场,支持和鼓励区域内各国政府、跨国公司和金融机构在本区域内发行本币计价债券,从根本上减少对美元的依赖,推动区域货币合作向更高层次发展(高海红,2017)。

(二)深化与"一带一路"沿线国家和地区的货币金融合作

"一带一路"倡议为中国与沿线国家贸易投资规模的持续扩大以及人民币的国际使用带来机遇。然而,由于人民币投资渠道有限、风险管理工具较少,沿线国家和地区的企业持有人民币的意愿相对较低,绝大部分贸易仍然以美元计价结算。因此,深化与沿线国家和地区的货币金融合作,提高人民币的可获得性,有利于推进沿线国家和地区人民币使用程度的提升。为此,一是建立当地货币与人民币之间的稳定机制,吸引更多国家将人民币作为"货币锚",提高沿线国家和地区持有人民币的意愿。二是完善包括外汇期货市场在内的、开放的外汇市场体系,为相关国家的企业提供投资渠道和外汇风险管理手段。三是构建区域内多货币清算体系,使用区域内货币作为计价与结算工具;努力降低相关国家企业使用人民币的成本,增强人民币的吸引力,提升人民币的国际使用程度。[②]

[①]　范祚军、黎耀川、黄立群:《基于国际金融多元竞争格局演变的区域货币合作》,《亚太经济》2013年第5期;吴秋实、朱小梅、张坦:《东亚区域内人民币的货币锚地位研究》,《亚太经济》2013年第5期。

[②]　程贵、丁志杰:《丝绸之路经济带核心区货币金融合作的困境及其破解》,《国际贸易》2015年第10期;孙瑾、卫平东、罗嘉豪:《"一带一路"国家的货币金融合作》,《国际经济合作》2019年第4期。

（三）积极开展与上海合作组织成员的货币金融合作

截至 2021 年底，上海合作组织包括 8 个成员、4 个观察员国、9 个对话伙伴国。上海合作组织通过开展经贸、科技、金融等领域的合作，促进地区经济、社会等的全面均衡发展，不断提高成员人民生活水平。上海合作组织成立后，区域内贸易投资发展迅速，特别是中国和各成员之间的经贸增长势头强劲，贸易额从 2001 年的 120 亿美元，增长到 2018 年的 2550 亿美元。货币金融合作将是上海合作组织国家未来经贸合作的重点。一是要扩大金融合作的领域，支持实体经济发展，防范金融风险；二是推动金融创新，落实好双边货币计价结算；三是构建区域债券市场，推动成员之间在债券投融资方面的合作。

（四）充分利用亚投行和丝路基金，助力人民币国际化

亚投行自 2016 年成立到 2019 年三年间共批准 39 个项目，投资总额达 79.4 亿美元。若按 20% 的资金撬动比，可撬动近 400 亿美元的资本投资。丝路基金成立时资金规模为 400 亿美元。据亚洲开发银行测算，亚洲地区每年基础设施投资需求高达 7300 亿美元。随着"一带一路"沿线国家和地区处于发展上升期，对基础设施的需求将更加旺盛，可在亚投行和丝路基金中优先鼓励人民币的使用；成立人民币特别基金，发放人民币贷款，助推人民币"走出去"[1]；在后续推广签订双边本币互换协议时，可结合"一带一路"以及亚投行和丝路基金，加强南南合作（朱孟楠等，2020），通过双边金融和贸易合作的深化来提升人民币的区域影响力和使用程度。

（五）加强与非洲国家的金融合作，实现人民币从区域化到国际化

根据环球银行金融电信协会数据，仅在 2016 年南非的人民币支付使用量

---

[1] 周冲：《"一带一路"建设给人民币国际化带来的机遇和挑战》，《税务与经济》2017 年第 5 期。

就增加了 65%。在人民币被纳入特别提款权货币篮子后,许多非洲国家把自己的部分储备货币转换成了人民币。因此,加强与非洲国家的货币金融合作,对于推进人民币的国际使用十分重要;加大与非洲国家的经贸与投融资合作,将有利于人民币实现"周边化→区域化→国际化"的转变。为此,一是继续推广中国人民银行和非洲各国中央银行的货币互换协议,鼓励非洲国家中央银行将持有的人民币投资于中国境内债券市场、外汇市场,分享中国经济发展的成果。二是发挥中资银行作用,通过国际结算、国际银行卡等业务促进人民币在非洲的使用。中资银行在拓展业务时要根据非洲国家的实际情况探索适合自身的发展模式,融入非网络布局;继续承包非洲水利、铁路、港口等大型基础设施建设,深化中非金融合作,提升中资银行在非洲的竞争力(黄梅波和沈婧,2017)。三是鼓励中非贸易和投资中使用人民币;建立有效的人民币境外回流机制,提高人民币在非洲的吸引力(张小峰和吴珊,2016)。

(六)继续推进双边本币互换协议的签订,加强货币合作

如前所述,双边本币互换可以解决贸易伙伴国家或地区的人民币资金来源问题,从而促进人民币在跨境贸易与投资中的使用。从现存协议的规模和期限来看,"一带一路"沿线的新加坡、马来西亚等国与我国货币互换规模较大且期限较长;从货币互换区域分布来看,东南亚地区是我国货币互换比较频繁的地区,但是金额一般较小(王喆和张明,2020)。未来应继续推进与区域全面经济伙伴关系协定成员、"一带一路"沿线国家和地区、上海合作组织成员、非洲国家的双边本币互换协议的签订或续签,特别是促进协议的真正使用,提升人民币的国际地位。

(七)紧跟数字货币浪潮,开辟新合作路径

随着数字金融时代的到来,在传统区域货币金融合作的基础上,积极发掘数字货币的潜力,开辟新的区域货币金融合作路径,有利于提高区域货币金融

合作的效率;同时,数字货币合作的开展,也能够提高人民币交易清算效率,推动人民币区域化(李俊久和蔡琬琳,2020)。由于目前数字货币仍处于发展初期,运营体系、监管制度等尚未完善,在给区域货币合作带来机遇的同时,也提出了新的挑战。为此,一是通过区域贸易谈判,塑造数字贸易的国际规则。譬如,借助区域全面经济伙伴关系协议的商定,争取数字贸易规则的话语权。①二是基于区块链等技术,构建一套以"数字货币—数字金融账户—数字身份验证"为基本结构的超主权数字储备货币,如电子特别提款权(E—SDR)②,为区域货币合作开辟新合作路径。

(八)注重区域货币合作框架下货币竞争合作关系的构建

人民币国际化难免会与其他主要国际货币(如美元、日元等)产生竞争关系。譬如,从经贸联系的紧密程度来看,最适合开展区域货币金融合作以推进人民币国际化的地区之一是东亚(含东盟)地区。然而,东亚传统上是美元区;同时,也是日本为推进日元国际化而重点关注的地区。因此,在开展东亚区域货币金融合作时,人民币难免会与美元、日元等主要国际货币产生利益冲突。为此,需要进一步深化"清迈倡议"合作框架,加强与日本、韩国以及东盟的政策沟通,妥善管理人民币与日元的竞合关系。③

本章从深化金融改革、健全国内金融体系,谨慎推动资本账户完全开放,其他相关配套政策三个方面,详细探讨了基于宏观金融稳定视角的人民币国际化配套政策。

---

① 吴中庆、戴明辉:《RCEP 成员数字技术对贸易成本的影响研究》,《上海对外经贸大学学报》2021 年第 3 期。

② 张纪腾:《区块链及超主权数字货币视角下的国际货币体系改革》,《国际展望》2019 年第 6 期。

③ 陆长荣、崔玉明:《区域金融合作框架下日元国际化重启困境与中日货币竞合关系的构建》,《现代日本经济》2018 年第 3 期。

深化金融改革、健全国内金融体系。

第一，我国政策层面的利率市场化改革已基本完成，但由于利率"双轨制"依然存在、基准利率体系尚不健全，市场化的利率形成机制远未成熟。需要从培育有效的市场化基准利率、健全基准利率和市场化利率体系、完善货币政策调控工具、发展利率衍生品、丰富利率风险管理手段、强化各主体间的合作、完善利率风险管理体系等方面，进一步深化利率市场化改革。

第二，自2005年汇率制度改革以来，人民币汇率弹性不断增大，但仍然不足以支撑资本项目开放之后的大规模跨境资本流动冲击。从主要货币国际化的经验来看，如果人民币要成为"三元"国际储备货币中的"一元"，资本项目完全开放将是必然的选择；同时，作为一个大国，中国需要保持货币政策独立性以解决可能出现的国内经济失衡问题。因此，浮动特别是自由浮动汇率制度才是与人民币国际化目标及资本账户完全开放最为相容的汇率制度。然而，要实现这一汇率制度改革目标，还需要很多前提条件，必须坚持渐进、有序、可控的原则。从具体实现路径来看，可以按短期、中期、长期三个阶段，分步骤实现人民币汇率的自由浮动；从配套措施来看，需要丰富在岸、离岸市场人民币汇率衍生品，实施通货膨胀目标制以及审慎处理资本账户开放、人民币国际化与汇率改革之间的关系。

第三，拥有强大的国内银行体系，是实现人民币国际化和资本账户开放的重要前提条件。目前我国银行业还面临许多问题和挑战，包括货币错配风险、间接融资结构使金融风险集中于银行体系、金融双向开放和金融科技带来诸多挑战等。为此，需要从加强银行业外汇风险审慎性监管，加快发展直接融资市场、改善我国社会融资结构，推动银行业综合化经营，利用金融科技促进商业银行经营创新，建立风险预警机制、协调微观与宏观审慎监管等方面着手，健全国内银行体系。

第四，由于影子银行所受到的监管程度最低，且与金融体系的其他组成部分联系密切,很容易导致系统性金融风险的积聚。中国影子银行体系规模庞大且发展速度快,蕴含着潜在的金融风险。需要从健全统计监测、加强信息披露、合理控制影子银行治理力度与节奏、完善监管制度、构建影子银行信用创造的反馈机制、强化宏观审慎管理等方面入手,规范影子银行发展,降低与影子银行体系相关的金融风险。

第五,随着人民币国际化的推进和资本项目的逐步开放,我国金融市场与全球金融市场的联系将越发紧密,国内金融体系在获得更大发展机遇的同时,也将承受更大风险。因此,需要强有力的金融监管体制机制,防范、化解金融风险,为人民币国际化进程保驾护航。为此,可从整合现有监管机构、尽早实现统一监管、建立动态宏观审慎监管框架、完善金融调控、健全金融市场法律法规、发挥行业自律监管作用、积极参与全球金融治理、推动金融基础设施建设、实施金融科技监管模式等方面着手,强化金融监管体系。

谨慎推进资本账户完全开放。人民币成为重要国际储备货币的目标要求中国实现资本账户完全开放。然而,资本账户开放需要满足一定的前提条件,否则贸然开放资本账户将会给一国金融稳定带来不利冲击。这些条件包括稳健的宏观经济和有效的宏观调控、充足的外汇储备和合理的汇率制度、健全的金融体系与有效的金融监管、发达的国内金融市场与良好的制度环境等。基于对资本账户影响一国宏观金融稳定的机制、资本账户开放的国际经验与教训等分析,中国应继续坚持"渐进、审慎、可控"的资本账户开放模式,不断夯实资本账户开放的市场条件和制度基础,有序推进资本账户开放。

其他相关配套政策。货币国际化的重要条件之一是非居民对其币值稳定性的信心,而这一信心很大程度上取决于货币发行国可信赖的宏观经济政策。一是不断优化财政政策,维持可持续的公共债务水平,构筑人民币国际化的信心基础;二是完善货币政策目标框架,尽早实施通货膨胀目标制,并提升中央银行独立性,维护人民币内外价值的稳定性;三是完善宏观审慎政策,构建"双支柱"调控框架,维护经济和金融体系的稳定。此外,还需要进一步完善创新政策,提升企业国际竞争力和议价谈判能力,夯实人民币国际化的微观基础;以区域货币金融合作为抓手,推动人民币的国际使用,并降低人民币国际化进程中的困难和风险。

参 考 文 献

[1]巴曙松、姚飞:《中国债券市场流动性水平测度》,《统计研究》2013 年第 12 期。

[2]巴曙松、王珂:《中美贸易战引致全球经贸不确定性预期下的人民币国际化》,《武汉大学学报(哲学社会科学版)》2019 年第 6 期。

[3]白晓燕、邓明明:《货币国际化影响因素与作用机制的实证分析》,《数量经济技术经济研究》2013 年第 12 期。

[4]白晓燕、邓明明:《不同阶段货币国际化的影响因素研究》,《国际金融研究》2016 年第 9 期。

[5]卜林、李政:《金融系统性风险的度量与监测研究》,《南开学报(哲学社会科学版)》2016 年第 4 期。

[6]蔡一鸣:《论中国人民银行的独立性》,《法制与社会》2014 年第 13 期。

[7]陈虹:《日元国际化之路》,《世界经济与政治》2004 年第 5 期。

[8]陈晖:《日元国际化的经验与教训》,社会科学文献出版社 2011 年版。

[9]陈建安:《经济全球化与 21 世纪日本的对策》,上海财经大学出版社 2003 年版。

[10]陈雨露、王芳、杨明:《作为国家竞争战略的货币国际化》,《经济研究》2005 年第 2 期。

[11]陈志昂:《东亚货币竞争性均衡与人民币货币锚效应》,《经济理论与经济管理》2008 年第 4 期。

[12]成思危:《人民币国际化之路》,中信出版社 2014 年版。

[13]楚尔鸣、王真:《中国货币政策溢出效应的异质性研究》,《国际金融研究》2018 年第 10 期。

[14]戴利研、杨攻研:《政府债务根源与财政规则有效性》,《海南大学学报(人文社会科学版)》2021年第2期。

[15]戴淑庚、胡逸闻:《资本账户开放风险指数的构建与测度》,《经济与管理研究》2016年第1期。

[16]戴淑庚、余博:《资本账户开放对我国金融市场的时变影响研究》,《经济经纬》2019年第4期。

[17]戴淑庚、余博:《资本账户开放会加剧我国的系统性金融风险吗》,《国际贸易问题》2020年第1期。

[18]邓创、赵珂:《中国的金融压力及其对宏观经济景气的影响动态》,《财经研究》2018年第7期。

[19]丁剑平、楚国乐:《货币国际化的影响因子分析》,《国际金融研究》2014年第12期。

[20]丁剑平、方琛琳、叶伟:《"一带一路"区块货币参照人民币"隐性锚"分析》,《国际金融研究》2018年第10期。

[21]丁剑平、胡昊、叶伟:《在岸与离岸人民币汇率动态研究》,《金融研究》2020年第6期。

[22]丁岚、李鹏涛、刘立新:《中国金融压力指数的构建与应用》,《统计与信息论坛》2019年第10期。

[23]丁一兵、钟阳、赵宣凯:《日元国际化的直接影响因素及空间溢出效应》,《世界经济研究》2013年第2期。

[24]丁一兵:《离岸市场的发展与人民币国际化的推进》,《东北亚论坛》2016年第1期。

[25]董继华:《人民币境外需求规模估计:1999—2005》,《经济科学》2008年第1期。

[26]鄂志寰:《资本流动与金融稳定相关关系研究》,《金融研究》2000年第7期。

[27]范从来、卞志村:《中国货币替代影响因素的实证研究》,《国际金融研究》2002年第8期。

[28]范祚军、夏文祥、陈瑶雯:《人民币国际化前景的影响因素探究》,《中央财经大学学报》2018年第4期。

[29]方显仓、孙琦:《资本账户开放与我国银行体系风险》,《世界经济研究》2014年第3期。

[30]冯果、刘秀芬:《优化债券市场监管体系的法律思考》,《江西财经大学学报》

2016 年第 5 期。

[31]付丽颖:《日元国际化与东亚货币合作》,商务印书馆出版社 2010 年版。

[32]付敏、吴若伊:《德国马克国际化及其对中国的启示》,《经济理论与经济管理》2014 年第 4 期。

[33]高海红、余永定:《人民币国际化的含义与条件》,《国际经济评论》2010 年第 1 期。

[34]高海红:《亚洲区域金融合作:挑战和未来发展方向》,《国际经济评论》2017 年第 3 期。

[35]高禄、车维汉:《资本账户开放的经济基础条件分析》,《世界经济研究》2018 年第 2 期。

[36]管晓明:《人民币国际化稳步推进》,《中国金融》2016 年第 21 期。

[37]郭娜、祁帆、张宁:《我国系统性金融风险指数的度量与监测》,《财经科学》2018 年第 2 期。

[38]郭娜、彭玉婷、冯立:《影子银行、金融风险与宏观审慎监管有效性》,《当代经济科学》2021 年第 2 期。

[39]郭子睿、张明:《货币政策与宏观审慎政策的协调使用》,《经济学家》2017 年第 5 期。

[40]韩乾、袁宇菲、吴博强:《短期国际资本流动与我国上市企业融资成本》,《经济研究》2017 年第 6 期。

[41]何帆、李婧:《美元国际化的路径、经验和教训》,《社会科学战线》2005 年第 1 期。

[42]何帆:《为什么日元没有成为亚洲的主要计价货币?》,《国际经济评论》2010 年第 6 期。

[43]何宗樾、宋旭光:《直接融资、间接融资与经济增长》,《云南财经大学学报》2019 年第 11 期。

[44]贺凤羊、刘建平:《X-12-ARIMA 中调整类似春节效应的模型研究及应用》,《数量经济技术经济研究》2013 年第 6 期。

[45]胡滨:《从强化监管到放松管制的十年轮回》,《国际经济评论》2020 年第 5 期。

[46]胡小文:《汇率制度改革能否提升货币政策独立性与有效性?》,《世界经济研究》2020 年第 5 期。

[47]黄继炜:《人民币资本项目开放——亚洲的经验与中国的路径》,经济科学出

版社 2014 年版。

[48]黄梅波、沈婧:《非洲银行业竞争格局及中非银行业合作空间》,《国际经济评论》2017 年第 6 期。

[49]简志宏、郑晓旭:《汇率改革进程中人民币的东亚影响力研究》,《世界经济研究》2016 年第 3 期。

[50]姜波克、张青龙:《国际货币的两难及人民币国际化的思考》,《学习与探索》2005 年第 4 期。

[51]姜晶晶、孙科:《基于动态面板数据的国际储备币种结构影响因素分析》,《金融研究》2015 年第 2 期。

[52]蒋海、张小林、陈创练:《利率市场化进程中商业银行的资本缓冲行为》,《中国工业经济》2018 年第 11 期。

[53]蒋先玲、刘微、叶丙南:《汇率预期对境外人民币需求的影响》,《国际金融研究》2012 年第 10 期。

[54]金祥义、张文菲:《外汇风险暴露、货币错配与银行稳定性》,《中南财经政法大学学报》2019 年第 1 期。

[55]景健文、吴思甜:《人民币国际化对中国宏观经济的影响分析》,《中国经济问题》2018 年第 4 期。

[56]《径山报告》课题组:《中国金融开放的下半场》,中信出版社 2018 年版。

[57]《径山报告》课题组:《中国金融创新再出发》,中信出版社 2020 年版。

[58]李彩云:《开启金融衍生品发展新时代》,《证券市场导报》2019 年第 2 期。

[59]李超:《中国的贸易基础支持人民币区域化吗?》,《金融研究》2010 年第 7 期。

[60]李成、白璐:《资本项目开放、金融风险传导与危机临界点预测》,《金融论坛》2013 年第 4 期。

[61]李稻葵、刘霖林:《人民币国际化:计量研究及政策分析》,《金融研究》2008 年第 11 期。

[62]李宏瑾:《利率并轨、风险溢价与货币政策传导》,《经济社会体制比较》2020 年第 5 期。

[63]李继民:《人民币境外存量估计》,《中南财经政法大学学报》2011 年第 2 期。

[64]李建军、甄峰、崔西强:《人民币国际化发展现状、程度测度及展望评估》,《国际金融研究》2013 年第 10 期。

[65]李建强、朱军、张淑翠:《政府债务何去何从:中国财政整顿的逻辑与出路》,《管理世界》2020 年第 7 期。

[66]李婧、管涛、何帆:《人民币跨境流通的现状以及对中国经济的影响》,《管理世界》2004 年第 9 期。

[67]李俊久、蔡琬琳:《"一带一路"背景下中国与东盟货币合作的可行性研究》,《亚太经济》2020 年第 4 期。

[68]李敏:《我国债券市场监管分割及统一路径》,《中国政法大学学报》2021 年第 2 期。

[69]李戎、田晓晖:《财政支出类型、结构性财政政策与积极财政政策提质增效》,《中国工业经济》2021 年第 2 期。

[70]李文喆:《中国影子银行的经济学分析:发展驱动因素》,《经济学家》2021 年第 3 期。

[71]李晓:《"日元国际化"的困境及其战略调整》,《世界经济》2005 年第 6 期。

[72]李晓、丁一兵:《人民币汇率变动趋势及其对区域货币合作的影响》,《国际金融研究》2009 年第 3 期。

[73]李晓、(日)上川孝夫:《人民币、日元与亚洲货币合作:中日学者的对话》,清华大学出版社 2010 年版。

[74]李晓:《东亚货币合作为何遭遇挫折?》,《国际经济评论》2011 年第 1 期。

[75]李晓峰、陈华:《人民币即期汇率市场与境外衍生市场之间的信息流动关系研究》,《金融研究》2008 年第 5 期。

[76]李艳军、华民:《人民币国际化:继续前行还是暂停推进》,《财经科学》2016 年第 1 期。

[77]李艳丽:《人民币汇率制度改革研究:基于制度变迁视角》,中国社会科学出版社 2018 年版。

[78]李瑶:《非国际货币、货币国际化与资本项目可兑换》,《金融研究》2003 年第 8 期。

[79]李永宁、郑润祥、黄明皓:《金融危机中的中国核心利益》,《财经科学》2010 年第 7 期。

[80]林乐芬、王少楠:《"一带一路"建设与人民币国际化》,《世界经济与政治》2015 年第 11 期。

[81]林乐芬、王少楠:《"一带一路"进程中人民币国际化影响因素的实证分析》,《国际金融研究》2016 年第 2 期。

[82]刘华、朱佳青、李广众:《香港离岸人民币市场的发展对我国货币政策中间目标的动态影响》,《国际金融研究》2016 年第 4 期。

[83]刘莉亚、余晶晶、杨金强、朱小能:《竞争之于银行信贷结构调整是双刃剑吗?》,《经济研究》2017 年第 5 期。

[84]刘莉亚、余晶晶:《银行竞争对货币政策传导效率的推动力效应研究》,《国际金融研究》2018 年第 3 期。

[85]刘仁伍、刘华:《人民币国际化风险评估与控制》,社会科学文献出版社 2009 年版。

[86]刘伟、苏剑:《中国特色社会主义市场经济货币政策体系的形成及演变》,《经济理论与经济管理》2020 年第 8 期。

[87]刘翔峰:《中国的金融深化及风险防范》,经济管理出版社 2013 年版。

[88]刘晓光、杨连星:《双边政治关系、东道国制度环境与对外直接投资》,《金融研究》2016 年第 12 期。

[89]陆前进:《人民币汇率形成机制和人民币国际化》立信会计出版社 2018 年版。

[90]吕冰洋、李钊:《疫情冲击下财政可持续性与财政应对研究》,《财贸经济》2020 年第 6 期。

[91]吕薇、马名杰、戴建军、熊鸿儒:《转型期我国创新发展的现状、问题及政策建议》,《中国软科学》2018 年第 3 期。

[92]马荣华、唐宋元:《人民币境外流通原因的实证分析》,《当代财经》2006 年第 9 期。

[93]马荣华、饶晓辉:《人民币的境外需求估计》,《经济科学》2006 年第 5 期。

[94]马荣华:《人民币国际化进程对我国经济的影响》,《国际金融研究》2009 年第 4 期。

[95]马亚明、常军、佟淼:《新利率双轨制、企业部门杠杆率差异与我国货币政策传导》,《南开经济研究》2018 年第 6 期。

[96]马勇、付莉:《"双支柱"调控、政策协调搭配与宏观稳定效应》,《金融研究》2020 年第 8 期。

[97]蒙震、李金金、曾圣钧:《国际货币规律探索视角下的人民币国际化研究》,《国际金融研究》2013 年第 10 期。

[98]缪延亮、谭语嫣:《从此岸到彼岸:人民币汇率如何实现清洁浮动?》,《国际经济评论》2019 年第 4 期。

[99]彭红枫、陈文博、谭小玉:《人民币国际化研究述评》,《国际金融研究》2015 年第 10 期。

[100]彭红枫、谭小玉:《人民币国际化研究:程度测算与影响因素分析》,《经济研

究》2017 年第 2 期。

[101]彭红枫、朱怡哲:《资本账户开放、金融稳定与经济增长》,《国际金融研究》2019 年第 2 期。

[102]阙澄宇、黄志良:《资本账户开放对货币国际化的影响》,《世界经济研究》2019 年第 6 期。

[103]沙文兵:《汇率变动、贸易地位与人民币境外存量》,《中南财经政法大学学报》2014 年第 1 期。

[104]沙文兵、刘红忠:《人民币国际化、汇率变动与汇率预期》,《国际金融研究》2014 年第 8 期。

[105]沙文兵等:《人民币国际化对中国经济内外均衡动态影响研究》经济科学出版社 2016 年版。

[106]尚丽娜:《人民币国际化:从国际铸币税角度分析》,《广东金融学院学报》2007 年第 2 期。

[107]申岚、李婧:《人民币国际化新的可能性:人民币跨境循环体系的升级与发展》,《国际经济评论》2020 年第 5 期。

[108]沈悦、李博阳、张嘉望:《系统性金融风险:测度与时空格局演化分析》,《统计与信息论坛》2017 年第 12 期。

[109]沈悦、戴士伟、樊锦琳:《人民币国际化:进程、影响因素及前景分析》,《经济问题》2019 年第 1 期。

[110]沈悦、王宝龙、李巍军:《人民币国际化进程中的金融风险识别及预警研究》,《西安交通大学学报(社会科学版)》2019 年第 5 期。

[111]石巧荣:《不成熟债权国困境与人民币国际化》,《世界经济研究》2010 年第 2 期。

[112]孙杰:《跨境结算人民币化还是人民币国际化》,《国际金融研究》2014 年第 4 期。

[113]孙焱林、张倩婷:《时变、美联储加息与中国产出》,《国际金融研究》2016 年第 4 期。

[114]谭小芬、徐慧伦、耿亚莹:《中国债券市场发展与人民币国际化》,《武汉大学学报(哲学社会科学版)》2018 年第 2 期。

[115]唐浩:《人民币国际化演化与实现路径》,科学出版社 2012 年版。

[116]佟家栋、成新轩:《欧元的区域化与国际化研究》,《南开经济研究》2001 年第 6 期。

[117]王博、齐炎龙:《宏观金融风险测度:方法、争论与前沿进展》,《经济学动态》2015年第4期。

[118]王春丽、胡玲:《基于马尔科夫区制转移模型的中国金融风险预警研究》,《金融研究》2014年第9期。

[119]王道平:《利率市场化、存款保险制度与系统性银行危机防范》,《金融研究》2016年第1期。

[120]王国刚:《人民币国际化的冷思考》,《国际金融研究》2014年第4期。

[121]王国刚:《中国银行业70年:简要历程、主要特点和历史经验》,《管理世界》2019年第7期。

[122]王海、尹俊雅:《地方产业政策与行业创新发展》,《财经研究》2021年第5期。

[123]王华庆、李良松:《论我国中央银行制度的进一步完善》,《金融评论》2018年第5期。

[124]王倩:《东亚经济体汇率的锚货币及汇率制度弹性检验》,《国际金融研究》2011年第11期。

[125]王维国、王际皓:《货币、银行与资产市场风险状况的识别》,《国际金融研究》2016年第8期。

[126]王孝松、刘韬、胡永泰:《人民币国际使用的影响因素》,《经济研究》2021年第4期。

[127]王喆、张明:《"一带一路"中的人民币国际化:进展、问题与可行路径》,《中国流通经济》2020年第1期。

[128]吴舒钰、李稻葵:《货币国际化的新测度——基于国际金融投资视角的分析》,《经济学动态》2018年第2期。

[129]吴腾华、胡耀元:《建设高标准金融市场体系的基本内涵与对策建议》,《广西社会科学》2021年第5期。

[130]吴振宇、唐朝:《"十四五"时期金融风险防控面临的挑战与应对策略》,《改革》2021年第6期。

[131]徐滨:《一八二五年英国金融危机中的政府应对及制度变革》,《历史研究》2017年第5期。

[132]徐国祥、李波:《中国金融压力指数的构建及动态传导效应研究》,《统计研究》2017年第4期。

[133]徐鸿:《货币政治:美元霸权的式微和人民币国际化的兴起》,中国经济出版

社 2018 年版。

[134]徐慧贤:《货币国际化经验及人民币国际化研究》,经济管理出版社 2017 年版。

[135]徐奇渊、杨悦珉、张佳佳:《在华外资金融机构诉求评估与政策建议》,《开发性金融研究》2021 年第 1 期。

[136]许涤龙、陈双莲:《基于金融压力指数的系统性金融风险测度研究》,《经济学动态》2015 年第 4 期。

[137]薛熠、何茵:《次贷危机对中国经济的影响》,《金融研究》2010 年第 5 期。

[138]严佳佳、许莉莉:《双支柱调控框架视域下多国政策国际协调研究》,《经济学动态》2021 年第 3 期。

[139]杨连星、刘晓光:《反倾销如何影响了对外直接投资的二元边际》,《金融研究》2017 年第 12 期。

[140]杨玲:《英镑国际化的历程与历史经验》,《南京政治学院学报》2017 年第 2 期。

[141]杨荣海、李亚波:《资本账户开放对人民币国际化"货币锚"地位的影响分析》,《经济研究》2017 年第 1 期。

[142]叶亚飞、石建勋:《香港离岸市场发展对我国宏观经济的影响研究》,《世界经济研究》2017 年第 9 期。

[143]易纲、赵先信:《中国的银行竞争:机构扩张、工具创新与产权改革》,《经济研究》2001 年第 8 期。

[144]易纲:《中国改革开放三十年的利率市场化进程》,《金融研究》2009 年第 1 期。

[145]殷红、张龙、叶祥松:《我国财政政策对全要素生产率的非线性冲击效应》,《财贸经济》2020 年第 12 期。

[146]殷剑峰:《人民币国际化:"贸易结算 + 离岸市场",还是"资本输出 + 跨国企业"?》,《国际经济评论》2011 年第 4 期。

[147]于永臻、李明慧:《美元、日元、欧元和英镑国际化历程及对人民币国际化的启示》,《经济研究参考》2013 年第 54 期。

[148]余道先、王云:《人民币境外存量、国际收支与人民币国际化进程》,《经济理论与经济管理》2015 年第 4 期。

[149]余道先、邹彤:《人民币国际化的国家异质性分析与人民币国际化进程》,《世界经济研究》2017 年第 7 期。

［150］余永定:《消除人民币升值恐惧症,实现向经济平衡发展的过渡》,《国际经济评论》2003 年第 5 期。

［151］余永定:《寻求资本项目开放问题的共识》,《国际金融研究》2014 年第 7 期。

［152］余永定:《亚洲金融危机和资本项目自由化》,《新金融》2015 年第 5 期。

［153］余永定:《最后的屏障:资本项目自由化和人民币国际化之辩》,东方出版社 2016 年版。

［154］元惠萍:《国际货币地位的影响因素分析》,《数量经济技术经济研究》2011 年第 2 期。

［155］张岸元、李世刚:《人民币国际化的中国路径》,人民出版社 2017 年版。

［156］张国建、佟孟华、梅光松:《实际有效汇率波动影响了人民币国际化进程吗?》,《国际金融研究》2017 年第 2 期。

［157］张杰:《我国金融体制改革的演进轨迹与取向观察》,《改革》2018 年第 5 期。

［158］张劲帆、汤莹玮、刚健华、樊林立:《中国利率市场的价格发现》,《金融研究》2019 年第 1 期。

［159］张晶、高晴:《中国金融系统压力指数的设计及其应用》,《数量经济技术经济研究》2015 年第 11 期。

［160］张敬思:《人民币国际地位、财政政策独立性与最优财政政策路径》,《山西财经大学学报》2013 年第 3 期。

［161］张礼卿:《加快推进人民币汇率制度改革》,《中国外汇》2018 年第 1 期。

［162］张礼卿:《我国资本账户可兑换的历程:经验和前瞻》,《中国外汇》2019 年第 7 期。

［163］张明:《人民币国际化:政策、进展、问题与前景》,《金融评论》2013 年第 2 期。

［164］张明、李曦晨:《人民币国际化的策略转变:从旧"三位一体"到新"三位一体"》,《国际经济评论》2019 年第 5 期。

［165］张明、孔大鹏、潘松李江:《中国金融开放的维度、次序与风险防范》,《新金融》2021 年第 4 期。

［166］张青龙:《人民币国际化的经济效应:一般均衡分析》,《世界经济研究》2005 年第 8 期。

［167］张小峰、吴珊:《人民币在非洲的国际化:挑战与出路》,《国际问题研究》2016 年第 3 期。

［168］张晓莉、李倩云:《人民币国际地位、汇率波动与境外中国金融资产持有

量》,《国际金融研究》2018 年第 7 期。

[169]张艳:《日本资本市场开放:动因、过程与经验教训》,《现代日本经济》2007 年第 2 期。

[170]张宇燕、张静春:《货币的性质与人民币的未来选择》,《当代亚太》2008 年第 2 期。

[171]张跃文:《上市公司"退市难"的利益动机》,《金融评论》2020 年第 3 期。

[172]章曦:《中国系统性金融风险测度、识别和预测》,《中央财经大学学报》2016 年第 2 期。

[173]赵柯:《货币国际化的政治逻辑》,《世界经济与政治》2012 年第 5 期。

[174]赵柯:《工业竞争力、资本账户开放与货币国际化》,《世界经济与政治》2013 年第 12 期。

[175]赵然:《汇率波动对货币国际化有显著影响吗?》,《国际金融研究》2012 年第 11 期。

[176]赵胜民、何玉洁:《宏观金融风险和银行风险行为关系分析》,《中央财经大学学报》2019 年第 6 期。

[177]甄峰:《人民币国际化:路径、前景与方向》,《经济理论与经济管理》2014 年第 5 期。

[178]郑联盛:《英国金融稳定治理框架:权衡、改革与启示》,《国际经济评论》2019 年第 2 期。

[179]中国人民银行人民币现金跨境流动调查组:《2004 年人民币现金跨境流动调查》,《中国金融》2005 年第 6 期。

[180]中国银保监会政策研究局统计信息与风险监测部课题组:《中国影子银行报告》,中国银行保险监督管理委员会工作论文,2020 年第 9 期。

[181]钟永红、邓数红:《"8·11 汇改"后人民币离岸在岸汇率和利率的联动性研究》,《世界经济研究》2020 年第 12 期。

[182]周光友:《电子货币的替代效应与货币供给的相关性研究》,《数量经济技术经济研究》2009 年第 3 期。

[183]周小川:《金融政策和金融危机的响应》,《金融研究》2011 年第 1 期。

[184]朱孟楠、曹春玉:《人民币储备需求的驱动因素》,《国际金融研究》2019 年第 6 期。

[185]朱孟楠、袁凯彬、刘紫霄:《区域金融合作提升了人民币货币锚效应吗?》,《国际金融研究》2020 年第 11 期。

[186]庄起善、张广婷:《国际资本流动与金融稳定性研究》,《复旦学报(社会科学版)》2013 年第 5 期。

[187]庄太量、许慄珊:《人民币国际化与国际货币体系改革》,《经济理论与经济管理》2011 年第 9 期。

[188] A. S. Posen, "It's Not Just About the Money", *International Economy*, Vol.55, No.2,2008.

[189] A. Subramanian, "Renminbi Rules: The Conditional Imminence of the Reserve Currency Transition", *Peterson Institute for International Economics*, *Working Paper*, No.11-14,2011.

[190] A. Subramanian, and M. Kessler, "The Renminbi Bloc is Here: Asia Down, Rest of the World to Go?", *Peterson Institute for International Economics*, *Working Paper*, No.12-19,2012.

[191] A. Y. Ouyang, and J. Li, "Too Big to Change: the Stabilizing Force of Reserve Currency Preferences in the International Monetary System", *Emerging Markets Finance and Trade*, Vol.49, No.5,2013.

[192] A. M. Taylor, "The Future of International Liquidity and the Role of China", *Journal of Applied Corporate Finance*, Vol.25, No.2,2013.

[193] B. Chen, and Y. P. Woo, "Measuring Economic Integration in the Asia-Pacific Region: a Principal Components Approach", *Asian Economic Papers*, Vol.9, No.2,2010.

[194] B. Eichengreen, "Renminbi Internationalization: Tempest in a Teapot?", *Asian Development Review*, Vol.30, No.1,2013.

[195] B. Eichengreen, "Sequencing RMB Internationalization", *Canada: Centre for International Governance Innovation*, *CIGI Papers*, No.69, May,2015.

[196] B. Eichengreen, "Sterling's Past, Dollar's Future: Historical Perspectives on Reserve Currency Competition", *NBER Working Paper*, No.11336,2005.

[197] B. Eichengreen, "The Renminbi as an International Currency", *Journal of Policy Modeling*, Vol.33, No.5,2011.

[198] B. Eichengreen, A. Mehl, and L. Chiţu, *How Global Currencies Work: Past, Present, and Future*, Princeton: Princeton University Press,2018.

[199] B. Eichengreen, and D. Lombardi, "RMBI or RMBR Is the Renminbi Destined to Become a Global or Regional Currency?", *Asian Economic Papers*, Vol.16, No.1,2017.

[200] B. Eichengreen, and M. Kawai, "Issues for Renminbi Internationalization: An

Overview", *Asian Development Bank Institute*, *ADBI Working Paper*, No.454, 2014.

[201] B. Eichengreen, *Exorbitant Privilege: The Rise and Fall of the Dollar and the Future of the International Monetary System*, Oxford: Oxford University Press, 2011.

[202] B. J. Cohen, "Renminbi Internationalization: A Conflict of Statecrafts", *Chatham House-The Royal Institute of International Affairs*, *Research Paper*, March, 2017.

[203] B. J. Cohen, "The Benefits and Costs of an International Currency: Getting the Calculation Right", *Open Economic Review*, Vol.23, No.1, 2012a.

[204] B. J. Cohen, "The Seigniorage Gain of an International Currency: an Empirical Test", *Quarterly Journal of Economics*, Vol.85, No.3, 1971.

[205] B.J.Cohen, "The Yuan Tomorrow? Evaluating China's Currency Internationalization Strategy", *New Political Economy*, Vol.17, No.3, 2012b.

[206] B.J.Cohen, "The Yuan's Long March", in Cohen, B.J. and E.M.P.Chiu. (eds.), *Power in a Changing World Economy: Lessons from East Asia*, London: Routledge, 2014.

[207] B. J. Cohen, *Currency Statecraft: Monetary Rivalry and Geopolitical Ambition*, Chicago: The University of Chicago Press, 2019.

[208] B. J. Cohen, *The Future of Sterling as an International Currency*, London: The Macmillan press, 1971.

[209] B.Kelly, "China's Challenge to the International Monetary System: Incremental Steps and Long-Term Prospects for Internationalization of the Renminbi", *Pacific Forum CSIS, Issues and Insights*, Vol.9, No.2, 2009.

[210] B. S. Bernanke, J. Boivin, and B. P. Eliasz, "Measuring the Effects of Monetary Policy: A Factor-Augmented Vector Autoregressive (FAVAR) Approach", *Quarterly Journal of Economics*, Vol.120, No.1, 2005.

[211] C. F. Bergsten, "The Dollar and the Deficits: How Washington Can Prevent the Next Crisis", *Foreign Affairs*, Vol.88, No.6, 2009.

[212] C. H. Kwan, "Issues Facing Renminbi Internationalization: Observations from Chinese, Regional and Global Perspectives", *Public Policy Review*, Vol.14, No.5, 2018.

[213] C. Ho, G. Ma and R. McCauley, "Trading Asian Currencies", *Bank for International Settlements, BIS Quarterly Review*, March, 2005.

[214] C. R. Henning, "Choice and Coercion in East Asian Exchange Rate Regimes", *Peterson Institute for International Economics, Working Paper*, No.12-15, 2012.

[215] C. S. Hakkio, and W. R. Keeton, "Financial Stress: What Is It, How Can It Be

Measured, and Why Does It Matter?", *Economic Review*, Vol.94, No.2, 2009.

[216] C. Thimann, "Global Roles of Currencies", *International Finance*, Vol. 11, No.3, 2008.

[217] E. Alberola, A. Erce, and J. M. Serena, "International Reserves and Gross Capital Flows Dynamics", *Journal of International Money and Finance*, Vol.60, No.9, 2016.

[218] E. Papaioannou, and R. Portes, "Costs and Benefits of Running an International Currency", *European Economy, Economic Papers* 348, November, 2008.

[219] E. S. Prasad, and L. Ye, "The Renminbi's Role in the Global Monetary System", *Brookings*, Vol.2, 2012.

[220] E. S. Prasad, *Gaining Currency: The Rise of the Renminbi*, New York: Oxford University Press, 2017.

[221] F. S. Mishkin, *The Next Great Globalization: How Disadvantaged Nations Can Harness Their Financial Systems to Get Rich*, Princeton: Princeton University Press, 2006.

[222] G. S. Tavlas, "On the International Use of Currencies: The Case of the Deutsche Mark", *IMF Working Paper*, No.90/3, 1990.

[223] G. S. Tavlas, "The International Use of Currencies: The U.S. Dollar and the Euro", *Finance & Development*, Vol.35, No.2, 1998.

[224] G. S. Tavlas, "The International Use of the US Dollar: an Optimum Currency Area Perspective", *The World Economy*, Vol.20, No.6, 1997.

[225] H. Ito, and M. Chinn, "The Rise of the 'Redback' and the People's Republic of China's Capital Account Liberalization: An Empirical Analysis of the Determinants of Invoicing Currencies", *Asian Development Bank Institute, ADBI Working Paper*, No.473, 2014.

[226] H. K. Chey, "A Demand-Side Analysis of Renminbi Internationalization: The Renminbi in South Korea", National Graduate Institute of Policy Studies, *GRIPS Discussion Paper*, No.14-02, 2014.

[227] H. K. Chey, "Can the Renminbi Rise as a Global Currency? The Political Economy of Currency Internationalization", *Asian survey*, Vol.53, No.2, 2013.

[228] H. K. Chey, "Renminbi in Ordinary Economies: A Demand-side Study of Currency Globalization", *China & World Economy*, Vol.23 No.3, 2015.

[229] H. K. Chey, G. Y. Kim., and D. H. Lee., "Who Are the First Users of a Newly-Emerging International Currency? A Demand-Side Study of Chinese Renminbi Internationalization", *Bank of Korea Working Papers*, No.2016-19, 2016.

［230］H. K. Chow,"Towards an Expanded Role for Asian Currencies – Issues and Prospects",*Asian Development Bank Institute*,*ADBI Working Paper*,No.285,2011.

［231］J. Dovern, and B. van Roye,"International Transmission and Business – cycle Effects of Fnancial Stress",*Journal of Financial Stability*,Vol.13,2014.

［232］J.Frankel,"Internationalization of the RMB and Historical Precedents",*Journal of Economic Integration*,Vol.27,No.3,2012.

［233］J.Frankel,and D.Xie,"Estimation of De Facto Flexibility Parameter and Basket Weights in Evolving Exchange Rate Regimes",*NBER Working Paper*,No.15620,2009.

［234］J.Frankel,and S.J.Wei,"Yen Bloc or Dollar Bloc? Exchange Rate Policies of the East Asian Economies", inT. Ito, and A. Krueger（eds.) *Macroeconomic Linkages*:*Savings Exchange Rates and Capital Flows*,Chicago:University of Chicago Press,1994.

［235］J. Nakajima, M. Kasuya and T. Watanabe,"Bayesian Analysis of Time – Varying Parameter Vector Autoregressive Model for the Japanese Economy and Monetary Policy", *Journal of the Japanese and International Economies*,Vol.25,No.3,2011,pp.225–245.

［236］J.Prock,G.A.Soydemir and B.A.Abugri,"Currency Substitution:Evidence from Latin America",*Journal of policy Modeling*,Vol.25,No.4,2003.

［237］J.W.Lee,"Will the Renminbi Emerge as an International Reserve Currency?", *The World Economy*,Vol.37,No.1,2014.

［238］K. Aramaki,"Capital Account Liberalization:Japan's Experiences and Its Implications for China",*Tokyo University Working Pape*.

［239］Liu,M.and F.Moshirian,"The Renminbi As an Additional International Reserve Currency?",*Journal of Financial Perspectives*,Vol.2,No.3,2014.

［240］M.D.Chinn,and H.Ito,"Capital Account Liberalization,Institutions and Financial Development:Cross Country Evidence",*NBER Working paper*,No.8967,2002.

［241］M.D.Chinn,and H.Ito,"The Rise of the 'Redback' and China's Capital Account Liberalization:An Empirical Analysis on the Determinants of Invoicing Currencies",*Paper Prepared for the ADBI Conference "Currency Internationali – zation:Lessons and Prospects for the RMB"*,August 8,2013.

［242］M. D. Chinn, and H. Ito,"What Matters for Financial Development? Capital Controls, Institutions, and Interactions", *Journal of Development Economics*, Vol. 81, No.1,2006.

［243］M. D. Chinn, and J. A. Frankel,"Why the Euro Will Rival the Dollar",

International Finance, Vol.11, No.1, 2008.

[244] M. D. Chinn, and J. A. Frankel, "Will the Euro Eventually Surpass the Dollar as Leading International Reserve Currency?", in Clarida R. H. (eds.), *G7 Current Account Imbalances*, Chicago: The University of Chicago Press, 2007, pp.285–322.

[245] M. Flandreau, and C. Jobst, "The Empirics of International Currencies: Network Externalities, History and Persistence", *The Economic Journal*, Vol.119, No.4, 2009.

[246] M. Fratzscher, and A. Mehl, "China's Dominance Hypothesis and the Emergence of a Tri-polar Global Currency System", *The Economic Journal*, Vol.124, No.581, 2014.

[247] M. Hasegawa, "The Geography and Geopolitics of the Renminbi: A Regional Key Currency in Asia", *International Affairs*, Vol.94, No.3, 2018.

[248] M. Illing, and Y. Liu, "Measuring Financial Stress in A Developed Country: an Application to Canada", *Journal of Financial Stability*, Vol.2, No.3, 2006, pp.243–265.

[249] M. Kawai, and S. Takagi, "The Renminbi as a Key International Currency?: Lessons from the Japanese Experience", *Notes Prepared for the Asia–Europe Economic Forum*, January 10–11, 2011, Paris.

[250] M. Kawai, and V. Pontines, "Is There Really a Renminbi Bloc in Asia?: a Modified Frankel-Wei Approach", *Journal of International Money and Finance*, Vol.62 (April), 2016.

[251] M. Otero-Iglesias, "The Internationalization of the Renminbi: Prospects and Risks", *Oxford Brookes University*, 2011.

[252] N. Lardy, and P. Douglass, "Capital Account Liberalization and the Role of the Renminbi", *Peterson Institute of International Economics*, Working Paper Series, No. 11–6, 2011.

[253] P. Bowles, and B. Wang, "Renminbi Internationalization: A Journey to Where?", *Development and Change*, Vol.44, No.6, 2013.

[254] P. C. Cruz, Y. Gao, and L. L. Song, "The People's Republic of China's Financial Markets: Are They Deep and Liquid Enough for Renminbi Internationalization?", *Asian Development Bank Institute*, *ADBI Working Paper Series*, No.477, 2014.

[255] P. Hartmann, "The Currency Denomination of World Trade after European Monetary Union", *Journal of the Japanese and International Economics*, Vol. 12, 1998, pp.424–454.

[256] P. Jenkins, and J. Zelenbaba, "Internationalization of the Renminbi: What It Means for the Stability and Flexibility of the International Monetary System", *Oxford Review of*

Economic Policy, Vol.28, No.3, 2012.

[257] P.Subacchi, *The People's Money: How China Is Building a Global Currency*, New York: Columbia University Press, 2016.

[258] Q. He, I. Korhonen, J. J. Guo, and F. G. Liu, "The Geographic Distribution of International Currencies and RMB Internationalization", *International Review of Economics and Finance*, Vol.42, 2016.

[259] R. A. Mundell, "The International Financial System and Outlook for Asian Currency Collaboration", *Journal of Finance*, Vol.58, No.4, 2003.

[260] R. Cardarelli, E. Selim and L. Subir, "Financial Stress, Downturns, and Recoveries", *IMF Working Paper*, No.09/100, 2009.

[261] R. McCauley, "Renminbi Internationalization and China's Financial Development", *BIS Quarterly Review*, December, 2011.

[262] R.Ranjan, and A.Prakash, Internationalization of Currency: The Case of the Indian Rupee and Chinese Renminbi. *RBI Staff Studies*, Vol.4, 2010.

[263] S.Liao, and D.McDowell, "No Reservations: International Order and Demand for the Renminbi as a Reserve Currency", *International Studies Quarterly*, Vol.60, No.2, 2016.

[264] S.Liao, and D. McDowell, "Redback Rising: China's Bilateral Swap Agreements and Renminbi Internationalization", *International Studies Quarterly*, Vol.59, No.3, 2015.

[265] S. Mallaby, and O. Wethington, "The Future of the Yuan: China's Struggle to Internationalize Its Currency", *Foreign Affairs*, Vol.91(Jan/Feb), 2012.

[266] S.Mallaby, P.Farahmand, S.Wang, S.Segal, and F.Ahmed, "Internationalization of Emerging Market Currencies: A Balance between Risks and Rewards", *IMF Staff Discussion Note*, No.11/17, 2011.

[267] S.Maziad, and J.S.Kang, "RMB Internationalization: Onshore/Offshore Links", *IMF Working Paper*, No.133, 2012.

[268] S.Takagi, "Comment on 'China as Number One: How about the Renminbi'" *Asian Economic Policy Review*, Vol.5, No.2, 2010.

[269] T.Ehlers, S.Kong and F.Zhu, "Mapping Shadow Banking in China: Structure and Dynamics", *BIS Working Papers*, No.701, 2018.

[270] T. I. Becker, O. Jeanne., P. Mauro., J. D. Ostry., and R. Ranciere., "Country Insurance: The Role of Domestic Policies", *IMF Occasional Paper*, No.254, 2007.

[271] T.Ito, "A New Financial Order in Asia: Willa RMB Bloc Emerge?", *Journal of*

International Money and Finance, Vol.74, No.2, 2017.

[272] T.Ito, "China as Number One: How about the Renminbi?", *Asian Economic Policy Review*, Vol.5, No.2, 2010.

[273] T.Ito, "The Internationalization of the RMB: Opportunities and Pitfalls", *Council on Foreign Relations*, Vol.11, 2011/11.

[274] V. Balasubramaniam, I. Patnaik and A. Shah, "Who Cares about the Chinese Yuan?", New Delhi: National Institute of Public Finance and Policy, *NIPFP Working Paper*, No.89, 2011.

[275] W.Dobson, and P.R.Masson, "Will the Renminbi Become a World Currency?", *China Economic Review*, Vol.20, No.1, 2009.

[276] Y.W.Cheung, "The Role of Offshore Financial Center in the Process of Renminbi Internationalization", *ADBI Working Paper*, No.472, April, 2014.

策划编辑：郑海燕
封面设计：石笑梦
版式设计：胡欣欣
责任校对：周晓东

图书在版编目（CIP）数据

基于宏观金融稳定视角的人民币国际化策略研究/沙文兵，钱圆圆，
　武小菲　著. —北京：人民出版社，2022.11
ISBN 978－7－01－025212－4

Ⅰ.①基…　　Ⅱ.①沙…②钱…③武…　　Ⅲ.①人民币-金融国际化-研究
　Ⅳ.①F822

中国版本图书馆 CIP 数据核字（2022）第 202539 号

基于宏观金融稳定视角的人民币国际化策略研究

JIYU HONGGUAN JINRONG WENDING SHIJIAO DE RENMINBI GUOJIHUA CELÜE YANJIU

沙文兵　钱圆圆　武小菲　著

人民出版社 出版发行
（100706　北京市东城区隆福寺街 99 号）

北京盛通印刷股份有限公司印刷　新华书店经销

2022 年 11 月第 1 版　2022 年 11 月北京第 1 次印刷
开本：710 毫米×1000 毫米 1/16　印张：27
字数：371 千字

ISBN 978－7－01－025212－4　定价：138.00 元

邮购地址 100706　北京市东城区隆福寺街 99 号
人民东方图书销售中心　电话（010）65250042　65289539